Let's learn the newest Russian Grammar and English as well

영어도 함께 공부하는
최신 러시아어 문법

Изуча́ем нове́йшую ру́сскую
грамма́тику вме́сте с англи́йским языко́м

박진근(朴績根)

경성 법학전문학교(서울 법대 전신) 졸업
안주 농업전문학교 교원
광신 상업고등학교 교사
광신 중 상업고등학교 교장
학교법인 광신학원 이사
학교법인 관악학원 이사
한국 시청각 교육협회 감사 역임
국민훈장 동백장을 받음

영어도 함께 공부하는 최신 러시아어 문법

3쇄 발행 2004년 3월 15일 / 3쇄 인쇄 2004년 3월 25일 / 지은이 박진근 / 펴낸이 서덕일 / 펴낸곳 도서출판 문예림 / 등록번호 1962. 7. 12. 제 2-110호 / 주소 서울 광진구 군자동 195-21호 문예빌딩 201호 / Phone. 499-1281~2 Fax. 499-1283 / http://www.bookmoon.co.kr / Email:my1281@lycos.co.kr

ISBN 89-7482-103-6(13790)

- 잘못 만들어진 책은 본사나 구입하신 서점에서 교환하여 드립니다.
- 이 책은 저작권법에 의해 보호를 받는 저작물이므로 무단전재와 무단복제를 금합니다.

영어도 함께 공부하는
최신 러시아어 문법

머리말

이 책은 영어를 공부한 사람이 이미 배운 영어를 토대로 효율적으로 러시아어를 학습하고 또 러시아어를 공부한 사람이 효율적으로 영어를 학습하는데 도움을 주려고 쓰여졌다. 지구촌의 국제어인 영어는 젊은 세대의 상식이 되었다. 이 상식화된 영어를 토대로 다른 외국어를 하나 더 정복하는 것은 우리 국력을 배양하는 데 큰 도움이 되리라 생각한다.

러시아는 우리나라와 밀접한 관계가 있는 이웃 나라로서 러시아어 학습은 그 필요성이 점점 더 높아져 가고 있다. 영어나 러시아어를 외국어로서 배우는 우리들에게 문법은 외국어 학습의 출발점이고, 학습을 능률화하는 수단이다. 영어나 러시아어의 기본을 마스터하기 위해서는 문법 지식을 잘 이해하는 것이 중요하다. 영어를 공부한 사람들이 러시아어 문법책을 대할 때 러시아어 문법 용어에서 혼동을 느낄 때가 있다. 보어, 명사 술어, 물주 대명사, 정어, 부동사, 상황어, 접속법 등이 그 예이다.

이 책은 이러한 용어를 영문법 용어와 비교 설명함으로써 그 이해를 쉽게 하였다. 또 러시아어 문법 사항을 우리말로 설명하고 괄호 속에 영어 설명을 보충함으로써, 그 문법 사항의 이해를 확고히 할 뿐만 아니라 영어 이해력을 향상시키는 효과를 도모하였다. 과마다 어휘난을 만들어 낱말풀이를 하였는데 단어마다 러시아어를 영어와 우리말로 풀이하여 러시아어를 배우면서 영어 학습도 겸하도록 의도하였다.

우리나라의 통일을 바라보며, 이북에서 러시아어를 배운 사람들이 영어를 공부할 때, 또 우리나라에서 영어를 공부한 사람들이 러시아어를 공부할 때 이 책이 조금이라도 도움이 되기를 진심으로 바라마지 않는다.

어학으로 잘 준비된 우리 젊은이들이 희망찬 미래로 넓은 세계로 힘차게 약진하기를 기원한다.

끝으로 이 책의 출판을 맡아주신 어학도서 전문 출판사 文藝林의 徐德一사장에게 진심으로 감사를 드린다.

1999년 3월
저자

차 례

I. 문자와 발음

1. 러시아어의 자모 — 15
2. 발음 — 17
- (1) 모음 — 17
- (2) 자음 — 20
- (3) 경자음과 연자음 — 26
- (4) 분리 기호로서의 경음부 ъ(ep)과 연음부 ь(epь) — 28
- (5) 음절과 역점 — 29
- (6) 역점이 없는 모음의 발음 — 30
- (7) 유성자음과 무성자음 — 31
- (8) 자음동화 — 31
- (9) 자음 결합과 묵음 — 36
- (10) 발음에 관한 주의사항 — 37
- (11) 정자법 — 37
- (12) 지명을 통한 러시아어 자모 익히기 — 38

II. 문법

제1과 Это кни́га. Дом тут — 43
1. 이것은 ~이다 — 43
2. ~에 …이 있다 — 44
3. 의문문 만드는 법 — 44

제2과 인칭대명사 — 49

제3과 명사의 성 —————————————— 54
   1. 명사의 성(性) ································· 54
   2. 성(род, Gender)에 관한 유의사항 ················ 55

제4과 명사의 수 —————————————— 60
   1. 영어 명사의 복수 만들기 ························ 60
   2. 러시아어 명사의 복수 만들기 ···················· 60

제5과 동사의 변화 —————————————— 65
   1. 동사의 현재형 ································· 65
   2. 동사의 현재형이 나타내는 의미 ·················· 66
   3. 동사 변화에 관한 유의사항 ······················ 69

제6과 동사 Быть의 활용 ————————————— 75
   1. 현재 ·· 75
   2. 과거 ·· 83
   3. 미래 ·· 85

제7과 규칙동사의 과거와 미래형 ————————— 94
   1. 과거형 ·· 94
   2. 미래형 ·· 95

제8과 명사의 격 —————————————— 102
   1. 영어의 격과 러시아어의 격 ····················· 102
   2. 격의 기본적 의미 ······························ 104
   3. 격 변화 ······································· 106
   4. 어간과 어미 ··································· 108

    5. 활동체와 비활동체 ·· 108

제9과 형용사 ——————————————— 114

    1. 형용사의 뜻 ··· 114
    2. 형용사의 종류 ·· 114
    3. 형용사의 용법 ·· 116
    4. 형용사의 변화 ·· 117
    5. 형용사의 명사화 ·· 119
    6. 형용사의 단어미 ·· 120

제10과 형용사의 비교급과 최상급 ——————— 128

    1. 영어의 비교급, 최상급을 만드는 세가지 방법 ············· 128
    2. 러시아어 형용사의 비교급 ····································· 129
    3. 러시아어 형용사의 최상급 ····································· 135

제11과 인칭대명사, 지시대명사 및 의문대명사 ——— 143

    1. 인칭대명사 ·· 143
    2. 지시대명사 ·· 145
    3. 의문대명사 ·· 147

제12과 물주대명사 및 재귀대명사 ——————— 154

    1. 물주대명사 ·· 154
    2. 재귀대명사 ·· 157

제13과 정대명사 및 부정대명사 ———————— 162

    1. 정대명사 ··· 162
    2. 부정대명사 ·· 169

제14과 명사의 생격 ———————————— 176

    1. 생격 만들기 ··· 176
    2. 생격이 나타내는 의미 ·· 178

제15과 동사의 체 ——— 187
   1. 영어의 시제 187
   2. 러시아어 동사의 체 188

제16과 운동의 동사 ——— 202
   1. 정태와 부정태 202
   2. 동사 идти́, éхать, нести́, везти́ 의 변화 206
   3. 동사 ходи́ть, вози́ть, носи́ть, лете́ть 의 변화 206
   4. 운동동사의 완료체 형성 207
   5. 접두사 по- 와 за- 의 기능 208
   6. 운동동사의 방향 부여 210
   7. 관용적 표현 213

제17과 -ся가 붙은 동사 ——— 219
   1. 재귀 219
   2. 상호 219
   3. 수동 220
   4. 습관적 특성 221
   5. 재귀 동사형 단을 가진 동사 221
   6. 무인칭 동사 222
   7. -ся가 붙은 동사의 변화 223
   8. -ся동사가 지배하는 보어의 격 223

제18과 가정법, 명령법 ——— 229
   1. 영어의 법 229
   2. 영어의 가정법 231
   3. 러시아어의 가정법 233
   4. 영어의 명령법 239
   5. 러시아어의 명령법 241

제19과 명사의 대격, 전치격 ——— 253
   1. 명사의 대격 253
   2. 명사의 전치격 256

제20과 명사의 여격, 조격 — 267

1. 명사의 여격 ································· 267
2. 명사의 조격 ································· 176

제21과 관계대명사, 관계부사 — 295

1. 관계대명사 ································· 295
2. 관계부사 ··································· 302

제22과 형동사, 부동사 — 308

1. 영어의 분사 ································· 308
2. 러시아어의 형동사 ··························· 310
3. 러시아어의 부동사 ··························· 323

제23과 접속사 — 337

1. 등위접속사 ································· 337
2. 종속접속사 ································· 345

제24과 수사 — 364

1. 개수사 ····································· 364
2. 순서 수사 ··································· 381
3. 집합 수사 ··································· 384
4. 분수사 ····································· 387

제25과 때(연, 월, 일)를 나타내는 방법 — 395

1. 연도의 표현 ································· 395
2. 달의 표현 ··································· 397
3. 날짜의 표현 ································· 398
4. 요일의 표현 ································· 399
5. 시간의 표현 ································· 341
6. 세기의 표현 ································· 406
7. 나이의 표현 ································· 407

8. 계절의 표현 ·········· 409
  9. 하루의 여러 다른 부분의 표현 ·········· 410

제26과 전치사 — 416

  1. 영어의 전치사 ·········· 416
  2. 러시아어의 전치사 ·········· 419

제27과 문장론 — 440

  1. 문의 분류 ·········· 440
  2. 문의 성분 ·········· 444
  3. 부정인칭문 ·········· 466
  4. 일반인칭문 ·········· 467
  5. 무인칭문 ·········· 467
  6. 명칭문 ·········· 470
  7. 인칭문 ·········· 471

제28과 어순 — 478

  1. 평서문의 어순 ·········· 478
  2. 어순의 도치 ·········· 480
  3. 의문문의 어순 ·········· 482
  4. 부정문의 어순 ·········· 484

제29과 동사변화의 총정리 — 492

  1. 생산형 동사 ·········· 492
  2. 비생산형 동사 ·········· 495

제30과 러시아어와 영어 상당어의 비교 정리 — 506

해답편 — 527

약어표(略語表)

a.	adjective (형용사)
ad.	adverb (부사)
conj.	conjunction (접속사)
dim.	diminutive (지소사[指小辭])
f.	feminine (여성명사)
impf.	imperfective (불완료체)
indet.	indeterminate (부정태)
interrog.	interrogative (의문사)
m.	masculine (남성명사)
n.	neuter (중성명사)
part.	participle (소사, 조사)
pf.	perfective (완료체)
pl.	plural (복수)
pred.	predicate (술어)
prep.	preposition (전치사)
pron.	pronoun (대명사)
rel. pron.	relative pronoun (관계대명사)
sing.	singular (단수)
suf.	suffix (접미사)
v.	verb (동사)
vi.	intransitive verb (자동사)
vt.	transitive verb (타동사)
nom.	nominative (주격)
g.	genitive (생격)
d.	dative (여격)
ac.	accusative (대격)
i.	instrumental (조격)
p.	prepositional (전치격)

문자와 발음

[1] 러시아어 자모(子母)

번호	인쇄체		필기체		명칭		국제 발음기호	영어의 근사음	영어 근사음이 있는 영단어
1	А	а	𝒜	𝒶	а	아	a	a	f<u>a</u>ther
2	Б	б	𝐵	𝑏	бэ	베	b	b	<u>b</u>ook
3	В	в	𝐵	𝑣	вэ	붸	v	v	<u>v</u>ery
4	Г	г	𝒯	𝓏	гэ	게	g	g	<u>g</u>ood
5	Д	д	𝒟	𝑔	дэ	데	d	d	<u>d</u>ay
6	Е	е	ℰ	𝑒	е(йэ)	예	je	ye	<u>y</u>es
7	Ё	ё	ℰ̈	𝑒̈	ё(йо)	요	jo	yo	<u>yo</u>nder
8	Ж	ж	𝒲	𝓌	жэ	줴	ʒ	s	plea<u>s</u>ure
9	З	з	𝒵	𝓏	зэ	제	z	z	<u>z</u>one
10	И	и	𝒰	𝓊	и	이	i	ee	s<u>ee</u>
11	Й	й	𝒰̆	𝓊̆	й кра́ткое 이 끄라뜨꼬예		i 또는 j	i	<u>i</u>nk, b<u>oy</u>
12	К	к	𝒦	𝓀	ка	까	k	k	<u>k</u>ing
13	Л	л	ℒ	𝓁	эл(эль)	엘	l	l	<u>l</u>amp
14	М	м	ℳ	𝓂	эм	엠	m	m	<u>m</u>an
15	Н	н	ℋ	𝓃	эн	엔	n	n	<u>n</u>ote

16	О	о	*O o*	о	오	o	o	p<u>o</u>rt
17	П	п	*П п*	пэ	뻬	p	p	<u>p</u>en
18	Р	р	*P p*	эр	에르	r	r	<u>r</u>ock
19	С	с	*C c*	эс	에쓰	s	s	<u>s</u>ing
20	Т	т	*Т т*	тэ	떼	t	t	<u>t</u>ent
21	У	у	*У у*	у	우	u	oo	l<u>oo</u>k
22	Ф	ф	*Ф ф*	эф	에프	f	f	<u>f</u>ace
23	Х	х	*X x*	ха	하	x	ch	Bu<u>ch</u>(독일어)
24	Ц	ц	*Ц ц*	цэ	쩨	ts	ts	si<u>ts</u>
25	Ч	ч	*Ч ч*	чэ	체	tʃ	ch	<u>ch</u>eese
26	Ш	ш	*Ш ш*	ша	샤	ʃ	sh	fre<u>sh</u>
27	Щ	щ	*Щ щ*	ща	쉬차	ʃtʃ	shch	fre<u>sh ch</u>eese
28		ъ	*ъ ъ*	твёрдый знак 드뵤르드이 즈나끄	-	-	-
29		ы	*ы*	ы	의		i	<u>i</u>ll
30		ь	*ь ь*	мя́гкий знак 먀흐끼이 즈나끄	-	-	-
31	Э	э	*Э э*	э	에	e	e	<u>e</u>gg
32	Ю	ю	*Ю ю*	ю(йу)	유	ju	u	d<u>u</u>ke
33	Я	я	*Я я*	я(йа)	야	ja	ya	<u>ya</u>rd

러시아어의 자모는 모두 33개이다 그 중 10개는 모음이고 1개는 반모음이고 20개는 자음이고 2개는 무음가 자모이다.

- 모음(10) : а, е, ё, и, о, у, ы, э, ю, я
- 반모음(1) : й
- 자음(20) : б, в, г, д, ж, з, к, л, м, н, п, р, с, т, ф, х, ц, ч, ш, щ
- 무음가 자모(2) : ъ, ь

(1) 러시아어 자모 중 영어 알파벳과 비슷한 자모는 다음 7개이다.
   Аа, Ее, (Ёё), Оо, Кк, Мм, Тт

(2) 영어 자모와 비슷하지만 소리가 다른 것은 다음 6개이다.
   Вв, Нн, Рр, Сс, Уу, Хх

(3) 영어와 전혀 다른 자모는 다음 16개이다.
   Бб, Гг, Дд, Жж, Зз, Ии, Лл, Пп
   Фф, Цц, Чч, Шш, Щщ, Ээ, Юю, Яя

(4) 대문자가 없고 소문자만 있는 문자는 다음 3개이다. 이들 문자들은 낱말 첫머리에서는 사용되지 않는다.
   ы, ъ, ь

(5) 인쇄체 문자에서 'Аа, Бб, Ее, Ёё'를 제외하고는 모든 문자의 대문자와 소문자가 같다.

(6) 러시아어의 글자는 표음문자이므로 영어와 같은 발음기호를 필요로 하지 않는다. 몇가지 발음 규칙만 이해하면 러시아어는 쉽게 읽을 수 있다.

[2] 발음

1. 모음

모음에는 경모음(硬母音)과 연모음(軟母音)이 있다.

- 경모음 : а, о, у, ы, э
- 연모음 : я, ё, ю, (и), е

연모음은 경모음 앞에 짧은 й음(「이」음)이 붙은 것이다. 따라서 й+а로 연모음 я 가 이루어 지고 й+о로 ё, й+у로 ю, й+э로 е가 이루어 진다. 다만 ы와 и는 서로 대응하는 경모음과 연모음이지만 й+ы가 и음이 되지 않으므로 예외이다.

(1) 모음 а, о, у, ы, э

모음	우리말음	발음기호	영어유사음	발음유의점	발음연습	
А а	아	a	f<u>a</u>ther c<u>a</u>r	입을 크게 열고 혀를 낮추며 「아」라고 발음한다. father의 a 보다 약간 짧은 음이다.	áдрес аппарáт там как	address apparatus there how
О о	오	o	p<u>o</u>rt m<u>o</u>rning	입술을 「오」 보다 좀 더 둥글게하고 앞으로 내밀어 발음한다.	тот вот óзеро óблако	that here is lake cloud
У у	우	u	f<u>oo</u>d m<u>oo</u>n	입술을 둥글게하고 앞으로 내밀고 입술에 힘을 주면서 「우-」하고 발음한다.	суп тут ýлица	soup here street
	ы	의	i	<u>i</u>t s<u>i</u>n <u>i</u>ll	입을 옆으로 벌리고 혀를 뒤로 당긴 다음 혀 중앙부를 입천장 쪽으로 올리면서 「이」음을 낸다. 우리말의 「의」와 비슷하다.	вы мы сын	you we son
Э э	에	e	l<u>e</u>t m<u>e</u>n	우리말 「에」와 비슷하지만 입을 좀 덜 벌리고 중설부를 높여 「에」라고 발음한다.	э́то э́ра этикéт	this era etiquette

(2) 모음 я, ё, ю, и, е

모음	우리말음	발음기호	영어유사음	발음유의점	발음연습	
Я я	야	ja	yard	й+a=я 우리말의 「야」와 같다.	яхта ясно яблоко	yacht clear apple
Ё ё	요	jo	youndr	й+o=ё 우리말의 「요」와 같으며 언제나 역점이 있다.	ёлка поёт даёт	fit-tree sings gives
Ю ю	유	ju	union	й+y=ю 우리말의 「유」와 같다.	юг(к) юмор юрист	south humor lawyer
И и	이	i	see each	see의 ee보다 길이가 약간 짧다. 입술을 좌우로 당기듯이 하며 「이」라고 발음한다.	ива пик идея интерес	willow peak idea interest
Е е	예	je	yes yet	й+э=е 우리말의 「예」와 비슷하다.	если есть ехать	if to eat to go

(3) 반모음 й

반모음	우리말음	발음기호	영어유사음	발음유의점	발음연습	
Й й	이	j	boy toy	짧고 약한 「이」이다. 러시아어의 й는 영어 boy, toy등의 y보다 후설부가 입천장에 더 가까워진다. 항상 모음 뒤에 붙어서 이중 모음을 만든다.	май мой домой край комбайн	May my home edge combine

2. 자음

(1) 자음 п, б (양순음)

자음	우리말음	발음기호	영어유사음	발음유의점	발음연습	
П п	ㅃ	p	pin please	러시아어의 п에는 영어 p에서 나는 기식음(氣息音, aspiration)이 없다. 「ㅃ」와 비슷하다.	пакт парк порт пра́вда	pact park port truth
Б б	ㅂ	b	boy	입술을 다물었다가 열면서 내는 유성음 「ㅂ」이다.	банк бума́га бо́мба рабо́та	bank paper bomb work

(2) 자음 ф, в (순치음)

자음	우리말음	발음기호	영어유사음	발음유의점	발음연습	
Ф ф	ㅍ	f	farm	윗니 끝을 아랫입술 안쪽에 대고 공기를 마찰하며 내는 음이다.	факт [fakt] фронт [front] футбол [fudból] фи́зика [fízikə]	fact front football physics
В в	ㅂ	v	voice	영어의 v는 윗니 끝을 아랫입술 바깥에 대는 데 반하여 러시아어의 в는 아랫입술 안쪽에 대는 것이 다르다. (The upper teeth are pressed against the back of the lower lip.)	вот [vot] ва́за [vázə] век [vek] весна́ [visná] война́ [vajná]	here is vase century spring war

(3) 자음   т, д (폐쇄치음)

자음	우리말음	발음기호	영어유사음	발음유의점	발음연습	
Т т	ㄸ	t	<u>t</u>ent <u>t</u>ime	영어 t는 혀끝을 윗 잇몸에 대었다가 터드려 소리를 내지만, 러시아어의 т는 혀끝을 윗니 안쪽에 대어 소리를 낸다. 러시아어의 т에는 기식음이 없다.	танк тут талáнт трáктор	tank here talent tractor
Д д	ㄷ	d	<u>d</u>og	т의 유성음이다.	да дом друг	yes house friend

(4) 자음   с, з (마찰치음)

자음	우리말음	발음기호	영어유사음	발음유의점	발음연습	
С с	ㅆ	s	<u>s</u>oon ye<u>s</u>	혀끝을 윗니 안쪽으로 올리고 내는 마찰음이다.	сад самолёт спорт стакáн	garden airplane sport glass
З з	ㅈ	z	<u>z</u>ero <u>z</u>ipper	с음에 성대의 진동을 가하면 з음이 된다. з는 с의 유성음이다.	зуб завóд зимá зóлото	tooth factory winter gold

(5) 자음 Г, К, Х (후음)

자음	우리말음	발음기호	영어유사음	발음유의점	발음연습
Г г	ㄱ	g	good	혀의 뒷부분을 입천장 뒤(연구개)에 붙였다가 떼면서 「그」라고 발음한다.	газе́та newspaper [gazétə] гита́ра guitar [g′itárə] генера́л general [ginirál] гора́ mountain [gará]
К к	ㄲ	k	kind	К의 발음위치는 Г와 같다. Г가 유성자음이고 К는 이에 대응하는 무성자음이다. 영어 К에 있는 기식음이 러시아어 К에는 없다.	как how [kak] кана́л canal [kanál] капита́л capital [kəp′itál] культу́ра culture [kul′túrə]
Х х	(크)흐	x	Buch (독어)	Х는 К와 비슷한 입모양으로 발음하나 К의 경우 혀의 뒷부분이 입천장 뒤에 닿지만 Х는 혀가 입천장에 닿지 않고 접근할 뿐이다. (The tongue does not touch the roof of the mouth, only coming close to it.)	холм hill [xolm] хи́мия chemistry [x′imjə] хлеб bread [xl′ep] хорошо́ it is good [xəraʃó] хара́ктер character [xarákt′ir]

(6) 자음 л (측음)

자음	우리말음	발음기호	영어유사음	발음유의점	발음연습
Л л	ㄹ	l	fu<u>ll</u> t<u>abl</u>e	혀 뒷부분을 y를 발음할 때와 같이 입천장에 올리고 혀끝을 윗니 뒤쪽에 갖다 붙인다.(д, т, н 때와 같이). 혀의 양쪽으로 공기를 내보내면서 「엘」하고 발음한다. 혀끝은 아래쪽을 향한다. 영어 l은 혀끝이 윗니 잇몸 안쪽에 가 붙는다.	лáмпа lamp [lámpə] лунá moon [luná] план plan [plán] слáва glory [slávə] слон elephant [slon] бал bal (dance) [bal] зал hall [zal] пол floor [pol]

(7) 자음 p (떨림음)

자음	우리말음	발음기호	영어유사음	발음유의점	발음연습
P p	ㄹ	r	<u>r</u>ed <u>r</u>ose	혀끝을 윗 잇몸에 가볍게 대고 호기(呼氣)로 강하게 진동시킨다. 혀끝을 굴린다는 점에서 영어의 r음과 다르다.	рот mouth [rot] ромáн novel [ramán] рабóта work [rabótə] ресторáн restaurant [ristarán] травá grass [travá]

(8) 자음 м, н (비음)

자음	우리말음	발음기호	영어유사음	발음유의점	발음연습
М м	ㅁ	m	man more	양 입술을 다물고 코로 공기를 내보내면서 「므」라고 발음한다.	мать mother [mát′] магази́н shop, store [məgaz′in] ма́стер master [mást′ir] ме́тод method [m′étət]
Н н	ㄴ	n	nice now	혀끝을 윗니 뒤쪽에 붙이고 발음한다. 혀끝은 아래쪽을 향한다. (with its tip pointing downwards)	нос nose [nós] наро́д people [narót] нау́ка science [naùkə] то́нкий thin [tónk′ij]

(9) 자음 ц (파찰 치조음)

자음	우리말음	발음기호	영어유사음	발음유의점	발음연습
Ц ц	ㅉ	ts	lots cats	혀끝을 윗 잇몸에 밀착시켰다가 강하게 발음한다. т(t)와 c(s)를 결합한 음이다. 그러나 т음이 덜 분명히 들리므로 (т is heard less distinctly.) тс=ц이다. ц는 무성음이고 항상 경자음이다.	царь king, tsar [tsár′] цвет colour, flower [tsv′et] цена́ price [tsiná] центр center [tséntr] це́рковь church [tsérkəf′] ци́фра figure, number [tsífrə] оте́ц father [at′éts]

러시아어 자모

(10) 자음 ш, ж, ч, щ (상악음)

자음	우리말음	발음기호	영어유사음	발음유의점	발음연습	
Ш ш	쉬	ʃ	<u>sh</u>ort <u>sh</u>arp	혀끝을 윗 잇몸의 뒤쪽에 말아올리듯이 하여 발음한다. 영어의 sh와 비슷하나 발음이 더 강하고 혀의 위치가 더 낮다.	шаг [ʃak] шко́ла [ʃkólə] шкаф [ʃkaf] маши́на [maʃi:nə] де́вушка [dévuʃkə]	step school cupboard machine girl
Ж ж	즈	ʒ	vi<u>s</u>ion plea<u>s</u>ure	ж는 ш의 유성음이며 항상 경자음이다. 그 뒤에 오는 연모음 е, и는 э, ы로 발음된다.	жа́рко [ʒárkə] журна́л [ʒurnál] то́же [tóʒə] инжене́р [inʒin'ér]	it is hot magazine also, too engineer
Ч ч	츠	tʃ	<u>ch</u>air lun<u>ch</u>	혀끝을 윗 잇몸의 뒷쪽으로 올리며 가볍게 발음한다. 영어의 ch보다 연하게 발음된다.	час [tʃ'ás] чай [tʃ'áj] врач [vrátʃ] о́чень [otʃin]	hour tea doctor very much
Щ щ	시치	ʃʃ 또는 ʃ'tʃ	fre<u>sh</u> <u>ch</u>eese	혀의 중심부를 입천장 가까이 올리고 ш와 ㄷ를 결합한 듯이 또는 ш를 길게 끌듯이 발음한다.	щека́ [ʃ'ʃ'iká] щётка [ʃ'ʃ'ótkə] защи́та [zaʃ'ʃ'itə] ещё [jiʃ'ʃ'ö]	cheek brush defence still more

3. 경자음과 연자음

러시아어의 발음을 설명할 때나, 문법용어에서 경음(硬音) 또는 연음(軟音)이라는 표현이 자주 사용된다. 연음이란 й[j]음이 덧붙여서 발음된다는 것이고 구개음화 된다는 뜻이다. 구개음화는 혀의 앞 부분을 입천정(경구개) 쪽으로 높이 끌어올리면서 발음함으로 이루어진다. 연자음은 구개화 자음이라고도 한다.

연음에는 연모음과 연자음이 있다. 연모음은 경모음 앞에 й[j]를 덧붙여서 만든다. (й+a=я, й+o=ё, й+y=ю, й+э=e)
연자음은 경자음 뒤에 [j]를 덧붙여서 만든다. 연자음은 경자음을 발음할 때와 같은 입모양을 하고「이」소리를 내면서 구개음화한다. 예를 들면 연음 ть는 경음 т를 발음할 때 처럼 혀의 끝을 윗니 안쪽에 대고 혀의 앞 부분을「이」때처럼 입천장(경구개) 쪽으로 높인 다음 파열시켜 소리를 내면「치」에 가까운 ть음이 생긴다.
러시아어에서 구개음화는 의미의 변화를 초래할 수 있으므로 매우 중요하다. 구개음화 되지 않은 자음은 모두 경자음이다.

кров[króf] roof (지붕)　　　　кровь[króf′] blood (피)
мот[mot] spendthrift (낭비가, 방탕자)　мёд[m′ot] honey (꿀)
мел[m′el] chalk (백묵)　　мель[m′el′] shoal (얕은 여울)
лук[lúk] onion (양파)　　　люк[l′uk] hatch (승강구)

(1) 연자음의 표시법

① 연음부 ь(мягкий знак, soft sign)
그 자체로는 독립된 음가를 가지지 못하며 그 앞의 자음을 연화시키는 역할을 할 뿐이다. 연음부를 구개음화부 라고도 한다. 연음부 ь는 항상 자음 뒤에서만 쓰이며 ь와 결합된 자음은 모두 연자음이다. 연자음의 발음표시는 [′]로 나타낸다.

мать[mát′] mother　　　　соль[sól′] salt (소금)
брать[brat′] take (잡다, 쥐다)

② 연모음
연모음 я, ё, ю, и, е도 그 앞의 자음이 연자음임을 표시한다. 연모음은

앞의 경자음을 연음화시키기 때문이다. 그리고 자기자신은 각각 a, o, y, (и), э로 발음한다. и만은 앞의 자음을 연화시키면서 그대로 и라고 발음한다.

дя́дя[dʹadʹʌ] uncle   костю́м[kʌstʹum] dress
земля́[zimlʹá] earth   карти́на[kʌrtʹinʌ] picture
самолёт[səmalʹót] airplane   ме́сто[mʹéstə] place

○ e가 자음과 결합하였을 때의 발음은 특히 주의하여야 한다.
  те는 тэ(떼)가 아니고 тьэ(쩨에) 이고
  де는 дэ(데)가 아니고 дьэ(지에) 이고
  не는 нэ(네)가 아니고 ньэ(ㄴ에) 이다.

(2) 경자음과 연자음의 대응

- 경자음 : б п д т в ф з с л м н р   г к х
- 연자음 : бь пь дь ть вь фь зь сь ль мь нь рь
- 항상 경자음 : ж ш ц
- 항상 연자음 : ч щ

① 경자음이 연음부 ь 앞에 있을 때는 연자음으로 발음된다.

② г к х는 e, и 앞에서간 연자음이 된다. г к х 뒤에 ё, ю, я 또는 ь를 이어서 쓸 수 없다. (소수의 외래어는 예외)

генера́л[gʹinʹirál] general (장군)
кислоро́д[kʹislarót] oxygen (산소)
хи́мия[xʹimʹijə] chemistry (화학)

③ ж ш ц는 항상 경자음이다. ж ш는 항상 경자음이기 때문에 e, и 앞에서도 연자음으로 변하지 않는다. 따라서 그 발음은 항상 э, ы 이다.

жизнь[ʒіzʹnʹ] [жызнь] life, existence (생명, 생존)
шесть[ʃésʹtʹ] [шэсть] six
маши́на[maʃína] [машы́на] machine

ц도 항상 경자음이다. 따라서 ц뒤에서는 ы나 и도 다같이 ы[i]처럼 발음
되지만 и가 뒤에 붙는 단어가 더 많다.

цифра[tsiˊfrə] [цы́фра] figure, number (숫자)
цирк[tsiˊrk] [цырк] circus (서커스, 곡마)
цыга́н[tsigán] [цыга́н] gipsy (집시)

ц뒤의 e는 э처럼 발음된다.

центр[tséntr] [цэнтр] center (중심, 중앙)

④ ч, щ는 항상 연자음이다. 그 뒤에 e, ё, и가 와도 а, о, у가 와도 연자음
으로 발음된다.

час[tʃˊás] hour (시간)   щека́[ʃˊʃˊiká] cheek (뺨)

⑤ ж, ш, ч, щ 뒤에 연음부 ь가 와도 발음에는 아무 영향이 없다.
- ж와 жь, ш와 шь는 발음이 같으며 항상 경자음이다.
- ч와 чь, щ와 щь는 발음이 같으며 항상 연자음이다.

연음부 ь는 다만 문법적인 의미를 가지고 있다.

i) -ж, -ш, -ч, -щ로 끝나는 명사는, 모두 남성명사이다.
  врач[vrátʃˊ] doctor   каранда́ш[karandáʃ] pencil
  това́рищ[tavárˊiʃˊʃˊ] comrade(동지)

ii) -жь, -шь, -чь, -щь로 끝나는 명사는, 모두 여성명사이다.
  вещь[vˊéʃˊʃˊ] thing (물건)   дочь[dótʃˊ] daughter (딸)

4. 분리기호로서의 경음부 ъ(ер)과 연음부 ь(ерь)

(1) 경음부 ъ(твёрдый знак, hard sign)

경음부 ъ는 원래 경자음을 표시하는 기호로서 사용되었으므로 보통 경음부라
고 부른다. 그러나 현재는 분리기호의 구실을 하고 있을 뿐이다. 경음부 ъ는

전혀 음가가 없다. 낱말의 머리에 오는 일도 없다. 순수한 분리기호로서 경음부 ъ는 연모음 я, е, ё, ю와 앞에 경자음을 떼어서 발음하는 기호이다.

подъéзд[padjést] porch, entrance (현관, 입구)
съезд[sjést] congress (대회, 대표자 회의)
субъéкт[subjékt] subject (주어, 주체, 주관)
объяснéние[abjisnén′ijə] explanation (설명)

(2) 연음부 ь

연음부 ь는 그 앞의 자음을 연화시킬 뿐만 아니라 분리기호로서의 역할도 하고 있다. 연음부 ь 뒤에 я, е, ё, ю 등의 모음이 올 때 그 모음은 앞에 자음과 결합하지 않고 독립적으로 발음된다. 연음부 ь는 연자음과 모음 중간에 끼여 그 양자를 떼어서 발음하게 한다.

статья́[stat′já] article (논문, 기사)
семья́[s′im′já] family (가족)
жильё[ʒil′jó] habitation (사람이 사는곳, 주소)

5. 음절과 역점 (力點, ударéние, stress, accent)

모음은 그 자신만으로 하나의 음절을 형성한다. 그러나 자음은 단독으로 음절을 형성할 수 없고 모음과 결합해야만 음절을 형성할 수 있다. 러시아어 단어의 음절수는 그 단어속의 모음의 수와 같다. 두 음절 이상으로 된 단어에서 한 음절(모음)이 다른 음절(모음)보다 강하게 길게 그리고 분명히 발음된다. 이것을 역점이라고 한다. 러시아어의 역점은 영어에서 보다 어세가 더 강하다. 역점이 없는 모음은 다소 약하고 애매하게 발음된다.

6. 역점이 없는 모음의 발음

(1) 역점이 없는 a, o

① 역점이 있는 음절 바로 앞에 있을 때 역점이 없는 a, o는 모두 약한 [ʌ]로 발음된다.

базáр[bʌzár] market (시장, 저자)
стакáн[stʌkán] glass (컵)
горá[gʌrá] mountain (산)
водá[vʌdá] water (물)

② 역점이 있는 음절로 부터 한 음절 이상 앞으로 떨어져 있을 때의 a, o는 [ə]로 발음한다. 그러나 a, o가 단어 맨 앞에 있을 때는 역점 직전의 음절이 아니라도 [ʌ]처럼 발음한다.

барабáн[bərʌbán] drum (북)
головá[gəlʌvá] head (머리)
потолóк[pətʌlok] ceiling (천장)
огорóд[ʌgʌrót] kitchen-garden (채소밭, 야채밭)
оборóна[ʌbʌrónə] defence (방어, 방위, 수비)

③ 역점이 있는 음절보다 a, o가 뒤에 있을 때에는 [ə]로 발음한다.

мóлот[mólət] hammer (망치)
профéссор[prʌfʹésər] professor (교수)
рисýнок[rʹisúnək] drawing (그림, 도화, 윤곽)

(2) 역점이 없는 e, я

① 역점이 없는 e, я는 역점이 있는 음절 직전에서 약한 [ji]와 비슷하게 발음한다.

веснá[vʹisná] spring (봄)
рекá[rʹiká] river (강)

сестра́[s′istrá] sister (누나, 누이동생)
язы́к[jizik] language (언어), tongue (혀, 언어)
явле́ние[jivl′én′ijə] phenomenon (현상)
пятьдеся́т[p′id′d′sát] fifty (50)

② 그 밖에 역점이 없는 음절에서 e, я는 애매한 [ə]로 발음한다.

мо́ре[mór′ə] sea (바다)
по́ле[pól′ə] field (들판, 밭)
тётя[t′ot′ə] aunt (아줌마)

7. 유성자음과 무성자음 (Voiced and Voiceless Consonants)

러시아어의 자음은 발음할 때의 성대의 진동유무에 따라 유성자음과 무성자음으로 구분된다.

- 유성자음 : б д г в з ж - - - л р м н
- 무성자음 : п т к ф с ш х ц ч щ - - - -

① 유성자음 б, д, г, в, з, ж는 무성자음 п, т, к, ф, с, ш와 서로 대응관계에 있다.
② 무성자음 х, ц, ч, щ는 대응하는 유성자음을 갖지 않는다.
   (다만 х만은 유성자음 г에 대응하는 무성자음 구실을 할 때가 있다.)
③ 유성자음 л, р, м, н은 대응하는 무성자음을 갖지 않는다.

8. 자음동화

자음이 서로 겹칠 때 한쪽 자음이 다른 한쪽 자음에 소리의 유두에 따라 변화를 주는 현상을 **동화(同化)**라고 한다. 동화작용에는 전진동화작용과 후진동화작용의 2가지가 있다.

■ 전진동화작용(Progressive Assimilation)은 앞의 자음이 뒤에 있는 자음에 변화를 주는 것이다. (전진 →)

- g의 영향으로 무성자음 s가 유성자음 z으로 된다.

  dogs   g → s
                           ↓
                           z [dɔgz]

- t의 영향으로 무성자음 s가 그대로 무성자음으로 발음된다.

  cats   t → s
                           ↓
                           s [kæts]

■ 후진동화작용(Regressive Assimilation)은 뒤에 있는 자음이 앞의 자음에 변화를 주는 것이다. (후진 ←)

- d의 영향으로 무성자음 t가 유성자음 d로 된다.

  si<u>t d</u>own   t ← d
                            ↓
                            d [siddaun]

- д의 영향으로 무성자음 к가 유성자음 g로 된다.

  <u>к</u> <u>д</u>óму   к ← д
                            ↓
                            g [gdómu]

- д의 영향으로 무성자음 с가 유성자음 z으로 발음된다.

  <u>сд</u>áча   с ← д
                           ↓
                           z [zdátʃə]

❍ 영어에서는 전진동화작용을 하지만 러시아어에서는 후진동화작용이 보편적이다.

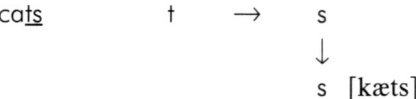

(1) 자음의 무성음화

① 무성자음 바로 앞에 있는 유성자음은 대응하는 무성자음으로 발음된다.

ска́зка [skáskə] tale, story (옛날 이야기)
во́дка [vótkə] vodka (보드카)
вчера́ [ftʃ'irá] yesterday (어제)
о́бщество [ópʃtʃistvə] society (사회, 협회)

전치사는 명사와 한 낱말 같이 읽으므로 음의 동화가 생긴다.

в сад [fsát] into the garden (정원으로)
из са́да [issádə] from the garden (정원에서)
под столо́м [pətstalóm] under the table (탁자 밑에서)
в ко́мнату [fkómnətu] into the room (방안으로)

② 유성자음이 낱말의 어미에 있을 때 대응하는 무성자음으로 발음된다.

б	[п]	→	клуб [klúp] club (클럽, 집회소)
			хлеб [xl'ép] bread (빵, 곡식)
в	[ф]	→	о́стров [óstrəf] island (섬)
д	[т]	→	заво́д [zavót] plant (공장)
г	[к]	→	друг [drúk] friend (친구)
			снег [s'n'ék] snow (눈)
			юг [juk] south (남쪽)
ж	[ш]	→	нож [nóʃ] knife (칼, 나이프)
			эта́ж [etáʃ] floor, story (층, 계층)
з	[с]	→	расска́з [raskás] account, tale (이야기)
			моро́з [marós] frost (서리, 추위, 영하)

③ 단어가 「유성자음 + ь」로 끝나는 경우에서도 유성자음은 무성자음으로 발음된다.

любо́вь [l'ubóf'] love (사랑)
рожь [roʃ] rye (호밀)
тетра́дь [t'itrát'] exercise book (연습장)
связь [s'v'ás'] connection (관계), link (연관)

(2) 자음의 유성화

① 무성자음은 유성자음 바로 앞에서 대응하는 유성자음으로 발음된다.

с　[з]　→　сбор[zbor]　collection (수집), gathering (집합)
　　　　　　про́сьба[próz‛bə]　request (부탁), application (신청)
т　[д]　→　отда́ть[addát‛]　return, give back (돌려주다)
　　　　　　о́тдых[óddix]　rest (휴식)
к　[г]　→　та́кже[tágʒe]　also, too (역시, 또한)
　　　　　　экза́мен[egzám‛in]　examination (시험, 검사)

② 유성자음 в만은 선행하는 무성자음을 동화시키지 않는다.

свобо́да[svabódə]　freedom, liberty (자유)
твой[tvój]　your (너의, 자네의)
тварь[tvár‛]　creature (생물)
Москва́[maskvá]　Moscow (모스크바)

그러나 유성자음 в는 다음에 오는 무성자음에 의해 동화되어 [ф]로 발음된다.

всё[fs‛ó]　all (모든것, 전부), always (늘, 항상)
всегда́[fs‛igdá]　always (언제나, 항상)
вчера́[ftʃ‛irá]　yesterday (어제)

③ 유성자음 л, м, н, р은 다른 자음을 동화시키지 않고, 자기 자신도 동화되지 않는다.

(3) 연음동화

경자음은 연자음 앞에서 연자음화한다.
　　ме́сте[m‛és‛t‛i]　ме́сто(place - 장소)의 전치격

연자음 t'가 앞에 있는 경자음 s를 연음화시켜 s'로 발음한다.
　　здесь[z‛d‛és‛]　here (여기에, 여기에서)

연자음 d'가 앞에 있는 경자음 z를 연음화 시켜 z'로 발음한다.

    пе́сня [p'és·n'ə] song (노래)

    сме́рть [s'm'ér't'] death (죽음, 사망)

그러나 현대발음에서는 연음동화가 점차 줄어드는 경향이 있다. а́рмия (army - 군, 육군)의 발음이 [ár'm'ijə]에서 [árm'ijə]로 연자음 m'앞에 있는 경자음 r이 연음화되지 않는다.

(4) 조음위치 동화

[ʃ], [ʒ], [tʃ], 앞에서 [s], [z]가 이에 동화된다.

    счита́ть [ʃ'tʃitát'] count (세다, 계산하다), consider (~로 생각하다)

[tʃ']가 앞에 있는 [s]를 [ʃ']로 동화시킨다.

    сшить [ʃʃit'] sew (깁다, 바느질하다)

[ʃ]가 앞에 있는 [s]를 [ʃ]로 동화시킨다.

    сжать [ʒʒát'] squeeze (압축하다) grip (꽉 쥐다)

[ʒ]가 앞에 있는 [s → z]를 [ʒ]로 동화시킨다.

9. 자음결합과 묵음(默音)

둘 이상의 자음이 겹쳐 나오는 경우 그 중 어느 한 자음이 발음되지 않는 경우가 많다. 생략되는 발음 중 가장 빈번한 것은 [т]와 [д]이다.

자음결합	발음되지 않는 자음	낱 말	발 음	의 미
-стн-	т	участник вестник известный	[utʃás'n'ik] [v'és'n'ik] [iz'v'ésnij]	participant(참가자, 참여자) messenger(使者) bulletin(일보, 회보) wellknown(유명한)
-здн-	д	поздно праздник	[pózne] [práz'n'ik]	late(늦게, 늦은) holiday(휴일) festival(경축일, 축제일)
-стл-	т	счастливый завистливый	[ʃ'tʃ'isl'ívij] [zav'is'l'ivij]	happy(행복한) lucky(행운의) envious (부러워하는, 질투하는)
-рдц-	д	сердце сердцевина	[s'értsə] [s'ertsiv'fnə]	heart(심장) core(핵심) pith(나무속, 심)
-лнц-	л	солнце	[sóntsə]	sun(태양)
-вств-	в	чувство здравствуй	[tʃùstvə] [zdrástvuj]	sense(감각) feeling(느낌) How are you? (안녕하십니까?)
-стск-	т	туристский пропагандистский	[tur'isk'ij] [prapagand'ísk'ij]	of tourist(여행자의, 관광의) of propagandist(선전자의)

10. 발음에 관한 주의사항

(1) ч[tʃ]가 ш[ʃ]와 같이 발음되는 경우

① что는 보통 [ʃtó]로 발음된다.
② чн은 경우에 따라 [ʃn]으로 발음되기도 한다.
    конéчно[kanʲéʃnə] of course, certainly (물론, 틀림없이)
    скýчно[skúʃnə] boring, dull (무료한, 재미없는)

(2) г는 일반적으로 [g]에 해당한다. 그러나 eró, сегóдня 등에서는 [v]로 발음된다.

    eró[jevó] his, its (그의, 그것의)
    сегóдня[sʲivódʲnʲə] today (오늘, 현재)
    большóго[balʲʃóvə] большóй의 생격 large, big (큰)

г는 무성자음 앞에서는 x로 발음된다.

    мя́гкий[mʲáxkʲij] soft, mild (부드러운, 온화한)
    лéгче[lʲextʃʲə] лёгкий[lʲóxkʲij]의 비교급
                  lighter, easier(더 가벼운, 더 쉬운)

11. 정자법

러시아어의 철자에는 일정한 규칙이 있으며 그것을 정자법(正字法, 표준 철자법)이라고 한다.

① г, к, х 및 ж, ч, ш, щ 뒤에는 모음 ы, я, ю를 쓰지 못하고 и, а, у를 쓴다.
② ц 뒤에는 모음 я, ю를 쓰지 못하고 а, у를 쓴다.
③ г, к, х 및 ц 뒤에는 모음 ё와 ь를 쓰지 못한다.
④ 문자 э는 보통 낱말의 처음에 오던가 모음 다음에 온다.

문자 э는 원래 러시아어에서는 э́тот(this, 이것)와 그 변화형에서만 사용되고 그외의 것은 모두 외래어이다.

    эпо́ха[epо́хə] epoch (시대, 시기)
    аэродро́м[aeradrо́m] aerodrome, airport (비행장)
    (a와 э는 각각 독립된 두개의 소리로 발음된다)

12. 지명을 통한 러시아어 자모 익히기

(1) 나라 이름, 대륙 이름

러시아어	영어	우리말	러시아어	영어	우리말
Австра́лия	Australia	오스트레일리아	Испа́ния	Spain	스페인
Аме́рика	America	아메리카	Ита́лия	Italy	이탈리아
А́нглия	England	영국	Кана́да	Canada	캐나다
Аргенти́на	Argentina	아르헨티나	Кита́й	China	중국
Афганиста́н	Afghanistan	아프가니스탄	Коре́я	Korea	한국
Болга́рия	Bulgaria	불가리아	Монго́лия	Mongolia	몽고
Вьетна́м	Vietnam	베트남	Перу́	Peru	페루
Герма́ния	Germany	독일	Португа́лия	Portugal	포루투갈
Голла́ндия	Holland	네덜란드	Тайва́нь	Taiwan	대만
Гре́ция	Greece	그리스	Росси́я	Russia	러시아
И́ндия	India	인도	Филиппи́ны	Philippine	필리핀
Индоне́зия	Indonesia	인도네시아	Фра́нция	France	프랑스
Ира́к	Irak	이라크	Шве́ция	Sweden	스웨덴
Ира́н	Iran	이란	Япо́ния	Japan	일본
А́зия	Asia	아시아	Евро́па	Europe	유럽
А́фрика	Africa	아프리카			
Ю́жная Аме́рика	South America	남미	Се́верная Аме́рика	North America	북미

러시아어 자모

(2) 외국도시 이름

러시아어	영어	우리말	러시아어	영어	우리말
Анкара́	Ankara	앙카라	Мадри́д	Madrid	마드리드
Багда́д	Bagdad	바그다드	Мани́ла	Manila	마닐라
Банко́к	Bangkok	방콕	Москва́	Moscow	모스크바
Берли́н	Berlin	베를린	Нью-Йорк	New York	뉴욕
Бомбе́й	Bombay	봄베이	Пари́ж	Paris	파리
Ватика́н	Vatican	바티칸	Пеки́н	Pekin	북경
Вашингто́н	Washington	워싱턴	Пра́га	Prague	프라하
Гава́и	Hawaii	하와이	Рим	Rome	로마
Гонко́нг	Hongkong	홍콩	Сан-Франци́ско	San Francisco	샌프란시스코
Жене́ва	Geneva	제네바	Сан-Хо́се	San Jose	산호세
Иерусали́м	Jerusalem	예루살렘	Тегера́н	Teheran	테헤란
Ло́ндон	London	런던	То́кио	Tokyo	동경
Лос-А́нжелес	Los Angeles	로스엔젤레스	Хе́льсинки	Helsinki	헬싱키

(3) 한국의 지명

러시아어	우리말	러시아어	우리말	러시아어	우리말
Сеул	서울	Капхён	가평	Пхенья́н	평양
Анмёндо	안면도	Квачхо́н	과천	Пэктуса́н	백두산
Аня́н	안양	Кёнджу	경주	Сораксан	설악산
Вонджу́	원주	Кодже́	거제	Тэджо́н	대전
Имджинга́н	임진강	Кымганса́н	금강산	Ульса́н	울산
Инчхо́н	인천	Кэсо́н	개성	Хванхэдо́	황해도
Йони́льман	영일만	Мокпхо́	목포	Чеджудо́	제주도
Канны́н	강릉	Пуса́н	부산	Чхонхду́	청주

2 문법

1 Э́то кни́га. Дом тут

1. 이것은 ~ 이다.

    Э́то кни́га.   This is a book. (이것은 책이다.)
    Э́то каранда́ш.   This is a pencil. (이것은 연필이다.)

"이것은 책이다"라는 러시아어 문장을 만드는데 필요한 낱말은 э́то(이것은)와 кни́га(책)이다.

> Э́то кни́га.

① 러시아어에는 영어의 관사가 없다. 따라서 명사 кни́га는 영어의 a book, the book 혹은 book을 의미한다.
② 영어의 is, are에 해당하는 러시아어 동사 быть는 현재형에서는 보통 사용되지 않는다.
③ 문장은 대문자로 시작하고 문장의 꼬리에는 종지부(то́чка)를 찍는다.

이 문형을 좀 더 연습하면 다음과 같다.

    Э́то журна́л.   This is a magazine. (이것은 잡지이다.)
    Э́то карти́на.   This is a picture. (이것은 그림이다.)
    Э́то перо́.   This is a pen. (이것은 펜이다.)
    Э́то газе́та.   This is a newspaper. (이것은 신문이다.)
    Э́то стол.   This is a table. (이것은 탁자이다.)

2. ~에 …이 있다.

Дом тут.	The house is here. (집은 여기에 있다.)
Мост там.	The bridge is there. (다리는 저기에 있다.)
Вот дом.	Here is a house. (여기 집이 있다.)
Вот мост.	Here is a bridge. (여기 다리가 있다.)

사물이 존재하는 것을 표시하기 위해서는 тут(here), там(there)와 같은 장소를 나타내는 부사와 사물을 나타내는 명사를 함께 쓰면된다.
здесь(here)도 тут와 같은 뜻이다. вот는 바로 눈앞에 있는 것을 가리키면서 여기에(здесь) 저기에(там)의 뜻을 나타낸다.

이 문형을 좀 더 연습하면 다음과 같다.

Лáмпа тут.	The lamp is here. (남포등은 여기 있다.)
Стакáн там.	The glass is there. (유리잔은 저기 있다.)
Журнáл тут.	The magazine is here. (잡지는 여기 있다.)
Доскá там.	The blackboard is there. (흑판은 저기 있다.)
Вот класс.	Here is the classroom. (여기 교실이 있다.)
Вот кáрта.	Here is a map. (여기 지도가 있다.)
Там вокзáл.	The station is there. (정거장이 저기 있다.)
Вот рукá.	Here is a hand. (여기 손이 있다.)
Вот ногá.	Here is a foot. (여기 발이 있다.)

3. 의문문 만드는 법

(1) 의문사를 가지지 않는 의문문

긍정문(평서문)의 어순을 바꾸지 않고, 문장 끝에 의문부호를 붙이고, 의문으로 하는 낱말의 역점있는 음절을 강하게 발음한다.

Это кни́га.	This is a book. (이것은 책이다.)
Это кни́га?	Is this a book? (이것은 책입니까?)
Он рýсский.	He is a Russian. (그는 러시아인이다.)

Он ру́сский?	Is he a Russian? (그는 러시아인입니까?)	
Да, он ру́сский.	Yes, he is a Russian. (예, 그는 러시아인입니다.)	
Нет, он не ру́сский.	No, he is not a Russian. (아니오, 그는 러시아인이 아닙니다.)	
Это каранда́ш?	Is this a pencil? (이것은 연필입니까?)	
Да, это каранда́ш.	Yes, it is a pencil. (예, 그것은 연필입니다.)	
Нет, это не каранда́ш.	No, it is not a pencil. (아니오, 그것은 연필이 아닙니다.)	
Это перо́.	This is a pen. (이것은 펜입니다.)	
Кни́га здесь?	Is here a book? (책이 여기 있습니까?)	
Да, здесь.	Yes, here is. (예, 여기 있습니다.)	

(2) 의문사를 가진 의문문

что(what), кто(who), где(where) 등 의문사가 있는 의문문은 의문사를 문장 첫머리에 놓고, 의문사를 강하게 발음하고 문장의 꼬리를 낮춘다.

Что э́то?	What is this? (이것은 무엇입니까?)
Это кни́га.	It is a book. (그것은 책입니다.)
Кто он?	Who is he? (그는 누구입니까?)
Он Ивано́в.	He is Ivanov. (그는 이바노프입니다.)
Где ва́за?	Where is the vase? (꽃병은 어디 있습니까?)
Она́ здесь.	It is here. (그것은 여기 있습니다.)

(3) 의문 소사 ли를 사용한 의문문

의문의 대상이 되는 낱말을 문장 첫머리에 놓고 그 바로 뒤에 의문 소사 ли를 붙인다.

Кни́га ли э́то?	Is this a book? (이것은 책입니까?)
Да, э́то кни́га.	Yes, it is a book. (예, 그것은 책입니다.)
Ру́сский ли он?	Is he a Russian? (그는 러시아인입니까?)
Да, он ру́сский.	Yes, he is a Russian. (예, 그는 러시아인입니다.)
Шко́ла ли э́то?	Is this a school? (이것은 학교입니까?)
Но́вая ли э́то шко́ла?	Is this a new school? (이것은 새 학교입니까?)

СЛОВАРЬ

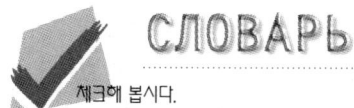
체크해 봅시다.

э́то	pron. this (is) 이것(은)	брат	m. brother 형(제)
каранда́ш	m. pencil 연필	кни́га	f. book 책
карти́на	f. picture 그림	журна́л	m. magazine 잡지
газе́та	f. newspaper 신문	перо́	n. pen 펜
дом	m. house 집, 가옥	стол	m. table 탁자
мост	m. bridge 다리	тут	ad. here 여기에, 거기에
вот	part. here is 이곳에, 여기에	там	ad. there 저기, 저기서
		ла́мпа	f. lamp 전등, 램프
стака́н	m. glass 유리잔	доска́	f. board, blackboard 판자, 흑판
класс	m. class, classroom 학급		
ка́рта	f. map 지도	бума́га	f. paper 종이
рука́	f. hand 손	вокза́л	m. station 정거장
он	pron. he 그는	нога́	f. foot 발
да	part. yes 예	ру́сский	n. Russian 러시아인
не	part. not ~이 아니다, ~지 않다	нет	part. no, not 아니다, ~이 없다.
что	pron. what 무엇	здесь	ad. here 여기에
где	ad. where 어디에	кто	pron. who 누구
ли	part. interrog. (의문조사) if, whether ~인지	ва́за	f. vase 꽃병, 병
		шко́ла	f. school 학교
но́вый -ая, -ое, -ые	a. new 새로운	коре́ец	m. Korean 한국인(남자)
		кита́ец	m. Chinese 중국인
япо́нец	m. Japanese 일본인	сестра́	f. sister 자(매)

УРОК 1 Это книга. Дом тут

풀어봅시다.

[1] 우리말로 옮겨라.

1. Это дом. Это ка́рта. Это перо́.
2. Мост тут. Дом там.
3. Вот стол, стул, ла́мпа.
4. Это кни́га? Да, это кни́га.
5. Это газе́та? Нет, это не газе́та.
6. Он коре́ец? Да, он коре́ец.
7. Он япо́нец? Нет, он не япо́нец. Он кита́ец.
8. Что это? Это стол и стул.
9. Кто там? Там брат и сестра́.
10. Где бума́га и перо́? Бума́га здесь, а перо́ там.

[2] 러시아어로 옮겨라.

1. 이것은 무엇입니까? 이것은 책입니다.

2. 여기 책, 신문, 잡지가 있습니다.

3. 이것은 무엇입니까? 이것은 흑판과 백묵입니다.

4. 지도는 어디에 있습니까? 지도는 여기에 있습니다.

5. 그는 러시아 사람입니까? 미국 사람입니까?
   그는 미국사람이 아니고 러시아 사람입니다.

[3] 러시아어에 해당하는 영어를 오른쪽에서 골라 그 번호를 써라.

1. Это перо́.
2. Это газе́та.
3. Это стол.
4. Что э́то? Это ка́рта.
5. Дом тут.
6. Мост там.
7. Это кни́га?
8. Вот дом.
9. Вот дом и мост.
10. Вот ла́мпа, стул, стол.
11. Дом там?
12. Он ру́сский.
13. Это класс.
14. Да, это каранда́ш.
15. Нет, он не ру́сский.

① This is a table.
② What is this? This is a map.
③ The bridge is there.
④ Is this a book?
⑤ This is a pen.
⑥ Here are a lamp, a chair, a table.
⑦ This is a newspaper.
⑧ Is the house there?
⑨ No, he is not a Russian.
⑩ The house is here.
⑪ This is a classroom.
⑫ Yes, it is a pencil.
⑬ Here is the house.
⑭ He is a Russian.
⑮ Here are the house and bridge.

모스크바 강에서 본 크레믈린

인칭 대명사
(Личные местоимения, Personal pronouns)

Я мáльчик.   I am a boy. (나는 소년이다.)
Ты учени́к.   You are a student. (당신은 학생이다.)
Он учи́тель.   He is a teacher. (그는 선생이다.)

말하는 자기, 듣는 상대, 나도 아니고 너도 아닌 제 3자 등을 표시하는 대명사를 인칭 대명사라고 한다.

- 제 1인칭 : 말하는 사람(나, 우리들)
- 제 2인칭 : 듣는 상대(너, 당신, 당신들)
- 제 3인칭 : 나도 아니고 너도 아닌 제 3자(그사람, 그들)

러시아어와 영어의 인칭 대명사를 비교하면 다음과 같다.

인 칭	단 수		복 수	
	러시아어	영어	러시아어	영어
제1인칭	я (나는)	I	мы (우리는)	we
제2인칭	ты (너는, 자네는)	you	вы (너희들은, 당신들은)	you
제3인칭	он (그는) онá (그 여자는) онó (그것은)	he she it	они́ (그들은, 그것들은)	they

① 영어의 1인칭 단수 I는 항상 대문자로 쓰지만 러시아어 1인칭 단수 я는 문장의 처음에 올 때만 대문자로 쓰고 문장중에서는 소문자로 쓴다.
② "너, 자네"를 의미하는 **ты**는 친근한 사이(부자간, 형제간, 부부간)에서는 손윗 사람에게도 쓴다.
③ 2인칭으로 상대에 존경을 표시할 때에는 상대가 한 사람이라도 **вы**를 사용한다.

Я учени́к, а вы учи́тель.
I am a student, but you are a teacher.
(나는 학생이고 당신은 선생님이다.)

Я офице́р, а ты солда́т.
I am an officer, but you are a soldier.
(나는 장교이고 너는 사병이다.)

Она́ де́вочка, а он ма́льчик.
She is a girl, but he is a boy.
(그녀는 소녀이고 그는 소년이다.)

Я коре́ец, а он америка́нец.
I am a Korean, but he is an American.
(나는 한국사람이고 그는 미국사람이다.)

Вы студе́нты?
Are you students?
(당신들은 학생입니까?)

Да, мы сту́денты.
Yes, we are students.
(예, 우리들은 학생입니다.)

Они́ то́же студе́нты?
Are they students, too?
(그들도 또한 학생들입니까?)

Нет, они́ профессора́.
No, they are professors.
(아니오, 그들은 교수들입니다.)

УРОК 2 인칭 대명사

СЛОВАРЬ
체크해 봅시다.

я	pron. I 나는, 내가	мальчик	m. boy 소년
ты	pron. you 당신은	ученик	m. pupil 학생, 제자
учитель	m. teacher 고사, 선생	она́	pron. she 그녀
оно́	pron. it 그것	офице́р	m. officer 장고, 사관
солда́т	m. soldier 병사, 근인	де́вочка	f. (little) girl 소녀
америка́нец	m. American 미국인	студе́нт	m. student 학생
они́	pron. they 그들, 그것들	то́же	ad. also, too 역시, 마찬가지로
профе́ссор	m. professor 교수	граждани́н	m. citizen 시민, ~씨, 귀하
гражда́нка	f. citizeness 여자시민	това́рищ	m. comrade 친구, 동지
инжене́р	m. engineer 기사	врач	m. doctor 의사
англича́нин	m. English man 영국인	англича́нка	f. English woman 영국여자
журнали́стка	f. journalist 여기자	ко́мната	f. room 방
пря́мо	ad. straight 똑바로	окно́	n. window 창쿤
нале́во	ad. to (on) the left 왼쪽으로(에)	дверь	f. door 문, 도어
напра́во	ad. to (on) the right 오른쪽으로(에)	стоя́ть	impf. stand 서 있다
дива́н	m. sofa 소파	шкаф	m. cupboard 찬장
посереди́не	ad. in the middle of ~의 한 가운더	лежа́ть	impf. lie 누워있다-, 놓여있다
зна́ние	n. knowledge 지식	нау́ка	f. science 과학
жизнь	f. life 생활, 생명	пра́вда	f. truth 진리, 진실

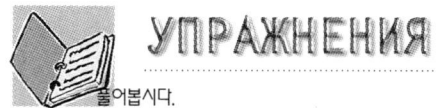
УПРАЖНЕНИЯ

풀어봅시다.

[1] 우리말로 옮겨라.

1. Вот гражданин Иванов. Он русский.
   Там гражданка Иванова. Она тоже русская.

2. Кто это? Это товарищ Лукин. Он инженер. Кто это?
   Это товарищ Лукина. Она врач.

3. Джон Смит — студент. Он англичанин.
   Мэри Браун — англичанка. Она журналистка.
   Она. дома? Нет, она здесь.

4. Вот комната. Прямо окно. Налево дверь.
   Направо стоит диван. Также есть щкаф.

5. Вот стол. Посередине стоит лампа.
   Направо лежит журнал «Знание».
   Налево лежит журнал «Наука и жизнь».
   Где газета «Правда»? Вот она.

[2] 러시아어로 옮겨라.

1. 나는 학생이고 당신은 선생입니다.

2. 한국 사람 김씨는 노동자입니까? 아니오, 그는 기사입니다.

3. 나는 한국 사람이고 그는 러시아 사람입니다.

4. 꽃병은 어디 있습니까? 그것은 여기 있습니다.
   나의 책은 어디 있습니까? 그것은 저기 있습니다.

5. 당신의 신문과 잡지는 어디 있습니까? 그것들은 여기 있습니다.

[3] 러시아어에 해당하는 영어를 오른쪽에서 골라 그 번호를 써라.

1. Я здесь.
2. Вы и они́ там.
3. Где студе́нт? Он там.
4. Где доска́? Она́ тут.
5. Где кни́га? Она́ на столе́.
6. Где студе́нт и профе́ссор? Они́ тут.
7. Кто́ э́то? Э́то мой брат.
8. Где журна́л? Он тут.
9. Э́то ка́рта. Во́лга здесь.
10. Где перо́? Оно́ тут.

① Where is the student? He is there.
② Where is the book? It is on the table.
③ Where is the pen? It is here.
④ You and they are there.
⑤ Where is the magazine? It is here.
⑥ I am here.
⑦ This is a map. The Volga is here.
⑧ Where is the blackboard? It is here.
⑨ Who is this? It is my brother.
⑩ Where are the student and the professor? They are here.

3 명사의 성
(Род существи́тельных, Gender of Nouns)

1. 명사의 성(性)

(1) 영어의 명사에는 father, boy와 같이 남성을 나타내는 것, mother, girl과 같이 여성을 나타내는 것, house, stone과 같이 중성을 나타내는 것이 있다. 또 parent, student와 같이 남성에게도 여성에게도 공통적인 것이 있다. 그러나 영어에서 명사의 성은 원칙적으로 자연의 성과 일치한다.

    남성   man, son, bull
    여성   woman, daughter, cow
    중성   water, grass, tree
    통성   child, parent, student

(2) 러시아어의 모든 명사는 남성, 여성 혹은 중성으로 불리우는 세 군으로 나누어 진다. 예를 들면, стол(table)은 남성명사, ко́мната(room)는 여성명사, окно́(window)는 중성명사이다.

러시아어에서 명사의 성은 매우 중요하다. 대체로 명사의 성은 그 의미에 의해 결정되지 않고 그 어미에 의해 결정된다. 러시아어에서 명사의 성은 **단수 주격형의 어미**에 의해 쉽게 식별할 수 있다. 즉 러시아어 명사의 성(род, gender)은 형태적, 문법적인 성이다. 자연적인 남녀 자웅의 性(пол, sex)은 제 2차적으로 취급된다.

성	명사의 어미	낱 말 보 기
남성명사	자음	дом, оте́ц, стол, брат, студе́нт, мел
	-ь	учи́тель, слова́рь, день, писа́тель, го́спиталь
	-й	музе́й, геро́й, трамва́й

여성명사	-а	газе́та, доска́, ла́мпа, стена́, сестра́, шко́ла
	-я	ня́ня, па́ртия, исто́рия, а́рмия, неде́ля, фами́лия
	-ь	мать, дочь, дверь, жизнь, вещь, но́вость
중성명사	-о	перо́, сло́во, де́рево, де́ло, пи́во, письмо́
	-е(ё)	мо́ре, по́ле, со́лнце, зна́ние, се́рдце, собра́ние
	-мя	вре́мя, и́мя, зна́мя

2. 성(род, Gender)에 관한 유의사항

(1) 사람이나 동물을 나타내는 활동체 명사의 문법적 성은 대체로 자연적 성과 일치한다.

- 남성명사 : оте́ц, брат, учени́к, учи́тель, студе́нт, ма́льчик, коре́ец
- 여성명사 : мать, сестра́, учени́ца, де́вочка, учи́тельница, студе́нтка, корея́нка

(2) -а, -я의 어미이면서도 남성명사인 몇 개의 낱말이 있다. 이들 명사는 여성 명사로 격변화 하지만 이 명사와 함께 사용되는 형용사, 대명사, 동사 등은 남성으로 취급한다.

| мужчи́на | man | дя́дя | uncle |
| ю́ноша | youth | судья́ | judge |

Пе́редо мной стоя́л высо́кий мужчи́на с чемода́ном в рука́х.
Before me stood a tall man with a suitcase in his hand.
(나의 앞에, 손에 여행가방을 든 키 큰 남자가 서 있었다.)

(3) **-ь**로 끝나는 명사에는 남성명사도 여성명사도 있다. 그것을 간단히 식별하는 방법이 없으므로 낱말의 뜻과 함께 그 성별도 암기해야 한다. 그러나 다음 경우에는 대체로 여성명사이다.

① -жь, -чь, -шь, -щь(상악음+ь)로 끝나는 낱말

| вещь | thing | ложь | lie |
| дочь | daughter | тушь | Indian ink |

② 사람이나 동물 이외의 것을 나타내는 명사로 -знь, -сть, -сь, -вь, -бь, -пь로 끝나는 낱말

жизнь	life	любо́вь	love
весть	news	степь	steppe
по́дпись	signature	це́рковь	church

③ 접미사 -ость로 끝나는 낱말

возмо́жность	possibility	незави́симость	independence
де́ятельность	activity	ско́рость	speed
кре́пость	strength, fortress	тру́дность	difficulty

단, гость(guest)는 남성명사이다.

УРОК 3 명사의 성

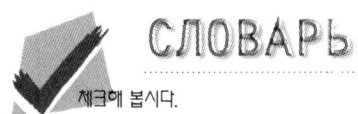

СЛОВАРЬ

체크해 봅시다.

мел	m. chalk 백묵	мужчи́на	m. man 남자, 남성
день	m. day 낮, 하루, 1일	дя́дя	m. uncle 아저씨, 삼촌
го́спиталь	m. hospital 병원	пе́ред	prep. before ~의 앞에
геро́й	m. hero 영웅, 주인공	чемода́н	m. suitcase 여행용 가방
стена́	f. wall 벽, 성벽	тушь	f. Indian ink 먹
па́ртия	f. party 당, 정당, 동료	по́дпись	f. signature 서명
а́рмия	f. army 군, 육군	степь	f. steppe 대초원
фами́лия	f. surname 성(姓)	возмо́жность	f. possibility 가능성
дочь	f. daughter 딸	кре́пость	f. strength 강도(强度) fortress 요새, 성채
но́вость	f. news 뉴스, 새로운 소식	ско́рость	f. speed 속도, 속력
де́рево	n. tree 나무	гость	m. guest 손님, 방문객
пи́во	n. beer 맥주	самолёт	m. airplane 비행기
слова́рь	m. dictionary 사전 vocabulary 어휘	земля́	f. earth, land 지구, 지면, 토지
писа́тель	m. writer 작가	лю́ди	pl. people 사람들
музе́й	m. museum 박물관	письмо́	n. letter 편지, 소식
трамва́й	m. tramcar 전차	по́ле	n. field 들판, 밭
ня́ня	f. nurse 유모, 간호원	се́рдце	n. heart 심장, 마음
исто́рия	f. history 역사	вре́мя	n. time 시간, 때
неде́ля	f. week 주, 1주간	зна́мя	n. banner 기(旗), 군기
мать	f. mother 어머니	ю́ноша	n. youth 청년, 젊은이
вещь	f. thing 물건, 물품	судья́	m. judge 판사, 재판관
сло́во	n. word 단어, 말	высо́кий	a. high (키가)큰, 높은
де́ло	n. matter, business 일, 문제, 업무	ложь	f. lie, falsehood 거짓, 불성실
со́лнце	n. sun, 태양	весть	f. news 통보, 소식, 뉴스
собра́ние	n. meeting 집회, 회의	любо́вь	f. love 사랑, 애정
и́мя	n. name 이름		

це́рковь	f. church 교회, 교회당	стано́к	m. lathe, machine tool 공작기계
де́ятельность	f. activity 활동, 사업	фа́брика	f. factory 공장
незави́симость	f. independence 독립, 자주성	теа́тр	m. theatre 극장
тру́дность	f. difficulty 곤란함, 어려움	ночь	f. night 밤, 밤중
лете́ть	impf. fly 날아서 가다(오다)	река́	f. river 강
внизу́	ad. below 아래에	юг	m. south 남쪽, 남방
лес	m. forest, wood 수풀, 삼림	рабо́та	f. work 직업, 일, 직장
се́вер	m. north 북쪽, 북방	те́хник	m. technician 기술자, 기술공
		пло́щадь	f. square 광장
		тетра́дь	f. copybook 공책, 노트

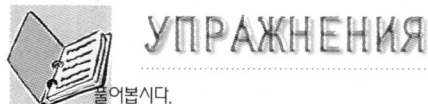
УПРАЖНЕНИЯ
풀어봅시다.

[1] 우리말로 옮겨라.

1. Вот лети́т самолёт. Внизу́ земля́. Внизу́ по́ле, лес и лю́ди. Вот река́. Э́то Во́лга.

2. Э́то самолёт? Да, э́то самолёт.
   Он лети́т на се́вер и́ли на юг? Самолёт лети́т на се́вер.

3. Э́то фа́брика? Да, э́то фа́брика.
   Здесь моя́ рабо́та.
   Вот мой стано́к.
   Кто э́то? Э́то моя́ сестра́.
   Она́ те́хник?
   Да, она́ те́хник.

4. Это кни́га? Да, э́то кни́га.
   Э́то моя́ кни́га. Здесь газе́та. Вот доска́ и мел.

5. Стол там? Да, стол там.
   Стул там и́ли здесь? Мой стул здесь.
   Ла́мпа там? Нет. Где ла́мпа? Она́ здесь.

[2] 러시아어로 옮겨라.

1. 그 학생은 어디 있습니까? 그는 저기 있습니다.

2. 잡지는 어디 있습니까? 그것은 여기 있습니다.

3. 그 여학생은 어디 있습니까? 그녀는 저기 있습니다.

4. 흑판은 어디에 있습니까? 그것은 여기 있습니다.

5. 펜은 어디에 있습니까? 그것은 여기에 있습니다.

6. 학생과 교수는 어디 있습니까? 그들은 여기 있습니다.

[3] 다음 낱말의 성별(род)을 써라.

1. инжене́р
2. музе́й
3. окно́
4. доска́
5. по́ле
6. самолёт
7. дверь
8. учи́тель
9. вре́мя
10. теа́тр
11. пло́щадь
12. ко́мната
13. неде́ля
14. сло́во
15. мо́ре
16. день
17. ночь
18. перо́
19. студе́нт
20. тетра́дь
21. и́мя

# 명사의 수
(Число, Number)

명사에는 단수형(單數形)과 복수형(複數形)이 있다.

1. 영어에서 단수를 복수로 만드는 데는 규칙변화와 불규칙 변화가 있다.

(1) 규칙변화는 단수명사 어미에 s(또는 es)를 붙여서 만든다.

book → books   bench → benches
cup → cups   dish → dishes
dog → dogs   fox → foxes

(2) 불규칙 변화는 규칙이 없으므로 하나하나 명사별로 암기하여야 한다.

foot → feet   child → children
tooth → teeth   oasis → oases
man → men   sheep → sheep

2. 러시아어에서 복수형은 단수형의 어미를 변화시켜서 만든다.

(1) 남성명사

	낱말의 어미	단 수	어미변화	복 수
남성명사	경자음	студе́нт заво́д	+ ы	студе́нты заво́ды
	г, к, х, ж ч, ш, щ	уро́к нож	+ и	уро́ки ножи́
	й	геро́й, музе́й	й → и	геро́и музе́и
	ь	словарь	ь → и	словри́

УРОК 4 명사의 수

[주의] 1. 경자음으로 끝나는 명사는 단수형에 복수형 어미 **ы**를 덧붙인다.
2. г, к, х, ж, ч, ш, щ(후음 및 치찰음) 등으로 끝나는 것은 정자법 규칙에 따라 -ы 대신 -и를 쓴다
3. й, ь로 끝나는 낱말은 -й 또는 -ь를 -и로 바꾼다.
4. 남성명사 중에는 복수 주격 어미가 -ы 대신 -á, -и 대신 -я́인 것이 있다. 이 경우 -á, -я́에 반드시 역점이 있다.

го́род → города́ край → края́
дом → дома́ учи́тель → учителя́

5. 복수형에는 어간의 -e-나 -o-가 빠지는 것이 있다. 이것을 출몰모음(出沒母音) 현상이라고 한다.

оте́ц → отцы́ кружо́к → кружки́

(2) 여성명사

	낱말의 어기	단 수	어미변화	복 수
여성명사	а	газе́та страна́ ко́мната	а → ы	газе́ты стра́ны ко́мнаты
		кни́га гру́ша	а → и	кни́ги гру́ши
	я	земля́ неде́ля	я → и	зе́мли неде́ли
	ь	дверь вещь но́вость	ь → и	две́ри ве́щи но́вости

[주의] 1. -га, -ка, -ха, -жа, -ша, -ща로 끝나는 것은 정자법 규칙에 따라 -ы대신 -и를 쓴다.
2. 역점이 이동하는 것이 있다.(земля́ зе́мли)

(3) 중성명사

	낱말의 어미	단 수	어미변화	복 수
중성명사	о	сло́во окно́ ме́сто	о → а	слова́ о́кна места́
	е	мо́ре по́ле зна́ние	е → я	моря́ поля́ зна́ния
	мя	вре́мя и́мя се́мя	мя → мена	времена́ имена́ семена́

СЛОВАРЬ

체크해 봅시다.

заво́д	m. factory, plant 큰 공장	кра́й	m. edge, brim 끝, 가장자리
го́род	m. city, town 시내, 도시	гру́ша	f. pear 배
страна́	f. country 나라, 지방	се́мя	n. seed 종자, 씨
ме́сто	n. place 장소	бы́стро	ad. quickly, rapidly 빨리, 급히
уче́бник	m. textbook 교과서	гора́ (pl. го́ры)	f. mountain 산
луг	m. meadow 풀밭, 초원, 목장		
доли́на	f. valley 계곡, 골짜기	дере́вня	f. village 마을, 농촌
ша́хта	f. mine 광산	институ́т	m. institute 연구소 college 전문대학
у́лица	f. street 거리, 가로		
нож	m. knife 칼, 나이프		

УПРАЖНЕНИЯ

[1] 우리말로 옮겨라.

1. Вы студе́нты? Да, студе́нты.
   Они́ то́же студе́нты? Нет, они́ профессора́.

2. Вот стол. Здесь газе́ты и журна́лы.
   Словари́ есть? Вот они́.

3. Это уче́бники? Нет, э́то словари́.
   Где тетра́ди? Вот здесь.

4. Самолёт лети́т на се́вер. Он лети́т высоко́ и бы́стро.
   Внизу́ поля́ и луга́, го́ры и доли́ны, леса́ и ре́ки.
   Внизу́ города́ и дере́вни, ша́хты и заво́ды.

5. Вот го́род Москва́. Здесь фа́брики и заво́ды, институ́ты и шко́лы, теа́тры и музе́и, у́лицы и пло́щади.

[2] 러시아어로 옮겨라.

1. 여기에 정원들과 공원들이 있습니다.

2. 저기에 거리들과 광장들이 있습니다.

3. 이것은 방입니다.
   오른쪽에 창문들이 있고 왼쪽에 도어들이 있습니다.

4. 이것은 교과서 입니다. 여기에 본문들과 문법, 사전 그리고 연습문제들이 있습니다.

5. 우리들은 학생들입니다.
   그들은 선생님들입니다.
   당신들은 노동자들입니다.

[3] 다음 명사의 성별을 밝히고 복수형을 써라.

1. 역점이 이동하지 않는 것

   ① шко́ла
   ② теа́тр
   ③ у́лица
   ④ това́рищ
   ⑤ пло́щадь
   ⑥ инжене́р
   ⑦ ка́рта
   ⑧ журна́л
   ⑨ музе́й
   ⑩ институ́т
   ⑪ ко́мната
   ⑫ уче́бник
   ⑬ заво́д
   ⑭ самолёт
   ⑮ фа́брика

2. 역점이 어미로 이동하는 것

   ① го́род
   ② стол
   ③ мо́ре
   ④ слова́рь
   ⑤ сло́во
   ⑥ врач
   ⑦ лес
   ⑧ каранда́ш
   ⑨ по́ле
   ⑩ слон
   ⑪ бе́рег
   ⑫ глаз
   ⑬ вре́мя
   ⑭ век
   ⑮ по́езд

3. 역점이 어간으로 이동하는 것

   ① сестра́
   ② окно́
   ③ гора́
   ④ рука́
   ⑤ лицо́
   ⑥ нога́
   ⑦ страна́
   ⑧ земля́
   ⑨ голова́
   ⑩ письмо́
   ⑪ яйцо́
   ⑫ кольцо́

5 동사의 변화
(Спряжение глаголов, Conjugation of verbs)

동사의 기본형을 부정법(不定法)이라고 한다. 인칭(人稱), 시제(時制), 수(數)를 전혀 고려하지 않는 동사의 원형이다.

동사의 부정법은 인칭(1인칭, 2인칭, 3인칭), 수(단수, 복수), 시(현재, 과거, 미래), 법(직설법, 명령법, 가정법)에 따라 여러가지로 변화한다. 이것을 "동사의 변화"라고 한다.

영어의 부정법 또는 부정사(Infinitive)는 보통 to - 동사의 원형(To-infinitive, to be, to do)의 형식을 취한다. 그러나 to가 없는 원형부정사(Root Infinitive, be, do)도 있다.

러시아어의 부정법은 대개 〈모음 + ть〉의 형식으로 끝난다. (-сть, -зть, -ти, -чь 로 끝나는 동사도 있다.)

читáть (to read)   рабóтать (to work)
знать (to know)   идти́ (to go)
понимáть (to understand)   мочь (to be able)
дýмать (to think)   класть (to lay)
дéлать (to do, to make)   вести́ (to lead)

1. 동사의 현재형

동사의 현재 변화는 동사 전체가 다 변화하는 것이 아니고 일부분 단이 변화한다. 변화하는 부분은 동사의 끝 부분이므로 이것을 어미라고 부르고 변화하지 않는 부분을 어간이라고 한다. 따라서 동사의 변화는 변화부분 즉 어미만 잘 이해하면 된다.

동사의 현재 변화에는 제 1식 변화와 제 2식 변화가 있다.

수	인칭	식 / 부정법 / 어간	제1식 чита́ть чита́-	제2식 говори́ть говор —
단수	я ты он оно́ она́		чита́ — ю чита́ — ешь чита́ — ет	говор — ю́ говор — и́шь говор — и́т
복수	мы вы они́		чита́ — ем чита́ — ете чита́ — ют	говор — и́м говор — и́те говор — я́т

➡ 1. 제 1식 변화는 부정법에서 접미사 -ть를 뗀 것을 어간으로 하고 이에 어미 -ю, -ешь, -ет, -ем, -ете, -ют를 붙인다.
  2. 제 2식 변화는 부정법에서 접미사 -ить를 뗀 것을 현재 어간으로 하고 어미 -ю, -ишь, -ит, -им, -ите, -ят를 붙인다.

(1) 제 1식 변화 동사의 예 (First conjugation)

    де́лать   (to do, to make 하다, 행하다, 만들다)
    рабо́тать   (to work 일하다, 노동하다)
    знать   (to know 알다, 인식하다, 지식을 갖다)
    понима́ть   (to understand 이해하다, 알다)
    изуча́ть   (to learn 배우다, 연구하다)
    слу́шать   (to listen 듣다, 경청하다)
    писа́ть   (to write 쓰다, 편지를 쓰다)
    идти́   (to go 가다, 걷다, 향하다, 오다)
    петь   (to sing 노래하다, 노래부르다)

어미가 -ать로 끝나는 동사의 대부분이 제 1식에 속한다.

(2) 제 2식 변화 동사의 예 (Second conjugation)

    ве́рить   (to believe 믿다, 신뢰하다)

смотре́ть	(to look at 보다(의식하고), 바라보다)
кури́ть	(to smoke 담배를 피우다, 흡연하다)
люби́ть	(to love 사랑하다, 좋아하다, 연애하다)
молча́ть	(to be silent 침묵을 지키다, 잠자코 있다)
носи́ть	(to carry 지니다, 휴대하다, 나르다)
по́мнить	(to remember 기억하다, 암송하다)
сто́ить	(to cost 값이 얼마이다, 가치가 있다)
стоя́ть	(to stand 서다, 서 있다, 있다, 존재하다)
спа́ть	(to sleep 잠자다, 잠자고 있다)
сиде́ть	(to sit 앉아 있다, 걸터 앉아 있다)
учи́ть	(to teach 가르치다, 복습하다, 예습하다)

어미가 -ить로 끝나는 동사의 대부분이 제 2식에 속한다.

2. 동사의 현재형이 나타내는 의미

(1) 영어의 현재 시제 용법은 다음과 같다.

① 현재의 사실

My sister knows Russian.　　(나의 누나는 러시아어를 알고 있다.)
Our school stands on a hill.　　(우리 학교는 언덕 위에 있다.)
He has black hair.　　(그는 검은 머리털을 가지고 있다.)

② 현재의 습관적인 동작

He gets up at six every morning.
(그는 매일 아침 여섯시에 일어난다.)
He usually takes a walk before breakfast.
(그는 보통 조반 전에 산책한다.)
He smokes.　(그는 담배를 피운다.)
He goes to church every Sunday.
(그는 일요일 마다 교회에 간다.)

③ 불변의 진리

The sun rises in the east and sets in the west.
(태양은 동쪽에서 뜨고 서쪽으로 진다.)
The earth moves round the sun.
(지구는 태양 둘레를 돈다.)
Two and two make four.
(2 + 2 = 4)

④ 역사적 현재

Beethoven goes to the piano, sits down at it, and begins to play.
(베토벤은 피아노 쪽으로 가서, 자리를 잡고 연주하기 시작한다.)
Napoleon marches in triumph to Paris.
(나폴레옹은 파리를 향해서 의기양양하게 전진한다.)

⑤ 미래의 대용

He arrives on Saturday.
(그는 토요일에 도착한다.)
Wait here till I come back.
(내가 돌아올 때 까지 여기서 기다려라.)
Tell him about it when he comes.
(그가 오면 그것에 대하여 그에게 말하라.)

(2) 러시아어의 현재형은 영어의 현재, 현재 진행형의 역할을 한다.

러시아어에는 영어의 2가지 현재 시제 형식(현재 시제와 현재 진행형)에 해당하는 한가지 현재 시제형만이 있다.(In Russian there is only one form of the present tense which corresponds to the two present tense forms of the English language, present indefinite and present continuous.)
영어의 **"be동사 + -ing"** 와 같은 현재 진행형은 러시아어에는 없다.

러시아어의 현재형 용법은 다음과 같다.

① 진행중의 동작

Он сейчас работает.
He is working now. (그는 지금 일하고 있다.)

Сейчас он читает.
He is reading now. (그는 지금 읽고 있다.)

② 현재의 습관, 반복의 동작

Он работает каждый день.
He works every day. (그는 매일 일한다.)

Он мне часто пишет.
He often writes to me (그는 자주 나에게 편지를 쓴다.)

③ 일반적 사실 또는 진리

Он работает очень хорошо.
He works very well. (그는 일을 매우 잘한다.)

Он читает по-русски хорошо.
He reads Russion well. (그는 러시아어를 잘 읽는다.)

러시아어의 현재형을 우리말로 옮길 때에는 문장의 내용으로 위의 세 용법중 어느 것인가를 판단할 필요가 있다.

3. 동사 변화에 관한 유의사항

(1) 어간의 자음이 ж, ч, ш, щ로 끝날 때에는 정자법 규칙에 따라 -ю, -я 대신 -у, -а를 쓴다.

служить(serve 근무하다, 봉사하다)   служу, служат
кричать(cry 외치다, 고함치다)   кричу, кричат

(2) 동사가 변화할 때 역점이 이동하는 것과 이동하지 않는 것이 있다. (그것은

동사별로 기억하여야 한다)

① 부정법의 마지막 모음에 역점이 오지 않는 동사의 현재 변화는 역점이 이동하지 않는다.

  ду́мать （think 생각하다） ду́маю, -ешь, -ет, -ем, -ете, -ют
  ве́рить （believe 믿다） ве́рю, -ишь, -ит, -им, -ите, -ят
  обе́дать （dine 식사하다） обе́даю, -ешь, -ет, -ем, -ете, -ют

② 부정법의 마지막 모음에 역점이 있는 동사는 역점이 이동하는 것과 이동하지 않는 것이 있다.

 i) 이동하지 않는 동사
 висе́ть （hang 매달리다）
  → вишу́, -и́шь, -и́т, -и́м, -и́те, -я́т

 бежа́ть （run 달리다, 뛰어가다）
  → бегу́, -жи́шь, -и́т, -и́м, -и́те, -бегу́т

 молча́ть （be silent 침묵을 지키다）
  → молч-у́, -и́шь, -и́т, -и́м, -и́те, -а́т

 ii) 이동하는 동사
 держа́ть （hold, keep 쥐고 있다）
  → держ-у́, де́рж-ишь, -ит, -им, -ите, -ат

 носи́ть （carry 지니다, 휴대하다）
  → нош-у́, но́с-ишь, -ит, -им, -ите, -ят

 писа́ть （write 쓰다）
  → пиш-у́, пи́ш-ешь, -ет, -ем, -ете, -ут

УРОК 5 동사의 변화

СЛОВАРЬ

체크해 봅시다.

чита́ть	impf. read 읽다, 독서하다	тепе́рь	ad. now 지금, 현재
понима́ть	impf. understand 이해하다, 알다	немно́го	ad. a little, slightly 조금, 적게, 좀
де́лать	impf. do, make 하다, 만들다	язы́к	m. language, tongue 언어, 혀, 말
идти́	impf. go 걸어서 가다, 오다	ещё	ad. more, yet 아직, 더욱더
класть	impf. lay 놓다, 넣다, 담다	ма́ло	ad. little, few 조금, 약간의
говори́ть	impf. speak 말하다, 이야기하다	ра́дио	n. radio 라디오
слу́шать	impf. listen 듣다, 경청하다	как	ad. how 어떻게, 어떻게 해서
петь	impf. sing 노래하다	произноси́ть	impf. pronounce 발음하다
смотре́ть	impf. look at 보다, 바라보다	знать	impf. know 알다, 이해하다
люби́ть	impf. love 좋아하다, 사랑하다	ду́мать	impf. think 생각하다
носи́ть	impf. carry 지니다, 휴대하다, 나르다	рабо́тать	impf. work 일하다, 근무하다
сто́ить	impf. cost 값이 얼마이다, 가치가 있다	мочь	impf. can, be able, may 해도 좋다, ~할수 있다
сиде́ть	impf. sit 앉아 있다	вести́	impf. lead 데리고 가다, 오다
сейча́с	ad. now, at once 지금, 즉시	изуча́ть	impf. learn 배우다, 연구하다
ча́сто	ad. often 자주, 빈번히	писа́ть	impf. write 쓰다, 편지를 쓰다
хорошо́	ad. well, nicely 좋게, 훌륭하게	ве́рить	impf. believe 믿다, 신뢰하다
служи́ть	impf. serve 근무하다, 봉사하다	кури́ть	impf. smoke 담배를 피우다
обе́дать	impf. dine 식사하다, 점심을 먹다	молча́ть	impf. be silent 침묵을 지키다
		по́мнить	impf. remember 기억하다
		спать	impf. sleep 잠자다, 잠자고 있다
бежа́ть	impf. run 달리다, 뛰어가다	учи́ть	impf. teach 가르치다

ка́ждый	a. each, every 각각의, 개개의	уже́	ad. already 이미, 벌써
		коре́йский	a. Korean 한국의, 한국인의
о́чень	ad. very 매우, 참, 대단히	уме́ть	impf. can, be able ~할줄 안다, ~할 능력이 있다
по-ру́сски	ad. (in) Russian 러시아어로		
крича́ть	impf. cry 외치다, 고함치다	пло́хо	ad. poorly, badly 나쁘게
висе́ть	impf. hang 걸려있다, 매달리다	когда́	ad. when 언제, ~할 때에
		конце́рт	m. concert 연주회
держа́ть	impf. hold, keep 쥐고 있다	ме́дленный	a. slow 느린, 완만한

풀어봅시다.

[1] 우리말로 옮겨라.

1. Я коре́ец. Я говорю́ по-коре́йски. Тепе́рь я изуча́ю ру́сский язы́к. Я уже́ немно́го понима́ю и говорю́ по-ру́сски.

2. Вы ру́сский. Вы говори́те по-ру́сски. Тепе́рь вы изуча́ете коре́йский язы́к. Вы уже́ хорошо́ понима́ете по-коре́йски.

3. Мой брат хорошо́ говори́т по-англи́йски, он уме́ет чита́ть по-неме́цки. Моя́ сестра́ уме́ет говори́ть по-францу́зски.

4. Брат и сестра́ чита́ют по-ру́сски уже́ хорошо́, но говоря́т ещё пло́хо. Они́ ма́ло понима́ют, когда́ вы говори́те по-ру́сски бы́стро.

5. Моя́ мать, мой оте́ц и я сейча́с слу́шаем ра́дио. Мы слу́шаем конце́рт.

6. Что де́лает ваш брат? Он рабо́тает. Как он рабо́тает? Он рабо́тает о́чень хорошо́.

7. Вы зна́ете, как по-ру́сски сло́во "book"? Зна́ю. Это по-ру́сски «кни́га».

[2] 러시아어로 옮겨라.

1. 당신은 러시아어를 합니까? 네, 조금 합니다.

2. 그는 영어를 말합니다.

3. 우리들은 러시아어를 매우 천천히 말합니다.

4. 당신은 무엇을 하고 있습니까? 나는 수업(уро́к)을 하고 있습니다.

5. 당신은 러시아어를 잘 씁니다.

6. 누가 러시아어를 압니까? 아무도 모릅니다.

7. 학교에서 우리들은 러시아어를 배운다.

8. 당신들은 무엇을 하고 있습니까? 우리들은 텔레비젼을 보고 있습니다.

9. 우리들은 담배를 피우지 않지만 그들은 담배를 피웁니다.

10. 당신은 무엇을 읽고 있습니까? 나는 러시아 잡지 「신세계」를 읽고 있습니다.

[3] 러시아어에 해당하는 영어를 오른쪽에서 골라 그 번호를 써라.

1. Вы говори́те по-ру́сски?
2. Я понима́ю, но не говорю́.
3. Говори́те ме́дленнее.
4. Что вы де́лаете?
5. Я зна́ю то́лько не́сколько слов.
6. Она́ чита́ет по-ру́сски о́чень хорошо́.
7. Вы пло́хо произноси́те ру́сские слова́.
8. Не говори́те так бы́стро.
9. Я не говорю́ по-ру́сски, но понима́ю.
10. Вы поёте, а я чита́ю.

① Speak more slowly.
② She reads Russian very well.
③ I know only a few words.
④ You pronounce Russian words badly.
⑤ I do not speak Russian, but I understand it.
⑥ You are singing and I am reading.
⑦ Do you speak Russian?
⑧ I understand, but don't speak.
⑨ Don't talk so fast.
⑩ What are you doing?

[주의] По-ру́сски(Russian, in Russian), по-англи́йски(English, in English)와 같은 부사는 말하여지는 언어를 표시한다(Such adverbs as по-ру́сски and по-англи́йски denote the language which is spoken).

Он говори́т по-ру́сски.	He speaks Russian.
Мы говори́м по-англи́йски.	We speak English.

러시아어에서는 He speaks Russian.의 Russian을 по-ру́сски로 표시한다. Ру́сский라는 형용사만으로는 러시아어라는 뜻으로 사용될 수 없다. Язы́к라는 명사를 덧붙여야 한다(The adjective Ру́сский cannot be used alone to mean Russian language, the noun язы́к must also be added).

Ру́сский язы́к	Russian language, Russian
Англи́йский язы́к	English language, English
Францу́зский язы́к	French language, French

 # 동사 Быть의 용법
(*Употребление глагола быть, Uses of the verb быть*)

1. 현재

(1) 영어의 be 동사의 용법

영어의 be동사는 인칭에 따라 am, are, is로 변화한다.(과거는 was, were)

	단수 (과거)	복수 (과거)
1인칭	I am (was)	We are (were)
2인칭	You are (were)	You are (were)
3인칭	He is She is (was) It is	They are (were)

영어의 be동사는 "…이다"라는 연사(Link verb)의 뜻과 "있다"라는 존재의 뜻을 가지고 있다.

① "… 이다"(연사)

He is a scholar. (그는 학자이다.)
John is my friend. (John은 나의 친구이다.)
Iron is hard. (쇠는 단단하다.)

② "있다"(존재)

Where is he? (그는 어디 있습니까?)
He is in his room. (그는 그의 방에 있습니다.)
The vase is on the table. (꽃병은 탁자 위에 있다.)
How can such things be? (어떻게 이런 일이 존재할 수 있을까?)

be동사는 조동사로도 사용되어 수동태와 진행형을 만든다.

① 수동태 "be+과거분사"

He is trusted by everyone. (그는 누구에게나 신뢰를 받고 있다.)
The doors are painted green. (도어는 초록색으로 칠해져 있다.)

② 진행형 "be+현재분사"

He is waiting for you. (그는 당신을 기다리고 있습니다.)
I was reading a book. (나는 책을 읽고 있었다.)

(2) есть(동사 быть의 3인칭 단수형)의 용법

러시아어에서 동사 быть의 현재는 3인칭 단수형 есть만 남아 있고 이것이 단수, 복수로 쓰인다. 러시아어에서는 영어의 'is'나 'are' 등에 해당하는 동사는 현재 시제에서는 보통 사용되지 않는다.

Дом там.   The house is there. (그 집은 저기 있다.)

есть의 용법은 다음과 같다.

① "… 이다"(연사) есть는 보통 사용되지 않고 생략된다.

Я студе́нт.   I am a student. (나는 학생이다.)
Мы студе́нты.   We are students. (우리는 학생이다.)
Это каранда́ш.   This is a pencil. (이것은 연필이다.)
Это ко́мната.   This is a room. (이것은 방이다.)

② 사람 또는 사물의 존재를 나타낸다. 이 경우에 есть는 보통 생략된다.

Дом тут.   The house is here. (그 집은 여기 있다.)
Мост там.   The bridge is there. (그 다리는 저기 있다.)
Там зал.   There is a hall there. (저기 홀이 있다.)
Вот стул.   Here is a chair. (여기 의자가 있다.)

УРОК 6 동사 быть의 용법

В э́том го́роде есть музе́й.
There is a museum in this city. (이 도시에 박물관이 있다.)
Сего́дня у меня́ есть вре́мя пойти́ в теа́тр.
Today I have time to go to the theatre.
(오늘 나는 극장에 갈 시간이 있다.)

③ "… 이 있다"는 것을 뜻하는 영어의 There is …, There are … 구문은 러시아어에서는 есть로 나타낸다.

Здесь есть лес.   There is a wood here.
                  (여기 숲이 있다.)
Есть здесь и река́. There is also a river here.
                  (여기 강도 또한 있다.)

영어의 There is …, There are … 구문 다음에는 처음으로 화제에 오른 정해지지 않은 어떤 주어가 온다.

There is a book on the table.   (탁자 위에 책이 있다.)
There is a dog in the garden.   (정원에 개가 있다.)

정해진 특정한 것이 있다는 것을 나타낼 때에는 보통 There is …, There are … 구문을 쓰지 않는다.

The book is on the table.   (그 책은 탁자 위에 있다.)
The dog is in the garden.   (그 개는 정원에 있다.)
Mary is in the kitchen.   (매리는 부엌에 있다.)

есть는 정해지지 않은 어떤 것이 있다는 것을 나타낼 때는 사용되지만 특정한 어떤 것의 존재를 나타내는 경우에는 일반적으로 생략된다.

Я́блоко есть.   There is an apple.
                      (사과가 있다.)
Я́блоко в корзи́не.   The apple is in the basket.
                      (그 사과는 바구니 안에 있다.)
Ко́шка есть.   There is a cat.
                      (고양이가 있다.)

77

Кóшка на столé.	The cat is on the table. (그 고양이는 탁자 위에 있다.)
На э́той у́лице есть библиотéка.	There is a library in this street. (이 거리에 도서관이 있다.)
Библиотéка на э́той у́лице.	The library is in this street. (그 도서관은 이 거리에 있습니다.)
Что есть на столé?	What is there on the table? (탁자 위에 무엇이 있습니까?)
На столé есть перó.	There is a pen on the table. (탁자 위에 펜이 있습니다.)
Что на столé?	What is on the table? (무엇이 탁자 위에 있습니까?)
Перó на столé.	The pen is on the table. (그 펜은 탁자 위에 있습니다.)

Земля́ велика́ и прекра́сна, есть на ней мно́го чудéсных людéй.
The earth is a large and splendid place, there are many wonderful people on it.
(지구는 아주 크고 매우 아름답다. 그 위에는 훌륭한 사람들이 많다.)

영어의 "there is"가 단순한 존재를 표시할 때는 그것은 러시아어에서는 옮겨지지 않고 그 문장은 보통 장소나 시간을 나타내는 낱말로 시작된다.

There is a map on the wall. (벽에 지도가 있다.)	На стенé есть кáрта.
There is a table in the room. (방안에 탁자가 있다.)	В кóмнате есть стол.

④ 존재 그 자체를 강조하거나 어떤 정의를 내릴 때는 есть가 사용된다.

Здесь есть телефóн.
There is a telephone. (전화가 있다.)
Филосóфия есть наýка.
Philosophy is a science. (철학은 과학이다.)

Прямая линия есть кратчайшее расстояние между двумя точками.
A straight line is the shortest distance between two points.
(직선은 두점 사이의 최단 거리이다.)

⑤ У меня, у меня есть의 용법

У меня, у меня есть는 "I have"(~을 가지고 있다.)의 러시아어 표현이다. 전치사 у는 명사의 생격을 지배하며 소속이나 소유 또는 "by, with"(옆에, 에게)의 뜻을 나타낸다.

단수	1인칭	У меня (есть)	I	have
	2인칭	У тебя (есть)	You	have
	3인칭	У него (есть)	He	has
		У неё (есть)	She	has
		У него (есть)	It	has
복수	1인칭	У нас (есть)	We	have
	2인칭	У вас (есть)	You	have
	3인칭	У них (есть)	They	have
의문		У кого (есть)?	Who	has?

i) 어떤 물건을 사용할 수 있는 권리를 가지고 있다는 의미에서 소유를 강조할 때는 есть를 쓴다.

У кого деньги?   Who has the money?
(누가 그 돈을 가지고 보관하고 있습니까? - 보관은 하나 마음대로 쓸 수 없는 돈)
У кого есть деньги?   Who has some money(to spend)?
(누가 돈을 가지고 있습니까? - 마음대로 쓸 수 있는 돈)
У кого автомобиль?   Who has the car?
(누가 그 차를 가지고 있습니까? - 보관 또는 수리를 위해)
У кого есть автомобиль?   Who has a car?
(누가 차를 가지고 있습니까? - 운전할 수 있는 차. 그 차를 사용할 권리가 함축되어 있다.)

У негó <u>есть</u> автомобúль.	He has a car.
(그는 자동차를 가지고 있다.)	
У негó <u>есть</u> женá и сын.	He has a wife and a son.
(그에게는 아내와 아들이 있다.)	

ii) 필요하거나, 찾고 있는 물건을 누군가가 가지고 있는지를 물어볼때는 есть를 쓴다.

У вас <u>есть</u> карандáш?	Do you have a pencil?
	(연필을 가지고 있습니까?)
У тебя́ <u>есть</u> газéта?	Do you have a newspaper?
	(신문을 가지고 있습니까?)
У вас <u>есть</u> откры́тки?	Do you have any postcards?
	(엽서를 가지고 있습니까?)
Да, есть.	Yes, we have.
	(예, 가지고 있습니다.)
Вот они́	Here they are
	(자, 여기 있습니다.)

iii) 물건이 있는 것은 확실하지만 누가 가지고 있는지를 몰라서 물어볼 때는 есть를 쓰지 않는다.

У вас карандáш?	Do you have a pencil?
	(당신이 연필을 가지고 있습니까?)
У когó рýсская газéта?	Who has a Russian newspaper?
	(누가 러시아어 신문을 가지고 있습니까?)
У меня́.	I have.
	(내가 가지고 있습니다)

iv) 소유하고 있는 물건의 특징을 강조할 때에는 보통 есть를 생략한다.

У меня́ есть кáрта.	I have a map.
	(나는 지도를 가지고 있다.)
У меня́ болыпáя кáрта.	I have a big map.
	(나는 큰 지도를 가지고 있다.)

УРОК 6 동사 Быть의 용법

У меня есть карандаш.	I have a pencil.
	(나는 연필을 가지고 있다.)
У меня красный карандаш.	I have a red pencil.
	(나는 빨간 연필을 가지고 있다.)
У неё хороший голос.	She has a good voice.
	(그녀는 좋은 목소리를 가지고 있다.)
У нас большая семья.	We have a large family.
	(우리는 대가족이다.)

v) есть는 질문과 대답에서 사용된다.

У вас есть перо?	Do you have a pen?
	(펜을 가지고 있습니까?)
Да, есть.	Yes, we have.
	(예, 가지고 있습니다.)

⑥ "У меня есть"에서의 전치사 У의 의미

i) 소유, 가지고 있다.(have)

У него есть цветной телевизор.
He has a color television set.
(그는 컬러 텔레비젼을 가지고 있다.)

У студента новый словарь.
The student has a new dictionary.
(그 학생은 새 사전을 가지고 있다.)

У них есть всё что вам нужно.
They have everything you need.
(그들은 당신이 필요한 모든 것을 가지고 있다.)

У сестры в деревне новый дом.
My sister has a new house in the country.
(나의 누나는 시골에 새 집을 가지고 있다.)

ii) ~집에, ~집에서, ~와 함께

Она́ живёт у тётки. She lives at her aunt's.
(그녀는 그녀의 숙모집에서 산다.)

Мы живём у свои́х роди́телей. We live with our parents.
(우리는 우리 부모님과 함께 산다.)

Я был у до́ктора. I was with the doctor.
(나는 그 의사와 함께 있었다.)

iii) 물주대명사(мой, твой 등)와 같은 의미로 쓰이는 у меня́ 표현

Кни́га лежи́т <u>у меня́</u> на столе́.
The book is lying on <u>my</u> table.
(그 책은 나의 탁자 위에 놓여 있다.)

<u>У неё</u> в ко́мнате большо́е окно́.
There is a big window in <u>her</u> room.
(그녀의 방에 큰 창문이 있다.)

<u>У меня́</u> в кабине́те есть пи́сьменный стол.
In <u>my</u> study there is a desk.
(나의 서재에 책상이 있다.)

Дом <u>у неё</u> большо́й.
<u>Her</u> house is large.
(그녀의 집은 크다.)

⑦ У кого́와 име́ть

У кого́와 име́ть는 둘 다 "~을 가지고 있다"라는 뜻이다.

i) у+ 생격(у кого́) :
　구체적 소유(concrete possession)를 나타낼 때 쓴다.

У него́ большо́й дом. He has a large house.
(그는 큰 집을 가지고 있다.)

У них есть де́ти. They have children.
(그들에게는 자녀가 있다.)

ii) име́ть : 소유의 대상이 추상적일 때 사용한다.

Пье́са име́ла большо́й успе́х.
The play had a great success. (그 희곡은 큰 성공을 거두었다.)
Вы не име́ете пра́ва так говори́ть.
You have no right to talk like that. (당신은 그렇게 말할 권리가 없다.)
Я ре́дко име́ю возмо́жность говори́ть по-ру́сски.
I rarely have an opportunity to speak Russian.
(나는 러시아어를 말할 기회가 거의 없다.)

2. 과거

быть의 과거는 단수에 있어서는 남성(он был), 여성(она́ была́), 중성(оно́ бы́ло)으로 구별되고 복수는 3성 공통(они́ бы́ли)이다.

(1) 단수

남성	я, ты, он	был	I	was
여성	я, ты, она	была́	you	were
중성	оно	бы́ло	he, she, it	was

Он был до́брый челове́к.	He was a good man.	(그는 착한 사람이었다.)
Я была́ до́ма.	I was at home.	(나는 집에 있었다.)
Моя́ мать была́ учи́тельницей.	My mother was a teacher.	(나의 어머니는 선생이었다.)
Мой дом был удо́бный.	My home was comfortable.	(나의 집은 안락했다.)
Вчера́ бы́ло воскресе́нье.	Yesterday was Sunday.	(어제는 일요일이었다.)

(2) 복수

3성 공통	мы, вы, они	бы́ли	we, you, they → were

Где вы бы́ли вчера́? Where were you yesterday?
(당신들은 어제 어디에 있었습니까?)

Вчера́ мы бы́ли здесь. We were here yesterday.
(어제 우리는 여기 있었습니다.)

Кни́ги бы́ли интере́сные. The books were interesting.
(책들은 재미있었다.)

Вчера́ они́ бы́ли на конце́рте. They were at a concert yesterday.
(어제 그들은 음악회에 갔었다.)

[주의] быть의 과거형이 부정사(否定詞) не를 수반할 때 역점이 не로 이동한다. 단 여성형은 이동하지 않는다.

не́ был, не́ было, не́ были, не была́
До́ктор не́ был до́ма. The doctor was not at home. (의사는 집에 없었다.)
Мы не́ были до́ма. We were not at home. (우리는 집에 없었다.)
Она́ не была́ там. She was not there. (그녀는 그곳에 없었다.)

(3) У меня́ был의 용법

과거시제에서의 소유를 나타내기 위해서는 У меня́ есть를 У меня́ был(-а́, -о, -и)로 한다.

단수	1인칭	У меня́ был(-а́, -о, -и)	I	had
	2인칭	У тебя́ был(-а́, -о, -и)	You	had
	3인칭	У него́ был(-а́, -о, -и)	He	had
		У неё был(-а́, -о, -и)	She	had
		У него́ был(-а́, -о, -и)	It	had
복수	1인칭	У нас был(-а́, -о, -и)	We	had
	2인칭	У вас был(-а́, -о, -и)	You	had
	3인칭	У них был(-а́, -о, -и)	They	had

① У меня был에서 был은 소유되는 물건의 수와 성에 따라 변화한다.

    У нас был уро́к.　　　　　We had a lesson.
    　　　　　　　　　　　　　(우리는 수업을 받았다.)
    У него́ бы́ли но́вые кни́ги.　He had new books.
    　　　　　　　　　　　　　(그는 새 책을 가지고 있었다.)

② У меня́ был은 "there was at my house"(나의 집에 있었다.) 혹은 "I had with me"(나와 함께 있었다.)의 뜻을 가지고 있다.

  Вчера́ у нас бы́ли го́сти.
  There were guests at our house yesterday.
  (어제 우리집에 손님이 있었다.)
  Това́рищ Ивано́в был у меня́.
  Comrade Ivanov was at my home.
  (이바노프 씨는 나의 집에 있었다.)

(4) 연사(Link-verb)로서의 был

быть의 현재형은 연사(連辭)로서는 거의 사용되지 않고 생략된다. 그러나 과거형에서는 항상 사용된다.

    Моя́ мать была́ учи́тельница.　My mother was a teacher.
    　　　　　　　　　　　　　　(나의 어머니는 선생이었다.)
    Оте́ц был стар.　　　　　　　Father was old.
    　　　　　　　　　　　　　　(아버지는 늙었었다.)

3. 미래

(1) 동사 быть의 미래형

быть의 미래는 성(性)의 구별은 없고 수와 인칭의 구별이 있다. быть는 제 1식 변화를 한다. быть의 미래는 "~일 것이다, ~있을 것이다, ~할 것이다, ~될 것이다"등의 뜻을 가진다.

		단 수		복 수	
1인칭	я	бу́ду	I shall be	мы	бу́дем	we shall be
2인칭	ты	бу́дешь	you will be	вы	бу́дете	you will be
3인칭	он она́ оно́	бу́дет	he she will be it	они́	бу́дут	they will be

(2) быть 미래형의 용법

① бу́ду, бу́дешь 등은 주로 연사의 미래형(the future of the link verb)으로 사용된다.

Ночь бу́дет тёплая.
The night will be warm. (밤은 따뜻할 것이다.)

Э́тот ме́сяц бу́дет холо́дный.
It will be cold this month.
(이 달은 추울 것이다.)

Он бу́дет музыка́нтом.
He will be a musician. (그는 음악가가 될 것이다.)

За́втра бу́дет хоро́шая пого́да.
The weather will be good tomorrow. (내일 날씨는 좋을 것이다.)

Конце́рт бу́дет.
There will be a concert. (음악회가 있을 것이다.)

Где вы бу́дете за́втра?
Where will you be tomorrow? (내일 어디에 있겠습니까?)

За́втра я бу́ду до́ма.
Tomorrow I will be at home. (내일 집에 있겠습니다.)

бу́ду, бу́дешь 등에는 "~에 간다"는 뜻도 있다.

За́втра они́ бу́дут там.   Tomorrow they will go there.
(내일 그들은 그곳에 갈 것이다.)

Они́ бу́дут у нас за́втра.　They <u>are coming</u> to see us tomorrow.
　　　　　　　　　　　　(그들은 내일 우리를 만나러 올 것이다.)

과거시제에서와 마찬가지르 미래시제에서도 연사 **быть**는 생략되지 않는다.

② быть의 미래형 бу́дет는 미래에서의 소유를 나타내는데 사용된다.
(у меня́ бу́дет)

단 수	1인칭	У меня́ бу́дет, бу́дут I shall have	кни́га. a book.
	2인칭	У тебя́ бу́дет, бу́дут you will have	
	3인칭	У него́ бу́дет, бу́дут He will have У неё бу́дет, бу́дут She will have	кни́ги. books.
		나는(너는, 그는, 그녀는) 책(들)을 갖게 될 것입니다.	
복 수	1인칭	У нас бу́дет, бу́дут We shall have	кни́га. a book.
	2인칭	У вас бу́дет, бу́дут You will have	
	3인칭	У них бу́дет, бу́дут They will have	кни́ги. books.
		우리는(당신은, 그들은) 책(들)을 갖게 될 것입니다.	

У вас бу́дет кни́га.　　You will have a book.
　　　　　　　　　　　(당신은 책을 갖게 될 것이다.)
У нас бу́дут кни́ги.　　We will have books.
　　　　　　　　　　　(우리들은 책을 갖게 될 것이다.)

영어 문장의 목적어는 러시아어에서는 주어가 된다.
I shall have a book. → A book will be in my possession.
У меня́ бу́дет кни́га. (나는 책을 갖게 될 것이다.)

③ бу́ду, бу́дешь 등은 до́лжен, должна́ 등과 함께 사용하여 미래의 의무를 나타낸다. бу́ду, бу́дешь 등은 보통 до́лжен 다음에 놓는다.

За́втра я до́лжен бу́ду рабо́тать.
Tomorrow I shall have to work.
(내일 나는 일을 하여야 할 것이다.)

Ты должна́ бу́дешь отдыха́ть.
You will have to rest.
(당신은 쉬어야 할 것이다.)

Де́ти должны́ бу́дут игра́ть до́ма.
The children will have to play at home
(어린이들은 집에서 놀아야 할 것이다.)

④ 무인칭문에서 미래의 가능성, 필요성 혹은 불가능성을 표시하기 위하여 3인칭 단수 бу́дет가 мо́жно, ну́жно(на́до) 혹은 нельзя́ 다음에 사용된다.

За́втра мо́жно бу́дет отдыха́ть.
It will be possible to rest tomorrow. (내일은 쉴 수 있을 것이다.)

За́втра ну́жно бу́дет рабо́тать.
It will be necessary to work tomorrow.
(내일은 일을 하여야 할 것이다.)

Нельзя́ бу́дет рабо́тать до́ма.
It will be impossible to work at home.
(집에서 일하는 것은 불가능할 것이다.)

⑤ 형용사의 중성 단수 단어미형으로 된 무인칭문에서, 미래를 나타내기 위하여 бу́дет가 사용된다. 이때 бу́дет는 형용사 앞에도 뒤에도 올 수 있다.

Ско́ро бу́дет темно́.	It will soon be dark. (곧 어두워질 것이다.)
Как хорошо́ бу́дет ле́том!	How nice it will be in summer! (여름은 참 좋을 것이다.)
Ско́ро бу́дет жа́рко.	It will be hot soon. (곧 더워질 것이다.)

УРОК 6 동사 Быть의 용법

СЛОВАРЬ

체크해 봅시다.

зал	m. hall 홀, 큰방	ста́рый	a. old 늙은, 오래된
сего́дня	ad. today 오늘, 현재	стул	m. chair 의자
я́блоко	n. apple 사과	пойти́	pf. go 걸어서 나가다, 걷기 시작하다
ко́шка	f. cat 고양이		
вели́кий	a. great 대단히 큰, 위대한	корзи́на	f. basket 바구니, 광주리
чуде́сный	a. wonderful 놀랄만한, 뛰어난	библиоте́ка	f. library 도서관
		прекра́сный	a. beautiful 매우 아름다운
филосо́фия	f. philosophy 철학	телефо́н	m. telephone 전화
ли́ния	f. line 선, 직선	прямо́й	a. straight 똑바른
кра́ткий	a. short 짧은, 가까운	кратча́йший	a. the shortest 가장 짧은
ме́жду	prep. between ~의 사이에	расстоя́ние	n. distance 거리
то́чка	f. full stop. period 점, 구두점	двумя́	num. два(two)의 조격, 2개
автомоби́ль	m. car, automobile 자동차	де́ньги	pl. (no sing) money 돈
сын	m. son 아들, 자식	жена́	f. wife 처, 아내
большо́й	a. large, big 큰, 커다란	откры́тка	f. post-card 우편엽서
хоро́ший	a. good, fine 좋은, 우수한	кра́сный	a. red 적색의, 붉은
семья́	f. family 가족, 가정	го́лос	m. voice 목소리
телеви́зор	m. television set 텔레비전 수상기	цветно́й	a. coloured 색채가 있는, 채색한
		тётка	f. aunt 큰(작은)어머니
роди́тели	pl. parents 부모, 양친	до́ктор	m. doctor 의사
кабине́т	m. study 서재	пи́сьменный	a. writing 글로 쓴, 필기용의
де́ти	pl. children 어린이, 아이들		
успе́х	m. success 성공, 성과	пье́са	f. play 희곡, 각본
ре́дко	ad. rarely, seldom 간혹 드물게	пра́во	n. right 권리, 자격
		име́ть	impf. have 소유하다, 갖다
до́брый	a. good 착한, 좋은	челове́к	m. person 사람, 인간
удо́бный	a. comfortable 편리한, 알맞은	вчера́	ad. yesterday 어제
		интере́сный	a. interesting 재미있는, 흥미있는
воскресе́нье	n. Sunday 일요일		

тёплый	a. warm 따뜻한, 포근한
холо́дный	a. cold 추운, 차가운
ме́сяц	m. month 달, 1개월
музыка́нт	m. musician 음악가
пого́да	f. weather 날씨, 일기
отдыха́ть	impf. rest 쉬다, 휴식하다
нельзя́	ad. it is impossible ~할 수 없다
ну́жно	impers. it is necessary ~이 필요하다
ле́то	n. summer 여름
гео́лог	m. geologist 지질학자
фи́зик	m. physicist 물리학자
успе́шно	ad. successfully 성공적으로
альпини́ст	m. alpinist 등산가
пла́вать	impf. swim 헤엄치다
непло́хо	ad. rather well, not bad(ly) 꽤좋은
люби́мый	a. favourite, loved 귀여운, 사랑을 받는
кро́ме	prep. besides, except ~을 제외하고, 외에, 이외에
взро́слый	a. adult, grown-up 어른의, 성년의
вме́сте	ad. together 함께
жена́тый	a. married 아내있는, 결혼한
во́лос	m. hair 머리칼
се́рый	a. grey 회색의
энерги́чный	a. vigorous, energetic 정력적인, 강력한
лицо́	n. face 얼굴
цель	f. purpose, aim 목적, 목표
за́втра	ad. tomorrow 내일
до́лжен	pred. must, ought ~을 해야만 한다 빚지다
игра́ть	impf. play 놀다, 연주하다
мо́жно	pred. it is possible 할수 있다, 가능하다
тёмный	a. dark 어두운
жа́рко	ad. hot(ly) a. it is hot 덥게, 덥다
фило́лог	m. philologist 언어학자
заня́тие	n. 1. occupation 점령, 직업 2. lesson 수업, 공부
спортсме́н	m. sportsman 스포츠맨, 선수
те́ннис	m. tennis 테니스
бе́гать	impf. run (about) 달리다, 뛰어다니다
футбо́л	m. football 축구
спорт	m. sport 스포츠
ша́хматы	pl. (no sing) chess 장기
мла́дший	a. younger, the youngest 더 젊은
давно́	ad. long ago 옛날에, 오래전에
дру́жно	ad. in harmony 사이좋게
глаз (pl. глаза́)	m. eye 눈
у́мный	a. clever, wise 영리한, 현명한
серьёзный	a. serious 진지한, 진실한
гла́вный	a. main 주요한
всегда́	a. always 항상, 언제나

УПРАЖНЕНИЯ

[1] 우리말로 옮겨라.

1. Я студе́нт. У меня́ есть брат и сестра́. Мой брат — гео́лог. Моя́ сестра́ — фило́лог, а я фи́зик. Заня́тия у нас иду́т успе́шно.

2. Мы все спортсме́ны. Брат мой — альпини́ст. Моя́ сестра́ хорошо́ игра́ет в те́ннис, хорошо́ пла́вает и бе́гает.

3. Я непло́хо игра́ю в футбо́л. Футбо́л — мой люби́мый вид спо́рта. Я та́кже о́чень люблю́ пла́вать. Кро́ме того́, брат и я игра́ем в ша́хматы.

4. У нас больша́я семья́. Мои́ роди́тели уже́ ста́рые. Все их де́ти взро́слые. Я у них са́мая мла́дшая дочь. Мы живём вме́сте.

5. Мой брат уже́ давно́ жена́т, у него́ хоро́шая жена́. Брат и его́ жена́ живу́т дру́жно.

6. Мой брат о́чень высо́кий, у него́ тёмные во́лосы, а глаза́ се́рые, как у меня́. У него́ у́мное, энерги́чное, серьёзное лицо́.

7. Мой брат и моя́ сестра́ — хоро́шие студе́нты. Заня́тия у них, как и у меня́, — гла́вная цель. Мы мно́го чита́ем. У нас всегда́ есть но́вые кни́ги и журна́лы.

8. Земля́ велика́ и прекра́сна, есть на ней мно́го чуде́сных люде́й.

[2] 러시아어로 옮겨라.

   1. 우리들은 학생입니다.

   2. 이것은 연필입니다.

   3. 여기에 그림과 편지가 있습니다.

   4. 나는 신문을 가지고 있습니다.

   5. 그는 아내와 아들이 있습니다.

   6. 그들은 당신이 필요한 모든 것을 가지고 있습니다.

   7. 당신은 러시아어 책을 가지고 있습니까? 예, 있습니다.

   8. 어제는 날씨가 좋았습니다.

   9. 우리들은 새 책을 가지고 있었습니다.

   10. 지금 우리는 수업중 입니다.

   11. 내일 날씨는 좋을 것이다.

   12. 내일 우리는 일을 많이 해야할 것입니다.

[3] 러시아어에 해당하는 영어를 아래에서 골라 그 번호를 써라.

   1. У вас бу́дет кни́га.
   2. За́втра я до́лжен бу́ду рабо́тать.
   3. У меня́ ру́сско-англи́йский слова́рь.
   4. Кни́га лежи́т у меня́ на столе́.

5. Сейча́с у нас уро́к.
6. У кого́ есть ру́сская газе́та? У меня́.
7. Вчера́ он до́лжен был мно́го писа́ть.
8. Ночь бу́дет тёплая.
9. У неё в ко́мнате большо́е окно́.
10. У них всегда́ есть но́вые газе́ты и журна́лы.

① Tomorrow I shall have to work.
② The night will be warm.
③ You will have a book.
④ We are having a lesson now.
⑤ I have a Russian - English dictionary.
⑥ They always have fresh newspapers and magazines.
⑦ The book is lying on my table.
⑧ There is a big window in her room.
⑨ He had to write a great deal yesterday.
⑩ Who has(got) a Russian newspaper? — I have.

푸슈킨 (1799 ~ 1837)

7 규칙동사의 과거 및 미래형

1. 과거형

동사의 과거형은 성과 수에 의한 구별만 있고 인칭에 의한 구별은 없다. 동사의 과거형은 부정법(不定法)에서 **-ть**를 제거한 부정법 어간에 단수 **-л, -ла, -ло** 복수 **-ли**를 붙여서 만든다.

	부 정 법		чита́ть	говори́ть
과거	단 수	남 성	чита́-л	говори́-л
		여 성	чита́-ла	говори́-ла
		중 성	чита́-ло	говори́-ло
	복 수	공 통	чита́-ли	говори́-ли

```
я, ты, он        чита-л
я, ты, она́      чита-ла
        оно́     чита-ло
мы, вы, они́     чита-ли
```

(1) 영어의 과거 시제는 과거의 사실 또는 과거의 습관적 동작을 나타낸다.

① 과거의 사실

I wrote a letter yesterday. (나는 어제 편지를 썼다.)
He came to see us a few days ago. (그는 몇일전 우리를 만나러 왔다.)
Columbus discovered America in 1492.
(콜룸부스는 1492년에 아메리카를 발견하였다.)

② 과거의 습관적인 동작

> He rose early in his childhood. (그는 어린 시절 일찍 일어났다.)
> He came every Monday morning. (그는 월요일 아침 마다 왔다.)

(2) 러시아어의 과거형은 영어의 과거, 과거 진행형, 현재완료, 과거완료 및 현재완료 진행형의 기능을 함께 한다.

Он чита́л вчера́.
He read yesterday. (그는 어제 읽었다.)
He was reading yesterday. (그는 어제 읽고 있었다.)

Она́ рабо́тала вчера́.
She worked yesterday. (그녀는 어제 일을 하였다.)
She was working yesterday. (그녀는 어제 일을 하고 있었다.)

Я гуля́л в го́роде. (남성)
Я гуля́ла в го́роде. (여성)
I was taking a walk in town. (나는 시내를 산책하고 있었다.)

Он чита́л, а она́ слу́шала.
He was reading, and she was listening.
(그는 읽고 있었고, 그녀는 듣고 있었다.)

Что вы чита́ли сего́дня?
What were you reading today? (오늘은 무엇을 읽고 있었습니까?)

Я́рко свети́ло со́лнце.
The sun was shining brightly. (태양이 밝게 빛나고 있었다.)

Я учи́л уро́к, смотре́л телеви́зор, пото́м гуля́л в саду́.
I learned a lesson, watched television, and then took a walk in the garden.
(과제를 공부하고 텔레비젼을 보고 그 다음에 정원을 산책하였다.)

2. 미래형

(1) 영어의 미래 시제는 동사의 원형에 조동사 will이나 shall을 붙여서 만든다

(will, shall + 원형). 미래형은 앞으로 이루어질 동작이나 상태를 표시하는 시제인데 단순 미래와 의지 미래가 있다.

단순 미래는 시간이 흐르면 자연히 이루어지는 것으로 그 속에 사람의 의지가 포함되어 있지 않다. 무의지 미래라고도 한다.

> I shall be seventeen years old next year.
> (나는 내년에 17세가 된다.)
> ◐ 사람의 의지와 관계 없이 시간이 흐르면 자연히 17세가 된다.

의지 미래는 사람의 의지가 포함되어 있는 미래이다.

> I will punish you if you do that again.
> (네가 다시 그런 일을 하면 나는 너를 벌하겠다.)
> ◐ 이글은 이것을 말하는 사람(speaker)의 의지가 담겨 있다.

	단순미래	의지미래
1인칭	I(we)　　shall~	I　　　　will
2인칭	You　　　will~	You　　　shall
3인칭	He(They)　will~	He　　　　shall

I shall be seventeen years old next year.
(다음 해에 17세가 됩니다)
You will succeed.
(당신은 성공할 것이다)
It will rain tomorrow.
(내일 비가 올 것이다)

I will lend you some money.
(당신에게 돈을 빌려 주겠다)
You shall have this book.
(당신에게 이 책을 주겠다)
He shall die.
(그를 죽이겠다)

> ◐ 그러나 현대영어에서는, 제안을 나타내는 1인칭 의문문(Shall I open the window? Shall we dance?) 이외에는, 각 인칭에서 will을 많이 쓰는 경향이 있다.

(2) 러시아어의 미래형에는 "~일 것이다, ~있을 것이다"라는 연사나 존재의 뜻을 나타내는 быть의 미래형과 быть의 미래형을 조동사로 사용하여 거기에 동사의 부정법을 결합하여 만드는 합성미래(compound future)가 있다.

① 연사 быть의 미래형

УРОК 7 규칙동사의 과거 및 미래형

Где вы бу́дете за́втра? Where will you be tomorrow?
(내일 어디 있겠습니까?)

Мы бу́дем до́ма. We shall be at home.
(우리는 집에 있을 것입니다)

За́втра бу́дет о́чень жа́ркий день. It will be a very hot day tomorrow.
(내일은 매우 더운 날이 될 것입니다.)

② 합성미래

수	인칭	чита́ть의 미래형	
단수	1인칭	Я бу́ду чита́ть	I shall read
	2인칭	ты бу́дешь чита́ть	you will read
	3인칭	он она́ бу́дет чита́ть оно́	he she will read it
복수	1인칭	мы бу́дем чита́ть	we shall read
	2인칭	вы бу́дете чита́ть	you will read
	3인칭	они́ бу́дут чита́ть	they will read

Он бу́дет писа́ть.
He will write. (그는 쓸 것입니다.)

За́втра я бу́ду мно́го чита́ть.
Tomorrow I shall read much. (내일 나는 많이 읽을 것이다.)

За́втра уро́ка не бу́дет.
There will be no lesson tomorrow. (내일 수업이 없을 것이다.)

Студе́нт бу́дет говори́ть по-англи́йски.
The student will speak English.
(그 학생은 영어를 말할 것이다.)

Они́ бу́дут гуля́ть за́втра в лесу́.
They will be walking in woods tomorrow.
(내일 그들은 숲속을 걷고 있을 것이다.)

СЛОВАРЬ

체크해 봅시다.

гуля́ть	impf. go for a walk 산보하다, 산책하다.		весна́	f. spring 봄
я́рко	ad. brightly 밝게, 분명히		парохо́д	m. steamer 기선, 배
пото́м	ad. then, later 그 다음에, 후에		клуб	m. club 클럽
жа́ркий	a. hot 더운, 뜨거운		фа́брика	f. factory 공장
уро́к	m. lesson 과제, 수업, 과		выступа́ть	impf. perform 출현하다, 등장하다.
пе́ред	prep. before ~의 앞에		хор	m. chorus 합창, 합창단
кани́кулы	pl. (no sing) vacation 방학		а	conj. but, and ~이지만, 하지만, 그러나
да́ча	f. summer house 별장		свети́ть	impf. give light, shine 비치다, 빛나다.
ма́ленький	a. small, little 작은, 어린		сад	m. garden 뜰, 정원
о́коло	prep. near, alongside 곁에, 근처에		мно́го	ad. many, much 대단히, 많이
прия́тно	a. it is pleasant 유쾌하다		зима́	f. winter 겨울
пти́ца	f. bird 새		экза́мен	m. examination 시험, 검사
о́сень	f. autumn 가을		е́хать	impf. travel, ride, drive 타고 가다, 떠나다, 여행하다.
наступа́ть	impf. come, begin, advance 시작되다, 진격하다.		подру́га	f. friend 여자 친구
по́мнить	impf. remember 기억하다, 잊지않다.		бе́рег	m. shore, bank 해안, 기슭
тогда́	ad. then 그때에, 그당시		так	ad. so, thus 이렇게, 이와 같이
купа́ться	impf. take a bath, bathe 미역감다, 목욕하다.		под	prep. under ~의 밑에, ~의 근처에
гото́вить	impf. prepare 준비하다, 채비하다.		рад	pred. is glad 즐겁다, 기쁘다.
у́жин	m. supper 저녁식사		позади́	ad. behind 뒤에, 과거에
ночева́ть	impf. stay 숙박하다. spend the night 밤을 지내다		о́тпуск	m. leave 휴가
			одна́жды	ad. once 언젠가, 어느때
экра́н	n. screen 영사막, 스크린		путеше́ствовать	impf. travel 여행하다.

пляж	m. beach 해변, 물가	артист	m. actor 배우, 예능인
обед	m. dinner 정찬	песня	f. song 노래
костёр	m. camp fire 모닥불	внимательно	ad. attentively 주의깊게, 주의하여
киножурнал	m. newsreel 뉴스영화		
белый	a. white 흰색의, 하얀	рассказывать	impf. relate, tell 말하다, 이야기하다.
порт	m. port 항구		
показывать	impf. show 보여주다, 제시하다.	старательно	ad. assiduously 열심히 diligently 부지런히
при	prep. by, under ~의 곁에, ~속의		
роза	f. rose 장미		

УПРАЖНЕНИЯ
풀어봅시다.

[1] 우리말로 옮겨라.

1. Зимой я много работал. Моя сестра тоже работала всю зиму. Перед экзаменом мы работали всю ночь.

2. Теперь у нас каникулы и мы едем на всё лето на дачу Подруга сестры и мой товарищ тоже едут с нами.

3. У нас маленькая дача на берегу реки. Я люблю сидеть у реки. Около дома у нас большое дерево.

4. Так приятно лежать под деревом и слушать как поют птицы. Я рад что осень и зима позади. Как быстро летит время.

5. Наступа́ет ле́то, ско́ро бу́дет тепло́, и я уже́ ду́маю об о́тдыхе. Мо́жет быть, и у тебя́ и у меня́ о́тпуск бу́дет ле́том, и мы бу́дем отдыха́ть вме́сте? По́мнишь, одна́жды мы бы́ли вме́сте на Кавка́зе? Тогда́ мы мно́го путеше́стовали.

6. Мы бу́дем мно́го купа́ться и пла́вать. Бу́дем лежа́ть на пля́же. Бу́дем гото́вить обе́д и у́жин на костре́. А как прия́тно бу́дет ночева́ть на берегу́ и́ли в лесу́!

7. Вчера́ мы смотре́ли киножурна́л. На экра́не мы ви́дели се́вер Росси́и, Бе́лое мо́ре, го́род Арха́нгельск. Там тепе́рь весна́. В порту́ стоя́ли парохо́ды.

8. Пото́м на экра́не пока́зывали клуб при фа́брике «Кра́сная Ро́за». Там был конце́рт. На конце́рте выступа́ли хоро́шие арти́сты, а та́кже пел хор. Хор пел ру́сские пе́сни.

[2] 러시아어로 옮겨라.

1. 당신은 방에서 무엇을 하고 있었습니까? 나는 편지를 쓰고 있었습니다.

2. 그 여자는 시내를 산책하고 있었다.

3. 우리들은 책 (кни́га 단수)을 가지고 있었다.

4. 우리들은 산책하는 것을 매우 좋아했다.

5. 어제는 매우 추웠습니다. 벌써 겨울입니다.

6. 내가 모스끄바에 있었을 때 나는 차를 가지고 있었다.

7. 그들은 내일 숲속을 산책할 것이다.

8. 수요일에 나는 당신의 학교에서 강의를 들어야 할 것입니다.

9. 그녀는 당신에게 자주 편지를 쓸 것입니다.

10. 만약 내일 날씨가 좋다면, 나는 산책을 가겠다. (пойду)

[3] 빈칸에 быть 동사의 정확한 미래형을 써 넣어라.

1. Завтра у нас _____ урок.
2. Ты _____ рассказывать о Москве.
3. Я _____ внимательно слушать.
4. Мы _____ читать по-русски.
5. Наш учитель _____ диктовать.
6. Все _____ старательно писать.
7. Вы, как всегда, _____ писать хорошо.

[4] 다음의 문장에서 과거동사를 미래형으로 바꾸어라.

1. Летом у меня <u>был</u> отпуск.

2. Я <u>жил</u> на Кавказе.

3. Мы <u>купались</u> в море.

4. Мой брат <u>отдыхал</u> летом в деревне.

5. Он много <u>читал</u> и <u>ходил</u>.

6. Зимой мы должны <u>были</u> много работать.

8 명사의 격
(Падеж, Case)

1. 영어의 격과 러시아어의 격

명사가 문장중에서 다른 낱말에 대하여 갖는 문법적 관계를 격(格)이라고 한다.

(1) 영어에는 주격, 목적격, 소유격의 3가지 격이 있다.

"~은, ~이, ~가"에 해당하는 것이 주격이고,
"~을, ~에게"에 해당하는 것이 목적격이고,
"~의"라고 소유관계를 나타내는 것이 소유격이다.

  Tom is very kind. (탐은 매우 친절하다.)
  주격

  We love Tom. (우리는 탐을 사랑한다.)
  목적격

  This is Tom's bicycle. (이것은 탐의 자전거이다.)
  소유격

  Tom opened the door of the room. (탐은 그 방의 문을 열었다.)
  무생물의 소유표시

다음 예문에서 명사 book은 4가지의 다른 문법적 기능을 나타낸다.

① The book was borrowed from the library.
   주어
   (그 책은 도서관에서 차용하였다.)

② The student returned the book to the library.
   직접목적어
   (그 학생은 그 책을 도서관에 반환하였다.)

③ The book's cover was damaged.
　　　　 　 소유격
(그 책의 표지가 손상되었다.)

④ The student did the damage to the book.
　　　　　　　　　　　　　　　　　　　간접목적어
(그 학생이 그 책에 손상을 입혔다.)

위 예문에서 명사의 문법적 기능은 아주 다르지만 명사의 어형은 book's를 제외하고는 모두 book이다. 이와 같이 어형 변화가 적은 것은 간결한 점은 있으나 어순을 달리하면 뜻이 달라질 수 있다.

예를 들면 dog, man, the, the, bit와 같은 낱말은

1. The dog bit the man. (그 개가 그 사람을 물었다.)
2. The man bit the dog. (그 사람이 그 개를 물었다.)

와 같이 두가지로 배열할 수 있고 그 뜻도 달라진다. 그러나 러시아어에서는 собáка, человéка, укусúла와 같은 낱말은 ① Собáка укусúла человéка. ② Человéка укусúла собáка. 등과 같이 배열할 수 있으나 그 어순에 관계 없이 "그 개가 그 사람을 물었다"라고 한가지 뜻만 나타낸다. собáка는 어떻게 배열해도 주격이고, человéка는 어디다 놓아도, человéк의 목적격이다.

(2) 격변화

러시아어는(어형이 변화하는) 굴절어이므로 그 명사는 문중에서의 그 뜻에 따라 그 어미를 변화시킨다. 이와같은 어미변화를 **격변화**라그 한다.

러시아어에서 명사의 문법적 기능은 격에 의해 명백히 표현된다. 단수·복수에 각각 6격, 즉 주격, 생격, 여격, 대격, 조격, 전치격을 가지고 있고 어미의 변화에 의하여 구분된다. 주격 이외의 격을 일괄하여 사격(斜格)이라고 부르기도 한다.

2. 격의 기본적 의미

매개 격의 기본적 의미는 다음과 같다.

(1) 주격 (Именительный падеж, The nominative case)

주격은 명사의 기본형으로 "~은, ~이, ~가"로 표현된다. 물음은 кто?(누구), что?(무엇)이다. 주격은 주어, 명사 술어의 역할을 한다.

① 주어

  Мой <u>брат</u> говори́т по-ру́сски.   My <u>brother</u> speaks Russian.
                (나의 형은 러시아어를 말한다.)

  <u>Кни́га</u> лежи́т здесь.   The <u>book</u> is here.
                (그 책은 여기 있습니다.)

  брат와 кни́га는 문장의 주어이다.

② 명사술어

  Мой брат профе́ссор.   My brother is a professor.
                (나의 형은 교수이다.)

  Студе́нт Ивано́в — мой това́рищ. Student Ivanov is my comrade.
                (이바노프학생은 나의 친구이다.)

  профе́ссор와 това́рищ는 명사술어이다.

영어 문법에서는 professor, comrade를 불완전 자동사를 보충하는 보어로 설명하지만 러시아어 문법에서는 명사술어라고 한다.

③ 주격문

  주격 명사 그 자체만으로 문장을 만들 때도 있다.

  Зима́.   It is winter. (겨울이다.)
  Моро́з.   There is a frost. (서리가 내렸다.)

(2) 생격 (родительный падеж, The Genitive case)

우리말 조사 "의"에 해당하며 소유, 관계, 목적 등의 뜻을 나타낸다. 물음은 кого́(of whom?, whose? 누구의), чего́?(of what? 무엇의)이다.

Это кни́га де́вочки.	This is the girl's book.
	(이것은 그 소녀의 책이다.)
Сын учи́теля — инжене́р.	The teacher's son is an engineer.
	(그 선생의 아들은 기사이다.)
У бра́та хоро́ший магази́н.	My brother has a good store.
	(나의 형은 좋은 가게를 가지고 있다.)

(3) 여격 (да́тельный паде́ж, The Dative case)

우리말 조사 "~에게"에 해당한다. 영어의 간접목적어 기능을 한다. 물음은 кому́(to whom? 누구에게?), чему́(to what? 무엇에게?)이다.

Я даю́ каранда́ш сестре́.	I give the pencil to my sister.
	(나는 나의 누나에게 연필을 준다.)
Она́ пи́шет граждани́ну письмо́.	She writes a letter to the citizen.
	(그녀는 그 시민에게 편지를 쓴다.)
Я иду́ к сестре́.	I am going to my sister.
	(나는 나의 누나에게 가고 있다.)

(4) 대격 (вини́тельный паде́ж, Accusative case)

우리말 조사의 "~을, ~를"에 해당한다. 타동사의 직접 목적의 기능을 한다. 물음은 кого́(whom 누구를), что(what 무엇을)이다.

Он чита́л кни́гу.	He was reading a book.
(그는 책을 읽고 있었다.)	
Я чита́ю газе́ту.	I am reading a newspaper.
(나는 신문을 읽고 있다.)	

(5) 조격 (твори́тельный паде́ж, Instrumental case)

우리말 조사의 "~으로, ~에 의하여"(영어의 with 또는 by)에 해당된다. 이 격은 주로 동작을 수행하는데 사용되는 도구, 수단 혹은 행위자를 나타낸다. 물음은 кем(by whom 누구에 의하여?), чем(with what 무엇으로?)이다.

Учи́тель пи́шет карандашо́м.	The teacher is writing with a <u>pencil</u>.
	(선생은 연필로 글을 쓰고 있다.)
Я ем ло́жкой и ви́лкой.	I eat <u>with a spoon</u> and <u>fork</u>.
	(나는 숟가락과 포크로 먹는다.)
Самолёт управля́ется лётчиком.	The plane is navigated <u>by the pilot</u>.
	(그 비행기는 그 비행사에 의하여 조종된다.)

(6) 전치격 (предло́жный паде́ж, Prepositional case)

전치격은 항상 전치사와 함께 사용된다. 러시아어의 전치사는 명사의 일정한 격을 지배한다. 예를 들면 전치사 у는 생격, к, по는 여격, в, на는 대격 또는 전치격, с는 조격을 각각 지배한다. 물음은 о ком(about whom 누구에 관하여), о чём(about what 무엇에 관하여?)등이다.

Мы говори́м о пого́де.	We are talking <u>about the weather</u>.
	(우리는 날씨에 관하여 이야기 하고 있다.)
Газе́та лежи́т на столе́.	The newspaper is <u>on the table</u>.
	(신문은 탁자 위에 있다.)
Вчера́ я был на конце́рте.	I was <u>at a concert</u> yesterday.
	(나는 어제 음악회에 갔었다.)

3. 격 변화

러시아어의 명사는 각자 성(性, род, gender)을 가지고 있다. 러시아어 명사는 남성, 여성 및 중성의 세가지 성을 가지고 있다(Russian nouns have three genders : masculine, feminine and neuter.). 명사의 성은 주로 낱말의 어미의 자모에 의하여 판별된다. 그 어미를 요약하면 다음과 같다.

남성명사	자음	й	ь
여성명사	a	я	ь
중성명사	o	e	мя

러시아어의 명사는 위에 있는 아홉개의 어미중 그 어느 하나에 속한다. 예를 들면 стака́н은 자음으로 끝나는 남성명사이고 "한 개의 유리잔"이라는 뜻이다.

кни́га는 a로 끝나는 여성명사로 "한 권의 책"이 라는 뜻이다. сло́во는 o로 끝나는 중성 명사로 "한 개의 단어"라는 뜻이다.

영어에서는 cup, book, word는 그 어미에 s를 붙여서 cups, books, words 등으로 복수를 만든다. 그러나 러시아어에서는 어미를 변화시켜 복수를 만든다.

예를 들면 стака́н의 복수는 стака́ны 이고, кни́га는 кни́ги, сло́во는 сло́ва 로 각각 그 어미를 변화시켜 복수를 만든다.

러시아어의 명사는 단・복 6개씩 12개의 어미를 가지고 있는데, 그 어미가 전부 사전에 기재되어 있는 것은 아니다. 가장 기준이 되는 단수주격만이 사전에 나와 있다. 따라서 명사의 어미변화를 잘 모르면, 사전도 잘 찾을 수 없게 된다. 사전에 붙어 있는 "어미변화표"의 활용법을 숙지하여 명사의 어미를 정확히 변화시킬 줄 알아야 한다.

러시아어에 있어서 명사의 어미 변화는 러시아어 학습의 최대 난관중의 하나이 므로 "카드"지에 기본 어미 변화를 기입하여 항상 가지고 다니면서 암기하면 쉽게 정복할 수 있다.

▶ 격 변화의 예 (자음으로 끝나는 남성명사 заво́д와 сту́дент)

	주격	생격	여격	대격	조격	전치격
단수	заво́д	заво́да	заво́ду	заво́д	заво́дом	заво́де
복수	заво́ды	заво́дов	заво́дам	заво́ды	заво́дами	заво́дах
단수	студе́нт	студе́нта	студе́нту	студе́нта	студе́нтом	студе́нте
복수	студе́нты	студе́нтов	студе́нтам	студе́нтов	студе́нтами	студе́нтах

4. 어간(оснóва, stem)과 어미(окончáние, ending)

러시아어의 학습에서 낱말의 어간과 어미를 구별하는 것은 매우 중요하다. 격 변화를 할 때 변화하지 않는 부분을 **어간**, 변화하는 부분을 **어미**라고 한다.

어미는 문장에서 한 낱말과 다른 낱말들과의 관계를 나타낸다.(The ending shows the relation of a word to other words in the sentence.)

예를 들면 명사 끝에 있는 모음 a와 o는 어미이다. 어미 a는 명사 кни́га가 여성명사 단수라는 것을 보여 주고 있다. 어미 o는 명사 слóво가 중성명사 단수라는 것을 표시한다. кни́га, слóво에서는 книг-, слов-가 어간이다.

어미가 없고 어간만으로 된 낱말도 있다. 남성명사 завóд는 어간 그 자체이고 어미가 없다. 어간은 경자음 д로 끝나 있다. 그러나 생격 завóда의 a, 여격 завóду의 y는 어미이다.

어간과 어미는 명사뿐만 아니라 동사, 형용사에서도 중요하다. 동사 читáть에서 -ть를 떼어낸 것이 어간이고 -ю, -ешь, -ет, -ете, -ют 등이 어미이다. 형용사 нóвый, нóвое, нóвая, нóвые 등에서 нов-는 어간이고 -ый, -ое, -ая, -ые 등은 어미이다.

5. 활동체와 비활동체

명사는 격 변화를 할 때 활동체와 비활동체로 구분이 된다.

(1) 활동체 (Одушевлённый предмет, Animate object)

스스로 마음대로 움직일 수 있는 사람이나 동물을 의미한다.

брат(brother, 형)   музыкáнт(musician, 음악가)
писáтель(writer, 작가)   ня́ня(nurse, 간호원)
лéбедь(swan, 백조)   обезья́на(monkey, 원숭이)

(2) 비활동체 (Неодушевлённый предмéт, Inanimate object)

움직일 수 없는 사물이나 추상적 관념을 의미한다.

кни́га(book, 책) самолёт(airplane, 비행기)
мо́ре(sea, 바다) неде́ля(week, 주)
зна́ние(knowledge, 지식)

활동체 명사에 대한 의문 대명사는 кто(who 누구)이고 비활동체 명사에 대한 의문 대명사는 что(what 무엇) 이다.

<u>Кто</u> э́то?	<u>Who</u> is this? (이분은 누구입니까?)
Э́то мой брат.	It is my brother. (이분은 나의 형입니다.)
<u>Кто</u> э́то?	<u>Who</u> is this? (이것은 무엇입니까?)
Э́то слон.	It is an elephant. (그것은 코끼리입니다.)
<u>Что</u> э́то?	<u>What</u> is this? (이것은 무엇입니까?)
Э́то каранда́ш.	It is a pencil. (그것은 연필입니다.)
<u>Что</u> э́то?	<u>What</u> is this? (이것은 무엇입니까?)
Э́то газе́та.	It is a newspaper. (그것은 신문입니다.)

СЛОВАРЬ

체크해 봅시다.

соба́ка	f. dog 개		ле́бедь	m. swan 백조
укуси́ть	pf. bite 물다		слон	m. elephant 코끼리
моро́з	m. frost 서리, 추위		иногда́	ad. sometimes 때때로, 가끔
магази́н	m. shop, 가게, 상점		молодо́й	a. young 젊은
ви́лка	f. fork 포크		жить	impf. live 생활하다, 거주하다
лётчик	m. flyer, pilot 비행사, 조종사		университе́т	m. university 대학
оконча́ние	n. ending 어미 end 종료, 완료		объясня́ть	impf. explain 설명하다, 해석하다
одушевлённый	a. animate 생생한, 생명력을 지닌		свобо́дно	ad. fluently 유창하게 freely 자유로이
			обы́чно	ad. usually 보통, 통상

календа́рь	m. calendar 달력	обезья́на	f. monkey 원숭이
шкаф	m. cupboard 장, 찬장	и́ли	conj. or 혹은, 또는
капита́н	m. captain 선장, 주장	отвеча́ть	impf. answer 대답하다
куса́ть	impf. bite 물다	краси́вый	a. beautiful 아름다운, 예쁜
паде́ж	m. case 격(格)	матема́тика	f. mathematics 수학
де́вочка	f. (little) girl 여아, 소녀	тру́дный	a. difficult 어려운, 힘든
ло́жка	f. spoon 숟가락, 스푼	грамма́тика	f. grammar 문법
управля́ть	impf. manage 관리하다 direct 지배하다 operate 조종하다	кре́сло	n. arm-chair 안락의자
осно́ва	f. basis, stem 기초, 어간	часы́	pl. (no sing) watch, clock 시계
предме́т	m. thing 물건, 물체 object 대상, 목적	у́гол	m. corner 구석, 모퉁이
неодушевлённый	a. inanimate 생명 없는	красота́	f. beauty 아름다움, 미
		я́блоня	f. apple tree 사과나무

УПРАЖНЕНИЯ

풀어봅시다.

[1] 우리말로 옮겨라.

1. Вот наш класс. Учи́тель чита́ет. Мы слу́шаем. Учи́тель чита́ет по-ру́сски о́чень хорошо́. Мой това́рищ Ива́н то́же чита́ет хорошо́, но не так хорошо́, как наш учи́тель.

2. В кла́ссе я пишу́ и́ли чита́ю. Я пишу́ на бума́ге и́ли на доске́. На бума́ге я пишу́ карандашо́м и́ли перо́м, а на доске́ я пишу́ ме́лом.

УРОК 8 명사의 격

3. Когда́ я пишу́ в кла́ссе, я всегда́ сижу́. Наш учи́тель ча́сто сиди́т на сту́ле, но иногда́ он стои́т. Когда́ мы отзеча́ем в кла́ссе, мы иногда́ сиди́м, а иногда́ стои́м.

4. Мэ́ри Смит, молода́я и краси́вая америка́нка, живёт в Нью-Йо́рке. Она́ изуча́ет матема́тику в университе́те. Мэ́ри та́кже изуча́ет ру́сский язы́к и уже́ пи́шет и чита́ет по-ру́сски.

5. Я пишу́ э́то письмо́ по-ру́сски. Э́тот язы́к интере́сный и не о́чень тру́дный. Мой учи́тель, когда́ даёт уро́к, хорошо́ объясня́ет мне ру́сскую грамма́тику и я ду́маю, что она́ не тру́дная.

6. Я тепе́рь чита́ю интере́сную ру́сскую кни́гу. Я уже́ свобо́дно чита́ю и пишу́, но говорю́ пло́хо. Когда́ говоря́т ме́дленно, я веё понима́ю; но когда́ говоря́т быстро, я ничего́ не понима́ю.

7. Я инжене́р У меня́ в кабине́те стои́т пи́сьменный стол и удо́бное кре́сло. Здесь я обы́чно чита́ю и пишу́. У меня́ на столе́ лежа́т бума́ги, кни́ги, газе́ты, а та́кже стоя́т часы́, календа́рь и телефо́н.

[2] 러시아어로 옮겨라.

1. 그 학생의 아버지는 기사입니다.

2. 그 학생은 잡지를 읽고 있습니다.

3. 당신은 무엇을 읽고 있습니까? 나는 책을 읽고 있습니다.

4. 그림이 벽에 걸려 있습니다.

5. 연필이 탁자 위에 놓여 있습니다.

6. 선생님은 연필로 글을 씁니다.

7. 그는 그의 형에게 편지를 쓰고 있습니다.

8. 우리들은 러시아어를 공부하고 있습니다.

9. 우리들은 러시아어로 읽고, 쓰고 말합니다.

10 선생님은 천천히 그리고 큰 소리로 말합니다.

11. 모든 학생들은 조용히 앉아서 듣고 있습니다.

12. 당신은 무엇을 하고 있습니까?
    나는 아버지 일을 도와 드리고 있습니다.

[3] 괄호안에 있는 명사의 전치격을 사용하여 빈 칸을 채우고 그 문장을 우리말로 옮겨라.

1. В _____ стои́т стол.(у́гол)

2. Ки́иги лежа́т в _____ .(шкаф)

3. Мы живём на _____ .(се́вер)

4. В _____ игра́ют де́ти.(сад)

5. Мы бы́ли на _____ .(уро́к)

УРОК 8 명사의 격

[4] 러시아어에 해당하는 영어를 오른쪽 난에서 골라 그번호를 써라.

1. У меня большой стол.
2. Книга лежит у меня на столе.
3. У вас хорошая комната.
4. У вас в комнате лежит большой ковёр.
5. У нас большой сад.
6. Эти яблони растут у нас в саду.
7. У тебя новый шкаф.
8. Учебники лежат у тебя в шкафу.
9. У них новая школа.
10. Я был на уроке у них в школе.

① You have a nice room.
② We have a big garden.
③ You have a new book-case.
④ I have a large table.
⑤ I was at the lesson in their school.
⑥ The text-books are in your book-case.
⑦ They have a new school.
⑧ These apples grow in our garden.
⑨ There is a large carpet in your room.
⑩ There is a book on my table.

[5] 러시아어에 해당하는 영어를 오른쪽 난에서 골라 그 번호를 써라.

1. Имя писателя
2. Голос учителя
3. Цвет угля
4. Время отдыха
5. Начало вечера
6. Книга мальчика
7. Конец дня
8. Красота лета
9. Час отдыха
10. Конец концерта
11. Капитан парохода
12. Номер телефона

① The end of the day.
② The captain of the steamer.
③ The teacher's voice
④ The number of the telephone
⑤ The name of the writer
⑥ The end of the concert
⑦ The colour of coal
⑧ The beginning of the evening
⑨ The boy's book
⑩ The beauty of the summer
⑪ The time of rest
⑫ The hour of rest

# 형용사
(Имя прилагáтельное, Adjective)

1. 형용사의 뜻

형용사란 명사 또는 대명사를 수식하며 그 뜻을 제한하는 품사이다. 사물의 성질, 특징을 표시한다.

крáсный цветóк	a red flower (빨간꽃)
молодóй человéк	a young man (젊은이)
нóвая книга	a new book (새 책)

2. 형용사의 종류

형용사는 의미상 성질형용사, 관계형용사, 소유(물주)형용사로 구분된다.

(1) 성질형용사 (Прилагáтельное кáчественное, Qualitative adjective)

성질형용사는 사람이나 사물의 성질이나 상태를 나타내는 형용사이다. 명사로 부터 직접 파생되지 않은, 즉 다른 사물에 대한 관계가 없는(without any relation to other objects) 형용사로 양적 증감이나 정도의 차가 있을 수 있는 성질을 나타낸다. 따라서 비교급과 최상급이 있다.

Он богáтый человéк.	He is a rich man. (그는 부자이다.)
Онá óчень красивая дéвушка.	She is a very beautiful girl. (그녀는 매우 아름다운 소녀이다.)
Он óчень умный.	He is very clever. (그는 매우 영리하다.)

(2) 관계형용사 (Прилага́тельное относи́тельное, Relative adjective)

관계형용사는 다른 사물과 관계된 성질이나 특징(the attribute of an object through its relation to other objects)을 나타내는 형용사이다.

  деревя́нный(wooden, 목조의)는 де́рево(wood, 나무)와 관계된 성질을, стально́й(steel, 강철의)는 сталь(steel, 강철)와 관계된 성질을 나타내는 관계형용사들이다. 관계형용사는 명사에서 파생된 형용사이고 물건이 형성된 재료나 물건의 목적을 표시한다. 관계형용사의 성질, 특징에는 양적 증감이나 정도의 차가 없고 따라서 비교급, 최상급이 없다.

> Э́то <u>деревя́нный</u> дом.
> This is a <u>wooden</u> house. (이것은 목조집이다.)
> Э́то <u>стально́й</u> мост.
> This is a <u>steel</u> bridge. (이것은 강철로 만든 다리이다.)
> Э́то <u>стекля́нные</u> изде́лия.
> These are <u>glass</u> ware. (이것들은 유리제품이다.)
> Моя́ конто́ра на <u>театра́льной</u> пло́щади.
> My office is on <u>Theater</u> square. (나의 사무실은 극장가에 있다.)

영어에서는 명사가 형용사로 쓰인다.

> <u>winter</u> night   <u>iron</u> ring   <u>coffee</u> cup

러시아어에서는 명사가 형용사로 쓰여지지 않는다. 명사로 다른 명사를 수식하기 위해서는 어미를 변화시켜 형용사로 만들어야 한다.

> зима́ ночь는 зи́мняя ночь(겨울밤)로
> желе́зо кольцо́는 желе́зное кольцо́(쇠고리)로
> ко́фе ча́шка는 кофе́йная ча́шка(커피잔)로 하여야 한다.

영어의 관계형용사는 관계대명사가 형용사 역할을 하는 것을 의미한다.

> He spoke to me in Spanish, <u>which</u> language I have never learned.
> (그는 스페인어로 내게 말했는데 나는 그 말을 배운 적이 없다.)

따라서 러시아어의 관계형용사는 영어의 관계형용사와 뜻이 다르다.

(3) 소유(물주)형용사(Прилагáтельное притяжáтельное, possessive adjective)

소유(물주)형용사는 사람 또는 동물에의 소속을 나타내는 형용사이다. 예를 들면 лúсий мех(fox fur, 여우모피)의 лúсий는 мех가 лúса(fox, 여우)에 소속된다는 것을 나타내는 형용사이다. 사람 또는 동물을 나타내는 명사로 부터 만들어 진다.

    лúсья норá (fox hole, 여우굴)
    человéчья кровь (man's blood, 인간의 피)
    отцóвский кабинéт (father's study, 아버지의 서재)
    мáмин дом (mother's house, 어머니의 집)

3. 형용사의 용법

형용사의 용법에는 한정적 용법(Attributive use)과 서술적 용법(Predicative use)이 있다.

한정용법	서술용법
Это красúвый дом. This is a <u>beautiful</u> house. (이것은 아름다운 집이다.)	Этот дом красúвый. This house is <u>beautiful</u>. (이 집은 아름답다.)
Он богáтый человéк. He is a <u>rich</u> man. (그는 부자이다.)	Он богáт. He is <u>rich</u>. (그는 부자이다.)
Это интерéсная кнúга. This is an <u>interesting</u> book. (이것은 재미있는 책이다.)	Это кнúга — интерéсная. This book is <u>interesting</u>. (이 책은 재미있다.)
Это деревя́нный дом. This is a <u>wooden</u> house. (이것은 목조가옥이다.)	Это дом — деревя́нный. This house is <u>built of wood</u>. (이 집은 목조이다.)

러시아어에서는 한정적 용법을 **정어적 용법**(定語的用法)이라고 한다. 정어는 보

통 명사 앞에 두며 명사를 직접 수식한다. 서술적 용법은 **술어적 용법**(述語的用法)이라고 하며 문장의 술부(述部)에서 주어를 풀이한다.

4. 형용사의 변화

영어의 형용사는 수식하는 명사의 성·수·격과 관계없이 언제나 같은 꼴의 형용사를 쓴다. 그 어미가 전혀 변화하지 않는다.

러시아어의 형용사는 그가 수식하는 명사의 성·수·격과 일치하여야 한다.

영 어	러 시 아 어
a good father	до́брый оте́ц
a good mother	до́брая мать
a good child	до́брое дитя́
good children	до́брые де́ти
a new house	но́вый дом
a new book	но́вая кни́га
a new word	но́вое сло́во
new newspapers	но́вые газе́ты

형용사의 변화는 어미의 성격에 따라 경변화, 연변화 및 혼합변화의 세가지로 구분된다. 형용사가 어떤 변화를 하는가를 결정하기 위해서는 모음의 종류를 알아야 한다.

- 경모음 : а, э, ы, о, у
- 연모음 : я, е, и, ё, ю

형용사 어미의 성격은 어미의 첫번째 모음에 의하여 결정된다.

(1) 경변화 형용사(нóвый, молодóй형)

단 수			복 수
남 성	여 성	중 성	3성 공통
нóв-ый	нóв-ая	нóв-ое	нóв-ые
молод-óй	молод-áя	молод-óе	молод-ы́е

нóв-ый(new, 새로운)는 어미의 첫번째 모음이 경모음 -ы-, -а-, -о-, -ы- 이다. молод-óй(young, 젊은)는 어미의 첫번째 모음이 경모음 -о-, -а-, -о-, -ы- 이다. 이와 같은 형용사를 경어미 형용사라고 한다.

경변화 형용사에는 어미에 역점이 있는 것(молодóй)과 어미에 역점이 없는 것(нóвый)이 있다.

(2) 연변화 형용사(сúний형)

단 수			복 수
남 성	여 성	중 성	3성 공통
сúн-ий	сúн-яя	сúн-ее	сúн-ие
послéдн-ий	послéдн-яя	послéдн-ее	послéдн-ие

сúн-ий(blue, 푸른), послéдн-ий(last, 최후의, 마지막의)는 어미의 첫번째 모음이 모두 연모음 -и-, -я-, -е-, -и- 이다. 이와 같은 형용사를 연어미 형용사라고 한다. 이런 형용사는 어미에 역점이 없다.

(3) 혼합변화 형용사 (большóй, хорóший, ширóкий형)

어간 말미가 г, к, х 또는 ж, ч, ш, щ로 끝나는 형용사는 정자법 규칙에 따라 일부는 경변화 어미(-óй, -áя, -óе)가 되고 일부는 연변화 어미(-ий, -ие)가 된다. 이와 같은 형용사를 혼합변화 형용사라고 한다.

① 어간 말미 г, к, х

어간이 г, к, х로 끝나는 형용사는 경어미를 갖지만 정자법 규칙에 따라 **-ый**는 **-ий**로 **-ые**는 **-ие**로 된다.

단 수			복 수	뜻
남 성	여 성	중 성	3성 공통	
до́лг-ий	до́лг-ая	до́лг-ое	до́лг-ие	long 긴, 오랜
ру́сск-ий	ру́сск-ая	ру́сск-ое	ру́сск-ие	Russian 러시아의
широ́к-ий	широ́к-ая	широ́к-ое	широ́к-ие	wide, broad 넓은, 광대한
ти́х-ий	ти́х-ая	ти́х-ое	ти́х-ие	quiet, silent 조용한

② 어간 말미 ж, ч, ш, щ

연어미의 형용사는 역점이 반드시 어간에 있다. 그러나 어간이 ж, ч, ш, щ로 끝나는 형용사는 역점이 어미에 오는 것이 있다.(больш-о́й) 이때 남성 단수는 -о́й, 중성 단수는 -о́е로 된다.

단 수			복 수	뜻
남 성	여 성	중 성	3성 공통	
све́ж-ий	све́ж-ая	све́ж-ее	све́ж-ие	fresh 신선한
горя́ч-ий	горя́ч-ая	горя́ч-ее	горя́ч-ие	hot, heated 뜨거운
хоро́ш-ий	хоро́ш-ая	хоро́ш-ее	хоро́ш-ие	good, nice 좋은
блестя́щ-ий	блестя́щ-ая	блестя́щ-ее	блестя́щ-ие	shining, bright 빛나는, 찬란한
больш-о́й	больш-а́я	больш-о́е	больш-и́е	big, large 큰, 커다란

5. 형용사의 명사화

형용사가 명사로 사용되는 경우가 있다.(There are some adjectives which may be used as nouns.) 이때 격 변화는 명사의 격 변화가 아니라 형용사의 격 변화에 따른다.

형 용 사	명 사
Вот наш рабо́чий стол. This is our work-table. (이것은 우리의 작업대입니다.)	Това́рищ Ивано́в — рабо́чий. Comrade Ivanov is a worker. (이바노프 동지는 노동자입니다.)
Мы изуча́ем ру́сский язы́к. We study the Russian language. (우리는 러시아어를 공부하고 있습니다.)	Наш учи́тель ру́сский. Our teacher is a Russian. (우리 선생님은 러시아 사람이다.)

6. 형용사의 단어미

러시아어에서 молодо́й(young, 젊은), но́вый(new, 새로운) 등과 같은 성질이나 특성을 나타내는 성질 형용사는 장어미와 단어미를 가지고 있다.

장어미 형용사는 정어(한정)적으로도 술어(서술)적으로도 사용되는데, 단어미 형용사는 술어적으로만 쓰인다.

  Э́то интере́сная кни́га.
  This is an interesting book.
  (이것은 재미있는 책이다.)

  Э́та кни́га — интере́сная.(구어체)
  This book is interessting.
  (이 책은 재미있다.)

  Э́та кни́га — интере́сна.(문어체)
  This book is interesting.
  (이 책은 재미있다.)

  Он у́мный ма́льчик.
  He is a clever boy.
  (그는 영리한 소년이다.)

  Он у́мный. He is clever.
       (그는 영리하다.)

  Он умён. He is clever.
       (그는 영리하다.)

(1) **단어미의 형성** (Formation of the short form of adjectives)

① 성질 형용사는 장어미(complete forms)뿐만 아니라 단어미(short forms)도 가지고 있다.

단어미는 장어미 형용사의 어미를 떼어 버리고 단수남성은 어간 그대로 무어미이고, 여성에는 -a, 중성에는 -o, 복수에는 -ы를 붙여서 만든다.

УРОК 9 형용사

어미	단 수			복 수
	남 성	여 성	중 성	3성 공통
장 단	краси́вый краси́в	краси́вая краси́в-а	краси́вое краси́в-о	краси́вые краси́в-ы
장 단	молодо́й мо́лод	молода́я мо́лод-а	молодо́е мо́лод-о	молоды́е мо́лод-ы
장 단	си́ний синь	си́няя син-я́	си́нее си́не	си́ние си́н-и
장 단	интере́сный интере́сен	интере́сная интере́сн-а	интере́сное интере́сн-о	интере́сные интере́сн-ы
장 단	у́мный умён	у́мная умн-а́	у́мное умн-о́	у́мные умн-ы́

② 단어미 남성형에서의 모음 삽입

형용사의 어간이 2개 이상의 자음으로 끝나면, 단어미 단수 남성형에서 그 발음을 쉽게 하기 위하여 자음 사이에 모음 e, ё, o 등이 삽입된다.

i) -o-를 삽입하는 것

ни́зкий(low, 낮은) : -ни́зок, низка́, ни́зко, ни́зки
ло́вкий(adroit, 교묘한) : -ло́вок, ловка́, ло́вко, ло́вки
кре́пкий(strong, 견고한) : -кре́пок, крепка́, кре́пко, кре́пки
коро́ткий(short, 짧은) : -ко́роток, коротка́, коро́тко, кэро́тки

ii) -e-, -ё-를 삽입하는 것

интере́сный(interesting, 재미있는) : -интере́сен, -ре́сна, -ре́сно, -ре́сны
кра́сный(red, 붉은) : -кра́сен, -красна́, -кра́сно, -кра́сны
у́мный(clever, 영리한) : -умён, умна́, у́мно, у́мны
тру́дный(difficult, 어려운) : -тру́ден, трудна́, тру́дно, тру́дны
ра́вный(equal, 동등한) : -ра́вен, равна́, равно́, равны́

iii) -ь나 й는 -e-로 바꾼다

больно́й(sick, 병든) : -бо́лен, больна́, больно́, больны́
споко́йный(quiet, 고요한) : -споко́ен, споко́йна, -но, -ны

(2) 단어미의 용법

① 단어미 형용사는 술어적으로만 쓰인다.

Э́тот спортсме́н ло́вок.	This sportsman is <u>deft</u>. (이 선수는 능란하다.)
Твоя́ сестра́ <u>умна́</u> и <u>краси́ва</u>.	Your sister is <u>clever</u> and <u>beautiful</u>. (당신의 누나는 영리하고 예쁘다.)
Э́то упражне́ние <u>интере́сно</u>.	This exercise is <u>interesting</u>. (이 연습문제는 재미있다.)
Э́тот <u>ста́рый</u> дом.	This <u>old</u> house. (이 낡은 집)
Э́тот дом <u>стар</u>.	This house is <u>old</u>. (이 집은 낡았다)
Э́та <u>ста́рая</u> газе́та.	This <u>old</u> newspaper. (이 낡은 신문)
Э́та газе́та <u>стара́</u>.	This newspaper is <u>old</u>. (이 신문은 오래 되었다)
Э́то <u>ста́рое</u> окно́.	This <u>old</u> window. (이 낡은 창문)
Э́то окно́ <u>старо́</u>.	This window is <u>old</u>. (이 창문은 낡았다)
Э́ти <u>ста́рые</u> лю́ди.	These <u>old</u> people. (이 늙은 사람들)
Э́ти лю́ди <u>ста́ры</u>.	These people are <u>old</u>. (이 사람들은 늙었다)

② 단어미는 사물의 일시적인 특징이나 상태를 나타낼 때 쓰인다.

Река́ <u>споко́йна</u>.	The river is <u>calm</u>. (그 강은 고요하다)(잠시동안)
Э́тот парк <u>краси́в</u> о́сенью.	This park is <u>beautiful</u> in autumn. (이 공원은 가을에 아름답다)

③ 다음의 형용사들은 술어적으로 쓰일 때 원칙적으로 단어미를 사용한다.

дово́лен	satisfied, contented (만족한, 충분한)
го́лоден	hungry (굶주린, 공복의)
похо́ж	resembling, alike (유사한, 닮은)
сча́стлив	happy (행복한)
уве́рен	confident (확고한, 자신 만만한)
удивлён	surprised, astonished (놀라운)
согла́сен	agreeable (승낙하는, 동의하는)
винова́т	guilty (죄가 있는, 잘못된)

(3) 단어미와 동사 부정법(不定法)과의 결합

① до́лжный(due, proper, 당연한, 당연히 해야할, 의무적인)의 단어미 형용사 до́лжен(must, have to, 해야만 한다, ~임에 틀림없다.)은 성과 수에 따라 변화한다.

до́лжен, должна́, должно́, должны́

② 장어미형이 없는 단어미 형용사 рад(glad, 기쁜, 반가운)도 성과 수에 따라 변화한다.

рад, ра́да, ра́до, ра́ды

③ 이들 단어미는 동사의 부정법과 결합하여 술어가 된다.

Я до́лжен рабо́тать здесь. I must work here.
(나는 여기서 일을 하여야 한다.)

Она́ должна́ писа́ть. She must write.
(그녀는 글을 써야 한다.)

Он не до́лжен идти́ туда́. He must not go there.
(그는 그곳에 가서는 안된다.)

Я рад ви́деть вас. I am glad to see you.
(나는 당신을 만나서 기쁩니다.)

Очень рад с ва́ми познако́миться.
I'm very glad to become acquainted with you.
(당신을 알게 되어 매우 기쁩니다.)

СЛОВАРЬ

бога́тый	a. rich 부유한, 돈많은, 풍부한
конто́ра	f. office 사무실
чёрный	a. black 검은, 어두운
ва́за	f. vase 꽃병, 병
голубо́й	a. light-blue 하늘색의, 푸른
ра́зный	a. various, different 가지각색의, 다른
тюльпа́н	m. tulip 튜울립
ла́ндыш	m. lily of the valley 은방울 꽃
фиа́лка	f. violet 제비꽃
о́блако	n. cloud 구름
широ́кий	a. wide, broad 넓은
спаси́бо	pred. thank you. 고맙다
инстру́ктор	m. instructor 교사, 교관
после́дний	a. last. 최후의, 최종의
весёлый, ве́сел	a. jolly, gay 즐거운, 쾌활한
больно́й	a. ill, sick 병든, 약한
голова́	f. head 머리, 두뇌
горя́чий	a. hot 뜨거운, 무더운
спра́шивать	impf. ask 물어보다, 질문하다
глота́ть	impf. swallow 삼키다
температу́ра	f. temperature 온도, 기온
грипп	m. influenza 기관지염, 유행성 감기
опа́сный	a. dangerous 위험한
вдали́	ad. far away(place) 먼곳에, 멀리에
стекля́нный	a. glass 유리의
познако́миться	pf. get acquainted 아는 사이가 되다
си́ний	a. blue 푸른, 청색의
ли́лия	f. lily 백합
зелёный	a. green 녹색의, 푸른
жёлтый	a. yellow 노란색의
незабу́дка	f. forget-me-not 물망초
лило́вый	a. violet 연보라빛의
не́бо	n. sky 하늘, 공중
трава́	f. grass 풀, 풀밭
фрукто́вый	a. fruit 과일의
рад	pred. is glad 즐겁다, 기쁘다
о́пытный	a. experienced 경험있는, 숙달된
акт	m. act 행위, 동작, 막
здоро́вый	a. healthy 건강한
жар	m. fever, temperature 열, 체열
го́рло	n. throat 목, 인후
приходи́ть	impf. come 오다, 도착하다
боле́ть	impf. ache, hurt 아프다
те́ло	n. body 신체, 육체, 물체
на́сморк	m. cold (in the head) 코감기
анги́на	f. quinsy 후두염, 편도선염
се́рдце	n. heart 심장, 애정
вдаль	ad. far away (direction) 먼데로, 먼곳으로
ма́мин	a. mother's 어머니의

УРОК 9 형용사

[1] 우리말로 옮겨라.

1. Вот мой новый красный карандаш. Вот наша новая чёрная ручка. Здесь лежит новое золотое перо. Там наши новые чёрные, синие и красные карандаши.

2. Вот синяя ваза. Здесь стоят розы и лилии. Эта роза красная. Этот цветок голубой. Это голубой цветок. Это дерево зелёное. Это зелёное дерево.

3. Эти цветы белые. Это белые цветы. Цветут разные цветы: красные и жёлтые тюльпаны, голубые незабудки, белые ландыши, лиловые фиалки.

4. Сегодня прекрасный летний день. Ярко светит солнце. Небо синее. Медленно плывут белые облака. Трава зелёная. Всюду красивые цветы.

5. Весна. Светит яркое солнце. Стоит хорошая весенняя погода. Вот большая русская деревня. Широкие улицы, новые дома, большие фруктовые сады.

6. Большое спасибо за Ваше интересное письмо. Я очень рад, что Вы изучаете русский язык. У меня новый инструктор — американец. Он очень хороший и опытный инструктор.

7. Мы с инструктором часто ходим в кино или читаем Шекспира. Я очень рад, что читаю "Гамлета" по-английски. Последний акт очень интересный.

8. Мой това́рищ обы́чно ве́сел и здоро́в. Но сего́дня он бо́лен и не мо́жет рабо́тать. У него́ жар. Голова́ у него́ горя́чая, а ру́ки и но́ги холо́дные.

9. Прихо́дит до́ктор и спра́шивает. Что у вас боли́т? У меня́ боли́т голова́ и го́рло, я не могу́ глота́ть, отвеча́ет больно́й. Боли́т всё те́ло.

10. Кака́я у вас температу́ра? Высо́кая. Есть у вас на́сморк и ка́шель? Ка́шель небольшо́й, а на́сморк си́льный. У вас грипп и ангина́. Это не опа́сно. У вас се́рдце рабо́тает хорошо́. Но вы должны́ лежа́ть.

[2] 러시아어로 옮겨라.

1. 이것은 재미있는 책이다.

2. 이 젊은이는 선생이다.

3. 이것이 너희들의 새로운 방이다.

4. 이 새 집은 높다.(высо́к)

5. 이것은 무슨 집입니까? 이것은 우리들의 새 학교입니다.

6. 이 발명(изобре́тение)은 매우 중요하다.

7. 이 젊은 소녀는 노래를 매우 잘 부른다.

8. 이 연필은 빨갛지만 저것은 푸르다.

9. 나의 집에는 아름답고 편안한 방이 있다.

10. 우리 영어책은 매우 재미있으나 약간(не́сколько) 어렵다.

УРОК 9 형용사

[3] 다음을 복수형으로 고쳐라.

1. Хоро́ший весе́нний день.
2. Вдали́ зелёный лес.
3. Вот большо́е по́ле.
4. Здесь рабо́тает но́вый тра́ктор.
5. Како́й э́то каранда́ш? Кра́сный.
6. Э́то кра́сный каранда́ш. Э́тот каранда́ш кра́сный.
7. Э́та ру́сская кни́га — интере́сная.
8. Я молодо́й коре́йский рабо́чий.
9. Он наш но́вый учи́тель.
10. Здесь широ́кая и пряма́я у́лица.

[4] 러시아어에 해당하는 영어를 오른쪽에서 골라 그 번호를 써라.

1. Э́то интере́сная кни́га.
2. Э́тот молодо́й челове́к учи́тель.
3. Э́то зелёное де́рево.
4. Э́ти цветы́ бе́лые.
5. Здесь лежи́т но́вый ру́сский журна́л.
6. Сего́дня хоро́шая пого́да, мы мо́жем идти́ пла́вать.
7. Э́та река́ широка́.
8. Там стои́т си́няя ва́за.
9. Э́та молода́я де́вушка хорошо́ поёт.
10. Ва́ши кра́сные и бе́лые ро́зы краси́вы.

① This is a green tree.
② The weather is fine today. we can go swimming.
③ This is an interesting book.
④ This river is wide.
⑤ Your red and white roses are pretty.
⑥ This young man is a teacher.
⑦ This young girl sings well.
⑧ A new Russian magazine is lying here.
⑨ These flowers are white.
⑩ A blue vase is standing there.

# 형용사의 비교급과 최상급

사람이나 물건이 어떤 성질(quality)을 가지고 있을 때 그 성질의 정도에 차이가 있다. 예를 들면 소년 A는 부지런(diligent)하고 소년 B는 더욱 부지런(more diligent)하고, 소년 C는 가장 부지런(the most diligent)하다. 또 오늘은 따뜻한 날(a warm day)이고 어제는 더 따뜻한 날(warmer day)이였고, 그저께는 가장 따뜻한 날(the warmest day)이었다.

이렇게 성질형용사에는 원급, 비교급, 최상급이 있다. 그러나 관계형용사 (деревя́нный 목조의; ка́менный 돌로된, 돌의, осе́нний 가을의)나 소유(물주)형용사(челове́чий 인간의, 사람의, отцо́вский 아버지의)는 그 성질의 정도를 비교한다는 것은 있을 수 없다. ("더 목조의", "더 아버지의"라는 비교는 있을 수 없다) 따라서 관계형용사와 소유(물주)형용사에는 비교급도 최상급도 없다.

1. 영어의 비교급, 최상급을 만드는 세가지 방법

(1) 원급의 어미에 -er, -est를 붙이는 것

cold	colder	coldest
big	bigger	biggest
strong	stronger	strongest

(2) 원급 앞에 more, most를 붙이는 것

beautiful	more beautiful	most beautiful
useful	more useful	most useful

(3) 불규칙하게 변화하는 것

good	better	best
many	more	most
little	less	least

2. 러시아어 형용사의 비교급

형용사의 비교급을 만드는 데에는 합성식과 단일식이 있다.

(1) 합성식 : более(менее) + 원급

장어미 및 단어미의 형용사 원급 앞에 부사 более(more 더욱, 보다 더), менее (less 더 적은)를 붙여서 만든다. 장어미의 형용사는 성·수·격의 변화를 하고, 단어미는 성·수의 변화를 한다. 그러나 более, менее는 변화하지 않는다.

более краси́вый го́род
more beautiful city (더 아름다운 도시)

более краси́вая река́
more beautiful river (더 아름다운 강)

более краси́вое де́рево
more beautiful tree (더 아름다운 나무)

более краси́вые ро́зы
more beautiful roses (더 아름다운 장미)

Чита́йте более поле́зную кни́гу.
Read a more useful book. (더 유익한 책을 읽어라.)

Эта кни́га ка́жется менее вре́дной.
This book seems to be less harmful. (이 책이 덜 해로운 것 같다.)

Он приле́жен, но она́ более приле́жна.
He is diligent, but she is more diligent.
(그는 부지런하다. 그러나 그녀는 더욱 부지런하다.)

Ки́ев о́чень краси́вый го́род.
Kiev is a very beautiful town.
(끼에프는 매우 아름다운 도시이다.)

Москва́ ещё более краси́вый го́род.
Moscow is an even more beautiful town.
(모스끄바는 한층 더 아름다운 도시이다.)

(2) 단일식 : 어간 +-ee(-e)

단일식 비교급은 형용사의 어간에 접미사 -ee 또는 -e를 붙여서 만든다. 합성식보다 다소 구어적이다. 단일식 비교급은 성·수·격의 변화를 하지 않는다. 주로 술어로 사용되지만 정어(한정)적 또는 부사로도 사용된다.

① 어간에 접미사 -ee를 붙이는 것

краси́вый (beautiful 아름다운)
краси́вее (more beautiful 더욱 아름다운)
интере́сный (interesting 재미있는)
интере́снее (more interesting 더욱 재미있는)
но́вый (new 새로운)   нове́е (newer 더 새로운)
ста́рый (old 늙은)   старе́е (older 더 늙은)
до́брый (good 좋은)   добре́е (better 더 좋은)

위에서 краси́вее, интере́снее는 역점이 어간에 있다. нове́е, старе́е, добре́е는 접미사에 역점이 있다. 일반적으로 단일식 비교급의 역점은 단어미 여성 단수의 역점과 동일하다. 어간이 한 음절일 때는 역점이 접미사에 올 때가 많다.

원 급	여성 단수	비교급
краси́вый	краси́ва	краси́вее
но́вый	нова́	нове́е
кра́сный	красна́	красне́е

② 어간이 г, к, х 또는 д, т, ст로 끝나는 특정의 형용사의 비교급은 어간에 -e를 붙인다. 이때 어간끝의 자음은 대응하는 상악음으로 교체된다.

```
г    к    х    зд   с    т    ст
↓    ↓    ↓    ↓    ↓    ↓    ↓
ж    ч    ш    ж    ш    ч    щ
```

урок 10 형용사의 비교급과 최상급

дорогóй	dear (고가의, 비싼, 소중한, 사랑하는)	доро́же	dearer
молодóй	young (젊은)	моло́же	younger
стрóгий	severe (엄한)	стро́же	severer
лёгкий	light (가벼운)	ле́гче	lighter
грóмкий	loud (큰 소리의)	гро́мче	louder
я́ркий	bright (밝은, 선명한)	я́рче	brighter
богáтый	rich (부유한, 돈많은)	бога́че	richer
ти́хий	quiet (조용한, 고요한)	ти́ше	quieter
чáстый	frequent (빈번한, 잦은)	ча́ще	more frequent
чи́стый	clean (깨끗한, 청결한)	чи́ще	cleaner
хорóший	good (좋은, 훌륭한)	лу́чше	better
плохóй	bad (나쁜, 그릇된)	ху́же	worse
большóй	big (큰, 커다란)	бо́льше	bigger
мáленький	small (작은, 적은)	ме́ньше	smaller
простóй	simple (간단한, 용이한)	про́ще	simpler

③ 어간이 к 또는 ок로 끝나는 어떤 형용사는 단일식 비교급을 만들때 이들 어미가 없어진다.

у́зкий	narrow (좁은)	у́же	narrower
бли́зкий	near (가까운)	бли́же	nearer
ни́зкий	low (낮은)	ни́же	lower
высо́кий	high, tall (높은, 큰)	вы́ше	higher, taller
широ́кий	wide (넓은)	ши́ре	wider
коро́ткий	short (짧은)	коро́че	shorter

④ 단일식 장어미 비교급 -ший
-ший형 비교급이 만들어지는 형용사는 매우 적다.

большо́й	big, large (큰)	бо́льший	larger
ма́ленький	small (작은)	ме́ньший	smaller
хоро́ший	good (좋은)	лу́чший	better

плохо́й	bad (나쁜)	ху́дший	worse
высо́кий	high (높은)	вы́сший	higher
ни́зкий	low (낮은)	ни́зший	lower
ста́рый	old (늙은)	ста́рший	elder
молодо́й	young (젊은)	мла́дший	younger

[주의] 1. 원급 большо́й와 비교급 бо́льший는 역점의 위치가 다르다.
    2. лу́чший, ху́дший, вы́сший, ни́зший는 최상급의 뜻으로도 사용된다.

(3) 비교의 접속사

① 비교급 + чем

접속사 чем을 사용한다. чем 앞에는 반드시 запята́я(,)를 찍고 비교의 대상이 되는 부분을 чем 뒤에 둔다. 이 때 비교되는 두개의 대상은 동일한 격이 된다.

Моя́ ко́мната ши́ре, чем ва́ша.
My room is wider than yours. (나의 방은 당신의 방보다 넓다.)

Со́лнце бо́льше, чем луна́.
The sun is bigger than the moon. (태양은 달 보다 더 크다.)

Она́ говори́т лу́чше, чем брат.
She speaks better than her brother. (그녀는 동생보다 말을 더 잘한다.)

Зимо́й на ю́ге тепле́е, чем на се́вере.
In the winter it's warmer in the south than in the north.
(겨울에 남쪽이 북쪽보다 더 따뜻하다.)

② 단일식 비교급 + 생격

"단일식 비교급(-ee, -e) + чем + 주격"의 형식에 한하여 이것을 "단일식 비교급 + 생격"으로 할 수 있다. 비교되는 대상을 생격으로 하는 어법은 бо́лее(ме́нее)를 사용하는 비교급과는 사용되지 않는다.

Океа́н бо́льше мо́ря(чем мо́ре).
The ocean is bigger than the sea. (대양은 바다 보다 크다)

Ле́тний день длинне́е зи́мнего дня(чем зи́мний день).
A summer day is longer than a winter's day.
(여름날은 겨울날 보다 길다.)

Она́ говори́т лу́чше бра́та(чем брат).
She speaks better than her brother. (그녀는 동생보다 말을 더 잘한다.)

Брат бога́че сестры́(чем сестра́).
My brother is richer than my sister. (나의 형은 나의 누나보다 부자이다.)

Она́ краси́вее меня́(чем я).
She is prettier than I (am). (그녀는 나보다 더 예쁘다.)

(4) 단일식 비교급의 사용상 유의사항

① 접두사 по-

단일식 비교급 앞에 접두사 по-를 붙이면 "좀 더"(a little)라는 뜻이 된다.

Она́ поумне́е его́.
She is a little cleverer than he. (그녀는 그 보다 좀 더 영리하다.)

Он получи́л ко́мнату побо́льше мое́й.
He received a little larger room than mine.
(그는 내 방보다 좀 더 큰 방을 받았다.)

Чита́йте погро́мче.
Read a little louder. (좀 더 크게 읽어라.)

② 비교급의 강화

гора́здо(much, far, by far)를 사용하여 비교급을 강화한다.

Он гора́здо умне́е меня́.
He is far cleverer than I. (그는 나보다 훨씬 더 영리하다.)

Этот га́лстук гора́здо я́рче, чем его́.
This necktie is far brighter than his.
(이 넥타이는 그의 것 보다 훨씬 더 밝다.)

Гора́здо лу́чше.
Far better. (훨씬 더 좋다.)

③ "more than that of"라는 영어 표현의 러시아어 표현

The climate in England is worse than that of Russia.
Кли́мат А́нглии ху́же, чем кли́мат Росси́и.
(영국의 기후는 러시아의 기후보다 나쁘다.)
'that' 대신에 주절의 주어가 되풀이 된다.

④ 비교급과 함께 사용되는 관용적 용법

> чем+비교급, тем+비교급

the more, the more (~하면 할수록)
(앞의 the는 관계부사, 뒤의 the는 지시부사)

Чем скоре́е, тем лу́чше.
The sooner, the better. (빠르면 빠를수록 좋다.)

Чем вы́ше поднима́ешься, тем холодне́е стано́вится.
The higher you climb, the colder it becomes.
(높이 올라가면 올라 갈수록, 더 추워진다.)

> всё+비교급

more and more (더욱 더, 점점 더)
Река́ стано́вится всё ши́ре и ши́ре.
The river is becoming more and more wider. (강이 점점 더 넓어진다.)
Он всё бо́лее и бо́лее слабе́л.
He was growing gradually weaker and weaker.
(그는 점점 더 약해져 가고 있었다.)

3. 러시아어 형용사의 최상급

최상급도 장어미와 단어미로 구분되고 장어미에는 합성식과 단일식이 있다.

(1) 합성식

① 정 대명사 са́мый(most 가장, 제일)를 형용사 앞에 놓는다. 이때 са́мый는 성·수·격에 있어서 뒤의 형용사와 일치한다.

Во́лга — са́мая больша́я река́ в Евро́пе.
The Volga is the biggest river in Europe.
(볼가강은 유럽에서 가장 큰 강이다.)

Како́й го́род са́мый большо́й в ми́ре?
Which city is the largest in the world?
(어느 도시가 세계에서 가장 큽니까?)

Нью Йорк — са́мый большо́й го́род в ми́ре.
New York is the largest city in the world.
(뉴욕시가 세계에서 가장 큰 도시입니다.)

Посеща́ть теа́тр — для меня́ са́мое бсльшо́е удово́льствие.
To go to the theater is for me the greatest pleasure.
(극장에 가는 것이 내게는 가장 큰 기쁨이다.)

В на́ше вре́мя ру́сский язы́к стал одни́м из са́мых ва́жных языко́в ми́ра.
In our time, Russian has become one of the most important languages of the world.
(우리 시대에 러시아어는 세계에서 가장 중요한 언어중의 하나가 되었다.)

Он пришёл с са́мой краси́вой же́нщиной.
He came with the prettiest woman.
(그는 가장 아름다운 여자와 함께 왔다.)

② 부사 наибо́лее(most 가장), наиме́нее(least 가장 적게)를 형용사 앞에 놓는다. 이때 형용사만 성·수·격에 따라 변화하고 наибо́лее, наиме́нее는 변화하지 않는다.

Э́тот сад наибо́лее краси́вый в го́роде.
This garden is the most beautiful in the town.
(이 정원은, 시내에서 제일 아름답다.)

Он наибо́лее тала́нтливый студе́нт в на́шем кла́ссе.
He is the most talented student in our class.
(그는 우리 학급에서 가장 재능있는 학생이다.)

Сего́дняшний докла́д — наибо́лее уда́чный в э́том году́.
Today's report is the most successful of the year.
(오늘의 보고는 금년중 가장 성공적인 것이다.)

Э́то наибо́лее ва́жный докла́д.
This is the most important report.
(이것은 가장 중요한 보고이다.)

(2) 단일식

① 형용사 어간에 접미사 **-ейший**를 붙인다.

до́брый	добре́йший	best (가장 좋은)
но́вый	нове́йший	newest (최신의)
краси́вый	краси́вейший	most beautiful (가장 아름다운)

② 접미사 **-а́йший**를 붙인다.

어간이 г, к, х로 끝나는 형용사는 이것을 대응의 상악음 ж, ч, ш로 바꾸고 **-а́йший**를 붙인다. 역점은 반드시 **-а́й**에 있다.

высо́кий	высоча́йший	highest (가장 높은)
глубо́кий	глубоча́йший	deepest (가장 깊은)
ти́хий	тиша́йший	quietest (가장 조용한)
лёгкий	легча́йший	easiest (가장 쉬운)
стро́гий	строжа́йший	strictest (가장 엄격한)

③ 접미사 -ший를 붙인다.

хоро́ший	лу́чший	best (가장 좋은)
пло́хой	ху́дший	worst (가장 나쁜)
высо́кий	вы́сший	highest (가장 높은)
ни́зкий	ни́зший	lowest (가장 낮은)

위 4개의 -ший형 비교급은 самый 없이도 가끔 최상급의 뜻으로 사용된다.

Он вы́сший(лу́чший) студе́нт в кла́ссе.
He is the tallest(best) student in the class.
(그는 학급에서 키가 가장 큰(머리가 가장 좋은) 학생이다.)

④ 접두사 наи-를 붙인다.

-ейший, -айший로 끝나는 최상급 및 -ший로 끝나는 비교급 앞에 наи-를 붙여 뜻을 한층 강하게 한다.

наилу́чший	best (최상의)
наиху́дший	worst (최악의)
наивы́сший	highest (최고의)
наисильне́йший	strongest (최강의)

(3) 단어미

① 부사 наибо́лее, наиме́нее를 형용사 앞에 놓는다

Э́та зада́ча наибо́лее трудна́.
This problem is most difficult. (이 문제가 가장 어렵다.)

② 형용사의 단어미 비교급과 대명사의 생격 всего́, всех를 사용한다.
всего́(than anything)는 중성 всё의 생격으로 일반적으로 정도가 높은 것을 나타낸다. всех(than anyone)는 복수 все의 생격으로 구체적인 비교의 대상이 있을 때 사용한다.

Я бо́льше всего́ люблю́ му́зыку.
I like music more than anything else.
(나는 무엇보다도 음악을 좋아한다.)

Он лю́бит му́зыку бо́льше всех.
He likes music more than anyone else.
(그는 누구보다도 음악을 좋아한다.)

Честь доро́же всего́.
Honour is the most precious of all.
(명예가 가장 귀중하다.)

Чем вы бо́льше всего́ интересу́етесь?
What are you most interested in?
(당신은 무엇에 가장 흥미를 가지고 있습니까?)

Я бо́льше всего́ интересу́юсь исто́рией.
I am most of all interested in history.
(나는 역사에 가장 흥미를 가지고 있습니다.)

Э́тот учени́к умне́е всех в шко́ле.
This pupil is the cleverest of all in the school.
(이 학생은 학교에서 가장 영리하다.)

Они́ все бы́ли бога́тыми, но Ивано́в был бога́че всех.
They were all rich, but Ivanov was the richest of all.
(그들은 모두 부자였으나 이바노프가 가장 부자였다.)

УРОК 10 형용사의 비교급과 최상급

СЛОВАРЬ
체크해 봅시다.

луна́	f. moon 달	прохла́дный	a. fresh, cool 서늘한, 시원한
дли́нный	a. long 긴	океа́н	m. ocean 대양
гора́здо	ad. much, by far 훨씬	га́лстук	m. necktie 넥타이
поднима́ться	impf. climb, go up 오르다	кли́мат	m. climate 기후, 풍토
сла́бый	a. weak 약한, 몸이 허약한	станови́ться	impf. become, grow ~이 되다
слабе́ть	impf. grow weaker 약해지다	мир	m. world 세계
посеща́ть	impf. visit 방문하다, 찾아가다	удово́льствие	n. pleasure 만족, 기쁨
ва́жный	a. important 중요한	тала́нтливый	a. talented 재능이 있는
докла́д	m. report 보고, 보고서	честь	f. honour 명예, 영광
ти́хий	a. quiet 고요한, 얌전한	ти́ше	a. ти́хий의 비교급
скро́мный	a. modest 공손한, 겸손한	счита́ть	impf. consider, count 계산하다, ~라고 생각하다
сосе́д	m. neighbour 이웃	кварти́ра	f. flat, apartment 아파트식 주택
сосе́дка	f. сосе́д의 여성형	ве́тер	m. wind 바람
приближа́ться	impf. approach 다가오다, 접근하다	ре́зче	a. ре́зкий의 비교급
столо́вая	f. dining-room 식당	мя́гче	a. мя́гкий의 비교급
ре́зкий	a. sharp, harsh 날카로운, 강렬한	страх	m. fear, terror 공포, 두려움
мя́гкий	a. soft 부드러운, 온화한	дешёвый	a. cheap 값이 싼, 염가의
смерть	f. death 죽음, 사망	за́пах	m. smell 냄새
могу́чий	a. powerful, mighty 강력한, 힘있는		
си́ла	f. strength, force 힘, 세력		

УПРАЖНЕНИЯ

[1] 우리말로 옮겨라.

1. Эта девочка тише и скромнее, чем её соседка в классе.

2. Все учительницы считают её самой тихой и скромнейшей ученицей.

3. Приближается весна. Дни становятся всё длиннее, а ночи короче.

4. Комнаты этой квартиры темнее, чем наши. Столовая — самая тёмная комната.

5. Сегодня погода хуже, чем вчера. Ветер холоднее и резче.

6. Чем дальше с севера на юг, тем климат мягче.

7. Весной в деревнях больше работы, чем зимой. Весь день мужчины и женщины работают на полях или в садах.

8. Уже в июне становится жарко и ещё жарче в июле и в августе.

9. Любовь — сильнее смерти и страха смерти.

10. Нет силы, более могучей, чем знание.

[2] 러시아어로 옮겨라.

1. 우리들은 그들보다 더 아름다운 집에 살고 있다.

2. 이 사람이 제일 부자이다.

3. 이 넥타이가 그의 것보다 훨씬 더 밝다.

4. 그녀는 가장 현명하고 동시에 가장 공손한 여자이다.

5. 지구는 달보다 크다.

6. 오늘은 어제보다 훨씬 더 덥다.

7. 겨울에 밤은 더 길어지고 낮은 더 짧아진다.

8. 내일은 오늘보다 더 더워질 것이다.

9. 나의 아버지는 당신의 아버지 보다 더 늙었다.

10. 오늘의 강의는 어젯것 보다 재미있었다.

[3] 다음 형용사의 비교급과 최상급을 써라.

1. молодо́й (young)
2. худо́й (bad)
3. бли́зкий (near)
4. широ́кий (wide)
5. высо́кий (high)
6. бога́тый (rich)
7. чи́стый (clean)
8. гро́мкий (loud)
9. ма́лый (little, small)
10. хоро́ший (good)

[4] 러시아어에 해당하는 영어를 아래 난에서 골라 그 번호를 써라.

1. Ве́тер сего́дня сильне́е чем вчера́.
2. Э́то са́мый дешёвый ков́ер.
3. Наш дом краси́вее, чем ваш.
4. Мой брат моло́же вас.
5. Я лу́чше пойду́ домо́й.
6. Она́ бо́льше всех чита́ет по-русски.
7. Она́ бо́льше всего́ чита́ет по-русски.
8. За́пах ро́зы прия́тнее за́паха тюльпа́на.
9. Э́то кратча́йшая доро́га на фа́брику.
10. У бе́рега мо́ря гора́здо прохла́днее, чем в го́роде.

---

① I had better go home.
② Our house is prettier than yours.
③ This is the shortest way to the factory.
④ The wind is today stronger than yesterday.
⑤ My brother is younger than you.
⑥ This is the cheapest carpet.
⑦ The smell of a rose is more pleasant than that of a tulip.
⑧ She reads Russian more than any other language.
⑨ It is much cooler at the seaside than in town.
⑩ She reads Russion more than anyone else.

인칭대명사, 지시대명사 및 의문대명사

대명사는 명사대신 사용되는 낱말로 명사를 하나 하나 되풀이 하는 것을 피하고 문장을 간결하게 하는 역할을 한다.

1. 인칭대명사(Ли́чное местоиме́ние, Personal pronoun)의 변화

(1) 영어 인칭대명사(人稱代名詞)의 변화

수	인 칭		주격(는,이,가)	소유격(의)	목적격(을,에게)
단수형	1인칭		I	my	me
	2인칭		you	your	you
	3인칭	남성	he	his	him
		여성	she	her	her
		중성	it	its	it
복수형	1인칭		we	our	us
	2인칭		you	your	you
	3인칭		they	their	them

(2) 러시아어 인칭대명사의 변화

수	인 칭		즈격	생격	여격	대격	조격	전치격
단수형	1인칭		я	меня́	мне	меня́	мной	обо мне
	2인칭		ты	тебя́	тебе́	тебя́	тобо́й	о тебе́
	3인칭	남성	он	его́	ему́	его́	им	о нём
		중성	оно́					
		여성	она́	её	ей	её	ей	о ней

수	인칭	주격	생격	여격	대격	조격	전치격
복수형	1인칭	мы	нас	нам	нас	на́ми	о нас
	2인칭	вы	вас	вам	вас	ва́ми	о вас
	3인칭	они́	их	им	их	и́ми	о них

① 3인칭 단수와 복수에서 주격 이외의 모든 격들은 e 또는 и로 시작된다. 이것을 전치사와 함께 사용할 때는 e, и 앞에 н을 붙인다. 이것은 모음이 겹쳐지는 것을 피하고 발음을 쉽게 하기 위해서이다.(in order to avoid an accumulation of vowels and to make the pronunciation easier) 따라서 у его́, у её, у их 대신에 у него́, у неё, у них 로 한다. 그러나 e, и 앞에 н을 붙이는 것은 인칭대명사의 경우만이고 소유(물주)대명사 его́, её, их 때에는 н을 붙이지 않는다.

인칭대명사	물주대명사
Я иду́ к нему́. I am going to him(his home). (나는 그의 집으로 가고 있다.)	Я иду́ к его́ бра́ту. I am going to his brother. (나는 그의 형에게 가고 있다.)
Я иду́ к ней. I am going to her. (나는 그녀에게 가고 있다.)	Я иду́ к её бра́ту. I am going to her brother. (나는 그녀의 오빠에게 가고 있다.)
Э́то письмо́ от него́. This letter is from him. (이 편지는 그에게서 왔다.)	Э́то письмо́ от его́ отца́. This letter is from his father. (이 편지는 그의 아버지로 부터 왔다.)

② 인칭대명사의 3인칭 단수는 он, она́, оно́의 3가지 성을 가진다.

    Вот стол. <u>Он</u> здесь. Here is the table. It is here.
                              (탁자가 있다. 그것은 여기 있다.)
    Где кни́га? <u>Она́</u> там. Where is the book? It is there.
                             (책은 어디있습니까? 그것은 저기 있다.)
    Где перо́? Вот <u>оно́</u>. Where is the pen? Here it is.
                             (펜은 어디 있습니까? 그것은 여기 있습니다.)

③ его́는 [jivó]로 발음한다.

2. 지시대명사(Указа́тельное местоиме́ние, Demonstrative pronoun)의 변화

(1) 영어 지시대명사(指示代名詞)의 변화

	단수	복수
근칭(이것)	this	these
원칭(저것)	that	those

(2) 러시아어 지시대명사의 변화

① э́тот, э́то, э́та (this, 이것) э́ти(these, 이것들)

수	성	주격	생격	여격	대격	조격	전치격
단수	남성	э́тот	э́того	э́тому	주또는생	э́тим	об э́том
	중성	э́то			э́то		
	여성	э́та	э́той	э́той	э́ту	э́той	об э́той
복수	3성공통	э́ти	э́тих	э́тим	주또는생	э́тими	об э́тих

지시대명사 э́тот는 그것이 수식하는 명사의 성과 수에 일치한다.

Э́тот уро́к тру́дный.	This lesson is difficult.
	(이 학과는 어렵다.)
Э́та кни́га но́вая.	This book is new.
	(이 책은 새 것이다.)
Э́то письмо́ интере́сное.	This letter is interesting.
	(이 편지는 재미있다.)
Э́ти тетра́ди си́ние.	These exercise-books are blue.
	(이들 필기장은 푸른색이다.)

단수 중성형 э́то는 "it is", "this is"의 뜻을 가진 주어로도 사용된다. 이때 술어가 되는 명사의 성과 수에 관계 없이 주어는 항상 э́то 만을 사용한다.

Это но́вый дом.   This is a new house.
                              (이것은 새 집이다.)
Это но́вая кни́га.   This is a new book.
                              (이것은 새 책이다.)
Это интере́сное письмо́.   This is an interesting letter.
                              (이것은 재미있는 편지이다.)
Это но́вые дома́.   These are new houses.
                              (이것들은 새집이다.)

② тот, то, та (that, 저것) те (those, 저것들)

수	성	주격	생격	여격	대격	조격	전치격
단수	남성	тот	того́	тому́	주격/생격	тем	об том
	중성	то			то		
	여성	та	той	той	ту	той	об той
복수	3성공통	те	тех	тем	주격/생격	те́ми	об тех

지시대명사 <u>э́тот</u>(this, 이것)는 화자 가까이 있는 물건을 언급하고 <u>тот</u> (that, 저것)는 화자로부터 더 멀리 떨어져 있는 것을 가리킨다.(The demonstrative pronoun <u>э́тот</u> refers to an object near the speaker, and <u>тот</u> to one farther away from the speaker.)

Этот слова́рь мой, а тот — ваш.
This dictionary is mine, and that is yours.
(이 사전은 내것이고 저것은 당신 것이다.)

Мне бо́льше нра́вится та карти́на.
I like that picture better.
(나는 저 그림을 더 좋아한다.)

С тех пор, я живу́ в э́том до́ме.
Since that time, I have been living in this house.
(그때부터 나는 이 집에 살고 있다.)

(전치사 с는 생격지배, пор은 пора́(time, 때, 시기)의 복수 생격, тех는 복수 생격, э́том은 э́тот의전치격)

3. 의문대명사 (Вопросительное местоимение, Interrogative pronoun)의 변화

(1) 영어의 의문대명사(疑問代名詞)

의문대명사에는 who, what, which 등이 있고, 사람이나 사물에 대하여 사용되고 의문의 뜻을 나타낸다.

	주격	소유격	목적격
누구	who	whose	whom
무엇	what	-	what
어느 것	which	-	which

who는 사람에 대하여, what는 사물에 대해 쓰고 which는 사람에게도 사물에게도 쓴다.

<u>Who</u> wrote this letter? (누가 이 편지를 썼습니까?)
<u>What</u> do you want? (당신은 무엇을 원합니까?)
<u>Which</u> will you have, tea or coffee?
(차와 커피 중 어느 것을 드시겠습니까?)
<u>Who</u> is he? — He is Mr. Brown.
(그는 누구입니까? 그는 브라운 씨입니다.)(이름을 물어본다.)
<u>What</u> is he? — He is an engineer.
(그는 무엇을 하는 사람입니까? 그는 기사입니다.)(직업을 물어본다.)
<u>Which</u> is more beautiful, this flower or that one?
(이 꽃과 저 꽃은 어느 것이 더 아름답습니까?)
<u>What</u> fruit do you like best?
(어느 과일을 제일 좋아합니까?)

which는 일정수(一定數) 중에서 '어느 것', '어느 쪽'(사람)을 물어보고, what은 부정수(不定數)중에서 '어떤 것'을 물어본다. (what fruit의 what은 의문형용사이다.)

(2) 러시아어의 의문대명사

кто, что, чей 등이 있다.

① кто (who, 누구)는 활동체 명사(사람이나 동물)에 대하여 쓰인다.

Кто э́то?	Who is it? (이 사람은 누구입니까?)
Э́то мой брат.	It is my brother. (그 사람은 나의 동생입니다)
Кто э́то?	Who is it? (이것은 무엇입니까?)
Э́то обезья́на.	It is a monkey. (그것은 원숭이입니다)

② что (what, 무엇)는 비활동체 명사(사물이나 식물)에 대하여 쓰인다.

| Что э́то? | What is this? (이것은 무엇입니까?) |
| Э́то кни́га. | It is a book. (그것은 책입니다.) |

Что는 의문대명사로 what(무엇)을 의미하지만 접속사로서는 that(~이라는 것)를 의미하며 종속절을 이끈다.

Я зна́ю что он профе́ссор. I know that he is a professor.
(나는 그가 교수라는 것을 알고 있다.)

	주격	생격	여격	대격	조격	전치격
Who	кто	кого́	кому́	кого́	кем	о кем
What	что	чего́	чему́	что	чем	о чём

Кого́ вы зна́ете здесь?	Whom do you know here?
	(여기에, 누구를 아십니까?)
Он никого́ не зна́ет здесь.	He doesn't know anyone here.
	(그는 여기에 누구도 알지 못합니다.)
Кому́ вы да́ли мою́ кни́гу?	Whom did you give my book?
	(내 책을 누구에게 주었습니까?)
Что с ва́ми?	What's the matter with you?
	(어찌된 일입니까?)

кто는 남성으로, что는 중성으로 취급되고 둘 다 복수형이 없다.

③ чей(whose 누구의)는 단수에서 남성, 여성, 중성을 가지며 복수에서는 3성 공통이다.

	단 수		복 수
남성	여성	중성	3성 공통
чей	**чья**	**чьё**	**чьи**
whose	whose	whose	whose

의문대명사 чей는 물주(소유) 대명사에 대한 물음으로 쓰인다. чей는 그것이 수식하는 명사의 성·수와 일치한다. 그리고 의문문에서는 흔히 э́то를 수반한다.

Чей э́то журна́л?	Whose magazine is it?
	(누구의 잡지입니까?)
Чья э́то кни́га?	Whose book is it?
	(그것은 누구의 책입니까?)
Чьё э́то письмо́?	Whose letter is it?
	(그것은 누구의 편지입니까?)
Чьи э́то кни́ги?	Whose books are these?
	(이것들은 누구의 책입니까?)

모스크바 크레믈린

СЛОВАРЬ
체크해 봅시다.

нравиться	impf. like 마음에 들다	лёгкий	a. light, easy
с тех пор	since then 그때부터		가벼운, 쉬운, 용이한
	since 그후로	пора	f. time 때, 시기, 시절
правило	n. rule 법칙, 규칙	дать	pf. give 주다, 수여하다
знакомый	a. familiar	пожалуйста	particle. please
	친숙한, 아는 사이의		제발, 어서
здание	n. building 건물, 빌딩	яблоко	n. apple 사과
		рассказать	pf. tell 이야기하다

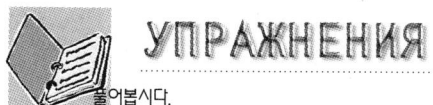
УПРАЖНЕНИЯ
풀어봅시다.

[1] 우리말로 옮겨라.

1. Моя́ мать рабо́тает здесь. Она́ врач. Мой оте́ц то́же врач, но он не рабо́тает здесь.

2. Ваш оте́ц чита́ет по-ру́сски? Да, он чита́ет хорошо́ и он говори́т по-ру́сски. Моя́ мать не говори́т по-ру́сски.

3. Здесь идёт уро́к. Мы изуча́ем ру́сский язы́к. Мы чита́ем, пи́шем и говори́м по-ру́сски. Наш учи́тель спра́шивает уро́к.

4. Когда́ вы объясня́ете пра́вило, я понима́ю всё что вы говори́те.

Но когда́ вы говори́те бы́стро, я не всё понима́ю. Пожа́луйста, говори́те ме́дленно, о́чень ме́дленно.

5. Ко мне ча́сто прихо́дит това́рищ. Он хорошо́ знако́м со мной. Вчера́ я говори́л с ним о вас. За́втра он бу́дет у вас.

[2] 러시아어로 옮겨라.

1. 나는 그 여자에게서 온 편지를 읽고 있다.

2. 우리들은 그들에 대해서 말하고 있다.

3. 당신은 누구에게 편지를 썼습니까?

4. 그것은 누구의 러시아어 신문입니까?

5. 그 큰 집은 누구의 것입니까?

6. 그는 그 여자에게 무엇에 관하여 이야기 하였습니까?

7. 그들은 자주 우리들의 일을 도와 줍니다.

8. 그는 무엇을 공부하고 있습니까?

9. 나의 아버지는 당신의 아버지와 잘 아는 사이입니다.

10. 우리집 주위에 정원이 있습니다. 우리 정원에는 꽃이 많습니다.

[3] (　)안에 있는 인칭대명사, 지시대명사 및 의문대명사를 알맞은 형태로 바꾸고 우리말로 옮겨라.

1. Я éду к (они́)

2. У (кто) вы живёте?

3. Он ничеро́ не говори́л об (э́то).

4. (Что) вы не понима́ете?

5. В (э́тот) году́ зима́ теплée, чем в про́шлом.

6. С (тот) пор я живу́ в (э́тот) до́ме.

7. (Чей) э́та кни́га?

8. (Чей) перо́ пи́шет хорошо́?

9. На (чей) кни́гу вы смо́трите?

10. (Чей) карандашо́м вы пи́шете?

[4] 러시아어에 해당하는 영어를 아래 난에서 골라 그 번호를 써라.

1. Чьё э́то я́блоко?
2. Чья э́то там бума́га?
3. Чей э́то большо́й дом?
4. Мне о́чень нра́вится э́тот го́род.
5. Что э́то за зда́ние?
6. О чём вы говори́те?
7. У меня́ оте́ц ешё жив.
8. Об э́том я вам пото́м расскажу́.

9. Де́ти у меня́ все́ взро́слые.
10. Э́та рабо́та тру́дная, а та — лёгкая.

---

① Whose is this large house?
② What are you talking about?
③ My children are all grown up.
④ I like this city very much.
⑤ This work is difficult, but that is easy.
⑥ What kind of a building is this?
⑦ My father is still alive.
⑧ Whose apple is this?
⑨ I will tell you about it later.
⑩ Whose paper is that over there?

모스크바 대학

물주(소유)대명사 및 재귀대명사

1. 물주대명사(Притяжа́тельйое местоиме́ние, Possessive pronoun)

(1) 영어의 소유대명사(所有代名詞)

수	인칭	소유격	독립소유격
단수	1인칭	my	mine
	2인칭	your	yours
	3인칭	his	his(he의 소유격과 독립소유격은 동형)
		her	hers
		its	(its에 대응하는 독립소유격은 없다)
복수	1인칭	our	ours
	2인칭	your	yours
	3인칭	their	theirs

This pencil is my pencil. 이때 pencil의 되풀이를 피하고 This pencil is mine. 이라고 하는데, 이 mine이 독립소유격이다. 독립소유격 = 소유격 + 명사라고 생각해도 된다. (yours = your + book)

(2) 러시아어의 물주대명사(物主代名詞)

① 물주대명사의 1인칭 및 2인칭

мой(my, 나의), твой(your, 너의), наш(our, 우리들의), ваш(your, 당신의, 당신들의) 등은 수식하는 명사의 성·수에 따라 변화한다.

УРОК 12 물주대명사 및 재귀대명사

남성	여성	중성	복수(3성공통)
мой брат	моя́ сестра́	моё сло́во	мои́ кни́ги
твой оте́ц	твоя́ кни́га	твоё ме́сто	твои́ тетра́ди
наш го́род	на́ша страна́	на́ше письмо́	на́ши пи́сьма
ваш сад	ва́ша дочь	ва́ше перо́	ва́ши журна́лы

대명사 **Ваш**는 서한(correspondence), 경어(a polite form of address)로는 В를 대문자로 쓴다.

Ваш,   Ва́ша,   Ва́ше,   Ва́ши

② 물주대명사의 3인칭

его́(his, its, 그 사람의, 그것의), её(her, 그여자의, 그녀의), их(their, 그들의, 그것들의) 등은 수식하는 명사의 성·수에 관계없이 언제나 같은 형태를 사용한다. 물주대명사 3인칭 его́는 남성에서도 중성에서도 쓴다. 물주대명사 3인칭은 인칭대명사의 생격과 형태가 동일하므로 혼동하지 말아야 한다.

남성, 중성	여성	복수(3성공통)
его́ стол	её стол	их стол
его́ кни́га	её кни́га	их кни́га
его́ письмо́	её письмо́	их письмо́
его́ газе́ты	её газе́ты	их газе́ты

③ 물주대명사의 기능

물주대명사는 문중에서 술어(서술적 용법)와 정어(한정적 용법) 두가지로 사용된다.

<u>Моя́</u> кни́га там.(정어)

<u>My</u> book is there. (나의 책은 저기 있다.)

Кни́га — <u>моя́</u>(술어)

The book is <u>mine</u>. (그 책은 나의 것이다.)

④ 물주대명사의 변화

i) мой (твой)

수	성	주격	생격	여격	대격	조격	전치격
단수	남성	мой	моего́	моему́	주격또는생격	мои́м	о моём
	중성	моё			моё		
	여성	моя́	мое́й	мое́й	мою́	мое́й	о мое́й
복수	3성 공통	мои́	мои́х	мои́м	주격또는생격	мои́ми	мои́х

ii) наш (ваш)

수	성	주격	생격	여격	대격	조격	전치격
단수	남성	наш	на́шего	на́шему	주격또는생격	на́шим	о на́шем
	중성	на́ше			на́ше		
	여성	на́ша	на́шей	на́шей	на́шу	на́шей	о на́шей
복수	3성 공통	на́ши	на́ших	на́шим	주격또는생격	на́шими	на́ших

Э́то на́ша шко́ла.　　　This is our school.
　　　　　　　　　　　(이것은 우리 학교입니다.)

Э́то наш класс.　　　　This is our classroom.
　　　　　　　　　　　(이것은 우리 학급입니다.)

Э́то твоё перо́.　　　　This is your pen.
　　　　　　　　　　　(이것은 당신의 펜입니다.)

Э́то твой журна́л.　　　This is your magazine.
　　　　　　　　　　　(이것은 당신의 잡지입니다.)

Мой сын — инжене́р.　　My son is an engineer.
　　　　　　　　　　　(나의 아들은 기사입니다.)

Моя́ мать рабо́тает здесь.
My mother works here.
(나의 어머니는 여기서 일합니다.)

Мой друг не зна́ет об э́том.
My friend does not know about it.
(나의 친구는 그것에 대해서 모릅니다.)
Наш учи́тель поёт о́чень хорошо́.
Our teacher sings very well.
(우리 선생님은 노래를 매우 잘 부릅니다.)
Э́то не твоё де́ло.
This is not your business.
(이것은 당신의 일이 아닙니다.)

2. 재귀대명사(Возвра́тное местоиме́ние, Reflexive pronoun)

(1) 영어의 재귀대명사(再歸代名詞)

인칭대명사의 소유격 또는 목적격 어미에 -self를 붙여서 "자기자신"의 뜻을 나타낸다. 동사가 나타내는 동작이 타물에 미치지 않고 주어 자체에 다시 되돌아 가기 때문에 재귀대명사라고 한다.

	단 수	복 수
1인칭	myself	ourselves
2인칭	yourself	yourselves
3인칭	himself herself itself	themselves

He killed himself. (그는 자살하였다.)
We teach ourselves. (우리는 독학한다.)
History repeats itself. (역사는 되풀이 된다.)

(2) 러시아어의 재귀대명사

재귀대명사 себя́(oneself, 자기자신)는 단수, 복수의 구별없이 모든 인칭에 공통적으로 사용된다. себя는 주어의 동작이 주어 자신에게 되돌아 갈때 사용되므로 주격을 가지지 않는다.

재귀대명사 себя는 다음과 같이 변화한다.

주격	생격	여격	대격	조격	전치격
-	себя	себе	себя	собой	о себе

Я смотрю на себя в зеркало.
I am looking at myself in the mirror.
(나는 내 모습을 거울에 비춰 보고 있다.)

Она смотрит на себя в зеркало.
She is looking at herself in the mirror.
(그녀는 자기 모습을 거울에 비춰 보고 있다.)

Мы говорим о себе.
We are speaking about ourselves.
(우리는 우리 자신에 관하여 이야기 하고 있다.)

Он говорит о себе.
He is speaking about himself.
(그는 자기 자신에 관하여 이야기 하고 있다.)

Она купила себе тёплое пальто.
She bought (for) herself a warm coat.
(그녀는 자기가 입을 따뜻한 외투를 샀다.)

Он хорошо себя чувствует.
He feels (himself) well.
(그는 기분이 좋습니다.)

УРОК 12 물주대명사 및 재귀대명사

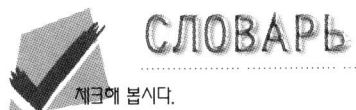

СЛОВАРЬ

체크해 봅시다.

зе́ркало	n. mirror 거울	купи́ть	pf. buy 사다
пальто́	n. overcoat 외투	чу́вствовать	impf. feel 느끼다, 지각하다
ко́нчить	pf. finish 마치다, 끝내다	встре́титься	pf. meet 만나다
шля́па	f. hat 모자	ка́жется	it seems ~인 듯하다
расска́зывать	impf. tell 이야기하다	быва́ть	impf. happen, to be 종종 나타나다, 종종 있다
верну́ться	pf. come back, return 되돌아오다	найти́	pf. find 찾아내다, 발견하다
запи́ска	f. note 메모, 적어둠	ме́бель	f. furniture 가구
замеча́ть	impf. notice 눈치채다, 깨닫다	оши́бка	f. mistake 실수, 잘못, 과오
забы́ть	pf. forget 잊다, 망각하다	очки́	pl. (no sing) spectacles 안경
кури́ть	impf. smoke 담배피우다		

УПРАЖНЕНИЯ

풀어봅시다.

[1] 우리말로 옮겨라.

1. Он пошёл в свою́ конто́ру.

2. Э́тот челове́к счита́ет себя́ о́чень у́мным.

3. Мы должны́ ко́нчить свою́ рабо́ту сего́дня ве́чером.

4. Я встре́тился с её бра́том.

5. Где моя́ шля́па? Ка́жется, она́ у вас на голове́.

6. Как вы себя́ чу́вствуете? Спаси́бо, хорошо́.

7. Он расска́зывает о себе́ мно́го интере́сного.

8. Он лежи́т себе́ там, и ничего́ не говори́т.

9. Он ре́дко быва́ет дово́лен собо́й.

10. Когда́ я верну́лся домо́й, я нашёл у себя́ на столе́ запи́ску.

[2] 러시아어로 옮겨라.

1. 이것은 나의 연필입니다.

2. 그의 누나는 러시아어를 잘 말합니다.

3. 오늘은 휴일입니다. 우리 가족은 집에 있습니다. (пра́здник)

4. 나의 누나와 그녀의 남편은 텔레비전을 보고 있습니다.

5. 그 여자는 자기 자신에 관하여 말했다.

6. 당신은 자기 자신에 관하여 너무 많이 이야기 하여서는 안된다. (нельзя́)

7. 당신의 재미있는 편지에 대하여 대단히 감사합니다.

8. 편지에서 그녀는 자기의 생활에 대해서 많이 쓰고 있다.

9. 그녀는 자기 사진을 나에게 보내 주겠다고 약속하였습니다.

10. 우리들은 그들의 일에 대하여 말하고 있습니다.

[3] 괄호안에 있는 물주대명사 및 재귀대명사를 알맞은 형태로 바꾸고 우리말로 옮겨라.

1. В (мой) красивой комнате стоит разная мебель.
2. Около (наш) дома есть сад. В (наш) саду много цветов.
3. Я люблю (свой) брата.
4. Она нашла (свой) собаку.
5. Он не замечает (свой) ошибок.

[4] 러시아어에 해당하는 영어를 아래 난에서 골라 그 번호를 써라.

1. Моё имя — Джон.
2. Моя фамилия — Браун.
3. Вот моя семья.
4. Что делает ваша семья?
5. Моя мать читает журнал.
6. Книга моя.
7. Она пишет своим пером.
8. Они любят своего отца.
9. Я забыл свои очки.
10. Мой брат курит и смотрит телевизор.

① My mother is reading a magazine.
② What is your family doing?
③ My name is John.
④ She is writing with her own pen.
⑤ My surname is Brown.
⑥ They love their father.
⑦ Here is my family.
⑧ My brother is smoking and watching television.
⑨ The book is mine.
⑩ I have forgotten my spectacles.

13 정 대명사 및 부정 대명사

1. 정 대명사(Определённое местоиме́ние, Determinative pronoun)

정 대명사(定 代名詞)는 사물의 성질을 총괄적으로 규정하는 대명사이다.
정 대명사는 다음과 같다.

    весь   (all, whole 모든, 전부의, 전체의)
    сам   (-self 자기, 자신)
    са́мый   (most, the very, the same 가장, 바로 그)
    вся́кий   (any, all sorts of, every 어느것이나, 모든)
    ка́ждый   (each, every 저마다의, 각각의, 모든)
    любо́й   (any, either 모든, 각각의, 임의의)

(1) весь의 변화와 용법

① 변화

수	성	주격	생격	여격	대격	조격	전치격
단수	남성 중성	весь всё	всего́	всему́	주격또는생격 всё	всем	обо всём
	여성	вся	всей	всей	всю	всей	о всей
복수	3성 공통	все	всех	всем	주격또는생격	все́ми	о всех

② 용법

   i) весь, вся, всё, все는 명사를 한정적으로 수식하는데 사용된다. 이

때 단수에서는 whole(전부의) 복수에서는 all(모든)의 뜻을 지닌다.

весь го́род   (the whole town 전시)
вся шко́ла   (the whole school 전교)
все города́   (all the towns 모든 도시)

Весь дом был по́лон.
The whole house was full.
(집 전체가 꽉 찼었다.)

Мы ви́дели весь го́род.
We saw the whole town.
(우리는 시 전체를 다 보았다.)

Вся семья́ была́ до́ма.
The whole family was at home.
(전 가족이 집에 있었다.)

Все дома́ на э́той у́лице но́вые.
All the houses in this street are new.
(이 거리의 모든 집이 새 집이다.)

Все това́рищи бы́ли на собра́нии.
All the comrades were at a meeting.
(모든 동지들이 회으에 참석했다.)

ii) 중성 단수형 всё는 everything(모든 것) 복수형 все는 everybody(모든 사람)라는 의미로 사용된다. 이 경우 всё와 все는 문장의 주어나 목적어가 된다.

Всё бы́ло я́сно.	Everything was clear. (모든 것이 분명했다.)
Он всё зна́ет.	He knows everything. (그는 모든 것을 다 안다.)
Все пришли́ на конце́рт.	Everybody (all) came to the concert. (모든 사람이 음악회에 왔다.)
Все говори́ли по-ру́сски.	Everybody spoke Russian. (모든 사람이 러시아어를 말했다.)

(2) сам의 변화와 용법

① 변화

수	성	주격	생격	여격	대격	조격	전치격
단수	남성	сам	самого́	самому́	주격또는생격	сами́м	о само́м
	중성	само́			само́		
	여성	сама́	само́й	само́й	само́ё	само́й	о само́й
복수	3성 공통	са́ми	сами́х	сами́м	сами́х	сами́ми	о сами́х

② 용법

i) 자신이, 스스로 (personally, in person)

Я сам написа́л э́то.　　I wrote it myself.
　　　　　　　　　　　(내 스스로 이것을 썼다.)
Я сам э́то сде́лаю.　　I shall do it myself.
　　　　　　　　　　　(내 스스로 이것을 하겠다.)

ii) "바로 그 사람", 또는 "바로 그 물건"이고 다른 사람이나 다른 물건이 아님을 강조한다.

Пришёл сам оте́ц.
Came Father himself. (아버지가 직접 오셨다.)
Сам коро́ль мне сказа́л.
The king himself told me.
(바로 임금님이 나에게 말씀하셨다.)
Он живёт са́мом це́нтре Ло́ндона.
He lives in the very heart of London.
(그는 런던의 바로 중심부에 살고 있다.)
Э́тот по́езд идёт до са́мой Москвы́.
This train goes right to Moscow.
(이 기차는 바로 모스끄바로 갑니다.)

iii) 재귀대명사 себя와 함께 사용한다.

Он о́чень дово́лен сам собо́й.
He is very satisfied with himself.
(그는 자기 스스로에게 대단히 만족하고 있다.)
Она́ сама́ себя́ забыва́ет в дома́шней рабо́те.
She is altogether absorbed in housework.
(그녀는 전적으로 가사일에 몰두하고 있다.)

iv) 성구적 표현

Э́то само́ собо́й разуме́ется.   It goes without saying.
(말할 나위도 없다.)

(3) са́мый의 변화와 용법

① 변화

형용사 но́вый와 같이 변화하고 역점은 첫 음절에 있다. 성·수·격에 있어서 명사와 일치한다.

수	성	주격	생격	여격	대격	조격	전치격
단수	남성 중성 여성	са́мый са́мое са́мая	са́мого са́мой	са́мому са́мой	주격또는생격 са́мое са́мую	са́мым са́мой	о са́мом о са́мой
복수	3성 공통	са́мые	са́мых	са́мым	주격또는생격	са́мыми	о са́мых

② 용법

i) "바로 그" (the very)

지시대명사와 함께 사용하여 "바로 그"의 뜻을 나타내며, 지시대명사에 же를 덧붙여서 동일성을 강하게 할 때가 있다.

Она́ говори́ла об э́той са́мой кни́ге.
She spoke about this very book. (그녀는 바로 이 책에 대해서 말했다.)

Мы опя́ть встре́тились в том же са́мом ме́сте.
We met again in the same place.
(우리들은 바로 같은 장소에서 다시 만났다.)

Э́то тот са́мый челове́к, о кото́ром я говори́л.
This is the very man whom I spoke about.
(이 사람이 내가 말했던 바로 그 사람이다.)

ii) 비활동체 명사(inanimate nouns)와 함께 사용하여 그 뜻을 강하게 한다. са́мый는 보통 강조하는 명사 앞에 온다.

Са́мый го́род о́чень краси́вый.
The town itself is very beautiful. (도시 그 자체가 매우 아름답다.)

Он рабо́тает с са́мого утра́.
He has been working right from the morning.
(그는 바로 아침부터 일하고 있다.)

iii) 형용사의 최상급을 만든다.

Э́то са́мая коро́ткая доро́га.
This is the shortest road. (이것이 최단로이다.)

Он живёт в са́мой дорого́й гости́нице.
He lives in the most expensive hotel.
(그는 가장 값비싼 호텔에서 살고 있다.)

Ната́ша са́мая приле́жная учени́ца в кла́ссе.
Natasha is the most diligent student in the class.
(나따샤는 학급에서 가장 부지런한 학생이다.)

Во́лга — са́мая больша́я река́ в Евро́пе.
Volga is the largest river in Europe.
(볼가강은 유럽에서 제일 큰 강이다.)

iv) 관용구

В са́мом де́ле   indeed (실제로, 정말)
На са́мом де́ле   actually, in fact (현실적으로, 실제는)

(4) вся́кий의 변화와 용법

① 변화

형용사 ру́сский와 동일하게 변화한다.

② 용법

i) "모든, 각자의, 도든사람"(every, everybody)의 뜻으로 사용된다.

Э́то зна́ет вся́кий учени́к.
Every student knows this. (모든 학생이 이것을 알고 있다.)

Вся́кий э́то зна́ет.
Everybody knows this. (모든 사람이 이것을 알고 있다.)

Вся́кий зна́ет, что земля́ кру́глая.
Everybody knows that the earth is round.
(지구가 둥글다는 것은 누구나 알고 있다.)

ii) "모든 종류의"(all sorts of, all kinds of)의 뜻으로 사용된다.

В э́том магази́не есть вся́кие това́ры.
There are all sorts of goods in this store.
(이 상점에는 모든 종류의 상품이 있습니다.)

В библиоте́ке есть вся́кие кни́ги.
There are all sorts of books in the library.
(도서관에는 모든 종류의 책이 있습니다.)

В на́шей жи́зни вся́кое быва́ет.
All sorts of things happen in our life.
(우리가 살아있는 동안에 여러가지 종류의 일이 일어난다.)

iii) "어떠한"(any)의 뜻으로 사용된다.

Она́ слу́шает его́ без вся́кого интере́са.
She is listening to him without any interest.
(그녀는 아무 흥미도 없이 그의 말을 듣고 있다.)

Он сде́лал э́то без вся́ких затрудне́ний.
He did it without any difficulty.
(그는 어려움 없이 그것을 했다.)

(5) ка́ждый의 변화와 용법

① 변화

형용사와 동일하게 변화한다.

② 용법

i) "각각의, 각자의"(each, every) 또는 "모든 사람"(everyone)의 뜻으로 사용된다.

Я гуля́ю ка́ждый день.
I take a walk every day. (나는 매일 산책을 한다.)

Он дал ка́ждому из нас по кни́ге.
He gave each one of us a book. (그는 우리들 각자에게 책을 주었다.)

Ка́ждый учени́к прочита́л э́ту кни́гу.
Every pupil read this book. (모든 학생이 이 책을 읽었다.)

Ка́ждый студе́нт до́лжен сде́лать на семина́ре.
Every student must give a report at the seminar.
(모든 학생이 다 세미나에서 보고하여야 한다.)

ii) ка́ждый는 다음과 같은 경우에는 복수로 쓰인다.

a) 복수형태로만 쓰이는 명사를 수식할 때

Ка́ждые су́тки	every twenty-four hours (24시간 마다)
Ка́ждые кани́кулы	every vacation (휴가 때 마다)

b) 명사의 복수형을 수식하는 개수사 앞에서

Ка́ждые две неде́ли	every two weeks (2주일 마다)
Ка́ждые пять дней	every five days (5일 마다)

2. 부정(否定)대명사 (Отрицательное местоимение, Negative pronoun)

(1) 부정대명사는 кто, что, какой, который, чей 등 의문대명사에 접두사 ни를 붙여서 만든다.

никто́	nobody, no one	(누구도 ~아니다.)
ничто́	nothing	(아무것도 ~아니다.)
никако́й	no, not any	(어떤 ~도 ~아닌)
никото́рый	not any, neither	(어느 것도 ~아닌)
ниче́й	nobody's, no one's	(누구의 것도 ~아니다.)

(2) 부정대명사의 변화

никто́, ничто́는 кто, что와 같이 변화하고
никако́й, ниче́й는 како́й, чей와 같이 변화한다.

(3) 이중부정(二重否定)

영어에서는 nobody, nothing등 부정 대명사만으로 부정이 된다.

Nobody knows him. (누구도 그를 모른다.)

그러나 러시아어에서는 ни로 시작되는 никто́, ничто́ 등이 동사와 함께 사용될 때에(그 격이 무엇이든) 부정사 не(second negative)로 다시 부정한다. (이중부정)

Никто́ его́ не зна́ет. Nobody knows him. (누구도 그를 모른다.)

(4) 용법

Никто́ не уста́л.	Nobody is tired.
	(누구도 피로하지 않다.)
Ничто́ не беспоко́ило нас.	Nothing troubled us.
	(아무것도 우리를 괴롭히지 않았다.)

Никто́ не зна́ет, как пройти́ в библиоте́ку.
No one knows how to get to the library.
(누구도 어떻게 도서관에 가는지 모른다.)

Этому человéку никтó не вéрит.
No one believes this man. (누구도 이 사람을 신뢰하지 않는다.)

Я никогó не вúдел.
I did not see anybody. (나는 누구도 보지 못했다.)

Он ничегó не хóчет дéлать.
He doesn't want to do anything. (그는 어떤 일도 하고 싶어하지 않는다.)

Тут óчень темнó, я ничегó не вúжу.
It's very dark here. I don't see anything.
(여기는 매우 어둡다. 나는 아무것도 볼수 없다.)

Нет никакóй надéжды.
There is no hope whatever. (어떤 희망도 없다.)

Он не хóчет ничегó совéта.
He doesn't want anyone's advice. (그는 누구의 충고도 원치 않는다.)

(5) 부정대명사가 전치사와 함께 사용될 때, 부정대명사 앞의 ни를 떼어 전치사 앞에 놓는다.

Мы ни с кем не говорúли.
We talked to nobody. (우리는 누구에게도 이야기하지 않았다.)

Мне нé с кем говорúть.
I have nobody to talk with. (나는 함께 말할 사람이 없다.)

Я ни у когó не мог узнáть где вы живёте.
I couldn't learn from anybody where you lived.
(당신이 어디에 사는지 누구에게서도 알아낼 수 없었다.)

(6) нéкого(there is nobody ~할 사람이 없다.)
   : не - есть - когó의 준말
   нéчего(there is nothine ~아무것도 없다.)
   : не - есть - чегó의 준말

이들 부정 대명사는 반드시 역점이 нé-에 오고 술어에 부정사 не를 사용하지 않는다. 술어는 부정법(不定法)을 사용하고 과거에는 бы́ло, 미래에는

бу́дет를 보탠다. 여격을 사용하여 동작의 주체를 나타낸다.

Не́кому э́то сде́лать.
There is nobody to do this.
(이것을 할 사람이 없다.)

Об э́том не́чего говори́ть.
There is nothing to talk about this.
(이것에 관하여 이야기할 것이 없다.)

Ему́ не́чем заже́чь папиро́су.
He has nothing to light the cigarette with.
(그는 담배에 불을 붙일 것을 아무것도 갖고 있지 않다.)

Мне не́кому дать кни́гу.
I have no one to give the book to.
(나는 그 책을 줄 사람이 없다.)

Не́кому бы́ло э́то сде́лать.
There was nobody to do this.
(이것을 할 사람이 없었다.)

Ему́ не́чего бы́ло сказа́ть.
He had nothing to say.
(그는 할 말이 없었다.)

Ему́ не́чего бу́дет сказа́ть.
He will have nothing to say.
(그는 할 말이 없을 것이다.)

전치사를 사용할 때에는 부정대명사의 не-가 떨어져서 전치사 앞에 나온다.

Нам не́ о чем бы́ло говори́ть.
We had nothing to talk about.
(우리는 이야기 할 것이 아무것도 없었다.)

Им не́ о чем бы́ло спо́рить.
They had nothing to argue about.
(그들은 논쟁할 것이 아무것도 없었다.)

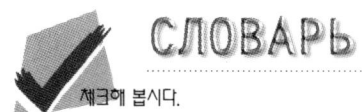

СЛОВАРЬ

по́лный (по́лон)	a. full 가득찬, 충만한	выступа́ть	impf. come out, perform 앞으로 나가다, 출연하다
я́сный	a. clear 명백한, 분명한	боро́ться	impf. fight 싸우다, 투쟁하다
коро́ль	m. king 왕	де́тский	a. children's 어린이의, 아동의
центр	m. center 중심, 중심지	собира́ться	impf. assemble, gather 모이다
дово́льный	a. glad, pleased 충분한, 만족한	написа́ть	pf. write 편지를 쓰다, 쓰다
разуме́ться	impf. to be understood 이해되다, 물론	сде́лать	pf. make, do 만들다, 하다
опя́ть	ad. again 다시, 재차	сказа́ть	pf. say, tell 말하다, 이야기하다
доро́га	f. road 길, 도로	по́езд	m. train 기차, 열차
гости́ница	f. hotel 호텔, 여관	дома́шний	a. domestic, house, home 집안의, 집의, 가정의
кру́глый	a. round 동그란, 원형의	(само́ собо́й) разуме́ться	it goes without saying, of course 말할 필요도 없이
затрудне́ние	n. difficulty 곤란, 곤경	коро́ткий	a. short 짧은
семина́р	m. seminar 세미나	дорого́й	a. expensive 고가의 dear 비싼
кани́кулы	(no sing) vacation 방학	приле́жный	a. diligent 부지런한, 근면한
беспоко́ить	impf. disturb, trouble 시끄럽게하다, 걱정시키다	това́р	m. goods, wares 상품
ве́рить	impf. believe 믿다, 신뢰하다	прочита́ть	pf. read through 읽다
наде́жда	f. hope 희망, 기대	су́тки	(no sing) twenty-four hours 1주야, 24시간
узна́ть	pf. find out, learn 알아내다, 알다	уста́ть	pf. get tired 피곤하다
папиро́са	f. cigarét 궐련		
наро́д	m. people 민족, 국민		
прогресси́вный	a. progressive 진보적인, 전진적인		

пройти́	pf. go, walk by, pass 통행하다, 지나가다	а́ктовый зал	m. assembly hall 강당
хоте́ть	impf. wish, want 원하다, 하고싶다	спорти́вный	a. sport 운동의
сове́т	m. advice 충고, 조언	находи́ться	impf. to be, to be found 있다, 이다
зажéчь	pf. set fire 불을 붙이다, 점화하다	аудито́рия	f. auditorium, lecture room 강당, 강의실
спо́рить	impf. argue 다투다, 논쟁하다	за	prep. behind, for ~의 뒤, ~을 위하여
война́	f. war 전쟁	звуча́ть	impf. sound 울리다, 소리가 나다
челове́чество	n. mankind, humanity 인류, 인간, 인성	по́сле	prep. after ~뒤에, 후에
по	prep. give ~each (할당)~씩	вокру́г	prep. round, around 주위에
костёр	m. camp fire 모닥불	расска́з	m. story 이야기, 단편소설
кро́ме	prep. except ~을 제외하고, ~이외에	сходи́ть (сойти́의 impf.)	impf. get off, come down 떠나다, 내리다, 내려오다
сходи́ть	pf. go somewhere and come back 갔다 오다	попроси́ть	pf. ask(for) 요구하다, 청하다
путеше́твие	n. journey, trip 여행	ждать	impf. wait 기다리다
гла́вный	a. main 중요한, 주요한		

УПРАЖНЕНИЯ

풀어봅시다.

[1] 우리말로 옮겨라.

1. Наро́ды всего́ ми́ра не хотя́т войны́. Всё прогресси́вное челове́чество выступа́ет за мир. Мы все бо́ремся за мир во всём ми́ре.

2. С са́мого утра́ и до ве́чера звуча́т на берегу́ Чёрного мо́ря весёлые де́тские голоса́.

3. Де́ти по́сле у́жина собира́ются вокру́г костра́, пою́т свои́ люби́мые пе́сни, слу́шают расска́зы.

4. До́ма кро́ме меня́, никого́ не́ бы́ло, мне не́кого бы́ло попроси́ть сходи́ть в магази́н.

5. Мы ещё никому́ не расска́зывали о своём путеше́ствии, нам ещё не́кому бы́ло о нём расска́зывать.

6. Вчера́ я ни от кого́ не ждал письма́. Вчера́ мне не́ от кого бы́ло ждать письма́.

7. В са́мом гла́вном зда́нии, кро́ме аудито́рий нахо́дятся а́ктовый зал на 1500 челове́к, клуб, спорти́вные залы.

[2] 러시아어로 옮겨라.

1. 나 자신이 그것을 보았다.

2. 우리는 바로 이 선생님과 말했다.

3. 온 나라가 이 작가를 알고 있다.

4. 나는 아무말도 하지 않았다.

5. 여기는 물어볼 사람이 아무도 없다.

6. 나의 어머니는 자기 자신에 관하여 많이 말하고 싶어하지 않는다.

УРОК 13 정 대명사 및 부정 대명사

7. 누구라도 그것을 알고 있다.

8. 온 가족이 집에 있었다.

9. 소년 자신이 비행기의 모형(модéль самолёта)을 만들었다.

10. 이 가게에는 모든 종류의 상품(товáры)이 있다.

[3] 러시아어에 해당하는 영어를 아래 난에서 골라 그 번호를 써라.

1. Я никогó не вúдел.
2. Я ничегó не знáю в э́том гóроде.
3. Никтó не пришёл.
4. Нéкого спросúть.
5. Он ничегó не хóчет дéлать.
6. Все говорят, что он хорошó поёт.
7. Он всем интересýется.
8. Я никогó здесь не знáю.
9. Я ничегó не говорúл.
10. Нéкому это сдéлать.

---

① There is no one to ask.
② He doesn't want to do anything.
③ I don't know anything about this city.
④ I did not see anybody.
⑤ Nobody came.
⑥ There is nobody to do this.
⑦ I don't know anybody here.
⑧ Everyone says he sings well.
⑨ He is interested in everything.
⑩ I didn't say anything.

14 명사의 생격
(*Родительный падеж*, *Genitive case*)

러시아어의 생격(生格)은 우리말 조사 "의", 영어의 전치사 of(의)나, 's (소유격 표시, 의)에 해당하며 소유의 뜻을 나타낸다.

  стена́ ко́мнаты the wall of the room (방의 벽)
  кни́га учи́теля the teacher's book (선생님의 책)

이러한 뜻으로 사용되는 명사에 대한 물음은 кого́ чего́ чей 등이다.

  кого́ — whose, of whom (누구의)
  чего́ — of what (무엇의)
  чей — whose (누구의)

1. 생격의 형성

(1) 단수 생격의 형성

수	성	주격 말미	생격 어미	예
단수	남성	자음 й ь	а я я	студе́нт — студе́нта геро́й — геро́я гость — го́стя
	중성	о е	а я	окно́ — окна́ мо́ре — мо́ря
	여성	а я ь	ы и и	ка́рта — ка́рты земля́ — земли́ дверь — две́ри

[주의] 1. 명사는 단수 생격에서, 남성, 중성이 경변화(硬變化) 때는 а, 연변화(軟變化) 때는 я의 어미를 취하고, 여성은 경변화 때는 ы, 연변화 때는 и의 어미를 취한다.

УРОК 14 명사의 생격

2. -е로 끝나는 중성명사라도 어간이 ж, ч, ш, щ, ц로 끝날 때는 생격은 -я가 아니고 -а 이다. (учи́лище - учи́лища, со́лнце - со́лнца)
3. -а로 끝나는 여성명사라도 어간이 г, к, х, ж, ч, ш, щ로 끝날 때는 생격은 -ы가 아니고 -и이다. (кни́га - кни́ги, рука́ - руки́)

(2) 복수 생격의 형성

수	성	주격 말미	생격 어미	예
복 수	남성	경자음	ов	заво́д — заво́дов
		й	ев	музе́й — музе́ев
		ь	ей	слова́рь — словаре́й
		ж,ч,ш,щ	ей	нож — ноже́й
				врач — враче́й
		ц	어미에 (역점이 없으면) ев	ме́сяц — ме́сяцев
		ц	(역점이 있으면) ов	оте́ц — отцо́в
	중성	о	명사의 어간 (무어미)	о́зеро — озёр
				сло́во — слов
		е	ей	по́ле — поле́й
		ие	ий	зда́ние — зда́ний
	여성	а	명사의 어간 (무어미)	ко́мната — ко́мнат
				ка́рта — карт
		я	ь	неде́ля — неде́ль
		ия	ий	ста́нция — ста́нций

(3) 불규칙 명사의 복수 생격

성	단수 주격	복수 주격	복수 생격	
남성	брат	бра́тья	бра́тьев	
	лист	ли́стья	ли́стьев	— ев
	стул	сту́лья	сту́льев	
	друг	друзья́	друзе́й	
	муж	мужья́	муже́й	— ей
	сын	сыновья́	сынове́й	

성	단수 주격	복수 주격	복수 생격	
중성	де́рево перо́ пла́тье	дере́вья пе́рья пла́тья	дере́вьев пе́рьев пла́тьев	— ев
여성	семья́ статья́ мать	се́мьи статьи́ ма́тери	семе́й стате́й матере́й	— ей

2. 생격이 나타내는 의미

(1) 소유관계

 кни́га де́вочки   the girl's book (그 소녀의 책)
 перо́ ма́льчика   the boy's pen (그 소년의 펜)
 кабине́т отца́   father's study (아버지의 서재)

(2) 대인관계

 сын учи́тельницы the teacher's son (선생의 아들)
 жена́ профе́ссора the professor's wife (교수의 부인)
 това́рищ бра́та   (my) brother's comrade (형의 친구)

(3) 동작의 대상

 чте́ние журна́ла   the reading of the magazine (잡지 읽기)
 реше́ние вопро́са   the solution of the problem (문제의 해결)
 национализа́ция земли́ nationalization of the land (토지의 국유화)

(4) 동작의 주체

 чте́ние ма́льчика   the boy's reading (그 소년의 글 읽기)
 игра́ арти́ста   the acting of the actor (그 배우의 연기)
 реше́ние сье́зда   the resolution of the conference (대회의 결정)

УРОК 14 명사의 생격

(5) 목적, 성질

    парк культу́ры и о́тдыха park of culture and rest (문화 휴식공원)
    дом иску́сств   house of art (예술 회관)

(6) 수사와 함께 (수량 생격)

  ① 2, 3, 4와 함께 — 단수생격

    два стола́   two tables (두 개의 탁자)
    три кни́ги   three books (세 권의 책)

  ② 5이상의 수와 함께 — 복수생격

    пять столо́в   five tables (다섯 개의 탁자)
    шесть книг   six books (여섯 권의 책)

(7) 부정량(不定量, indefinite quantity)을 나타내는 낱말과 함께 쓰이는 생격

    мно́го   many, much, a lot of (많은, 다수, 다량)
    ма́ло   few, little (조금의, 적게)
    ско́лько   how many, how much (얼마, 몇)
    немно́го   a little, some, a few, not many
                                     (얼마의, 조금의)
    не́сколько   some, several, a few (얼마의, 조금의)

위와 같은 수량 대명사와 함께 쓰이는 명사는 생격이 된다.

  ① 셀 수 있는 명사와 함께 쓰일 때 명사는 복수생격이 된다.

    мно́го книг   many books (많은 책)
    мно́го люде́й   a lot of people (많은 사람들)
    не́сколько мосто́в   a few (several) bridges (몇 개의 다리)
    ско́лько уче́бников   how (so) many text-books (몇 권의 교과서)

  ② 셀 수 없는 명사(물질명사, 추상명사)와 함께 쓰일 때 명사는 단수 성격이 된다.

    мно́го воды́   much water (많은 물)

ма́ло воды́	little water (적은 물)
мно́го во́здуха	much air (많은 공기)
ско́лько све́та	how much light (얼마 만큼의 빛)
мно́го хле́ба	much bread (많은 빵)

[주의] 사람을 셀 때는 мно́го, ма́ло 와는 복수생격인 люде́й를 쓰고 ско́лько, не́сколько 와는 특별한 복수형태인 челове́к가 쓰인다.

Бы́ло мно́го люде́й на собра́нии.
There were many people in the meeting.
(모임에는 많은 사람들이 있었다.)

Ско́лько челове́к бы́ло на собра́нии?
How many people were there in the meeting?
(모임에는 얼마나 많은 사람들이 있었습니까?)

У нас мно́го столо́в.
We have many tables.
(우리는 많은 탁자를 가지고 있다.)

В библиоте́ке мно́го хоро́ших книг.
There are many good books in the library.
(도서관에는 좋은 책이 많다.)

В кла́ссе ма́ло студе́нтов.
There are few students in the class.
(교실에는 학생이 몇명 밖에 없다.)

Ско́лько ученико́в в кла́се?
How many students are there in the class?
(학급에는 몇명의 학생이 있습니까?)

В кла́ссе со́рок пять ученико́в.
There are forty-five students.
(45명이 있습니다.)

Ско́лько иностра́нных языко́в вы зна́ете?
How many foreign languages do you know?
(몇 개의 외국어를 아십니까?)

Я зна́ю три иностра́нных языка́.
I know three foreign languages.
(3 개의 외국어를 압니다.)

○ языка́는 2, 3, 4에 관계되는 단수생격

УРОК 14 명사의 생격

(8) 양(量)의 단위를 나타내는 낱말과 함께 쓰이는 생격

    килогра́мм   kilogram (킬로그램)
    литр   litre, liter (리터)
    стака́н   glass (유리잔)
    ба́нка   jar (단지, 병, 통)
    буты́лка   bottle (유리병)
    коро́бка   box, case (작은 곽, 한 갑)
    па́чка   package (꾸러미, 다발)

양의 단위를 나타내는 위의 낱말과 함께 사용되는 명사(셀수 없는 명사)는 단수 생격이 된다.

    кило́ хле́ба   a kilogram of bread (1킬로의 빵)
    литр молока́   a litre of milk (1리터의 우유)
    стака́н воды́   a glass of water (한잔의 물)
    ба́нка ма́сла   a jar of butter (버터 한 통)
    буты́лка вина́   a bottle of wine (포도주 한 병)

Ско́лько сто́ит килогра́мм ветчины́?
How much does a kilogram of ham cost?
(햄은 1킬로에 값이 얼마입니까?)

(9) 부분생격 (partitive genitive)

    дава́ть, дать   give (주다)
    проси́ть   ask, beg (청하다)
    покупа́ть, купи́ть   buy, purchase (사다, 구입하다)
    приноси́ть, принести́ bring, fetch (가져오다)

위와 같은 동사들은 보어로서 대격 대신 전체의 일부를 나타내는 생격을 사용할 때가 있다.

Да́йте мне, пожа́луйста, хле́ба.
Give me some bread, please. (빵을 좀 주십시오.)

Дайте мне, пожалуйста, воды.
Give me some water, please. (물을 좀 주십시오.)

Купите, пожалуйста, фруктов.
Buy some fruits, please. (과일을 좀 사주세요.)

Я купил масла и сыру.
I bought some butter and cheese. (나는 버터와 치즈를 좀 샀다.)

[주의] сыр, сахар, чай 등과 같은 남성명사는, 부분생격을 나타내는 생격어미가 -у, -ю 로 되어 сыру, сахару, чаю로 된다.

(10) 부정(否定) 생격

"있다"라는 동사 быть의 현재형은 есть이다. 그 부정형인 "없다"는 нет이다. нет는 "no"(아니다), "is not, are not"(아니다, 없다), "there is no, there are no" (없다, 존재하지 않다) 등의 뜻이 있다.

사람이나 사물의 존재를 부정하는 нет, не было, не будет 구문에서 부정의 대상은 생격이 된다.

Студент дома.   The student is at home.
(그 학생은 집에 있다.)

Студента нет дома.   The student is not at home.
(그 학생은 집에 없다.)

В вазе стоит роза.   There is a rose in the vase.
(꽃병에 장미가 있습니다.)

В вазе нет розы.   There is no rose in the vase.
(꽃병에 장미가 없습니다.)

У меня нет карандаша.   I don't have a pencil.
(나는 연필을 가지고 있지 않습니다.)

Есть у тебя газета?   Do you have a newspaper?
(신문을 가지고 있습니까?)

У меня нет газеты.   I don't have a newspaper.
(나는 신문을 가지고 있지 않습니다.)

УРОК 14 명사의 생격

СЛОВАРЬ

체크해 봅시다.

лист	m. leaf (식물의)잎, 1매	решéние	n. decision 결정, 결의, 해답
статья́	f. article 논문, 논설, 기사	чтéние	n. reading 읽는것 독서
национализа́ция	f. nationalization 국유화	съéзд	m. conference, congress 대회, 회의
игра́	f. play, acting 유희 경기, 연주, 연기	иску́сство	n. art 예술, 기술
культу́ра	f. culture 문화, 교양	иностра́нный	a. foreign 외국의, 외래의
во́здух	m. air 공기, 대기	хлеб	m. bread 빵, 곡식
ветчина́	f. ham 햄	вода́	f. water 물
молоко́	n. milk 우유, 젖	вино́	n. wine 포도주, 와인
ма́сло	n. butter 버터	сыр	m. cheese 치즈
фрукт	m. fruit 과일	дождь	m. rain 비
са́хар	m. sugar 설탕	родно́й	a. kindred, native 친족관계가 있는, 태생의, 고향의
пить	impf. drink 마시다	выходи́ть	impf. go out 나가다, 나오다
обы́чно	ad. usually 보통, 통상		
спа́льня	f. bedroom 침실	есть	impf. быть의 현재형 있다, 갖고 있다, ~이다
есть (ем, ешь, ест, еди́м, еди́те, едя́т)	impf. eat 먹다		
у́хо	n. ear 귀	спи́чка	f. match 성냥
пла́тье	n. dress 드레스, 의복		

УПРАЖНЕНИЯ
풀어봅시다.

[1] 우리말로 옮겨라.

1. Чей это каранда́ш? Это каранда́ш бра́та.
   Чья это тетра́дь? Это тетра́дь сестры́.
   Чьё это перо́? Это перо́ учи́теля.
   Чьи это кни́ги? Это кни́ги това́рищей.

2. Вчера́ была́ хоро́шая пого́да. Не́ было ни ве́тра, ни дождя́.

3. Мать говори́т, что я пью ма́ло молока́, потому́ что я пью то́лько оди́н стака́н молока́ в день.

4. На берегу́ реки́ парк культу́ры и о́тдыха. В го́роде теа́тры, библиоте́ки и шко́лы.

5. Широка́ страна́ моя́ родна́я, мно́го в ней лесо́в, поле́й и рек!

6. Когда́ мы смо́трим телеви́зор, я обы́чно сижу́ о́коло две́ри.
   До конца́ я встаю́ и выхожу́ из ко́мнаты.
   Я беру́ кни́ги со стола́ о́коло окна́ и иду́ в спа́льню и чита́ю.

7. Сего́дня у вас есть уро́к в шко́ле? Нет, сего́дня нет уро́ка.

[2] 러시아어로 옮겨라.

1. 나는 한달에 한 번 누나로부터 편지를 받는다.

2. 나는 그 소녀의 책을 읽는다.

3. 책상 위에는 책도 잡지도 없었다.

4. 어제는 수업이 없었다.

5. 내일은 비가 오지 않을 것이다.

6. 나는 편지를 쓰고 있지만 그는 편지를 쓰고 있지 않다.

7. 나는 극장 입구 옆에 서서 친구를 기다리고 있었다.

8. 그녀는 물리(по физике) 문제를 선생님의 도움 없이 혼자서 풀었다.

9. 오늘은 좋은 날씨다. 하늘(небо)에는 구름 한 점 없다.

10. 조반 후에 우리는 테니스를 친다.

[3] (   ) 안에 있는 낱말을 알맞는 형으로 고쳐라.

1. Около (здание) находится парк (культура) и (отдых).

2. Он всегда работает с (утро) до (вечер).

3. В наше время русский язык стал одним из самых важных (язык) (мир).

4. Сегодня в магазине было много (человек).

5. Я купил (хлеб) и (масло).

[4] 러시아어에 해당하는 영어를 아래에서 골라 그 번호를 써라.

1. Я не ви́жу карти́ны.
2. Они́ едя́т мно́го мя́са.
3. У кого́ есть спи́чки?
4. Э́то го́лос учи́теля.
5. У него́ есть автомоби́ль.
6. Я не люблю́ молока́.
7. У челове́ка два гла́за и два у́ха.
8. Он выхо́дит из ко́мнаты.
9. Я беру́ ва́зу со стола́.
10. На не́бе ни о́блака.

① He has a car.
② Man has two eyes and two ears.
③ I do not see the picture.
④ They eat much meat.
⑤ This is the voice of the teacher.
⑥ Who has matches?
⑦ There is not a (single) cloud in the sky.
⑧ I take the vase from the table.
⑨ I do not like milk.
⑩ He is coming out of the room.

15 동사의 체(体)
(*Вид глаго́ла*, Aspect of the verb)

영어의 동사 체계에서는 시제(tense)에 중점을 두지만 러시아어에서는 체(体, вид, aspect) 즉 행위의 완료, 불완료에 역점을 둔다(The English verbal system is dominated by tense, the Russian by aspect).

1. 영어의 시제

(1) 시제의 의미

시제란 동작이나 상태의 때를 표시하기 위하여 동사가 취하는 여러가지 형태이다(Tenses are the different forms which a verb assumes to indicate the time of the action or state).

동사는 주어의 동작이나 상태를 표시하는 끝말인데 그것이 현재의 일인지, 과거의 일인지, 미래의 일인지를 분명히 표시하여야 한다. 이 동사가 나타내는 시(時)를 구분하는 문법적 표현이 시제이다.

시제(Tense)와 실제의 시간(Time)은 반드시 일치하지는 않는다. He <u>starts</u> tomorrow. (그는 내일 출발한다)의 starts는 현재형이나, **가까운 미래**를 표시한다. 현재 시제는 「현재」만을 나타내는 것이 아니다.

(2) 영어의 기본시제, 완료시제 및 진행형

① 기본시제

    i) 현 재   I do.   Я де́лаю.   (impf)
                      I write.   Я пишу́.   (impf)

    ii) 과 거   I did.   Я сде́лал.   (pf)
                      I wrote.   Я написа́л.   (pf)

iii) 미 래   I shall do.   Я сде́лаю.   (pf)
             I shall write.   Я напишу́.   (pf)

② 완료시제

   i) 현재완료   I have done.   Я сде́лал.   (pf)
                  I have written.   Я написа́л.   (pf)

   ii) 과거완료   I had done.   Я сде́лал.   (pf)
                  I had written.   Я написа́л.   (pf)

   iii) 미래완료 I shall have done. Я сде́лаю.   (pf)
                  I shall have written. Я напишу́.   (pf)

③ 진행형

   i) 현재 진행형   I am doing.   Я де́лаю.   (impf)
                    I am writing.   Я пишу́.   (impf)

   ii) 과거 진행형 I was doing.   Я де́лал.   (impf)
                    I was writing. Я писа́л.   (impf)

   iii) 미래 진행형 I shall be doing. Я бу́ду де́лать. (impf)
                    I shall be writing. Я бу́ду писа́ть. (impf)

   iv) 현재완료 진행형 I have been doing. Я де́лаю.   (impf)
                      I have been writing. Я пишу́.   (impf)

   v) 과거완료 진행형 I had been doing.   Я де́лал.   (impf)
                      I had been writing. Я писа́л.   (impf)

   vi) 미래완료 진행형 I shall have been doing. Я де́лаю. (impf)
                      I shall have been writing. Я пишу́.   (impf)

2. 러시아어 동사의 체(体)

러시아어 문법의 **вид**는 영어로 aspect, 우리말로 체(体) 또는 상(相)으로 옮긴다. 체(体, **вид**, aspect)란 동사에 의하여 표현된 동작이 계속, 반복되고 있는가 또는 완료되었는가의 구별을 나타내는 문법 형식이다.

러시아어 동사는 동작이나 상태를 가리킬 뿐만 아니라 그 동작이나 상태가 진행·반복되고 있느냐 혹은 완료되었느냐도 나타낸다. 동작의 계속이나 반복을 나타내는 동사를 불완료체동사라고 하고 동작이 완료된 것을 나타내는 동사를 완료체 동사라고 한다.

영어의 시제(Tense)는 하나의 동사를 변형시켜 여러가지 시칭(時稱)을 가진 형식을 만든다. 예를 들면 write라는 동사는 기본시제(write, wrote, will write), 완료시제(have 또는 had + written), 진행형(be + writing) 등으로 만들어진다.

그러나 러시아어에서는 동작이 계속되는가, 반복되는가, 혹은 완료되었는가에 따라 **별개의 동사**를 쓴다. 전자에는 불완료체 동사 писа́ть를 쓰고 후자에는 완료체 동사 написа́ть를 쓴다. 따라서 거의 모든 동사가 불완료체와 완료체라는 서로 대응하는 한쌍의 동사(pair-verbs)로 되어 있다.

(1) 불완료체

불완료체 동사는 동작이 계속되거나 반복되는 것을 나타낸다(The imperfective aspect expresses continuity or repetition of an action.). 동작이 완결되었는지, 그 결과가 얻어졌는지는 나타내지 않는다. 불완료체 동사는 현재, 과거, 합성미래의 세가지 시제를 가진다.

① 현재

    i) 현재 진행중인 동작

    Он сейча́с пи́шет письмо́.   He is writing a letter now

                                             (그는 지금 편지를 쓰고 있다.)

    ii) 습관적인 동작

    Он пи́шет о́чень краси́во.   He writes very beautifully.

                                             (그는 매우 아름답게 글을 쓴다.)

    iii) 반복적인 동작

    Он пи́шет отцу́ раз в неде́лю.

    He writes to his father once a week.

    (그는 일주일에 한번 아버지에게 편지를 쓴다.)

② 과거

　i) 과거의 진행중인 동작

　Я <u>писа́л</u> письмо́, когда́ вы вошли́.
　I <u>was writing</u> a letter when you came in.
　(당신이 들어왔을때 나는 편지를 쓰고 있었다.)

　ii) 과거의 습관적인 동작

　Пре́жде он <u>писа́л</u> о́чень краси́во.
　He <u>wrote</u> very beautifully before.
　(전에 그는 매우 아름답게 글을 썼다.)

　iii) 과거의 반복적인 동작

　Он ча́сто <u>писа́л</u> пи́сьма отцу́.
　He often <u>wrote</u> to his father.
　(그는 자주 그의 아버지에게 편지를 썼다.)

③ 미래

불완료체 동사의 미래형은 동사 **быть**의 미래형과 불완료체 동사의 부정법을 함께 사용한다. 불완료체 동사의 미래를 합성미래(The compound future tense)라고 한다.

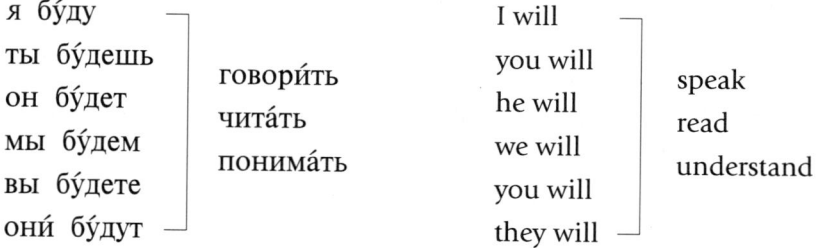

　i) 미래에 진행될 동작

　За́втра у́тром я <u>бу́ду писа́ть</u> письмо́.
　Tomorrow morning I <u>shall be writing</u> a letter.
　(내일 아침 나는 편지를 쓰고 있을 것이다.)

ii) 미래에 반복될 동작

Я <u>бу́ду писа́ть</u> тебе́ ча́сто.
I <u>shall write</u> to you often.
(나는 당신에게 자주 편지를 쓸 것이다.)

Вперёд он <u>бу́дет писа́ть</u> ча́ше.
In future he <u>will write</u> more often.
(앞으로 그는 더욱 자주 편지를 쓸 것이다)

Ольга тебя́ лю́бит и с ка́ждым днём <u>бу́дет люби́ть</u> сильне́е.
Olga loves you and <u>will love</u> you more and more every day.
(올가는 너를 사랑한다. 그리고 매일 너를 더욱 더 사랑할 것이다)

④ 계속이나 반복을 나타내는 부사는 불완료체 동사와 함께 사용된다.

до́лго	for a long time (오랫동안)
всегда́	always (언제나, 항상)
ча́сто	often, frequently (자주, 번번히)
обы́чно	usually (보통, 통상)
постоя́нно	continually (항상, 부단히)
ка́ждый день	every day (매일)
по вечера́м	every evening (저녁마다)

Учени́к <u>до́лго</u> реша́л зада́чу.
The pupil was solving the problem <u>for a long time</u>.
(학생은 그 문제를 오랫동안 풀고 있었다.)

Мы <u>ка́ждый день</u> чита́ем газе́ты.
We read the newspapers <u>every day</u>.
(우리는 매일 신문을 읽었다.)

⑤ 불완료체 동사는 빈번히 시작, 계속, 종결 등을 표시하는 동사와 함께 사용된다.

начина́ть	begin (시작하다)
продолжа́ть	continue (계속하다)
конча́ть	finish, end (끝내다, 마치다)

이들 동사 뒤에는 불완료체 동사의 부정법을 쓴다.

Я начина́ю реша́ть зада́чу.
I am beginning to solve the problem.
(나는 그 문제를 풀기 시작했다.)

　　◉ 풀기를 시작했으므로 푼다는 일은 계속된다.

Учени́к продолжа́ет чита́ть расска́з.
The pupil continues to read the story.
(학생은 그 단편소설을 계속 읽는다.)

　　◉ 읽기를 계속하고 있으므로 읽는 것은 계속된다.

Дождь продолжа́ет идти́.
It continues to rain. (비가 계속 오고 있다.)

Я ко́нчил писа́ть письмо́.
I finished writing the letter.
(나는 그 편지 쓰기를 끝마쳤다.)

　　◉ 끝마치기 전까지는 편지 쓰는 일이 계속된다.

(2) 완료체

　완료체 동사는 동작이 완료되거나, 그 동작의 결과가 남아 있거나, 동작이 한번 행하여지는 것 등을 나타낸다. 완료체는 행동의 개시 또는 종말을 표현할 때도 사용된다.

　완료체 동사에는 과거와 미래만 있지 현재는 있을 수 없다. 왜냐하면 그 동작은 이미 완료했든지 혹은 지금부터 완료할 것인지의 두 가지 중의 하나지 그 중간은 없기 때문이다. 완료된 행동은 현재 진행될 수 없다(A completed action cannot be going on in the present.). 완료체 동사를 불완료체의 현재형과 같이 변화시키면 완료체의 미래형이 된다. 즉, 완료체 동사의 현재활용이 미래가 된다. 완료체의 미래를 단일미래라고 한다.

① 과거

Он написа́л письмо́.　　　He has written a letter.
　　　　　　　　　　　　(그는 편지를 다 썼다.)

윗글에서 완료체 동사 **написа́л**은 과거의 일정한 때에 "쓴다"(писа́ть)는 동작이 완결되고 그 결과 편지가 완성되어 있다는 것을 나타낸다.

Вчера́ он встал о́чень по́здно.
Yesterday he got up very late.
(어제 그는 매우 늦게 일어났다.)

Я забы́л бума́жник до́ма.
I forgot my wallet at home.
(나는 돈지갑을 잊고 집에 놓아 두고 왔다.)

Мы прие́хали в Москву́.
We have arrived in Moscow.
(우리는 모스끄바에 도착하였다.)

② 미래

Я напишу́ письмо́. I shall write the letter. (from beginning to end)
(나는 편지를 쓸 것이다.)(처음에서 끝까지)
I shall start and finish the letter.
(나는 편지를 다 써버릴 것이다.)

Брат опи́шет вы́ставку.
My brother will describe the exhibition. (completely)
(나의 형은 박람회를 기술할 것이다.)

Он сде́лает э́то за́втра.
He will do this tomorrow. (one time)
(그는 이것을 내일 할 것이다.)

Я прочита́ю кни́гу.
I shall read the book. (from beginning to end)
(나는 그 책을 다 읽을 것이다.)

(3) 불완료체와 완료체의 비교

불완료체	완료체
1. Я писа́л письмо́. I was writing a letter. I wrote a letter. (나는 편지를 쓰고 있었다.) 과거에 "쓴다"는 동작이 진행된 것만 표시하지 완료되었는지에 대해서는 나타내지 않는다.	1. Я написа́л письмо́. I have written a letter. (나는 편지를 다 썼다.) "쓴다"는 동작이 완결되고 그 결과 편지가 완성되어 있는 것을 나타내고 있다.
2. Рабо́чие стро́или дом. The workers were building a house. (노무자들은 집을 짓고 있었다.) 건축이 진행되었던 사실을 나타낼 뿐, 그 건축의 완료 여부에 대해서는 언급되어 있지 않다.	2. Рабо́чие постро́или дом. The workers had built a house. The workers finished building a house. (노무자들은 그 집을 다 지었다.) 집의 건축이 완료되어 집이 완성되었음을 나타내 주고 있다.
3. Она́ реша́ла зада́чу. She was solving a problem. (그녀는 문제를 풀고 있었다.) 문제를 푸는 동작은 있었지만 다 풀었는지는 모른다.	3. Она́ реши́ла зада́чу. She has solved a problem. (그녀는 문제를 다 풀었다.) 문제를 완전히 다 풀었다는 것을 나타내 주고 있다.
4. Мы пи́ли чай по утра́м. We drank tea in the morning. (우리는 아침에 차를 마셨다.) 아침에 습관적으로 차를 마셨다는 것을 나타낸다.	4. Мы бы́стро вы́пили чай. We have drunk our tea quickly. (우리는 빨리 차를 다 마셨다.) 차를 다 마시고 남아 있지 않다.
5. Я ел я́блоко. I was eating an apple. (나는 사과를 먹고 있었다.) "먹는다"는 동작이 과거에 진행되었음을 나타낸다.	5. Я съел я́блоко. I have eaten up an apple. (나는 사과를 다 먹었다.) 사과를 다 먹고 지금은 남아 있지 않다.

(4) 체(体)의 형성

① 불완료체에 특정의 접두사를 붙여서 그 뜻을 바꾸지 않고 대응의 완료체를 만든다.

불완료체		접두사	완료체
чита́ть	read (읽다, 독서하다)	про-	прочита́ть
писа́ть	write (쓰다, 짓다)	на-	написа́ть
де́лать	do, make (하다, 만들다)	с-	сде́лать
стро́ить	build (짓다, 건축하다)	по-	постро́ить
ви́деть	see (보다, 만나다)	у-	уви́деть
пла́кать	cry (울다)	за-	запла́кать
ре́зать	cut (자르다, 베다)	раз-	разре́зать
жда́ть	wait (기다리다)	подо-	подожда́ть
гото́вить	prepare (준비하다)	при-	пригото́вить
учи́ть	teach (가르치다)	вы-	вы́учить
смотре́ть	look at (보다, 바라보다)	по-	посмотре́ть
проси́ть	ask, beg (청하다, 요구하다)	по-	попроси́ть

② 1항의 접두사 이외의 접두사를 붙이면 새로운 뜻이 부가된 소위 "수정 완료체" (modified perfectives)가 된다.

불완료체	기본 완료체 (basic perfectives)	수정 완료체 (modified perfectives)	
писа́ть	написа́ть	переписа́ть	copy (정서하다) rewrite (다시 쓰다)
		вписа́ть	insert (기입하다) write in (써 놓다)
		подписа́ть	sign (서명하다) add (더 써 넣는다)
чнта́ть	прочита́ть	перечита́ть	re-read (다시 읽다, 재독하다) read (all) (통독하다)

③ 2항의 수정 완료체에 접미사 ① -ыва-, -ива- ② -вá- ③ -á-, -я́-를 붙이면 대응의 불완료체가 된다.

완 료 체		불완료체
вписа́ть	insert, write in (기입하다, 써 넣다)	впи́с-ывать
вы́писать	copy out, write out (뽑아쓰다)	выпи́с-ывать
записа́ть	note, record (적어두다, 기입하다)	запи́с-ывать
описа́ть	describe (기술하다, 묘사하다)	опи́с-ывать
переписа́ть	copy, rewrite (정서하다, 다시쓰다)	перепи́с-ывать
подписа́ть	sign, add (서명하다, 더 써 넣다)	подпи́с-ывать
устро́ить	make, arrange (만들다, 정비하다)	устра́-ивать
откры́ть	open (열다, 개설하다)	откры-ва́ть
закры́ть	close (닫다, 감다)	закры-ва́ть
изучи́ть	learn (공부하다, 연구하다)	изуч-а́ть
назва́ть	call, name (부르다, 명명하다)	назыв-а́ть
повтори́ть	repeat (반복하다, 되풀이하다)	повтор-я́ть

이상을 요약하면 다음과 같다.

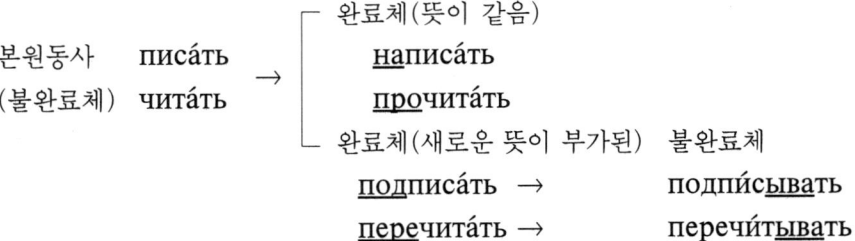

[주의] 접미사 -ива-, -ыва- 가 붙을 때 많은 동사의 어근 -о-가 -а-로 변한다.

спроси́ть → спра́шивать   ask, inquire (묻다, 질문하다)
осмотре́ть → осма́тривать   examine, inspect (검사하다, 잘 보다)
пристро́ить → пристра́ивать   add to a building (증축하다)

④ 본원동사(本源動詞)로 완료체인 동사

본원동사란 접두사도 좥미사도 붙지 않은 기본적 동사이다. 비파생 동사라고도 하며 그 뜻도 단순하다. 본원동사는 보통 불완료체이다.

완 료 체		불 완 료 체
дать	give (주다, 수여하다)	давáть
деть	put, do with (놓아두다, 치우다)	девáть
реши́ть	decide, solve (결정하다, 풀다)	решáть
брóсить	throw, cast (던지다)	бросáть
лиши́ть	deprive of (빼앗다, 잃다)	лишáть
купи́ть	buy, purchase (사다, 구입하다)	покупáть
снабди́ть	supply with, provide (공급하다, 보급하다)	снабжáть
кóнчить	finish, end (끝내다, 마치다)	кончáть
яви́ть	show, display (보이다, 나타내다)	являть

⑤ 완료체와 불완료체에 별개의 낱말을 사용하는 동사

완 료 체		불 완 료 체
сказáть	say, tell (말하다)	говори́ть
лечь	lie down (눕다, 드러눕다)	ложи́ться
взять	take, get (붙잡다, 얻다)	брать
сесть	sit down (앉다, 타다)	сади́ться
положи́ть	lay, put (놓다)	класть
стать	stand (서다) become (~이 되다)	станови́ться

войти	pf. enter 들어가다	терять	impf. lose 잃다, 분실하다
вперёд	ad. ahead, forward 앞서, 앞으로	прéжде	ad. prep. before 전에는
решить	pf. decide 결정하다 solve 해결하다	решáть	impf. solve 풀다, 해결하다. decide 결정하다
описáть (ишу́, и́шешь)	pf. describe 기술하다	бумáжник	m. wallet 돈지갑
		вы́ставка	f. exposition 전람회, 진열
стрóить	impf. build 짓다, 건축하다	раз	m. time, occasion 한번, 일회
раз	ad. once, one day 언젠가 한번은	зáвтракать	impf. have breakfast 아침을 먹다
обéдать	impf. dine, have dinner 식사를 하다, 점심을 먹다	полюби́ть	pf. fall in love 사랑하다 come to like 좋아지다
		прогу́лка	f. walk, stroll 산책, 산보
регуля́рно	ad. regularly 규칙적으로	опоздáть	pf. to be late 늦다, 지각하다

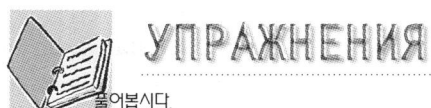

[1] 우리말로 옮겨라.

1. Лéтом мы всегдá вставáли рáно, но оди́н раз мы встáли пóздно, потому́ что бы́ло óчень хóлодно.

2. Когдá мы жи́ли в гóроде, мы зáвтракали в вóсемь часóв и обéдали в час дня. Сегóдня мы позáвтракали в дéсять часóв.

3. Моя сестра несколько дней читала книгу. Она за несколько дней прочитала книгу.

4. Я изучал русский язык целый год, но ещё не изучил грамматики до конца.

5. Молодой человек полюбил мою сестру, но он ей не понравился, потому что он не инженер : она говорит, что полюбит только инженера.

6. Когда мы поехали туда в прошлом году, мы ехали всё время на автомобиле. Погода была очень хорошая.

7. Мы погуляли в городе, почитали журналы в библиотеке, и потом пошли домой. Завтра мы опять погуляем немного и почитаем журналы перед обедом.

[2] 러시아어로 옮겨라.

1. 나는 이 책을 읽고 있었다.

2. 그는 이 책을 다 읽었다.

3. 나는 언제나 이 가게에서 빵을 삽니다. 그러나 어제는 다른 가게에서 샀습니다.

4. 우리들은 야유회에(на зечеринке) 갔었기 때문에 오늘 아침 늦게 일어났다.

5. 나는 도서관에서 그를 자주 만났다.

6. 나는 공원에서 그를 만났다.

7. 당신은 보통 몇시에 잠자리에 듭니까? 나는 보통 10시에 잠자리에 듭니다.

8. 어제 밤 몇시에 잠자리에 들었습니까? 어제 밤 손님이 있어서 늦게 잠자리에 들었습니다.

9. 그는 자료를 수집하고 있었으며 과학 서적을 읽고 있었다. 몇달 후 그는 많은 자료를 수집하였다.

10. 겨울이 끝나갑니다. 곧 봄이 시작됩니다.

[3] 주어진 문장에 알맞은 동사를 괄호안에서 골라, 과거형으로 고쳐 빈칸을 채워라.

1. 1) О чём вы так до́лго _____ ?
   2) На э́тот раз я не _____ ни сло́ва.
   (говори́ть, сказа́ть)

2. 1) Ле́том мы _____ ра́но.
   2) Сего́дня я _____ ра́но.
   (встава́ть, вста́ть)

3. 1) Наш учи́тель регуля́рно _____ уро́ки.
   2) Сего́дня наш учи́тель _____ три уро́ка.
   (дава́ть, дать)

4. 1) Вчера́ я до́лго _____ уро́к.
   2) Наконе́ц я хорошо́ _____ уро́к.
   (учи́ть, вы́учить)

5. 1) Моя́ сестра́ не́сколько дней _____ кни́гу.
   2) Она́ за не́сколько дней _____ кни́гу.
   (чита́ть, прочита́ть)

6. 1) Я _____ ру́сский язы́к це́лый год.
   2) Мы ещё не _____ грамма́тики до конца́.
   (изуча́ть, изучи́ть)

7. 1) Он уже́ _____ все пи́сьма.
   2) Он ча́сто _____ отцу́.
   (писа́ть, написа́ть)

8. 1) После прогу́лки я _____ два стака́на ча́ю.
   2) Вчера́ я три ра́за _____ чай.
      (пить, вы́пить)

9. 1) Мы це́лый час сиде́ли за столо́м и _____ зада́чу.
   2) Мы бы́стро _____ зада́чу.
      (реша́ть, реши́ть)

10. 1) Зимо́й я _____ кни́ги в библиоте́ке.
    2) Э́тот журна́л я _____ в библиоте́ке.
       (брать, взять)

[4] 러시아어에 해당하는 영어를 아래 난에서 골라 그 번호를 써라.

1. Я прочита́л э́ту кни́гу в оди́н день.
2. Он потеря́л свои́ часы́.
3. Я до́лго изуча́л англи́йский язы́к.
4. Вчера́ я хорошо́ вы́учил но́вый уро́к.
5. Она́ бу́дет вам ча́сто писа́ть.
6. Она́ напи́шет вам его́ а́дрес.
7. Мы немно́го посиде́ли и пошли́ домо́й.
8. Мне на́до купи́ть но́вое перо́.
9. Я хочу́ покупа́ть кни́ги.
10. Она́ опозда́ла. Она́ всегда́ опа́здывает.

> ① She will write to you often.
> ② I have been(was) learning English for a long time.
> ③ I read this book in one day.
> ④ He has lost his watch.
> ⑤ Yesterday I learned the new lesson well.
> ⑥ She was late. She is always late.
> ⑦ I want to buy books.
> ⑧ She will write down his address for you.
> ⑨ We sat for a while and then went home.
> ⑩ I need to buy a new pen.

운동의 동사
(Глаго́лы движе́ния, Verbs of motion)

러시아어에서는 동작이 걸어서(on foot) 이루어 지는가 또는 탈것을 타고(by some means of transport, by a conveyance) 이루어 지는 가에 따라 사용되는 동사가 다르다.

동 작 구 분	진행, 계속	반복, 습관
걸어서 가다(go on foot)	идти́	ходи́ть
타고 가다(go by vehicle)	éхать	éздить
몸으로 나르다(carry on foot)	нести́	носи́ть
실어서 운반하다(carry by vehicle)	везти́	вози́ть

1. 정태동사와 부정태동사

운동을 나타내는 동사에는 2개의 불완료체 동사 즉 정태동사와 부정태동사가 있다. 불완료체가 갖는 역할 중 동작의 진행, 계속(actual, specific, one action)은 정태로 반복,습관(habitual, general, repeatcd action) 등은 부정태로 나타낸다.

러시아어에는 이러한 정태와 부정태동사가 15개 있다.

▶ 15개의 운동의 동사 (정태와 부정태)

정태	부정태	뜻	
идти́	ходи́ть	to go (on foot)	(걸어서) 가다
éхать	éздить	to go (by vehicle)	타고 가다
бежа́ть	бéгать	to run	달리다, 뛰어가다
брести́	броди́ть	to wander, stroll	슬슬 걷다, 방황하다
везти́	вози́ть	to drive, take	(차로) 운반하다

정태	부정태	뜻	
вести́	води́ть	to lead, take	데리고 가다, 이끌다
гнать	гоня́ть	to chase	쫓다, 몰아내다
кати́ть	ката́ть	to roll	굴리다
лезть	ла́зить	to climb	기어오르다
лете́ть	лета́ть	to fly	비행하다, 날아가다
нести́	носи́ть	to carry	가지고 가다, 휴대하다
плыть	пла́вать	to swim	헤엄치다
ползти́	по́лзать	to crawl	기다
сади́ть	сажа́ть	to plant	심다, 자리에 앉히다
тащи́ть	таска́ть	to pull, drag	끌다, 끌어가다

(1) 정태동사 (the actual verb, definite verb)

정태동사는 일정한 때에, 일정한 방향으로 1회에 한하여 진행되는 운동을 나타낸다(The definite verb describes a single action in one direction at a given time). 정태동사는 실지 행하여지는 동작에 관계된다(Definite verbs pertain to motion actually taking place). 정태동사는 정방향(定方向)동사라고도 한다.

Де́ти иду́т з шко́лу.
The children are going to school.
(now, at this moment, a direction is mentioned, on foot)
(어린이들이 학교에 가고 있다.)

Он идёт в университе́т.
He is going to the university.
(His aim is to reach the university on this specific occasion.)
(그는 대학에 가고 있다.)

Автомоби́ль е́дет в гара́ж.
The car is running to the garage. (now, at the given moment.)
(차가 차고 쪽으로 달리고 있다.)

Самолёт <u>лети́т</u> на се́вер.
The airplane <u>is flying</u> to the North. (now, at the given moment)
(비행기가 북쪽으로 날아가고 있다.)

Пти́цы <u>летя́т</u> на юг.
The birds <u>are flying</u> to the south. (in one direction)
(새들이 남쪽으로 날아가고 있다.)

Он <u>несёт</u> кни́гу в библиоте́ку.
He <u>is taking</u> the book to the library.
(그는 도서관으로 그 책을 가지고 가고 있다.)

Э́та у́лица <u>ведёт</u> к вокза́лу.
This street <u>leads</u> to the station.
(이 가로를 따라가면 정거장에 이른다.)

이따금 정태동사가 습관적 동작을 표시하는데 사용될 때가 있다. 그러나 이것은 그 동작이 분명히 한 방향만을 시사하고 있을 때 사용된다.

Ка́ждый день, ро́вно в де́вять часо́в, я <u>иду́</u> в гара́ж, <u>сажу́сь</u> в маши́ну и <u>е́ду</u> на фа́брику.
Every day, at exactly nine o'clock, I <u>go</u> to the garage, <u>take seat</u> in the car and <u>drive</u> to the factory.
(매일 9시 정각에 차고에 가서, 차안에 자리잡고, 차를 몰고 공장으로 간다.)

У́тром я снача́ла <u>мо́юсь</u>, пото́м <u>иду́</u> на ку́хню, гото́влю за́втрак, <u>иду́</u> в столо́вую и <u>сажу́сь</u> пить чай.
In the morning, first of all, I <u>wash</u>, then <u>go</u> to the kitchen, <u>prepare</u> breakfast, <u>go</u> to the dining room and <u>sit</u> down to have tea.
(아침에 나는 먼저 세수를 하고, 다음에 부엌에 가서, 조반을 준비하고, 식당에 가서, 앉아서 차를 마신다.)

(2) 부정태동사 (the habitual verb, indefinite verb)

부정태동사는 ① 습관 또는 반복되는 운동(habitual or repetitive action) ② 여러 방향으로의 운동(motion in different directions) ③ 시간이나 목적과 관계없

는 일반적 운동(general movement without reference to time or purpose.) 등을 나타낼 때 사용된다.

부정태동사는 부정방향(不定方向) 동사라고도 한다.

Он хо́дит в шко́лу.
He goes to school. (habitually, usually)
(그는 학교에 간다.)

Он ходи́л по ко́мнате.
He was walking in the room. (around the room, back and forth).
(그는 방안을 걸어다니고 있었다.)

Я ча́сто хожу́ гуля́ть.
I often go for a walk. (Walking could be aimless or in any direction.)
(나는 자주 산책을 한다.)(목적없이, 어느 방향으로도)

Пти́цы лета́ют над са́дом.
The birds are flying above the garden.
(새들이 정원 위를 날아다니고 있다.)(in all directions)

Он ча́сто но́сит кни́ги в библиоте́ку.
He often takes books to the library.
(그는 자주 도서관에 책을 가지고 간다.)

Он во́дит бра́та в шко́лу.
He takes his brother to school.
(그는 그의 동생을 학교에 데리고 간다.)

Ле́том де́ти бе́гают весь день на откры́том во́здухе.
In summer the children run about all day in the open air.
(여름에 어린이들은 하루 종일 야외에서 뛰어 다닌다.)

Она́ во́дит меня́ ка́ждый день по го́роду.
She takes me around the town every day.
(그녀는 매일 나를 데리고 시내를 돌아다닌다.)

2. 동사 идти́, е́хать, нести́, везти́ 의 변화

		идти́	е́хать	нести́	везти́
현재	я	иду́	е́ду	несу́	везу́
	ты	идёшь	е́дешь	несёшь	везёшь
	он, она́, оно́	идёт	е́дет	несёт	везёт
	мы	идём	е́дем	несём	везём
	вы	идёте	е́дете	несёте	везёте
	они	иду́т	е́дут	несу́т	везу́т
과거	남	шёл	е́хал	нёс	вёз
	여	шла	е́хала	несла́	везла́
	중	шло	е́хало	несло́	везло́
	복	шли	е́хали	несли́	везли́
명령법		иди́(те)	поезжа́й(те)	неси́(те)	вези́(те)

3. 동사 ходи́ть, вози́ть, носи́ть, лете́ть 의 변화

		ходи́ть	вози́ть	носи́ть	лете́ть
현재	я	хожу́	вожу́	ношу́	лечу́
	ты	хо́дишь	во́зишь	но́сишь	лети́шь
	он, она́, оно́	хо́дит	во́зит	но́сит	лети́т
	мы	хо́дим	во́зим	но́сим	лети́м
	вы	хо́дите	во́зите	но́сите	лети́те
	они́	хо́дят	во́зят	но́сят	летя́т
과거	남	ходи́-л	вози́-л	носи́-л	лете́-л
	여	-ла	-ла	-ла	-ла
	중	-ло	-ло	-ло	-ло
	복	-ли	-ли	-ли	-ли
명령법		ходи́(те)	вози́(те)	носи́(те)	лети́(те)

4. 운동동사의 완료체 형성

정태와 부정태가 있는 운동 동사의 완료체는 정태동사(идти́, éхать, летéть, везти́등)에 접두사 по-를 붙여서 만든다. 이렇게 만들어진 완료체는 정태·부정태 동사가 공유하는 하나의 완료체이다. 이때 동사의 뜻에는 변화가 없다.

정 태	부 정 태	완 료 체
идти́	ходи́ть	пойти́
éхать	éздить	поéхать
летéть	летáть	полетéть
везти́	вози́ть	повезти́
бежáть	бéгать	побежáть

Мы пойдём в кино́.	We will go to the cinema. (우리는 영화관에 갈 것이다.)
Он полетéл в Москву́.	He flew to Mocow. (그는 코스크바로 날아갔다.)
Когдá ты поéдешь домóй?	When will you go home? (언제 집에 가겠습니까?)

(1) 정태동사에 붙은 по-는 자주 동작의 시작을 나타낸다.

| Мы поплы́ли к бéрегу. | We started to swim towards the shore. (우리는 해안 쪽으로 헤엄치기 시작하였다.) |
| Он пошёл напрáво. | He went to the right. (그는 오른쪽으로 갔다.) |

(2) 부정태동사(ходи́ть, éздить, летáть등)에 붙은 по-는 단지 그 동작이 잠시 동안 계속되는 것을 의미한다. по-가 붙은 완료체 동사는 시간적, 공간적으로 제한이 있다.

| Мы походи́ли по гóроду. | We walked for a while in the town. (우리는 시내를 잠시 걸었다) |

Если хоти́те, мы полета́ем за́втра.
If you wish, we will go flying for a while tomorrow.
(당신이 원하신다면 내일 잠시 동안 비행합시다.)

(3) (по)е́хать는 명령형이 없다. 대신 поезжа́й(те)를 사용한다.

5. 접두사 по-와 за-의 기능

(1) 접두사 по-

① 단순동사에 붙어 그와 대응하는 완료체를 만든다.

| смотре́ть | посмотре́ть | to look at, see (보다, 의식하고) |
| люби́ть | полюби́ть | to love, like (사랑하다, 좋아지다) |

② 동작의 완성을 나타낸다.

стро́ить   постро́ить   to build (건축하다, 건설하다)
кра́сить   покра́сить   to paint (색칠하다)
Он постро́ил дом.   He built a house. (그는 집을 다 지었다.)

③ 불완료체 동사에 붙여서 "약간, 조금, 잠시"의 뜻을 지닌 새로운 완료체를 만든다. (이와 대응하는 불완료체는 없다.)

гуля́ть   погуля́ть   to walk (잠시 산책하다)
говори́ть   поговори́ть   to have a talk (이야기하다)
Я погуля́л в па́рке.   I took a walk (for a while) in the park.
(나는 공원에서 잠시 산책했다.)
Мы поговори́ли немно́го.   We talked for a while.
(우리는 잠시 이야기 하였다.)

④ 정태동사에 붙어서 "하기 시작하다" 라는 뜻의 완료체가 된다.

плыть   поплы́ть   to swim (헤엄치기 시작하다)

УРОК 16 운동의 동사

　　　éхать　　поéхать　　　to go (in a vehicle) (타고가다)
　　　идти́　　пойти́　　　　to go on foot (가다, 걷다)

⑤ 점차적인 변화를 나타낸다.

　　　старéть　　постарéть　　to age (늙다, 고령이 되다)
　　　худéть　　похудéть　　　to grow thin (여위다)
　　За послéднее врéмя он óчень постарéл.
　　Lately, he has aged quite a lot. (근래에 그는 아주 많이 늙었다.)

⑥ 짧은 기간에 이루어 지는 1회의 동작을 나타낸다.

　　　звони́ть　　позвони́ть　　to telephone someone, to ring
　　　　　　　　　　　　　　　　(전화를 걸다, 울리다)
　　Он мне позвони́т у́тром.　He telephoned me in the morning.
　　　　　　　　　　　　　　　(그는 아침에 나에게 전화를 걸었다.)

(2) 접두사 за-

① 동작의 시작을 나타낸다.

　　　плáкать　　заплáкать　　to begin to cry (울다, 울기 시작하다)
　　　петь　　　запéть　　　　to sing (노래 부르기 시작하다.)
　　　лáять　　　залáять　　　to start barking (짖기 시작하다.)
　　　дрожáть　　задрожáть　　to tremble, shiver (떨다, 진동하다.)
　　　сверкáть　　засверкáть　to begin to twinkle (반짝이기 시작하다.)
　　Товáрищ заговори́л.　　　The comrade started speaking.
　　　　　　　　　　　　　　　(그 동지는 말하기 시작하였다.)
　　Мóлния засверкáла.　　　Lightning flashed.
　　　　　　　　　　　　　　　(번개가 번쩍였다.)
　　Онá запéла мою́ люби́мую пéсню.
　　She started to sing my favorite song.
　　(그녀는 내가 가장 좋아하는 노래를 부르기 시작했다.)

② 동작의 완성을 나타낸다.

мёрзнуть	замёрзнуть	to freeze (얼다, 동결하다)
сóхнуть	засóхнуть	to dry up (마르다, 바싹 마르다)
Рекá замёрзла.		The river has frozen.
		(강이 결빙되었다.)

③ 어떤 지점을 넘어선 동작의 방향을 나타낸다.

вернýть	завернýть	to turn, to wrap (in)
		(돌다, 길이 구부러지다, 포장하다)
Машúна завернýла за ýгол.		The car turned round the corner.
		(그 차는 길 모퉁이를 돌았다.)

6. 운동동사의 방향부여

운동동사에 특정한 방향을 부여할 필요가 있을 때(When it is required to give a verb of motion a particular direction) 정태동사(идтú, éхать등)나 부정태 동사(ходúть, летáть등)에 적절한 접두사(an appropriate prefix)를 붙인다. 이때 정태동사에 접두사를 붙이면 완료체가 되고 부정태동사에 같은 접두사를 붙이면 대응의 불완료체가 된다. 예를 들면 접두사 при-와 у-를 정태동사 нестú, 부정태동사 носúть에 붙이면 다음과 같이 된다.

접두사	뜻 (운동의 방향)
при-	towards(speaker) (화자) 쪽으로 (도달, 접근)
у-	away from a place 떨어져서, 저쪽으로(이탈)

운동동사		접두사	접두사가 붙은 운동동사		뜻
정태동사	부정태동사		완료체	불완료체	
нестú	носúть	при-	принестú	приносúть	bring 가져오다 fetch 지참하다
		у-	унестú	уносúть	take away 가지고 가다 carry off 옮겨가다

УРОК 16 운동의 동사

(1) 운동동사에 붙여지는 접두사

접두사	뜻 (운동의 방향)	보 기	뜻
в	into 안으로	входи́ть в дом	to enter the house (집 안으로 들어가다)
вз, вс	upward 위로 향한, 위쪽으로	взбежа́ть по ле́стнице	to run up the stairs (계단을 뛰어 올라가다)
вы	out of 안으로 부터	вы́ехать из го́рода	to drive out of town (시내에서 타고 출발하다)
до	as far as ~까지	дое́хать до реки́	to drive as far as the river (강까지 타고 가다)
за	with a stop (on the way) 잠깐 들르다 (지나가는 길에)	зае́хать к друзья́м (по доро́ге домо́й)	to drop in at some friends (on the way home) (집에 오는 길에 친구 집에 잠깐 들르다)
о, об	around 주위를	облете́ть вокру́г де́рева	to fly around a tree (나무 주위를 비행하다)
от	away 떨어져서 (분리, 이탈)	отнести́ куда́-нибудь	to take somewhere (어디론가 운반해 가다)
пе́ре	across 건너서, 넘어서 repetition 반복	перейти́(че́рез) у́лицу	to cross the street (거리를 횡단하다)
под	up to ~에 이르기까지 upwards 위쪽으로 towards ~쪽으로	подплы́ть к ло́дке	to swim up to the boat (브트까지 헤엄쳐 다가가다)
при	towards ~쪽으로	прие́хать домо́й.	to come home (집에 타고 오다)

접두사	뜻 (운동의 방향)	보 기	뜻
про	by 지나서 through 통하여	проезжа́ть ми́мо ста́нции	to ride past the station (정거장을 타고 통과하다)
у	away 떨어져서, 저쪽으로	уе́хать из го́рода	to leave town (도시를 타고 떠나다)
с	downward 내려가는, 아래쪽으로	сходи́ть с горы́	to walk down the hill (산을 걸어 내려오다)

(2) 접두사를 붙여서 만든 운동동사의 완료체, 불완료체

완료체	불완료체	뜻
уйти́	уходи́ть	to go away, leave 가버리다, 떠나다
войти́	входи́ть	to enter, go in 들어가다
вы́йти	выходи́ть	go out on foot 나가다
прийти́	приходи́ть	come, arrive 오다, 도착하다
пройти́	проходи́ть	pass(by, through), go past 지나가다, 통행하다
принести́	приноси́ть	bring, fetch 가져오다, 지참하다
увезти́	увози́ть	take(away) 데리고 가다, 운반해 가다
перевести́	переводи́ть	take across, transfer 옮기다, 이동시키다
увести́	уводи́ть	take away, carry off 데리고 가다
улете́ть	улета́ть	fly away, vanish 날아가다, 지나가 버리다
перелете́ть	перелета́ть	fly over 날아서 건너가다, 날아서 이동하다
догна́ть	догоня́ть	catch up(with) 따라잡다, 어깨를 나란히 하다
перегна́ть	перегоня́ть	overtake, leave behind 앞지르다, 능가하다
вы́лететь	вылета́ть	fly off 날아가다, (비행기가) 출발하다
привезти́	привози́ть	bring 날아오다, 반입하다

(3) 접두사가 붙은 운동 동사는 정태와 부정태의 구별이 없다. 다만 한개의 불완료체가 있을 뿐이다. 따라서 "Я уношу́."는 "I am taking away."(나는 가지고 가고 있다)도 돼고 "I take away."(나는 가지고 간다)도 된다.

(4) 부정태 동사에 접두사를 붙여 불완료체를 만들 대 본원동사(기본동사, basic verb)를 사용하지 않고 다른 어간(stem)으로 만들어 지는 동사가 있다.(8개) 예를 들면 부정태 기본동사 е́здить는 접두사가 붙은 불완료체를 만드는데 사용하지 않는다. 다른 어간인 езжа́ть를 사용한다. прие́здить가 아니고 приезжа́ть 이다.

부정태 기본동사	새어간	접두사가 붙은동사	뜻
е́здить	-езжа́ть	выезжа́ть	drive out 타고 외출하다 leave 떠나다
ла́зить	-леза́ть	влеза́ть	climb onto 기어 오르다 get into 기어 들어가다
ката́ть	-ка́тывать	ска́тывать	roll down 굴려서 말다
сажа́ть	-са́живать	обса́живать	plant around 주위에 심다
таска́ть	-та́скивать	перета́скивать	move, drag 끌어서 옮기다 끌어서 운반하다
бе́гать	-бега́ть	прибега́ть	run up to 달려오다, 뛰어오다
пла́вать	-плыва́ть	уплыва́ть	swim away 헤엄쳐 사라지다
по́лзать	-полза́ть	подполза́ть	crawl up to 기어 다가오다

7. 관용적표현

(1) 관용적 표현에서는 사용되는 동사가 고정되어 있어 정태·부정태의 구분이 꼭 맞지 않는 경우가 있다. 비, 눈 등은 단지 한 방향으로만 진행되므로 정태 동사인 идти́가 사용된다.

Здесь ча́сто идёт дождь.　　It often rains here.
　　　　　　　　　　　　　　(여기는 자주 비가 온다.)

Зимо́й ча́сто шёл снег.   It often snowed in the winter.
                          (겨울에 자주 눈이 왔다.)

Э́то пла́тье мне не идёт. This dress does not suit me.
                          (이 옷은 나에게 어울리지 않는다.)

(2) 어떤 행위는 정태 또는 부정태를 한정하여 사용한다.

вести́ перегово́ры.(정태)   carry on negotiations
                          (협상을 하다)

Он ведёт перегово́ры с америка́нским прави́тельством.
He carrys on negotiations with American government.
(그는 미국 정부와 협상을 진행하고 있다.)

носи́ть пальто́, шля́пу, кольцо́, очки́.(부정태)
wear an overcoat, a hat, a ring, glasses.
(외투를 입고, 모자를 쓰고, 반지를 끼고, 안경을 쓰다)

Она́ всегда́ но́сит это пла́тье.
She always wears this dress. (그녀는 언제나 이 옷을 입는다.)

В Росси́и зимо́й но́сят шу́бы.
In Russia in the winter they wear fur-coats.
(러시아에서는 겨울에 모피 외투를 입는다.)

Он но́сит очки́.
He wears glasses. (그는 안경을 쓰고 있다.)

Ле́том я бу́ду носи́ть э́тот костю́м.
In the summer I shall wear this suit.
(여름에 나는 이 양복을 입을 것이다.)

нести́ отве́тственность.(정태)   bear the responsibility
                                (책임을 지다.)

Он несёт отве́тственность за э́ту рабо́ту.
He bears the responsibility for this work.
(그는 이 일에 대한 책임을 지고 있다.)

УРОК 16 운동의 동사

СЛОВАРЬ
체크해 봅시다.

гара́ж	m. garage (자동차)차고
вести́ (веду́, ведёшь, ведёт)	impf. (定) lead, guide 이끌다
снача́ла	ad. at first 먼저, 우선
мыть (мо́ю, мо́ешь)	impf. wash 씻다, 닦다
пойти́	pf. go, begin to walk 걸어서 나가다, 걷기 시작하다
перегово́ры	pl. (no sing) negotiations 교섭, 담판
кольцо́	n. ring 반지, 가락지, 고리
костю́м	m. suit, costume 의복, 복장
дека́брь	m. December 12월
вступи́тельный экза́мен	entrance examination 입학시험
почтальо́н	m. postman 우체부
слу́жба	f. work, service 근무장소, 직무, 근두
далеко́	ad. far 멀리
стари́к	m. old man 노인
то и де́ло	without interruption 끊임없이, now and again 자주
РТС ремо́нтно-техни́ческая ста́нция	repairs and engineering station 수리소
све́жий	a. fresh 신선한, 싱싱한
пти́ца	f. bird 새
ро́вно	ad. sharp, exactly, evenly 정확히, 꼭, 고르게
ку́хня	f. kitchen 부엌
за́втрак	m. breakfast 아침식사, 조반
мо́лния	f. lightning 번개, 벼락
прави́тельство	n. government 정부
шу́ба	f. fur coat 모피 외투
отве́тственность	f. responsibility 책임, 책임성
вступи́тельный	a. introductory 들어가기 위한, 개시하는
пешко́м	ad. on foot 도보로
ежедне́вный	a. everyday 매일의, 일상의
фе́рма	f. farm 농장, 농원
мотоци́кл	m. motorcycle 오토바이, 모터 사이클
грузови́к	m. truck 화물 자동차
зерно́	n. grain 곡물, 알곡
доставля́ть	impf. deliver 보내주다, 배달하다
остана́вливать	impf. stop, restrain 멈추다, 세우다
о́вощи	pl. vegetables 야채, 소채
элева́тор	m. elevator 곡물창고, 기중기

УПРАЖНЕНИЯ

[1] 우리말로 옮겨라.

1. Куда́ вы идёте? Я иду́ в парк.

2. В декабре́ в университе́тах иду́т вступи́тельные экза́мены.

3. Самолёт полета́л над го́родом и полете́л на се́вер.

4. Мы пое́здили по го́роду, пото́м вы́шли из маши́ны и пошли́ пешко́м в гости́ницу.

5. Он зае́хал к нам и мы пое́хали вме́сте в теа́тр.

6. Вы ви́дели наш но́вый автомоби́ль, когда́ вы шли вчера́ в конто́ру?

7. Я не ходи́л вчера́ в конто́ру, потому́ что моя́ жена́ была́ больна́.

8. Я хожу́ к нему́ раз в неде́лю. Он хо́дит ежедне́вно на слу́жбу.

9. Стои́т хоро́шая пого́да. Высоко́ в не́бе лета́ют пти́цы. Почтальо́н ви́дит фе́рму. Она́ ещё далеко́.

10. Он бы́стро е́дет на мотоци́кле. На доро́ге стари́к. Он ведёт де́вочку домо́й. Они́ живу́т на фе́рме и зна́ют почтальо́на хорошо́.

11. То и де́ло по доро́ге е́здят грузовики́: они́ во́зят зерно́ на элева́тор, доставля́ют в го́род молоко́ и ма́сло.

12. Почтальон каждый день возит газеты, журналы и письма в РТС. Вот и сейчас он останавливает мотоцикл, идёт в контору и несёт туда почту.

[2] 러시아어로 옮겨라.

1. 저녁에 나는 영화관에 간다.

2. 매일 나는 영화관에 다닙니다.

3. 어린이들이 학교에 가고 있다.

4. 어린이는 7세 부터 학교에 다닌다. (7세 부터: с семи лет)

5. 나는 버스로 대학에 다닙니다.

6. 나의 동생은 걸어서 학교에 다닙니다.

7. 이 비행기는 모스끄바로 날아가고 있다.

8. 비행기들은 매일 모스끄바로 비행한다.

9. 당신은 어디로 가십니까? 나는 우체국으로 가는 길입니다.

10. 그 우체부는 오토바이를 타고 농장으로 가고 있었습니다.

[3] 괄호 안의 두 동사중 하나를 적당한 꼴로 고쳐 빈칸을 채워라.

1. Сейчас я _____ в школу. (ходить, идти)
2. Мы _____ сейчас в деревню. (ездить, ехать)
3. Мы всегда _____ молоко на рынок. (возить, везти)

4. Вчера́ шёл дождь, когда́ мы _____ де́вочку в шко́лу. (води́ть, вести́)
5. Ка́ждый день они́ _____ в го́род на трамва́е. (е́здить, е́хать)
6. Тепе́рь почтальо́н _____ пи́сьма в дом. (носи́ть, нести́)
7. Мы _____ в Москву́ за́втра. (лета́ть, лете́ть)
8. Грузовики́ ка́ждый день _____ фру́кты. (вози́ть, везти́)
9. Я обы́чно _____ пи́сьма на по́чту. (носи́ть, нести́)
10. Де́ти _____ в саду́. (бежа́ть, бе́гать)

[4] 러시아어에 해당하는 영어를 아래 난에서 골라 그 번호를 써라.

1. Сего́дня я иду́ в теа́тр.
2. Я ча́сто хожу́ на конце́рты.
3. Де́ти ча́сто игра́ют и бе́гают в саду́.
4. Мы е́дем на фа́брику.
5. Он несёт кни́гу в библиоте́ку.
6. Он ча́сто но́сит кни́ги в библиоте́ку.
7. Он лети́т в А́нглию.
8. Он е́здил в А́нглию ка́ждый год.
9. На́ша шко́ла о́чень далеко́ и мы должны́ е́здить на авто́бусе.
10. Грузовики́ вози́ли каждый день в го́род све́жие о́вощи.

① He is taking the book to the library.
② The children often play and run in the garden.
③ He often takes books to the library.
④ I am going to the theatre today.
⑤ I often go to concerts.
⑥ We are going to the factory.
⑦ Our school is very far and we must go by bus.
⑧ Lorries carried fresh vegetables to the town every day.
⑨ He is flying to England.
⑩ He used to go to England every year.

-ся 가 붙은 동사

(глаго́лы на -ся, verbs in -ся)

-ся는 재귀대명사 себя́(oneself)의 준말이다. '자기 자신'을 의미하는 조사로서 동사에 붙여서 사용한다. -ся동사는 재귀, 상호, 수동, 습관적 특성 등의 기능을 한다.

1. 재귀

재귀동사는 타동사에 -ся가 붙은 것으로 동작이 자기에게 되돌아 오는 것을 나타낸다. 재귀동사는 동작을 하는 자가 또한 동작의 대상이 되는 특별한 종류의 타동사이다.

купа́ть(타동사)   to bathe (someone else) (귀역 감기다, 목욕시키다.)
купа́ться(재귀동사) to bathe (oneself)   (미역감다, 목욕하다.)

타 동 사	재 귀 동 사
Я умыва́ю ребёнка. I am washing a child. (나는 어린 아이를 씻어 주고 있다.)	Я умыва́юсь. I am washing myself. (나는 내 몸을 씻고 있다.)
Вы одева́ете ребёнка. You are dressing a child. (당신은 어린 아이에게 옷을 입히고 있다.)	Вы одева́етесь. You are dressing yourself. (당신은 옷을 입고 있다.)

2. 상호

동사에 -ся가 붙어서, 그 동작이 상호적이고, 또 그 행위자가 둘 또는 그 이상임을 나타낸다.

219

Друзья встретились на вокзале.
The friends met at the railway station.
(그 친구들은 정거장에서 만났다.)

Мы виделись несколько раз летом.
We saw each other a few times in the summer.
(우리는 여름에 몇번 서로 만났다.)

Мы познакомились на концерте.
We made acquaintance at a concert.
(우리는 음악회에서 서로 아는 사이가 되었다.)

[주의] 상호작용을 하는 동사가 모두 -ся로 끝나는 것은 아니다. -ся 없이도 상호작용을 하는 동사들이 있다.

Они любят друг друга. They love each other. (그들은 서로 사랑한다.)
Мы разговаривали. We were talking. (우리들은 서로 이야기하였다.)

3. 수동

타동사에 **-ся**가 붙어서 수동의 뜻을 나타낸다.

Дверь открывается.   The door is being opened.
                     (그 문이 열리고 있다.)
В городе строится дом. A house is being built in the town.
                     (시내에 집이 건축되고 있다.)
Здесь продаётся вино. Wine is sold here.
                     (여기서 포도주를 팔고 있다.)
На собрании обсуждались важные вопросы.
At the meeting some important questions were discussed.
(그 회의에서 중요한 문제들이 심의 되었다.)

-ся동사가 수동의 뜻을 나타낼 때 그 동작의 주체는 조격으로 표시한다.

Дом строится плотником. The house is being built by a carpenter.
                     (그 집은 목수에 의하여 건축되고 있다.)

4. 습관적 특성

재귀동사는 성질, 습관적 특성을 나타낸다.

Эта соба́ка куса́ется.	This dog bites.
	(이 개는 무는 버릇이 있다.)
Эта ло́шадь ляга́ется.	This horse kicks.
	(이 말은 걷어차는 버릇이 있다.)
Эта ко́шка цара́пается.	This cat scratches.
	(이 고양이는 할퀴는 버릇이 있다.)
Эти таре́лки не бью́тся.	These plates are unbreakable.
	(이 접시들은 잘 깨지지 않는다.)
Земля́ враща́ется.	The earth spins.
	(지구는 돈다.)

5. 재귀동사형만을 가진 동사

이런 동사는 -ся 없는 독립한 동사로서는 사용되지 않는다. 예를 들면 смея́ться (laugh 웃다, 조소하다)에서 -ся를 없앤 смея́ть는 독립한 동사로서 사용되지 않는다.

боя́ться	be afraid (of), fear 무서워하다, 걱정하다
горди́ться	be proud (of), pride oneself (on) 자랑하다, 자만하다
наде́яться	hope (for), expect 희망하다, 바라다, 기대하다
наслажда́ться	enjoy, take pleasure (in) 즐기다, 향락하다
нра́виться	please, like 마음에 들다, 뜻에 맞는다
смея́ться	laugh 웃다, 조소하다, 비웃다
стара́ться	try, make an effort 힘쓰다, 노력하다
улыба́ться	smile, please 미소짓다, 빙그레 웃다, 마음에 들다

Мы не бои́мся тру́дностей.	We are not afraid of hardships.
	(우리는 어려움을 두려워하지 않는다.)
Мы наде́емся на успе́х.	We hope for success.
	(우리는 성공을 희망한다.)

Я бою́сь соба́к.	I am afraid of a dog. (나는 개를 무서워한다.)
Она́ улыба́ется мне.	She smiles at me. (그녀는 나에게 미소짓는다.)
Мы наслажда́емся жи́знью.	We enjoy life. (우리는 인생을 즐긴다.)
Он стара́лся покра́сить дом.	He tried to paint the house. (그는 집에 칠을 하려고 노력하였다.)

6. 무인칭 동사

재귀동사 어미 -ся를 가진 무인칭 동사는 제3인칭 단수에서만 사용되고 과거시제에서는 중성에만 사용된다. 이들 동사는 보통 자연현상을 나타내는데 사용한다.

Смерка́лось.	It was getting dark. (어둑어둑해지고 있었다.)
Зимо́й смерка́ется ра́но.	In winter, it gets dark early. (겨울에는 일찍 어두워진다.)

이들 동사를 사용하는 문장의 의미상의 주어는 여격으로 나타낸다.

Мне хо́чется рабо́тать.	I want to work. (나는 일을 하고 싶다.)
Ему́ хо́чется есть.	He is hungry. (그는 배가 고프다, 먹고 싶어한다.)
Мне хоте́лось пойти́ в теа́тр.	I felt like going to the theatre. (나는 극장에 가고 싶었다.)
Мне не спи́тся.	I don't feel like sleeping. (나는 잠이 오지 않는다.)

7. -ся가 붙은 동사의 변화

-ся형 동사는 -ся가 붙지 않은 동사와 같은 방식으로 변화한다. 먼저 그 기간부분을 변화시키고 그 뒤에 -ся를 붙이면 된다.

다만 어미가 자음, ь, й로 끝날 때는 **-ся**를 붙이고, 모음 으로 끝날 때는 **-сь**를 붙인다.

	мы́ться wash oneself (자신을 씻다)	занима́ться be engaged in (종사하다, 일하다, 공부하다)
부정법		
현 재	я мо́юсь ты мо́ешься он мо́ется мы мо́емся вы мо́етесь они́ мо́ются	занима́юсь занима́ешься занима́ется занима́емся занима́етесь занима́ются
과 거	он мы́лся она́ мы́лась оно́ мы́лось они́ мы́лись	занима́лся занима́лась занима́лось занима́лись
명 령	мо́йся мо́йтесь	занима́йся занима́йтесь

[주의] -тся도 -ться도 다 같이 [-цца]로 발음한다.

8. -ся 동사가 지배하는 보어의 격

-ся동사는 직접보어(대격)을 취하지 않는다. -ся동사가 지배하는 보어의 격은 동사별로 잘 알아 두어야 한다.

(1) 생격 — боя́ться fear, be afraid of (무서워하다)

Она́ бои́тся темноты́. (темноты́는 темнота́의 생격)
She is afraid of the dark. (그녀는 어둠을 두려워한다.)

Муж бои́тся жены́. (жены́는 жена́의 생격)
The husband is afraid of the wife. (남편은 아내를 두려워한다.)

(2) 여격 ┌ учи́ться learn, study (배우다, 학습하다)
       └ ра́доваться be glad, be happy (at) (기뻐하다, 즐거워 하다)

Мы у́чимся францу́зскому языку́. (языку́는 язы́к의 여격)
We study the French language. (우리는 불어를 배운다.)

Мать ра́дуется успе́ху сы́на. (успе́ху는 успе́х의 여격)
Mother is glad of her son's success. (어머니는 아들의 성공을 기뻐한다.)

А́нне бы́ло так я́сно, что никому́ не́чему бы́ло ра́доваться.
(никому́, не́чему는 никто́, не́чего의 여격)
It was so clear to Anna that nobody had anything to be glad about.
(누구에게도 기뻐할 일이 아무것도 없다는 것이 안나에게는 아주 분명했다.)

(3) 조격 ┌ занима́ться be engaged in (종사하다)
       ├ по́льзоваться make use of, utilize (이용하다, 사용하다)
       └ интересова́ться be interested in (흥미·관심을 가지다)

До заму́жества она́ занима́лась му́зыкой.
(му́зыкой는 му́зыка의 조격)
Before her marriage she was studying music.
(그녀는 결혼하기 전에 음악을 공부하고 있었다.)

При перево́де я по́льзуюсь словарём.
(словарём는 слова́рь의 조격)
When translating, I utilize a dictionary.
(번역할 때 나는 사전을 이용한다.)

Я интересу́юсь иску́сством. (иску́сством는 иску́сство의 조격)
I am interested in art. (나는 예술에 흥미가 있다.)

УРОК 17 -ся가 붙은 동사

СЛОВАРЬ

체크해 봅시다.

умывáть	impf. wash 씻다	лунá	f. moon (천체의) 달
ребёнок	m. (gen ребёнка) child 어린아이	умы́ть	pf. умывáть의 완료체
одéть	pf. одевáть의 완료체	одевáть	impf. dress (someone) (옷을)입히다
открывáть	impf. open 열다	друг	m. (pl. друзья́) friend 친구
продавáть	impf. sell 팔다, 판매하다		
обсуждáть	impf. discuss 심의하다, 협의하다	откры́ть	pf. открывáть의 완료체
вопрóс	m. question 질문, 문제	продáть	pf. продавáть의 완료체
лóшадь	f. horse 말	обсуди́ть	pf. обсуждáть의 완료체
цара́пать	impf. scratch 할퀴어서 상처를 내다	плóтник	m. carpenter 목수, 목공
би́ться	impf. fight, beat, break 싸우다, 부서지다, 치다	лягáть	impf. kick (발굽으로) 걷어차다
вращáться	impf. revolve, rotate 회전하다	тарéлка	f. plate 접시
		би́ться (бьюсь, бьёшься, бьётся, бьёмся, бьётесь, бьются)	
крáсить	impf. colour, paint 착색하다, 색칠하다	покрáсить	pf. крáсить의 완료체
смеркáться	impf. grow dark (무인동사) 어둑어둑 해지다	смéркнуться	pf. смеркáться의 완료체
		темнотá	f. (no pl.) darkness 암흑, 어둠
замýжество	n. marriage, (of woman) 결혼생활 (여자 쪽에서)	перевóд	m. translation, transfer 번역, 전임, 진급
искýсство	n. art 예술, 기능	проéкт	m. design, project 설계, 디자인
архитéктор	m. architect 건축가	преподавáтель	m. teacher 교사, 교원
останови́ть	pf. stop 멈추다, 세우다	посóльство	n. embassy 대사관
снег	m. snow 눈	разливáться	impf. overflow, flow 범람하다, 넘치다
устреми́ться	pf. head (for) 지향하다 rush 돌진하다	сторонá	f. side 면, 옆, 방향

225

ракéта	f. rocket 로켓, 봉화	добѝться	pf. achieve, get 얻다, 도달하다
космѝческий	a. outer space, cosmic 우주의	пронестѝсь	pf. fly (by), rush (by) 질주하여 지나가다
мѝмо	prep. past, by 옆을 지나서	спýтник	m. companion, satellite 동반자, 위성
приготóвить	pf. prepare 준비하다	ленѝвый	a. lazy 게으른, 나태한
мéстность	f. locality, place 지방, 지역	зóлото	n. gold 금, 황금

УПРАЖНЕНИЯ

[1] 우리말로 옮겨라.

1. Проéкт нóвого здáния обсуждáется молоды́ми архитéкторами.

2. Все э́ти иностра́нные газе́ты и журна́лы чита́ются на́шими преподава́телями.

3. Молодóй человéк остановѝл меня́ и спросѝл, где нахóдится посóльство.

4. Зимóй Вóлга лежѝт под снéгом. Пéред начáлом весны́ рекá разливáется и кáжется морéм.

5. В начáле 1959-го (ты́сяча девятьсóт пятьдеся́т девя́того) гóда устремѝлась в стóрону Луны́ пéрвая космѝческая ракéта. Онá пронеслáсь мѝмо Луны́ и стáла спýтником Сóлнца.

6. Пе́тя приле́жный учени́к и о́чень хорошо́ занима́ется в шко́ле. Он о́чень лю́бит ру́сский язы́к. Он всегда́ по́льзуется словарём, когда́ он приготовля́ет уро́к, и обы́чно зна́ет ка́ждое сло́во.

7. Ва́ся лени́вый учени́к и никогда́ не зна́ет уро́ка. Он ча́сто прихо́дит в шко́лу без уче́бника. Он о́чень не лю́бит занима́ться. Он то́лько лю́бит гуля́ть в лесу́ и́ли в по́ле, и купа́ться в реке́.

[2] 러시아어로 옮겨라.

1. 그 건물은 건축가에 의해 건축되었다.

2. 나는 아침에 찬물로 몸을 씻는 것을 좋아한다.

3. 그녀는 그를 바라보고 미소지었다.

4. 겨울에 나는 일찍 잠자리에 든다.

5. 우리들 앞에는 크고 아름다운 정원이 있었다.

6. 여름에 어린이들은 바다에서 미역을 감는다.

7. 나는 매일 아침 찬물로 세수한다.

8. 저녁이 되어 우리들은 집으로 돌아가고 있었다.

9. 당신은 대학에서 무엇을 공부하고 있습니까? 나는 대학에서 물리학을 공부하고 있습니다.

10. 러시아에서 학년도는 9월에 시작되고 6월에 끝납니다.

[3] 러시아어에 해당하는 영어를 아래 난에서 골라 그 번호를 써라.

1. Пора́ ложи́ться спать.
2. Со́лнце сади́лось, день конча́лся.
3. Друзья́ встре́тились на вокза́ле.
4. Сади́тесь пожа́луйста.
5. В э́той ме́стности нахо́дится зо́лото.
6. Де́ти ка́ждый день купа́ются в реке́.
7. Мы доби́лись успе́хов.
8. Аэропла́ны показа́лись высоко́ в не́бе.
9. Я ча́сто встреча́юсь с дру́гом.
10. В го́роде стро́ились высо́кие дома́.

① The friends met at the station.
② We achieved success.
③ There is gold in this district.
④ It is time to go to bed.
⑤ Sit down, please.
⑥ The sun was setting, the day was ending.
⑦ Tall houses were built in the town.
⑧ I often meet my friend.
⑨ The children bathe in the river every day.
⑩ The airplanes appeared high in the sky.

18 가정법, 명령법

1. 영어의 법(法, mood)

동사는 동작이나 상태를 나타내는 말인데 그것을 말하는 사람(the speaker)의 느낌이나 기분에 따라 그 진술하는 방식이 달라진다. 즉 "사실을 사실대로" 말할 때도 있고, "만약 …이라면"하고 가정을 해서 말할 때도 있고 또 "…하라"고 명령하는 진술 방식도 있다.

이와 같이, 말하는 사람의 느낌, 기분들을 나타내는 동사의 표현 방식을 법(mood) 이라고 한다.

말하는 사람(the speaker)의 심적 태도 표현 방식에는 다음의 3가지가 있다.

- 직설법　(Indicative mood 또는 fact mood),
- 가정법　(Subjunctive mood 또는 thought mood),
- 명령법　(Imperative mood)

(1) 직설법

사실을 사실대로 말한다.

> The sun rises every morning. (태양은 매일 아침 떠오른다.)
> As he is sick, he cannot go with you.
> (그는 병이 나서 당신과 함께 갈 수 없다.)
> I shall not go if it rains. (비가 오면 가지 않을 것이다.)

이때의 rains는 it is raining을 말하는 것이 아니고 비(rain)라는 생각이 단순한 개념이 아니고, 현실에 가까운 일이기 때문에, 말하는 사람은 자기의 일과에서 실지 문제로 그것을 느낀다.

(2) 가정법

사실이나 현실의 세계에 속하지 않고 단지 말하는 사람의 마음의 세계에 있는 것을 서술한다. 사실과 반대되는 일을 가정하고, 또 마음의 세계에 떠오르는 소원, 요구, 주장 등을 서술한다.

If I had enough money, I could buy that large house.
(내게 충분한 돈이 있다면 그 큰 집을 살 수 있겠는데.)

If he had obeyed the doctor's directions, he would not have died.
(의사의 지시를 순종했더라면 그는 죽지 않았을 것인데.)

I desire that action be postponed.
(의결이 연기되기를 요망합니다.)

O that he were alive and could see all this blessing that has come from his life. (오 그가 살아서 그의 생애에서 비롯된 이 모든 축복을 볼 수 있으면 좋을 텐데.)

(3) 명령법

상대편에 대한 명령, 충고, 의뢰 등을 서술한다.

<u>Open</u> the window. (창문을 열어라.)
<u>Be</u> honest. (정직하라.)
<u>Don't be</u> idle. (게으르지 말라.)
<u>Hurry up</u>, or you will be late. (서두르라, 그렇지 않으면 늦을 것이다.)
<u>Have</u> pity upon me. (불쌍히 여겨 주십시오.)

2. 영어의 가정법

(1) 가정법 현재

① 현재 또는 미래에 대한 **불확실한 상상**을 나타낸다. 주어의 인칭, 수, 성에 관계없이 동사의 원형을 쓴다.

If it <u>be</u> fine tomorrow, I will go.
(만일 내일 날씨가 좋으면 나는 가겠다.)

If it <u>be</u> true, he must change the present plan.
(만일 그것이 사실이라면 그는 현재의 계획을 바꾸어야 한다.)

If he <u>be</u> honest, I will employ him.
(만일 그가 정직하다면, 나는 그를 고용하겠다.)

현대 영어에서는 가정법 현재는 많이 쓰이지 않고 대신 직설법 현재를 쓰는 것이 보통이다.
If it be fine 대신 If it is fine, If it be true 대신 If it is true를 사용한다.

② 가정법 현재는 제안, 요구, 희망을 나타내는 절 속에서 사용된다.

We suggested that he <u>stay</u> longer.
(우리는 그에게 더 오래 머물도록 제안했다.)

I demanded that he <u>pay</u> me the money back.
(나는 그에게 그 돈을 갚으라고 요구했다.)

(2) 가정법 과거

가정법 과거는 **현재의 사실에 반대되는 가정**을 나타낸다. 동사는 복수 과거형을 쓴다. (형식은 과거지만 뜻은 현재)

▶ 그 형식은

If … { 과거형 / were } …, … { should, would / could, might } + 원형

If I were rich, I could buy that large house.
(내가 부자라면, 저 큰 집을 살 수 있겠는데.)

If I had the book, I could lend it to you.
(그 책이 있으면, 너에게 빌려 줄 텐데.)

If he gave up smoking, he might soon be well again.
(그가 담배를 끊는다면 그는 곧 다시 건강해질 텐데.)

(3) 가정법 과거완료

가정법 과거완료는 과거의 사실에 반대되는 가정을 나타낸다. 조건절의 동사는 과거 완료형을 쓰고 귀결부분은 과거형 조동사 + have + 과거 분사를 쓴다.

▶ 그 형식은

If … had + 과거분사 …, … { should, would / could, might } + have + 과거분사 …

If he had been honest, I should have employed him.
(그가 정직하였더라면, 나는 그를 고용했을 텐데.)

If I had known his address, I should have written to him.
(내가 그의 주소를 알고 있었다면, 나는 그에게 편지를 썼을 텐데.)

If I had had enough money, I could have bought that large house.
(만일 내게 충분한 돈이 있었다면, 그 큰 집을 살 수 있었을 텐데.)

(4) 가정법 미래

가정법 미래는 현재 또는 미래에 대한 강한 의심(strong doubt)을 나타낸다.
그 형식은 주어의 인칭·수에 관계 없이 "should + root"를 쓴다. 귀결절(주절)에는 should 또는 shall을 쓴다.

If it should rain tomorrow, I should (shall) stay home.
(만일이라도 내일 비가 오면 나는 집에 있겠다.)

If you should meet him, tell him to return home at once.
(만일 그를 만난다면 그에게 곧 집으로 돌아오라고 말하여라.)

If it should be fine tomorrow, he would go on a picnic.
(만일 내일 날씨가 좋다면, 그는 소풍을 갈 것이다.)

3. 러시아어의 가정법 (Условно-сослагательное наклонéние)

영어의 가정법은 다소 어려운 문법적 구문이지만, 러시아어의 가정법은 가장 쉬운 구문 중의 하나이다.

가정법은 러시아어 문법에서 조건법, 접속법 또는 조건-가정법(The conditional-subjunctive mood) 이라고도 한다. 조건문은 보통 두 개의 절로 되어 있다. 조건을 말하는 종속절과 그 조건의 결과를 말하는 주절로 되어 있다.

러시아어에서 조건은 éсли(if, 만약 …이라면)로 시작되고 그 결과는 то(then, 그러면) 또는 так(so, 그렇게)로 인도된다.

Éсли у неё жар, то она должна сидéть дóма.
If she has a fever, (then) she has to stay home.
(만약 그녀에게 열이 있다면, 집에 있어야 한다.)

조건문이 주절(귀결절)로 시작될 때에는 то가 생략된다.

Она должна сидéть дóма, éсли у неё жар.
She has to stay home, if she has a fever.

조건문의 조건에는 두가지 형이 있다. 하나는 현실적(real) 조건이고 다른 하나는 비현실적(unreal) 조건이다.

(1) 현실적 조건

현실적인 조건은 현재, 과거 혹은 미래에서 실제로 일어나는 사실(fact)을 서술한다. 이것은 현실에 대한 서술이기 때문에 현실적 조건문에서는 **직설법**이 사용된다.

Éсли он сейчáс дóма, то он рабóтает.
If he is home now, he is working.
(만일 그가 지금 집에 있다면 그는 일하고 있다.)

Éсли он вчерá был дóма, то он рабóтал.
If he was home yesterday, he was working.
(만일 그가 어제 집에 있었다면 그는 일하고 있었다.)

Éсли он зáвтра бýдет дóма, то он бýдет рабóтать.
If he is home tomorrow, he will be working.
(만일 그가 내일 집에 있다면 그는 일을 하고 있을 것이다.)

Éсли я увúжу твою́ сестрý, я дам ей письмó.
If I see your sister, I will give her the letter.
(만일 내가 당신의 누나를 만나면, 그녀에게 그 편지를 주겠다.)

Éсли погóда бýдет хорóшая, мы пойдём гуля́ть.
If the weather is fine, we shall go for a walk.
(만일 날씨가 좋다면 산책을 갑시다.)

(2) 비 현실적 조건 (unreal conditions)

현실에 반대되는 가정, 마음의 세계에 떠오르는 상상, 희망, 요청, 제안 등을 서술할 때에는 가정법을 사용한다.

(3) 가정법의 형식과 시제

가정법은 동사의 과거형 + бы 로 나타낸다.
이 때 동사는 과거로서의 의미를 상실한다. 러시아어의 가정법에서는 시제의 구별이 없다. 과거, 현재, 미래가 동일한 형태이므로 문장의 의미(context)에 따라 그 시제를 결정한다.
어느 시제에서도 비 현실적인 조건을 표시하기 위해서는 종속절에 **éсли бы**와 **과거동사**를 사용하고 주절에서 **가정법**을 쓴다.
예를 들면 다음과 같다.

УРОК 18 가정법, 명령법

Если бы у меня был автомобиль, то я сегодня поехал бы в город.
If I had a car, I would go to town today.
(차가 있다면, 나는 오늘 시내에 갈텐데.)

Если бы у меня был автомобиль, то я вчера поехал бы в город.
If I had had a car, I would have gone to town yesterday.
(차가 있었더라면, 나는 어제 시내에 갔을 텐데.)

Если бы у меня был автомобиль, то я завтра поехал бы в город.
If I should have a car, I would go to town tomorrow.
(만일 차가 있다면 나는 내일 시내에 갈텐데.)

Если бы у меня было время, я пошёл бы сегодня в театр.
If I had time, I would go to the theatre today.
(시간이 있으면 오늘 극장에 갈텐데.)

Если бы у меня было время, я пошёл бы вчера в театр.
If I had had time, I would have gone to the theatre yesterday.
(시간이 있었더라면 어제 극장에 갔을 텐데.)

Если бы у меня было время, я пошёл бы завтра в театр.
If I should have time, I would go to the theatre tomorrow.
(만일 시간이 있으면, 내일 극장에 갈 텐데.)

조사 бы는 문장속에서 일정한 위치를 갖고 있지 않다. 일반적으로 동사 바로 뒤에 올 때가 가장 많지만, 동사 바로 앞에 올 때나, 의미상 역점이 있는 낱말 뒤에 올 때도 있다. 접속사 если가 있을 때에는 보통 그 뒤에 놓는다.

조사 бы는 모음 뒤에서는 б로 생략될 수 있다.

Я сегодня поехал бы в город.
Я сегодня бы поехал в город.
Я бы сегодня поехал в город.
I would go to town today. (나는 오늘 시내에 갔으면 했는데.)

Всё было б хорошо.
All would be all right. (만사가 잘 될 것이다.)

235

(4) 직설법과 가정법의 비교

가정법에 대한 이해를 돕기 위하여 직설법과 비교하여 본다.

직 설 법	가 정 법
Я <u>был</u> рад вас ви́деть. I <u>was</u> glad to see you. (나는 당신을 만나서 기뻤다.) 이때 동사 **был**은 영어의 "was"에 해당되는 직설법 과거이다.	Я <u>был бы</u> рад вас ви́деть. I <u>should be</u> glad to see you. (나는 당신을 만나면 기쁘겠다.) 이때 **был бы**는 영어 가정법의 "should be"에 해당한다.
<u>Éсли</u> ты <u>зна́ешь</u> э́то, ты хоро́ший ма́льчик. If you <u>know</u> this, you are a good boy. (네가 이것을 안다면 너는 착한 소년이다.)	<u>Éсли бы</u> ты <u>знал</u> э́то, ты <u>был бы</u> хоро́ший ма́льчик. If you <u>knew</u> this, you would be a good boy. (네가 이것을 안다면 너는 착한 소년일텐데.)
Я <u>хочу́</u> стака́н воды́. I <u>want</u> a glass of water. (물 한 잔 마시고 싶다.)	Я <u>хоте́л бы</u> стака́н воды́. I <u>would like</u> a glass of water. (물 한 잔 마시고 싶은데.)

(5) 가정법의 용법

① 가정(unreal condition)

<u>Éсли бы</u> я был пти́цей, я <u>полете́л бы</u> к вам.
If I were a bird, I would fly to you.
(내가 새라면 당신에게 날아 갈텐데.)

또는 If I had been a bird, I would have flown to you.
(내가 새였더라면 당신에게 날아 갔었을 텐데.)

이미 설명한 바와 같이 러시아어의 가정법에는 시제의 구별이 없다. 과거, 현재, 미래를 동일한 형태로 표현한다. 따라서 이 예문도 전후관계의 문맥에

УРОК 18 가정법, 명령법

따라 어느 쪽으로도 해석된다.

Е́сли бы у меня́ бы́ли кры́лья, то я лете́л бы как пти́ца.
If I had wings, I would fly like a bird.
(만약 내게 날개가 있다면 나도 새처럼 날 수 있을 텐데.)

Была́ бы хоро́шая пого́да, мы пошли́ бы гуля́ть.
Had the weather been fine, we should have gone for a walk.
(날씨가 좋았더라면 우리는 산책을 갔었을 텐데.)

Е́сли я не́ был бы бо́лен, я бы пошёл.
If I weren't sick, I would go.
(내가 아프지만 않으면. 나는 갈 텐데.)

② 원망(desire)

Я хоте́л бы прочита́ть э́ту кни́гу.
I would like to read this book.
(나는 이 책을 읽고 싶다.)

Я хоте́л бы поговори́ть с ва́ми.
I would like to talk with you.
(나는 당신과 이야기 하고 싶다.)

Я пошёл бы в кино́, но идёт дождь.
I would like to go to the movies, but it is raining.
(나는 영화구경 가고 싶은데 비가 오고 있다.)

③ 제언(suggestion), 명령(command)

Вы бы отдохну́ли немно́го.	Why don't you rest for a while? (잠시 동안 쉬는게 어떻습니까?)
Прочита́ли бы вы э́ту кни́гу.	You should read this book. (당신은 이 책을 읽어야 한다.)
Пришли́ бы вы к нам.	You should come to see us. (당신은 우리를 만나러 와야 한다.)

(6) "부정법 + бы"로 만들어지는 가정법

"부정법 + бы"로 만들어 지는 가정법에서는 동사가 나타내는 동작의 주체는 여격이 된다.

  Вам <u>отдонýть</u> <u>бы</u> немнóго. Why don't you take a rest for a while?
             (잠시 동안 쉬는게 어떻습니까?)
  <u>Перевестú</u> <u>бы</u> э́тот текст! I would like to translate this text!
            (이 원문을 번역하고 싶은데!)
  <u>Пойтú</u> <u>бы</u> вам в теа́тр. You should got to the theatre.
            (당신은 극장에 가야 한다.)

(7) 목적을 표시하는 접속사 чтóбы

목적을 표시하는 종속문을 주문에 결합하기 위하여 "чтóбы+과거동사"를 사용한다. 가정법을 접속사 чтóбы에 의하여 표현할 때, 조사 бы는 접속사 что에 결합되어 있다.(чтóбы=что+бы)

① 희망

  Я хочý, <u>чтóбы</u> вы <u>бы́ли</u> здéсь. I want you to be here.
              (나는 당신이 여기 왔으면 하고 바란다.)

② 목적

  Я бýду говори́ть мéдленнее, <u>чтóбы</u> вы лу́чше меня́ <u>пóняли</u>.
  I'll speak slower, so that you may understand me better.
  (당신이 나를 더 잘 이해할 수 있도록 나는 더 천천히 말하겠다.)

주절과 종속절의 주어가 동일할 때에는, 종속절에서 과거 대신 부정법이 사용된다.

  Мать поéхала в гóрод, чтóбы купи́ть проду́кты.
  Mother went to town to buy provisions.
  (어머니는 식료품을 사러 시내에 가셨다.)

Я пришёл, чтобы рассказать вам об этом.
I came to tell you about it.
(나는 그것에 관하여 당신에게 이야기하기 위하여 왔다.)

(8) 양보를 표시하는 의문사 + бы ни

조사 ни는 동사 앞에 온다. 양보절에서는 조사 ни는 부정의 뜻이 없다(In concessive clauses, the particle ни has not a negative meaning).

Кто бы ни пришёл, говорите, что я дома.
Whoever may come, say that I am at home.
(누가 와도, 내가 집에 있다고 말해라.)

Кто бы это ни сказал, я не буду слушать.
Whoever (no matter who) says that, I shall not listen.
(누가 그것을 말해도 나는 듣지 않겠다.)

Что бы он ни сказал я не буду слушать.
Whatever (no matter what) he says, I shall not listen.
(그가 무엇을 말해도 나는 듣지 않겠다.)

Когда бы вы ни зашли, всегда будем рады вас видеть.
Whenever you drop in, we'll always be glad to see you.
(당신이 언제 들려도 우리는 언제나 당신을 기꺼이 맞이하겠습니다.)

4. 영어의 명령법 (Imperative mood)

(1) 긍정의 명령문

명령문은 동사의 원형(Root-form)을 사용한다. 명령문의 주어는 말하는 상대인 you 이므로 생략하는 것이 보통이다. 명령문의 문미에는 종지부 (.)를 찍든가 때로는 감탄부 (!)를 붙인다.

Open the door. (문을 열어라.)   Shut the door. (문을 닫아라.)
Come in. (들어 오시오.)   Be silent! (침묵을 지켜라!)

(2) 부정의 명령문

부정의 명령은 do not (don't) 또는 never를 붙여서 금지를 나타낸다.

    <Don't + 원형, Never + 원형>

    Don't forget it. (그것을 잊지 말아라.)
    Don't go there. (그곳에 가지 말아라.)
    Don't be afraid of a dog. (개를 무서워하지 말아라.)
    Never mind. (신경 쓰지 말아라. 걱정하지 말아라.)

(3) 제1인칭, 제3인칭에 대한 명령문

제1인칭, 제3인칭에 대한 명령문에는 let을 사용한다. 이것을 간접 명령이라고 한다.

    Let me go. (가게 해 주세요, 놓아 주세요.)
    Let him try his best. (그로 하여금 최선을 다하게 하여라.)
    Let him do it. (그에게 그것을 하게 하여라.)
    Let us go to the park. (공원으로 갑시다.)

(4) 명령문 다음의 and 와 or

① 명령문 + and 에서 and는 그러면
② 명령문 + or 에서 or는 '그렇지 않으면'의 뜻을 나타낸다.

    Hurry up, and you will be in time for the train.
    (서두르라, 그러면 당신은 기차시간에 댈 것이다.)

    Hurry up, or you will be late for the train.
    (서두르라, 그렇지 않으면 기차에 늦을 것이다.)

5. 러시아어의 명령법 (Повели́тельное наклоне́ние)

러시아어 동사의 명령법은 불완료체 동사 현재어간과 완료체 동사 미래어간에서 만든다.

(1) 2인칭 명령형 (직접 명령, Direct Command)

동사의 3인칭 복수 현재(чита́-ют, говор-я́т)에서 인칭 어미(-ют, -ят)를 떼어내고 남는 현재 어간(чита́-, говор-)이

① 모음으로 끝나면 -й 또는 -йте를 붙인다.

부정법	3인칭 복수	명령형
чита́ть	чита́-ют	чита́-й, чита́йте
слу́шать	слу́ша-ют	слу́ша-й, слу́ша-йте
де́лать	де́ла-ют	де́ла-й, де́ла-йте

② 자음으로 끝나고 역점이 1인칭 단수 현재의 어미에 있을 때 -и 또는 -ите를 붙인다.

부정법	1인칭 단수	3인칭 복수	명령형
говори́ть	говор-ю́	говор-я́т	говор-и́, говор-и́те
писа́ть	пиш-у́	пи́ш-ут	пиш-и́, пиш-и́те
сказа́ть	скаж-у́	ска́ж-ут	скаж-и́, скаж-и́те

③ 자음으로 끝나고 역점이 1인칭 단수 현재의 어간에 있을 때 -ь 또는 -ьте를 붙인다.

부정법	1인칭 단수	3인칭 복수	명령형
ве́рить	ве́р-ю	ве́р-ят	верь, ве́рьте
бро́сить	бро́ш-у	бро́с-ят	брось, бро́сьте
гото́вить	гото́в-лю	гото́в-ят	гото́вь, гото́вьте
отве́тить	отве́ч-у	отве́т-ят	отве́ть, отве́тьте
сесть	ся́д-у	ся́д-ут	сядь, ся́дьте

이상을 다시 요약하면 다음과 같다.

1. 현재 어간(모음) + -й, -йте

2. 현재 어간(자음)(＿ •) + -и, -ите
                역점
    (1인칭 단수 현재)어미

3. 현재 어간(자음)(• ＿) + -ь, -ьте
                역점
    (1인칭 단수 현재)어간

④ 1인칭 단수 현재의 역점에 관계 없이 다음과 같은 경우에는 -и, -ите를 붙인다.

i) 어간이 2개의 자음으로 끝날 때에는 보통 -и, -ите를 붙인다.

부정법	1인칭 단수	3인칭 복수	명령형
éздить	éзж-у	éзд-ят	éзди, éздите
кóнчить	кóнч-у	кóнч-ат	кóнчи, кóнчите
почи́стить	почи́щ-у	почи́ст-ят	почи́сти, почи́стите

ii) 어간이 2중 자음이고 그 마지막 자음이 н일 때는 언제나 -и, -ите를 붙인다.

부정법	1인칭 단수	3인칭 복수	명령형
пóмнить	пóмн-ю	пóмн-ят	пóмни, пóмните
кри́кнуть	кри́кн-у	кри́кн-ут	кри́кни, кри́кните
запóлнить	запóлн-ю	запóлн-ят	запóлни, запóлните

iii) 접두사 вы-를 취하는 완료체 동사에서는 언제나 -и, -ите를 붙인다.

부정법	1인칭 단수	3인칭 복수	명령형
вы́учить	вы́уч-у	вы́уч-ат	вы́учи, вы́учите
вы́нести	вы́нес-у	вы́нес-ут	вы́неси, вы́несите
вы́сказать	вы́скаж-у	вы́скаж-ут	вы́скажи, вы́скажите

⑤ да-, зна- 또는 ста- 다음에 오는 -вать로 끝나는 동사는 부정법 어미 ть를 없애고 -й 또는 -й-е를 붙여서 명령형을 만든다.(과거형 어간에서 만든다)

부 정 법	과 거 형	명 령 형
дава́-ть	дава́-л	дава́й, дава́йте
встава́-ть	встава́-л	встава́й, встава́йте

⑥ 다음 9개 동사는 불규칙적으로 명령형을 만든다.

-ить로 끝나는 5가 동사	기 타 동 사
бить бей, бе́йте (beat)	лечь ляг, ля́гте (lie down)
вить вей, ве́йте (twine)	есть ешь, е́шьте (eat)
лить лей, ле́йте (pour)	дать, дай, да́йте (give)
пить пей, пе́йте (drink)	пое́хать, поезжа́й,
шить шей, ше́йте (sew)	поезжа́йте (go, ride)

⑦ 다음 동사는 명령형이 없다.

ви́деть see (보다)   слы́шать hear (듣다)
мочь   be able to (할 수 있다)   хоте́ть   wish (원하다)

(2) 1인칭 명령형

① 완료체 미래, 불완료체 정태동사의 1인칭 복수형을 사용한다.

Прочита́ем э́ту кни́гу.   Let us read this book.
                        (이 책을 읽읍시다.)

Помо́ем посу́ду.   Let us wash the dishes.
                        (접시를 다 닦읍시다.)

Ку́пим э́ту газе́ту.   Let us buy this newspaper.
                        (이 신문을 삽시다.)

Пойдём(те) купа́ться.   Let us go to bathe.
                        (목욕하러 갑시다.)

Идём(те) в ресторáн.　　Let's go to a restaurant.
　　　　　　　　　　　　（식당에 갑시다.）

Пойдём домóй.　　　　　Let's go home.
　　　　　　　　　　　　（집으로 갑시다.）

② давáй(те)를 사용한다.

　i) давáй(те) + 완료체 미래형 1인칭 복수

　Давáй(те) помóем посýду.　Let us wash (and finish) the dishes.
　　　　　　　　　　　　　　　（접시를 다 닦읍시다.）

　Давáй(те) пойдём в кинó.　Let us go to the cinema.
　　　　　　　　　　　　　　　（영화를 보러 갑시다.）

　Давáй(те) сядем тут.　　　 Let us sit down here.
　　　　　　　　　　　　　　　（여기 앉읍시다.）

　ii) давáй(те) + 불완료체 부정법

　Давáй(те) мыть посýду кáждое ýтро.
　Let us wash the dishes every morning. (매일 아침 접시를 닦읍시다.)

　Давáй(те) читáть Пýшкина сегóдня.
　Let us read Pushkin today. (오늘 뿌쉬낀을 읽읍시다.)

　Давáй(те) писáть чáще дрýг дрýгу.
　Let us write each other more often. (서로 더 자주 편지를 씁시다.)

(3) 3인칭 명령

3인칭 명령형은 "пусть+불완료체 현재형 3인칭" 또는 "пусть+ 완료체 미래형 3인칭"으로 만든다.

① пусть+ 불완료체 현재형 3인칭

　Пусть (он) читáет.　　　 Let him read. (그에게 읽게 하라.)
　Пусть он идёт домóй.　　Let him go home. (그를 집에 가게 하라.)

Пусть они́ чита́ют, а мы бу́дем занима́ться.
Let them go on reading and we will work.
(그들은 계속 글을 읽게 하고 우리는 일을 합시다.)

② пусть + 완료체 미래형 3인칭

Пусть он прочтёт э́ту кни́гу.
Let him read this book through. (그에게 이 책을 통독케 하라.)

Пусть он польёт цветы́.
Let him water the flowers. (그에게 꽃에 물을 주게 하라.)

Пусть они́ напи́шут упражне́ния.
Let them write (and finish) the exercises.
(그들에게 연습문제를 다 쓰게 하라.)

③ пусть 대신에 пуска́й도 사용한다.

Пуска́й он говори́т.
Let him speak. (그에게 말하게 하라.)

Пуска́й он придёт, е́сли он хо́чет.
Let him come if he wants. (그가 원한다면 그를 오게 하라.)

④ пусть 대신어 да도 사용한다. 3인칭 현재 또는 미래의 동사와 함께 문장의 앞에서 희망, 간접적인 명령을 표시한다. "~하게 하라", "~있게하라", "~만세!"등의 뜻이 있다.

Да здра́вствует Коре́я!   Long live Korea!
                               (한국 만세!)

Да здра́вствует мо́лодость!   Long live the youth!
                               (청춘 만세!)

Да живёт он мно́гие го́ды!   May he live a long life!
                               (그의 장수를 빈다!)

(4) 기타 형식에 의한 명령의 표현

① 부정법 (강한 명령을 나타낸다.)

Молча́ть!	Be silent! (조용히 하라!)
Сиде́ть ти́хо!	Sit still! (조용히 앉아 있어라!)
Встать!	Get up.! (일어나라!)
Не кури́ть!	No smoking! (금연!)
Не возража́ть!	Don't answer back! (말대꾸 하지 말아라!)
Не простуди́ться бы вам!	Be careful you don't catch cold! (감기 걸리지 않도록 조심하여라!)

② 명사

Марш!   Forward! (앞으로 가!)

③ 완료 과거형

Ну, пое́хали.	Well, let's go. (자, 갑시다.)
Пошли́ домо́й.	(Come on) Let's go home. (자, 집으로 갑시다.)
Пошёл вон!	Be off! (저리로 가라!)
Пригото́вились, на́чали!	Ready, start! (준비, 시작!)

④ 가정법 (가벼운 요청이나 제안)

| Шли бы вы отдыха́ть! | You had better go and rest! (가서 쉬는 것이 좋겠다.) |
| Ложи́лся бы он спать! | He had better go to bed! (그는 잠자리에 드는게 좋겠다.) |

(5) 부정 명령형

① 부정사 не 뒤에는 항상 불완료체의 명령형이 쓰인다.

Не говори́те!   Don't speak! (말하지 마라!)

Не ходи́те!　　　　　　　　　　Don't go! (가지 마라!)
　　　Не говори́те ему́ насчёт э́того.　Don't tell him about this.
　　　　　　　　　　　　　　　　　　(이것에 관하여 그에게 말하지 마라.)

② 다음은 위 규칙에 대한 예외이다.(경고 동사와 забы́ть 등이 이에 속한다)

　　　Не потеря́йте.　　　　　　　　Don't lose. (잃어버리지 마라.)
　　　Не слома́йте.　　　　　　　　 Don't break. (깨뜨리지 마라.)
　　　Не забу́дь позвони́ть мне за́втра. Don't forget to call me tomorrow.
　　　　　　　　　　　　　　　　　　(내일 나에게 전화거는 것을 잊지 마라.)
　　　(потеря́ть, слома́ть, забы́ть는 완료체이다.)

(6) 명령법에서의 체(aspect)

체의 기본원리는 명령법에서도 적용된다. 불완료체 명령은 계속, 반복, 습관적 동작을 요구할 때 쓰이고, 완료체 명령은 한 동작의 결과에의 도달을 요구할때 사용된다.

　　　Пиши́те нам ча́ще.　　　　　　Write us more often.
　　　　　　　　　　　　　　　　　　(더 자주 우리에게 편지를 해라.)
　　　　　　　　　　　　　　　　　　(불완료체 반복)
　　　Да́йте мне ма́рку, пожа́луйста. Give me a stamp, please.
　　　　　　　　　　　　　　　　　　(우표를 주십시오.)(완료체, 1회)
　　　Реша́йте зада́чу без разгово́ров. Solve the problem without talk.
　　　　　　　　　　　　　　　　　　(말 없이 이 문제를 풀어라.)

문제를 푸는 작업에 종사하는 것을 요구한다. 결과에의 도달이 아니고 동작 그 자체를 표시한다.

　　　Реши́те э́ту зада́чу.　Solve this problem. (이 문제를 풀어라.)

결과에의 도달 즉 풀어서 답을 내는 것을 요구하고 있다.
(реша́ть는 불완료체이고 реши́ть는 완료체이다.)

СЛОВАРЬ

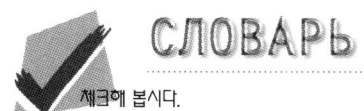
체크해 봅시다.

éсли	conj. if 만일 ~라면		понять	pf. understand 이해하다
перевести	pf. translate 옮기다, 번역하다		бросить	pf. throw 던지다, 버리다
продукт	m. product 생산품, [복]식료품		почистить	pf. clean 깨끗하게 하다
сесть	pf. sit down (동작) 앉다		заполнить	pf. fill in 가득 채우다, 보충하다
крикнуть	pf. cry out 외치다, 고함지르다		высказать	pf. state, express 진술하다, 발언하다
вынести	pf. carry out 반출하다 take out 가지고 나가다		пусть	part. let 하게하다
посуда	f. (no pl) dishes, kitchen utensils 식기, 용기		полить	pf. water 뿌리다, 물을 주다
упражнение	n. exercise 실습, 연습(문제)		полить(полью, польёшь, польёт)	
простудиться	pf. catch a cold 감기에 걸리다		пускай	part. let 하게하다
			лечь	pf. lie 눕다, 잠자리에 들다
ложиться	impf. (ложусь, ложишься) lie 드러 눕다		лечь	pf. (лягу, ляжешь-лягут, 과거 лёг, легла)
насчёт	prep. about 관하여, ~에 대하여		сломать (ломать, сломать의 impf.)	pf. break 깨다, 부수다
билет	m. ticket 표, 입장권		марка	f. stamp 우표
позвонить	pf. ring, ring up 전화하다, 울리다		давать	impf. give 주다, 부여하다
(звонить, позвонить의 impf.)			(дать, давать의 pf.)	
сожаление	n. regret 유감, 애석		номер	m. number 번호
побродить	pf. wander for some time 여기 저기 돌아다니다		к сожалению	unfortunately 유감스럽지만
надеть	pf. put on 입다, 몸에 걸치다		деньги	pl. (no sing) money 돈, 금전
(надевать надеть의 impf.)			больной	a. ill, sick 병든
больной	m. patient, invalid 병자, 환자		относить (отнести, относить의 pf.)	impf. take, carry away 가지고 가다, 운반해 가다
отдохнуть	pf. have a rest 쉬다, 휴식하다		кусок	m. piece, lump 조각, 덩어리

УРОК 18 가정법, 명령법

проси́ть	impf. ask, beg 청하다, 요구하다	в срок	in time 기한대로
(попроси́ть	проси́ть의 pf.)	закры́ть	pf. (закро́ю, закро́ешь, закро́ет, закро́ем, закро́ете, закро́ют, закро́й)
закрыва́ть	impf. close 닫다, 감다		
срок	m. term, period 기일, 기한, 기간		

풀어봅시다.

[1] 우리말로 옮겨라.

1. Е́сли бы я знал, что сего́дня идёт в Моско́вских теа́трах, я бы пошёл в теа́тр.

2. Е́сли бы вы пришли́ вчера́, я бы дал вам биле́та на но́вую пье́су, кото́рую даю́т за́втра.

3. Вы должны́ бы́ли бы позвони́ть мне по телефо́ну. У нас тепе́рь есть телефо́н.

4. Е́сли бы я знал ваш но́мер, то позвони́л бы, но к сожале́нию у меня́ его́ не́ бы́ло.

5. Хорошо́ бы поброди́ть ле́том по гора́м. Скоре́е бы пришло́ ле́то!

6. Е́сли бы у меня́ бы́ло мно́го де́нег, я устро́ил бы здесь санато́рий для больны́х.

249

7. Если бы вы наде́ли пальто́, вам не́ было бы хо́лодно.

8. Если бы ка́ждый челове́к из куска́ земли́ сде́лал бы всё, что мо́жет, как прекра́сна была́ бы земля́ на́ша!

9. Пожа́луйста, отнеси́ сего́дня кни́ги в библиоте́ку. Относи́ кни́ги всегда́ в срок.

10. Закрыва́йте две́ри, когда́ хо́лодно и открыва́йте их, когда́ тепло́. Закро́йте дверь, я вам хочу́ прочита́ть о́чень ва́жное письмо́.

[2] 러시아어로 옮겨라.

1. 날씨가 좋았으면 우리는 교외로 나갔을 텐데.

2. 만일 그녀가 건강하였더라면 그녀는 스포츠를 했을 텐데.

3. 만일 내가 그곳에 있었더라면, 나는 당신을 보았을 텐데.

4. 내가 시간이 있다면 하루 종일 책을 읽을 텐데.

5. 당신이 나를 방해하지 않았다면, 나는 그 책을 다 읽었을 텐데.
   (방해하다 – меша́ть)

6. 나는 당신이 이 책을 다 읽었으면 합니다.

7. 그가 당신한테 편지를 쓸 수 있도록 나는 그에게 당신의 주소를 일러 주었습니다.

8. 그녀에게 매일 우유를 주십시오. 그러나 커피는 주지 마십시오.
   (커피 – ко́фе(불변))

9. 똑바로 가서 다음에 왼쪽으로 돌아가시오.

10. 당신은 내일 시험이 있다는 것을 잊지 마시오.
    (не 뒤에는 항상 불완료체의 명령형이 쓰이나 забыть 등은 예외이다.
    забывáть(impf), забы́ть(pf) — 명령형 забу́дь)

[3] 괄호안에 있는 동사를 알맞는 꼴로 바꾸어라. 그리고 우리말로 옮겨라.

1. Вы бы (написáть) для рабóчих ромáн.

2. Это (быть) бы полéзная кни́га.

3. Если бы вы (надéть) пальтó, вам нé (быть) бы хóлодно.

4. Я пишý это, чтóбы вы (знать).

5. Я пошёл к товáрищу, чтóбы он (помóчь) мне реши́ть задáчу.

[4] 괄호안에 있는 동사를 2인칭 명령형으로 고치고 우리말로 옮겨라.

1. (знать) и (вéрить), что ты — сáмый необходи́мый человéк на землé.

2. (выполня́ть) тóчно задáния преподавáтелей.

3. (помогáть) товáрищам. (Занимáться) усéрдно.

4. (прочитáть) э́ту кни́гу; э́то óчень интерéсная кни́га.

[5] 러시아어에 해당하는 영어를 아래 난에서 골라 그 번호를 써라.

1. Я бы пошёл, éсли бы вы бы́ли там.
2. Он бы сказáл вам, éсли бы вы егó спроси́ли.
3. Онá попроси́ла меня́, чтóбы я пришёл рáно.
4. Я хотéл бы стакáн воды́.
5. Я хочý стакáн воды́.
6. Не забýдь позвони́ть мне зáвтра.
7. Объясни́те урóк, чтóбы мы всё пóняли.
8. Давáйте говори́ть по-рýсски.
9. Скажи́те, пожáлуйста, мóжно получи́ть билéты на сегóдня?
10. Éсли бы я нé был зáнят, я бы пошёл.

---

① I would like a glass of water.
② She asked me to come early.
③ I want a glass of water.
④ I would go if you were there.
⑤ He would tell you if you asked him.
⑥ If I were not busy, I would go.
⑦ Explain the lesson so that we understand everything.
⑧ Don't forget to call me tomorrow.
⑨ Let us speak Russian.
⑩ Tell me, please, is it possible to get tickets for today?

 명사의 대격, 전치격
(Винительный падеж, Предложный падеж, Accusative case, Prepositional case)

1. 명사의 대격 (對格)

(1) 대격의 기본기능

영어에서와 마찬가지로 러시아어에서도 타동사(他動詞)와 자동사(自動詞)가 있다. **타동사**는 동사의 주어가 일으킨 동작이 행위자(주어)를 떠나서 다른 사람이나 사물에 옮아가는 동사이다. 따라서 그 동작을 받는 목적어 (직접 보어)가 있다.

| чита́ть | read (읽다) | люби́ть | love (사랑하다) |
| ви́деть | see (보다) | знать | know (알다) 등이 타동사이다.|

자동사는 주어가 일으킨 동작이 행위자(주어)에게만 국한되고 다른 사람이나 사물에게 옮아 가지 않는 동사이다. 따라서 자동사는 목적어가 없다.

| идти́ | go (가다) | стоя́ть | stand (서다, 서 있다) |
| спать | sleep (잠을 자다) | лежа́ть | lie (누워있다) 등이 자동사이다.|

대격은 타동사의 직접 보어(목적어)가 되는 격이다.

Я чита́ю <u>кни́гу</u>.　　I am reading <u>a book</u>. (나는 책을 읽고 있다.)
Он пи́шет <u>уро́к</u>.　　He is writing <u>the lesson</u>. (그는 과제를 쓰고 있다.)
Он пьёт <u>во́ду</u>.　　He drinks <u>water</u>. (그는 물을 마신다.)

대격은 что(what 무엇을), кого́(whom 누구를) 등의 물음에 답한다.

<u>Что</u> вы чита́ете?　　<u>Кни́гу</u>.
<u>What</u> do you read?　　I read a <u>book</u>.
(당신은 무엇을 읽습니까? 나는 책을 읽습니다.)

Кого́ вы ви́дите?   Учи́теля.
Whom do you see?   I see the teacher.
(당신은 누구를 봅니까? 나는 선생님을 봅니다.)

(2) 대격의 어미

격어미 \ 성	남성		중성	여성		
주격 말미	ь없는 자음	ь, й	о, е	а	я	ь
대격어미 활동체	а	я	주격과 같다	у	ю	주격과 같다
대격어미 비활동체	주격과 같다					

① 남성명사에서 비활동체 명사의 대격은 주격과 같다. 활동체 명사의 대격은 -а, -я의 어미를 가진다. (활동체 명사는 사람 또는 동물을 나타내고 비활동체 명사는 사람 또는 동물 이외의 사물, 현상 또는 추상적 개념을 나타낸다.)
② 중성명사 및 -ь로 끝나는 여성명사는 언제나 〈주격=대격〉이다.
③ -а, -я로 끝나는 여성명사는 활동체도 비활동체도 대격은 -у, -ю가 된다.

단수	주격	стол	ма́льчик	ко́мната	сестра́
	생격	стола́	ма́льчика	ко́мнаты	сестры́
	대격	стол	ма́льчика	ко́мнату	сестру́
복수	주격	столы́	ма́льчики	ко́мнаты	сёстры
	생격	столо́в	ма́льчиков	ко́мнат	сестёр
	대격	столы́	ма́льчиков	ко́мнаты	сестёр
단수	주격	неде́ля	дверь	ло́шадь	я́блоко
	생격	неде́ли	две́ри	ло́шади	я́блока
	대격	неде́лю	дверь	ло́шадь	я́блоко
복수	주격	неде́ли	две́ри	ло́шади	я́блоки
	생격	неде́ль	двере́й	лошаде́й	я́блок
	대격	неде́ли	две́ри	лошаде́й	я́блоки

УРОК 19 명사의 대격, 전치격

(3) 전치사 в, на의 대격 및 전치격 지배

① 전치사 в, на가 대격을 지배할 때는 동작의 방향을 나타낸다. куда(where to 어디로)에 대한 답이 된다.

Мы ста́вим ла́мпу на стол.
We are putting the lamp on the table.
(우리는 탁자 위에 램프를 놓고 있다.)

Я кладу́ каранда́ш на стол.
I am putting the pencil on the table.
(나는 탁자 위에 연필을 놓고 있다.)

Вы ве́шаете карти́ну на сте́ну.
You are hanging the picture on the wall.
(당신은 벽에 그림을 걸고 있습니다.)

Учени́к идёт в класс.
The pupil is going to the class-room.
(그 학생은 교실에 가고 있습니다.)

② 전치사 в, на가 전치격을 지배할 때에는 위치 또는 동작의 장소를 나타낸다. где(where 어디에, 어디에서)에 대한 답이 된다.

Ла́мпа стои́т на столе́.   The lamp is standing on the table.
(램프가 탁자 위에 놓여 있다.)

Каранда́ш лежи́т на столе́.   The pencil is lying on the table.
(연필이 탁자 위에 놓여 있다.)

Карти́на виси́т на стене́.   The picture is hanging on the wall.
(그림이 벽에 걸려 있다.)

Учени́к сиди́т в кла́ссе.
The pupil is sitting in the class-room.
(그 학생이 교실에 앉아 있다.)

2. 명사의 전치격

(1) 전치격의 기본기능

전치격은 보통 위치, 장소를 나타낸다.
전치격은 언제나 전치사와 함께 사용되고 о ком? (about whom? 누구에 관하여), о чём? (about what? 무엇에 관하여), где? (where? 어디에) 등의 물음에 답한다.

(2) 전치격의 어미

격어미＼성	남성	중성	여성	
주격 말미	ь없는 자음 -ь, -й	-о, -е	-а, -я	-ь
전치격 어미	-е	-е	-е	-и

① 위 표에서 보는 바와 같이 모든 성에서 стол(남성), окно(중성), кóмната(여성)와 같은 명사의 전치격은 -е로 끝난다. 단 -ь로 끝나는 여성명사 тетрáдь, ночь, лóшадь, вещь 등의 전치격은 -и로 끝난다.

② 어미가 -ý, -ю́가 되는 전치격
전치사 в, на와 함께 사용되는 남성명사 중에는 전치격에서 불규칙어미 -у (경변화) 또는 -ю́(연변화)를 취하는 것이 있다. 때 또는 장소를 나타내는 경우에 한하며 이 때 역점은 항상 -ý, -ю́에 있다.

глаз	в глазý	in the eye (눈에)
год	в годý	in the year (어느 해에)
лес	в лесý	in the forest (숲에)
сад	в садý	in the garden (정원에)
час	в котóром часý	at what time (몇시에)
бéрег	на берегý	at the seaside (해변에서)
мост	на мостý	on the bridge (다리 위에)
пол	на полý	on the floor (마루에)

у́гол   в углу́   at the corner (구석에)

(3) 전치사의 발음

전치사는 보통 역점이 없고 다음에 오는 낱말과 함께, 한 낱말 같이, 연음으로 (in liason with the word that follows it) 발음된다.
뒤에 낱말이 무성자음으로 시작 될 때는 전치사 в는 무성음 [ф]가 된다.

в ко́мнате   в словаре́   в понеде́льник
[ф]   [ф]   [ф]

(4) 전치격의 역점이동

전치격에서 역점이 어미에 이동하는 것이 있다.

учени́к   об ученике́   about the student (학생에 관하여)
стол   на столе́   on the table (책상 위에)
слова́рь   в словаре́   in the dictionary (사전에)

(5) 전치사의 변화

① в는 다음에 오는 낱말의 첫 머리에, 두가 이상의 자음이 병립하고 그 첫자가 в 또는 ф일 때 во가 되는 경우가 많다.

во вто́рник   on Tuesday (화요일에)
во вла́сти   in the power (of) (권력하에)
во фра́нции   in France (프랑스에)
во фло́те   in the fleet (함대에)
во дворе́   in the yard (마당에서)

② с다음에 오는 낱말의 첫 머리에 두개 이상의 자음이 병립하고 그 첫자음의 소리가 с와 동일하거나 거의 같은 경우에는 со가 된다.

со стола́   from the table (책상에서)

со слезáми　　　　　with tears (눈물을 머금고)
со здáния　　　　　from the building (건물로부터)

③ 모음으로 시작되는 3인칭 대명사의 변화형들은 전치사와 함께 쓰일 때 그 앞에 н-을 붙인다.

у <u>н</u>егó есть　　　　　　　　He has (그는 가지고 있다.)
Мы зашлú к <u>н</u>емý.　　　　　We went to see him.
　　　　　　　　　　　　　　　(우리는 그를 만나러 갔다.)

Я рабóтал с <u>н</u>úми.　　　　　　I worked with them.
　　　　　　　　　　　　　　　(나는 그들과 함께 일했다.)

그러나 егó, её, их 등이 다음에 오는 명사를 수식할 때는 н-을 붙이지 않는다.

у <u>е</u>гó брáта есть.　　　　　　his brother has
　　　　　　　　　　　　　　　(그의 형이 가지고 있다.)

Мы пошлú в <u>их</u> нóвый дом.　We went to their new house.
　　　　　　　　　　　　　　　(우리는 그들의 새 집에 갔다.)

Онá пришлá с <u>её</u> сестрóй.　　She came with her sister.
　　　　　　　　　　　　　　　(그녀는 언니와 함께 왔다.)

④ 전치사 о는 а, и, о, у, э 등 모음으로 시작되는 단어 앞에서는 об가 된다. (발음의 편의를 위하여)

Мой брат дýмает <u>об</u> отцé.
My brother is thinking about father.
(나의 형은 아버지에 대해 생각하고 있다.)

Он читáл <u>об</u> э́том.
He read about this. (그는 이것에 관하여 읽었다.)

Никомý не говорúте <u>об</u> э́том.
Don't tell to anybody about it.
(아무에게도 이 일에 관하여 이야기하지 마라.)

⑤ 전치사 о는 мне, всём, всех 앞에서는 обо가 된다.

　　Она́ не ду́мала <u>обо</u> мне.　　She didn't think about me.
　　　　　　　　　　　　　　　　(그 여자는 나에 대하여 생각하지 않았다.)

(6) 전치격과 결합하는 주요 전치사 в, на, о, при

① в, во (in, at, ~에, ~속에, ~이내에)
　　전치사 в는 다음 여러 가지 뜻으로 사용된다.

　i) 장소

　　в его́ конто́ре　　　　in his office (그의 사무실에)
　　Мы бы́ли в теа́тре.　We were at the theatre. (우리는 극장에 갔었다)

　ii) 시간

　　В нача́ле уро́ка　　at the beginning of the lesson (수업 초에)
　　В конце́ го́да　　 at the end of the year (연말에)
　　В де́тстве　　　　 in childhood (어린시절에)

　　Он прие́хал в ма́рте.
　　He arrived in March. (그는 3월에 도착했다.)

　　Она́ родила́сь в 1932-м году́.
　　She was born in 1932. (그녀는 1932년에 태어났다.)

　　Го́род был осно́ван в семна́дцатом ве́ке.
　　The city was founded in the 17th centurey.
　　(그 도시는 17세기에 창설되었다.)

　iii) 감정

　　быть в хоро́шем настрое́нии
　　to be in a good mood (좋은 기분으로)

　　в восто́рге от конце́рта.
　　delighted (in ecstasy) with the concert. (음악회로 황홀해 한다.)

iv) 의복

 Она́ была́ в бе́лом пла́тье. She was in a white dress.
           (그녀는 흰 옷을 입고 있었다.)

 Он хо́дит в сапога́х. He walks in boots.
         (그는 장화를 신고 다닌다.)

v) 거리(이때 в는 우리말로 옮겨지지 않는다.)

 в одно́м киломе́тре от го́рода one kilometer from the city
            (시내에서 1Km)

 в двух ми́лях отсю́да two miles from here
         (여기서 2 마일)

② на (on, at, by, in ~위에, ~에)
구상적(具象的) 물건의 표면, 추상적 사물의 범위내에서의 상태 및 활동을 나타냄.
(동작의 장소) ~에서, .
(이동의 수단, 도구) ~으로
в는 한정된 내부, на는 한정되지 않은 표면상을 나타낸다.

i) 공공시설과 함께

 на вокза́ле at the (large) station (정거장에서)
 на заво́де at the plant (공장에서 - 주로 중공업의)
 на фа́брике at the factory (공장에서 - 주로 경공업의)
 на по́чте at the post office (우체국에서)
 на ры́нке at the market (시장에서)

ii) 방위 및 고유명사와 함께

 на се́вере in the north (북쪽에, 북방에)
 на ю́ге in the south (남쪽에, 남방에)
 на за́паде in the west (서쪽에, 서부에)
 на восто́ке in the east (동쪽에, 동부에)
 на Кавка́зе in the Caucasus (까프까즈에서)

на Украи́не in the Ukraine (우끄라이나에서)
на Ура́ле in the Ural (Mountains) (우랄산맥에서)

iii) 이동의 수단, 도구

на по́езде by train (기차로)
на трамва́е by streetcar (전차로)
на парохо́де by steamer (기선으로)
на авто́бусе by bus (버스로)
на самолёте by airplane (비행기로)
на метро́ by subway (지하철로)
(метро́는 불변)

Я прие́хал на авто́бусе.
I came by bus. (나는 버스로 왔다.)

Удо́бнее е́хать на маши́не, чем на по́езде.
Travel by car is more covénient than by train.
(자동차로 여행하는 것이 기차로 여행하는 것보다 더 편리하다.)

iv) 장소 뿐만 아니라 그곳에서 이루어지는 활동을 함께 표시하는 낱말과 함께 쓰인다.

на конце́рте at the concert (음악회에서)
на вы́ставке at the exhibition (전람회에서)
на ле́кции at the lecture (강의에서)
на уро́ке at the lesson (수업에서)
на собра́нии at the meeting (집회에서)
на войне́ at the war (전쟁터에서)
на рабо́те at work (일터에서)

③ о (об, обо) (about, concerning ~에 관하여, ~에 대하여)

Мы говори́ли о му́зыке. We spoke about music.
(우리는 음악에 관하여 말했다.)
Я написа́л о его́ боле́зни. I wrote about his illness.
(나는 그의 병에 관하여 썼다.)

Мы говорим о погоде.
We are talking about the weather.
(우리는 날씨에 관하여 이야기 하고 있다.)

Учитель рассказывал о колхозе.
The teacher was telling us about a collective farm.
(선생님은 집단 농장에 관하여 말하고 있었다.)

④ при (at, by, near, attached to ~에서, ~의 곁에, ~가까이, ~부속의, 소속의)

Билеты продаются при входе. The tickets are sold at the entrance.
(입장권은 입구에서 판다.)

При школе есть сад. There is a garden near the school.
(학교 가까이에 정원이 있다.)

При заводе есть клуб. The plant has its own club.
(공장에는 전용 클럽이 있다.)

При школе есть хорошая библиотека.
The school has its own good library.
(학교에는 좋은 부속 도서관이 있다.)

세리겔 호수

УРОК 19 명사의 대격, 전치격

СЛОВАРЬ
체크해 봅시다.

ста́вить	impf. place, put 놓다, 세우다	висе́ть (вишу́, виси́шь, виси́т, виси́м, виси́те, вися́т)	
класть	impf. put, lay 놓다, 넣다, 감다	март	m. March 3월
(кладу́, кладёшь, кладёт, кладём, кладёте, кладу́т)		роди́ться	pf. be born 태어나다
ве́шать	impf. hang 걸다, 달아 대다	настрое́ние	n. mood, spirit 기분, 감정
понеде́льник	m. Monday 월요일	сапо́г	m. boot 장화, 구두
де́тство	n. childhood 어린시절	по́чта	f. post office, mail 우체국, 우편
основа́ть	pf. found 창립하다	се́вер	m. north 북, 북부
восто́рг	m. rapture, delight 환희, 희열	за́пад	m. west 서쪽, 서부
ми́ля	f. mile 마일	парохо́д	m. steamer 기선, 배
ры́нок (gen. ры́нка)	m. market 시장	удо́бный	a. convenient, comfortable 편리한, 알맞는
юг	m. south 남, 남부	вход	m. entrance, entry 입장, 입구
восто́к	m. east 동쪽, 동부	ви́лка	f. fork 포크
метро́	n. underground (railway) 지하철도	чини́ть	impf. mend, repair 수선하다, 수리하다
ле́кция	f. lecture 강의, 강연	чини́ть (чиню́, чи́нишь, чи́нит, чи́ним, чи́ните, чи́нят)	
исто́рия	f. history 역사	хор	m. chorus 합창, 합창단
ло́жка	f. spoon 숟가락, 스푼	кора́бль	m. ship 선박, 배
посеща́ть	impf. call on, visit 찾아가다, 방문하다	меню́	n. menu 메뉴, 차림표
посети́ть	(посеща́ть의 pf)	брать	impf. take 잡다, 가지고 가다
кружо́к	m. circle 써클, 그룹	брать (беру́, берёшь, берёт, берём, берёте, беру́т, бери́)	
висе́ть	impf. be suspended, hang 걸려있다, 붙어있다	сла́дкое	n. dessert, sweet 디저트, 단 것

сто́лик	m. small table 작은 탁자	всю́ду	ad. everywhere 어느 곳에서나
но́вость	f. news 뉴스, 새로운 일	освеща́ть	impf. throw light on, light up 비추다, 밝게 하다
глубо́кий	a. deep 깊은, 심오한	конве́рт	m. envelope 봉투
вы́бор	m. choice 선택, 선정	та́ять	impf. thaw, melt 융해하다, 녹는다
жарко́е	n. roast meat 구운 음식, 불고기	та́ять(та́ю, та́ешь, та́ет, та́ем, та́ете, та́ют)	
плати́ть	impf. pay 지불하다	име́ть	impf. have 갖다, 소유하다, 지니다
выбира́ть	impf. elect, choose 선택하다, 고르다		
вы́брать	(выбира́ть의 pf)		
лёд	m. ice 얼음, 냉담		

УПРАЖНЕНИЯ
풀어봅시다.

[1] 우리말로 옮겨라.

1. Я чита́ю исто́рию ми́ра. Де́вочка мо́ет таре́лку, нож, ви́лку и ло́жку. Мой оте́ц чи́нит автомоби́ль.

2. Мы лю́бим му́зыку. Мы посеща́ем музыка́льный кружо́к и поём в хо́ре.

3. Я чита́ю газе́ту. В газе́те интере́сные но́вости. Это нова́я газе́та.

4. Я люблю́ мо́ре. Мо́ре широко́ и глубоко́. Этот кора́бль был в мо́ре.

5. «Вот меню. Выбор большой. Бери, что хочешь». — отвечает Таня. Подруги выбирают суп, жаркое и сладкое, платят деньги в кассу и занимают свободный столик.

6. Сегодня на уроке мы читали о климате России. Россия — большая страна. Климат на севере и на юге, на западе и на востоке разный.

7. Часто бывает так: на кавказе наступает весна; светит яркое солнце, поют птицы; всюду зелёная трава. А на севере России, например, в Архангельске, ещё зима. Там холодно. Всюду лежит снег. Лёд на реке ещё не тает.

[2] 러시아어로 옮겨라

1. 그는 무엇을 읽고 있습니까? 그는 신문을 읽고 있습니다.

2. 우리는 새로운 사회(общество)를 건설하고 있다.

3. 그녀는 사과를 가지고 있습니다.

4. 우리 아버지는 차(чай)를 좋아합니다.

5. 당신은 무엇을 하고 있습니까? 나는 수업을 준비하고 있습니다.

6. 나는 램프를 탁자 위에 놓습니다. 램프는 탁자 위에 서 있습니다.

7. 아들은 아버지와 어머니를 사랑하고 아버지와 어머니는 아들을 사랑합니다.

8. 우리는 날씨에 관하여 이야기 하고 있습니다.

9. 내가 모스끄바에 있었을 때 나는 차를 가지고 있었습니다.

10. 우리 가족(семья)은 도시에 살고 있습니다.
나의 형은 공장에서 일하고 나의 누나는 학교에서 영어를 공부하고 있습니다.

[3] 러시아어에 해당하는 영어를 아래 난에서 골라 그 번호를 써라.

1. Наш учébник лежи́т на столé.
2. Со́лнце освеща́ет зе́млю.
3. Де́вушки пе́ли пе́сни о весне.
4. Стол стои́т в углу́.
5. Карти́на виси́т на стене́.
6. Мой оте́ц живёт в дере́вне.
7. Мы получа́ем газе́ту ежедне́вно.
8. Мы сиди́м в его́ ко́мнате.
9. Он име́ет бума́гу, конве́рт и ма́рку.
10. Инжене́р стро́ит мост.

① The table stands in the corner.
② My father lives in the village.
③ Our text-book is on the table.
④ We are sitting in his room.
⑤ The girls were singing songs about spring.
⑥ The sun is shining upon the earth.
⑦ The picture is hanging on the wall.
⑧ The engineer is building a bridge.
⑨ We receive a newspaper daily.
⑩ He has paper, an envelope and a stamp.

20 명사의 여격, 조격
(Дательный падеж, Творительный падеж, Dative case, Instrumental case)

1. 명사의 여격

(1) 여격의 기본기능

① 여격은 동작이 지향되는 사람 또는 사물을 표시 한다. 그리고 여격은 간접목적을 표시하는데 사용된다.

    Я даю карандаш <u>сестре</u>.   I give the pencil <u>to my sister</u>.
                                             (누나에게 연필을 준다.)

    Он подарил <u>сыну</u> часы.   He gave <u>his son</u> a watch.
                                        He gave a watch <u>to his son</u>.
                                        (그는 아들에게 시계를 주었다.)

    Я пишу <u>учителю</u>.   I am writing <u>to the teacher</u>.
                               (나는 선생님에게 편지를 쓰고 있다.)

    Мы вам верим.   We believe you.
                            (우리는 당신의 말을 믿는다.)

② 여격은 кому (to whom 누구에게), чему (to what 무엇에) 등의 물음에 답한다.

    <u>Кому</u> вы даёте карандаш? — <u>Сестре</u>.
    <u>To whom</u> do you give the pencil? — <u>To my sister</u>.
    (누구에게 연필을 줍니까? — 누나에게)

    <u>Кому</u> пишет он? — <u>Отцу</u>.
    <u>To whom</u> is he writing? — <u>To his father</u>.
    (그는 누구에게 편지를 쓰고 있습니까? — 그의 아버지에게)

Чему́ мы ра́ды? — Весне́.
What are we glad of? — Spring.
(무엇 때문에 기쁩니까? — 봄 때문에)

③ 여격을 지배하는 주요동사

дава́ть	give (주다)	писа́ть	write (쓰다)
отвеча́ть	answer (대답하다)	пока́зывать	show (보이다)
сове́товать	advise (충고하다)	приноси́ть	bring (가져오다)
помога́ть	help (돕다)		

Я даю́ кни́гу учи́телю.
I am giving a book to the teacher.
(선생님에게 책을 드린다.)

Он пи́шет письмо́ отцу́.
He is writing a letter to his father.
(그는 아버지에게 편지를 쓰고 있다.)

Вы помога́ете Ольге.
You are helping Olga.
(당신은 올가를 도와주고 있다.)

Мы сове́туем бра́ту е́хать в Москву́.
We advise our brother to go to Moscow.
(우리는 우리 형에게 모스끄바로 가라고 충고한다.)

이들 동사에서 만들어진 명사도 그 뒤에 여격을 요구한다.

письмо́ отцу́	a letter to the father (아버지에게 보내는 편지)
сове́т бра́ту	an advice to the brother (형에게 주는 충고)
по́мощь Ольге	help to Olga (Olga에게 주는 도움)

УРОК 20 명사의 여격, 조격

(2) 여격의 어미

격어미 \ 성	남성		중성		여성	
주격말미	ь없는 자음	ь, й	о	е	а, я	ь
여격단수어미	у	ю	у	ю	е	и
여격복수어미	ам	ям	ам	ям	ам	ям

стол	гость	трамва́й	окно́	по́ле	жена́	неде́ля	дверь
столу́	го́стю	трамва́ю	окну́	по́лю	жене́	неде́ле	две́ри
стола́м	гостя́м	трамва́ям	о́кнам	поля́м	жёнам	неде́лям	дверя́м

남성, 중성의 여격 어미는 -у, -ю이다. 그러나 учи́лище(중성, school 학교), со́лнце(중성 sun 태양)은 щ, ц 뒤에 -ю를 쓸 수 없으므로 -у로 된다.

учи́лищу,   учи́лищам
со́лнцу,   со́лнцам

(3) 여격의 용법

① 동사의 간접 목적어

   Я даю́ кни́гу бра́ту.   I am giving the book to my brother.
                              (나는 책을 형님에게 주고 있다.)
   Я несу́ журна́л учи́телю.   I am bringing the teacher a magazine.
                              (나는 선생님에게 잡지를 가져오고 있다.)

② 문장의 논리적 주어

   i) 부정법을 수반하는 술어적 부사와 함께

   мо́жно   it is possible, one may (~할 수 있다, 해도 좋다)
   на́до   it is necessary, one must (하지 않으면 안된다, 해야한다)
   ну́жно   it is necessary, one must (하지 않으면 안된다, 해야한다)
   необходи́мо   it is absolutely necessary, it is imperative
                (꼭 필요하다, 필수적이다)

нельзя it is impossible, one can't, one shouldn't
   (할 수 없다, 불가능하다, 해서는 안된다)

не́когда there is no time (시간이 없다, 짬이 없다)

пора́ it is time to (~할 때, 시기)

Мо́жно <u>вам</u> предложи́ть ча́ю?
May I offer <u>you</u> some tea?
(차를 좀 드시겠습니까?)

<u>Мне</u> на́до пойти́ к нему́ сего́дня ве́чером.
<u>I</u> must go and see him this evening.
(나는 오늘 저녁 그를 만나러 가야한다.)

<u>Вам</u> на́до чита́ть ещё мно́го книг о Толсто́м.
<u>You</u> need to read many more books about Tolstoy.
(당신은 톨스토이에 관한 더 많은 책을 읽어야 한다.)

<u>Вам</u> ну́жно зако́нчить рабо́ту в срок.
<u>You</u> must finish the work in time.
(당신은 그 일을 기한대로 끝내야 한다.)

<u>Моему́ бра́ту</u> необходи́мо вы́ехать сего́дня.
<u>My brother</u> must leave today.
(나의 형은 오늘 꼭 떠나야 한다.)

<u>Больно́му</u> нельзя́ кури́ть.
<u>The patient</u> shouldn't smoke.
(환자는 담배를 피워서는 안된다.)

<u>Мне</u> сего́дня не́когда разгова́ривать с ва́ми.
<u>I</u> have no time to chat with you today.
(나는 오늘 당신과 이야기할 시간이 없다.)

<u>Де́тям</u> пора́ идти́ спать.
It is time <u>for the children</u> to go to bed.
(아이들이 잠자리에 들 시간이다.)

ii) жаль(жа́лко)와 함께

Мне жаль ва́шу сестру́.
I am sorry for your sister.
(나는 당신의 누나를 불쌍하게 생각한다.)

Мне жа́лко уезжа́ть отсю́да.
I am sorry to go away from here.
(나는 여기서 떠나는 것이 유감스럽다.)

iii) 의문대명사, 의문부사와 함께

Что нам де́лать?   What shall we do? (무엇을 할까요?)
Где мне сесть?   Where shall I sit? (어디에 앉을까요?)

iv) о로 끝나는 부사(단어도 형용사에서 만든)와 함께

ве́село	gay (즐거운, 유쾌한)
гру́стно	sad (슬픈, 우울한)
жа́рко	hot (더운, 뜨거운)
неприя́тно	unpleasant disagreeable (싫은, 불쾌한)
ску́чно	boring (지루한, 따분한, 무료한)
сты́дно	shameful (부끄러운, 창피스러운, 쑥스러운)
тру́дно	difficult (어려운, 곤란한)
хо́лодно	cold (춥다, 차갑다)
хорошо́	good (좋다, 훌륭하다)

Мне жа́рко.
I am hot. (나는 덥다.)

Вам бы́ло ску́чно?
Were you bored? (지루하였습니까?)

Бою́сь, что де́тям здесь бу́дет хо́лодно.
I am afraid the children will be cold here.
(어린이들에게는 여기가 춥지 않을까 생각된다.)

Трýдно мне судúть.
It is hard for me to judge. (내가 판단하기 어렵다.)

v) 무인칭 동사와 함께

хóчется   feel like (~을 원하다, ~하고 싶어하다)
кáжется   it seems to me (~인듯하다, 생각된다)
нрáвится   like (마음에 들다, 좋다, 뜻에 맞는다)
прихóдится   have to (하지 않으면 안된다, ~하게 되다)
нездорóвится   feel unwell (기분, 건강상태가 나쁘다)
не спúтся   can't sleep (잠이 오지 않는다)

Мне хóчется пить.
I am thirsty. (목이 마르다.)

Емý не понрáвилась эта картúна.
He didn't like this picture. (그는 이 그림을 좋아하지 않았다.)

Мне не спúтся.
I cannot sleep. (잠이 오지 않는다.)

vi) 연령에 관한 표현에서

Скóлько вам лет?   How old are you? (당신은 몇살입니까?)
Мне сóрок пять лет.   I am forty-five years old. (나는 45세 입니다.)
Емý дéсять лет.   He is ten years old. (그는 열살입니다.)

vii) 다음과 같은 형용사와 함께

благодáрный   grateful (감사하고 있는)
вéрный   true, faithful (진실한, 성실한, 옳은)
подóбный   similar, like (비슷한, 유사한)
свóйственный   characteristic (고유의, 본래의)
нýжный   needed (필요한, 요구되는)
необходúмый   indispensable (필수적인, 꼭 필요한)
рад   glad of (기쁜, 반가운)

УРОК 20 명사의 여격, 조격

Я вам о́чень благода́рен.
I am very grateful to you. (정말 고맙습니다.)

Вы мне не нужны́.
I don't need you. (나는 당신이 필요없다.)

Он всегда́ ве́рен свое́й рабо́те.
He is always faithful to his work.
(그는 언제나 자기 일에 충실하다.)

У меня́ соба́ка подо́бная ва́шей.
I have a dog similar to yours.
(나는 당신것과 비슷한 개를 가지고 있다.)

Я рад успе́ху това́рища.
I am glad of the comrade's success.
(나는 친구가 성공해서 기쁘다.)

Я о́чень рад твоему́ прие́зду.
I am very glad that you have come.
(와 주셔서 매우 기쁩니다.)

(4) 여격 지배 전치사 к, по

① к (to, towards, for ~에로, ~쪽으로, 향하여)

  i) 운동의 방향

  Я иду́ к до́ктору.   I am going to the doctor.
                            (나는 의사에게 가고 있다.)
  Он шёл к окну́.   He was going to the window.
                            (그는 창문으로 가고 있었다.)
  Де́ти побежа́ли к реке́.   The children ran towards the river.
                            (어린이들은 강쪽으로 달려 갔다.)

ii) 시간의 표시

К ве́черу я до́лжен быть здесь.
I must be here by evening.
(나는 저녁때까지는 여기 와 있어야 한다.)

К пя́тнице всё бу́дет гото́во.
Everything will be ready by Friday.
(금요일까지는 모든 것이 준비 될 것이다.)

К ве́черу ста́ло холодне́е.
Towards the evening it became colder.
(저녁 무렵에 더 추워졌다.)

iii) 명사와의 결합

любо́вь к ро́дине   love for one's country (조국애)
уваже́ние к учи́телю   respect to the teacher (스승에 대한 존경)

② по (along, on, in, according to, ~을 따라서, ~에 의하여, ~의 위를, ~때문에)

i) 운동의 장소

Я иду́ по у́лице.   I am walking along the street.
                               (나는 가로를 따라 걸어가고 있다.)
По не́бу плыву́т облака́.   Clouds float in the sky.
                               (하늘에 구름이 떠 다닌다.)

ii) 관계

това́рищ по рабо́те   comrade at work, fellow worker (직장동료)
това́рищ по шко́ле   a school friend (학교 친구)
мой дя́дя по отцу́   My uncle on my father's side (친 삼촌)
ро́дственник по жене́   a relative through (my) wife (인척)

УРОК 20 명사의 여격, 조격

iii) 원인, 의거(依據)

Студе́нт отсу́тствовал на ле́кции по боле́зни.
The student absented himself from the lecture on account of sickness.
(그 학생은 병 때문에 강의에 결석했다.)

Мы рабо́таем по пла́ну.
We work according to plan. (우리는 계획에 따라 일한다.)

Спортсме́ны выхо́дят на стадио́н по кома́нде.
The sportsmen come into the stadium at the command.
(운동선수들은 구령에 따라 경기장에 들어온다.)

по дру́жбе   because of friendship (우정 때문에)
прийти́ по расписа́нию   come on schedule (예정대로)

iv) 방법, 수단

Говори́ть по телефо́ну   to talk over the telephone
                        (전화로 이야기 하다.)

Узна́ть по газе́там   to find out through the newspaper
                        (신문을 통해서 알아내다.)

Дя́дя посыла́ет пласти́нки по по́чте.
Uncle sends the records by mail.
(숙부는 우편으로 레코드를 보낸다.)

v) 직업(occupation, profession)

специали́ст по меха́нике   a specialist in mechanics (기계학 전문가)
учи́тель по профе́ссии   a teacher by profession (직업교사)

2. 명사의 조격

(1) 조격의 기본기능

① 조격은 어떤 일을 수행하는데 사용되는 도구 또는 수단을 나타낸다. 조격은 우리말의 "~로, ~로서, ~을 가지고"에 해당되며 영어의 "with" 또는 "by"에 해당된다.

조격은 чем?(by what? 무엇으로), кем?(by whom? 누구에 의해), как?(how? 어떻게), каки́м о́бразом?(in what manner? 어떤 방식으로)에 대한 대답이다.

Я пишу́ карандашо́м.	I write with a pencil. (나는 연필로 쓴다.)
Ты пи́шешь перо́м.	You write with a pen. (당신은 펜으로 쓴다.)
Чем вы ре́жете?	With what are you cutting? (당신은 무엇으로 자르고 있습니까?)
Я ре́жу ножо́м.	I am cutting with a knife. (나는 칼로 자르고 있습니다.)

② 조격은 어떤 일을 수행하는 방식을 나타낼 때도 있다.

Мы говори́ли шёпотом.	We spoke in a whisper. (우리는 가만가만 속삭이며 말했다.)
Они́ е́хали по́лным хо́дом.	They drove (at) full speed. (그들은 전속력으로 달렸다.)

(2) 조격의 어미

격어미＼성	남성		중성		여성		
주격말미	ь없는 자음	-й,-ь	-о	-е	-а	-я	-ь
조격단수어미	-ом	-ем	-ом	-ем	-ой	-ей	-ью
조격복수어미	-ами	-ями	-а́ми	-я́ми	-ами	-ями	-ями

남성	стол	трамва́й	автомоби́ль
	столо́м	трамва́ем	автомоби́лем
	стола́ми	трамва́ями	автомоби́лями

중성	ме́сто	мо́ре
	ме́стом	мо́рем
	места́ми	моря́ми

여성	ко́мната	неде́ля	дверь
	ко́мнатой	неде́лей	две́рью
	ко́мнатами	неде́лями	дверя́ми

① 어간이 ж, ч, ш, щ, ц로 끝나는 단수 조격 어미

　i) 역점이 없을 때 -ем(남성, 중성), -ей(여성)가 된다.

　това́рищ — това́рищем　　у́лица — у́лицей
　учи́лище — учи́лищем　　ту́ча — ту́чей

　ii) 역점이 있을 대 -о́м(남성, 중성), -о́й(여성)가 된다.

　каранда́ш — карандашо́м　　врач — врачо́м

② 모음의 탈락

　많은 남성명사는 사격을 만들 때 어간의 마지막 모음이 탈락한다.

　оте́ц — отцо́м, отца́ми　　кусо́к — куско́м, куска́ми
　день — днём, дня́ми

(3) 조격의 용법

① 동작의 도구

　Мы па́шем плу́гом.
　We plough with a plough. (우리는 쟁기로 간다.)

Я ем ло́жкой и ви́лкой.
I eat with a spoon and fork. (나는 스푼과 포크로 먹는다.)

Они́ убира́ют урожа́й комба́йном.
They gather in the harvest with a combine.
(그들은 콤바인으로 수확을 거두어 들인다.)

Пло́тник ру́бит де́рево топоро́м.
The carpenter is felling a tree with an axe.
(그 목수는 도끼로 나무를 자르고 있다.)

② 통행의 장소

Доро́га идёт по́лем.
The road runs across the field.
(길은 벌판을 가로 질러 통하여 있다.)

Они́ шли бе́регом.
They were walking along the shore.
(그들은 해안을 따라 걷고 있었다.)

Мы е́хали ле́сом.
We were driving through the wood.
(우리는 숲을 통과하여 달리고 있었다.)

Он возвраща́лся домой ле́сом.
He was returning home through the forest.
(그는 숲을 통과하며 집으로 돌아오고 있었다.)

За́яц вы́скочил и́з лесу́ и побежа́л по́лем.
The hare rushed out of the wood and ran across the field.
(토끼는 숲에서 뛰어나와 벌판을 가로 질러 뛰어 달아났다.)

③ 동작의 방식

Он говори́т гро́мким го́лосом.
He speaks in a loud voice. (그는 큰 소리로 말한다.)

Ла́сточка лети́т стрело́й.
The swallow flies like an arrow.
(제비는 화살같이 날아간다.)

Дождь по́лил ручья́ми.
The rain fell in torrents.
(비가 억수같이 쏟아진다.)

Лу́чше умере́ть геро́ем, чем жить рабо́м!
It's better to die like a hero than to live like a slave!
(노예로 사는 것 보다는 영웅으로 죽는 것이 더 낫다.)

④ 교통수단

Я е́хал во фра́нцию парохо́дом и верну́лся по желе́зной доро́ге.
I went to France by steamer and returned by rail.
(나는 기선으로 프랑스에 갔다가 철도로 돌아 왔다.)

Туда́ ну́жно е́хать и́ли авто́бусом и́ли же на такси́.
You have to take a bus or a taxi to get there.
(그 곳에 가기 위해서는 버스나 택시를 타야한다.)

Они́ прилете́ли самолётом из Сан-франци́ско.
They arrived by airplane from San Francisco.
(그들은 샌프란시스코에서 비행기로 도착하였다.)

⑤ 직업

Он рабо́тает на заво́де инжене́ром.
He works at the factory as an engineer.
(그는 공장에서 기사로 일한다.)

Он слу́жит секретарём клу́ба.
He serves as a secretary of the club.
(그는 그 클럽에서 비서로 근무한다.)

⑥ 동사 быть(to be)의 보어 (과거형, 미래형에서)

i) 과거형에서 быть의 보어는 보통 조격이다.

Мой оте́ц до́лго был учи́телем.
My father had been a teacher for a long time.
(나의 아버지는 오랫동안 선생님이었다.)

Его́ оте́ц был изве́стным инжене́ром.
His father was a well-known engineer.
(그의 아버지는 유명한 기사였다.)

ii) 과거형 быть의 보어로서의 조격은 일시적인 상태를 나타낸다. 그러므로 тогда́(then 그때에), в то вре́мя(at that time 당시는) 등과 함께 쓰일 때가 많다.

Я был тогда́ офице́ром.
I was an officer then. (나는 그때 장교였다.)

В то вре́мя Москва́ была́ ма́леньким го́родом.
At that time Moscow was a small town.
(그 당시 모스끄바는 작은 도시였다.)

iii) 보어가 시간과 관계 없이, 주어의 영구적인 특성을 나타낼 때에는 주격이 사용된다.

Пу́шкин был вели́кий поэ́т.
Pushkin was a great poet. (뿌쉬낀은 위대한 시인이였다.)

Он был брат мое́й ба́бушки.
He was the brother of my grandmother.
(그는 나의 할머니의 동생이였다.)

Его́ жена́ была́ ру́сская.
His wife was a Russian. (그의 아내는 러시아 사람이였다.)

iv) 동사 быть의 보어로 조격을 사용해도 되고 주격을 사용해도 되는 경우가 많다.
(러시아어 회화에서는 주격이 더 자주 사용된다)

Он был студе́нтом. (또는 студе́нт)
He was a student. (그는 학생이였다.)

Он был очень милым человеком. (또는 милый человек)
He was a very nice man.
(그는 참으로 좋은 사람이였다.)

Мой отец всю жизнь был учителем. (또는 учитель)
My father has been a teacher all his life.
(나의 아버지는 평생 선생이였다.)

v) 미래형 및 부정법에서 조격을 사용한다.

Вы будете доктором.
You will be a doctor.
(당신은 의사가 될 것이다.)

Вера будет хорошей учительницей.
Vera will be a good teacher.
(베라는 좋은 선생이 될 것이다.)

Он хочет быть инженером.
He wants to be an engineer.
(그는 기사가 되기를 원한다.)

⑦ 존재나 상태를 나타내는 연결동사의 보어

i) 다음 동사들은 주어와 술어를 연결하는 연결동사이다

불완료체	완료체	뜻
становиться	стать	become, grow (~이 되다, 일어나다)
являться	явиться	be, appear (~이다, ~인것을 알다)
казаться	показаться	seem, appear to be (~인듯 하다)
делаться	сделаться	become, grow (~이 되다, 일어나다, 생기다)
оказываться	оказаться	turn out to be (~으로 판명되다)
считаться	счесться	be considered (~으로 간주되다, 생각되다)
служить	послужить	serve (도움이 되다, 역할을 하다)

ii) 위 연결동사(계사)들은, 과거형, 미래형 뿐만아니라 현재형에서도 쓰이며, 보어는 언제나 조격이다. 현재형에도 쓰인다는 점에서 동사 **быть**와 다르다.

Э́то явля́ется я́рким приме́ром.
This is a clear example.
(이것은 명료한 예이다.)

Постепе́нно ручéй стано́вится реко́й.
Gradually the stream becomes a river.
(점차적으로 시냇물이 강이 된다.)

Он счита́лся у́мным, но мне он каза́лся глу́пым.
He was considered clever, but to me he seemed stupid.
(그는 영리하다고 생각되었으나, 나에게는 그는 어리석게 보였다.)

Э́тот челове́к ка́жется о́чень о́пытным и зна́ющим.
This man seems to be quite experienced and skilful.
(이 사람은 아주 경험이 있고 능숙해 보인다.)

Он оказа́лся прекра́сным рабо́тником.
He turned out to be an excellent worker.
(그는 훌륭한 일꾼으로 판명되었다.)

Он стал футболи́стом.
He became a football player.
(그는 축구선수가 되었다.)

Он стал взро́слым челове́ком.
He became a grown-up man.
(그는 성인이 되었다.)

Бе́рег реки́ служи́л ме́стом о́тдыха.
The river bank served as a place of rest.
(강가는 휴식처 역할을 하였다.)

Высоко́ в не́бе самолёт бу́дет каза́ться то́чкой.
High up in the sky the plane will seem a dot.
(하늘 높이 나는 비행기는 점 같이 보일 것이다.)

⑧ 시간 표시 부사

조격으로 시간, 계절을 표시한다.

주 격	조 격	뜻
у́тро	у́тром	in the morning 아침에
день	днём	in the afternoon, in the day time 주간에, 낮에
ве́чер	ве́чером	in the evening 저녁에
ночь	но́чью	by night 밤에, 밤중에
весна́	весно́й	in spring, in the spring 봄에
ле́то	ле́том	in summer 여름에
о́сень	о́сенью	in autumn 가을에
зима́	зимо́й	in winter 겨울에

сего́дня у́тром   this morning (오늘 아침)
*э́тим у́тром이라고는 하지 않는다
вчера́ ве́чером   last night (어제밤, 간밤)
на сле́дующее у́тро   next morning (다음날 아침)

Ра́нним у́тром он уходи́л в по́ле.
Early in the morning he went to the field.
(아침 일찌기 그는 들판에 나갔다.)

Тёмной осе́нней но́чью пришло́сь мне е́хать по незнако́мой доро́ге.
One dark autumnal night I had to travel along an unfamiliar road.
(어떤 어두운 가을 밤에 나는 생소한 길을 따라 여행하여야 했다.)

Дом бу́дет зако́нчен бу́дущим ле́том.
The house will be finished next summer.
(그 집은 다음 여름에 완성될 것이다.)

⑨ 수동 구문에서의 행위자

Газе́та прочи́тывается ученика́ми ка́ждый день.
The newspaper is read by the pupils every day.
(학생들은 매일 그 신문을 읽는다.)

Дома́ стро́ятся <u>рабо́чими</u>.
Houses are built by workers. (노무자들이 집을 짓는다.)

Э́то письмо́ бы́ло напи́сано мое́й <u>ма́терью</u>.
This letter was written by my mother.
(이 편지는 나의 어머니가 쓰셨다.)

⑩ 다음과 같은 동사들은 언제나 조격과 함께 쓰인다.

занима́ться	study, be engaged in (공부하다, 종사하다)
интересова́ться	be interested in (흥미, 관심을 가지다)
по́льзоваться	make use of (이용하다, 사용하다)
любова́ться	admire, feast one's eyes (감탄하여 칭찬하다, 재미있게 보다)
горди́ться	be proud (자랑하다, 자만하다)
наслажда́ться	enjoy, take pleasure in (즐기다)
руководи́ть	lead, manage, supervise (지도하다, 관리하다, 감독하다)
увлека́ться, увле́чься	be carried away (마음이 끌리다, 사로잡다)
управля́ть	govern, operate, drive (지배하다, 관리하다, 조종하다, 다루다)
боле́ть	be ill, fall ill (앓다)

Я <u>занима́юсь</u> <u>грамма́тикой</u>.
I am studying grammar. (나는 문법을 공부하고 있다.)

Вы <u>интересу́етесь</u> <u>му́зыкой</u>.
Your are interested in music. (당신은 음악에 흥미가 있다.)

Ученики́ <u>интересу́ются</u> <u>ру́сской литерату́рой</u>.
The pupils are interested in Russian literature.
(학생들은 러시아문학에 흥미를 가지고 있다.)

Мой това́рищ <u>по́льзуется</u> <u>словарём</u>.
My comrade is using the dictionary.
(나의 친구는 사전을 사용하고 있다.)

УРОК 20 명사의 여격, 조격

Мы <u>любу́емся</u> приро́<u>дой</u>.
We admire nature. (우리는 자연에 감탄한다.)

Вы не мо́жете не <u>любова́ться</u> её красот<u>о́й</u>.
You cannot help admiring her beauty.
(당신은 그녀의 아름다움에 감탄하지 않을 수 없다.)

Мы <u>горди́мся</u> достиже́ни<u>ями</u> нау́ки.
We are proud of the achievement of science.
(우리는 과학이 성취한 일을 자랑으로 여긴다.)

Учи́тель <u>руководи́т</u> учени<u>ка́ми</u>.
The teacher is supervising his pupils.
(선생님은 학생들을 감독하고 있다.)

Лётчик <u>управля́ет</u> с<u>амолётом</u>.
The flyer navigates the plane. (비행사는 비행기를 조종한다.)

Мы <u>наслажда́емся</u> весе́нним со́лнц<u>ем</u>, ле́тним о́тдых<u>ом</u>.
We enjoy spring sunshine, our summer holidays.
(우리는 봄의 햇빛과 우리의 여름휴가를 즐기고 있다.)

① 조격은 다음 형용사의 장어미형, 단어미형과 함께 사용된다.

дово́льный, -ое, -ая, -ые   satisfied, pleased (만족한)
дово́лен, дово́льна, дово́льны

бога́тый, -ое, -ая, -ые   rich, wealthy (부유한, 돈많은)
бога́т, бога́то, бога́та, бога́ты

го́рдый, -ое, -ая, -ые   proud (자랑스러운, 오만한)
горд, го́рдо, горда́, го́рды

изве́стный -ое, -ая, -ые   well-known (유명한, 알려진)
изве́стен, изве́стно, изве́стна, изве́стны

бе́дный -ое, -ая, -ые   poor (가난한, 빈약한)
бе́ден, бе́дно, бедна́, бе́дны

Учи́тель дово́лен ученико́м.
The teacher is pleased with the pupil.
(선생님은 그 학생에게 만족해 한다.)

Она́ дово́льна свои́ми успе́хами.
She is pleased with her success.
(그녀는 자기의 성공에 만족하고 있다.)

На́ша страна́ бога́та углём и желе́зом.
Our country is rich in coal and iron.
(우리나라는 석탄과 철이 풍부하다.)

Мы горды́ э́тими результа́тами.
We are proud of these results.
(우리는 이 결과를 자랑으로 여깁니다.)

Он изве́стен свои́ми труда́ми.
He is known by his works.
(그는 그의 노작으로 알려져 있다.)

⑫ 다음과 같은 표현에서는 조격이 사용된다.

каки́м о́бразом	how, in what way (어떤 방법으로)
таки́м о́бразом	thus, this way (이런식으로, 이리하여)
гла́вным о́бразом	chiefly (주로)
каки́м-то чу́дом	by some miracle (기적적으로)
бо́льшей ча́стью	mostly (대부분)
одни́м сло́вом	in a word, to sum up (한마디로 말해, 요컨대)
други́ми слова́ми	in other words (바꾸어 말하면)
ины́ми слова́ми	in other words (다른말로 하면)
тем лу́чше	all the better (더욱 좋다)
тем ху́же	so much the worse (더욱 나쁜)
тем бо́лее	all the more (하물며, 더구나, 더기기)
тем не ме́нее	nevertheless (그럼에도 불구하고)
пе́рвым де́лом	first of all (맨 먼저, 우선 첫째로)

(4) 조격 지배 전치사

① за (behind, beyond ~뒤에, 맞은편에, ~을 구하러)

    Они́ за до́мом.   They are behind the house.
                                             (그들은 집뒤에 있다.)

    За реко́й есть лес.   Beyond the river is a wood.
                                             (강 건너에 숲이 있다.)

    Мы шли за толпо́й.   We were walking behind the crowd.
                                             (우리는 군중 뒤를 걷고 있었다.)

  Со́лнце скры́лось за ле́сом.
  The sun had disappeared behind the woods.
  (태양은 숲 뒤로 사라졌다.)

  У́тром я иду́ за хле́бом.
  In the morning, I go to the baker's to buy some bread.
  (아침에 나는 빵을 사러 가게에 간다.)

② ме́жду (between ~사이에)

  Я сиде́л ме́жду бра́том и сестро́й.
  I sat between the brother and the sister.
  (나는 형과 누나 사이에 앉아 있었다.)

  Стол стои́т ме́жду окно́м и две́рью.
  The table is between the window and the door.
  (탁자는 창문과 문 사이에 있다.)

  Река́ течёт ме́жду гора́ми.
  The river flows between the mountains.
  (강은 산 사이를 흐른다.)

③ над(о) (above, over, on, at ~위에, 위에서 ~에 대하여)

  Самолёт лети́т над го́родом.
  The airplane is flying over the city.
  (비행기는 도시 위를 날아가고 있다.)

Над рекóй большúе облакá.
Above the river there are big clouds.
(강 위에 큰 구름들이 있다.)

Сóлнце поднимáлось над гóродом.
The sun was rising over the town.
(태양이 도시 위로 떠 오르고 있었다.)

Лúстья шумéли над моéй головóй.
The leaves over my head were rustling.
(내 머리 위에 나뭇잎들이 바스락 거리고 있었다.)

Он рабóтает над диссертáцией.
He is working on a dissertation.
(그는 학위 논문을 쓰고 있다.)

Почемý ты смеёшься нáдо мнóй?
Why are you laughing at me?
(너는 왜 나를 비웃고 있는가?)

④ перед(о) (in front of, ahead, before ~앞에)

Он сидúт пéред дóмом.
He is sitting in front of the house. (그는 그 집앞에 앉아 있다.)

Дéтиигрáли пéред шкóлой.
The children were playing in front of the school.
(어린이들이 학교 앞에서 놀고 있었다.)

Пéред вáми большúе возмóжности.
There are great opportunities ahead of you.
(당신 앞에는 커다란 가능성이 있다.)

Пéред обéдом мы гуля́ли в садý.
Before dinner we walked in the garden.
(점심 식사전에 우리는 정원을 산책하였다.)

Он пришёл пéред зáвтраком.
He came before breakfast. (그는 조반 전에 왔다.)

⑤ под(о) (under ~아래쪽에)

 Под мостóм плывёт лóдка. Under the bridge a boat is sailing.
            (다리 아래를 보트가 항해하고 있다.)

 Дéти отдыхáют под дéревом. The children are resting under the tree.
            (어린이들이 나무 아래에서 쉬고 있다.)

 Кни́га лежи́т под столóм. The book is lying under the table.
            (책이 탁자 밑에 놓여 있다.)

⑥ с(о) (with, and, on ~와 함께, ~을 사용하여)

 Я рабóтаю вмéсте с товáрищем.
 I work together with my comrade.
 (나는 나의 친구와 함께 일한다.)

 Он пьёт чай с лимóном.
 He drinks tea with lemon.
 (그는 차에 레몬을 섞어 마신다.)

 В кýхню вошли́ дéдушка с бáбушкой.
 My grandfather and grandmother went into the kitchen.
 (할아버지가 할머니와 함께 부엌에 들어가셨다.)

 Я читáю Пýшкина с интерéсом.
 I read Pushkin with interest.
 (나는 뿌쉬낀 작품을 재미있게 읽는다.)

 Я приéхал с экспрéссом.
 I came on the express.
 (나는 급행열차로 왔다.)

СЛОВАРЬ

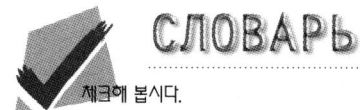
체크해 봅시다.

подари́ть	pf. present, give, offer 증여하다, 주다	
зако́нчить	pf. finish 끝내다, 완성하다	
уезжа́ть	impf. leave, depart 떠나다, 출발하다	
боя́ться	impf. be afraid, fear 두려워하다, 겁내다.	
боя́ться(бою́сь, бои́шься, боитсятся, боимся, бойтесь, боя́тся)		
суди́ть	impf. umpire, judge, try 심판하다, 판단하다	
подо́бный	a. such, like, similar 유사한, 비슷한	
пя́тница	f. Friday 금요일	
ро́дственник	m. relation, relative 친족, 친척	
расписа́ние	n. time-table, schedule 예정표, 시간표	
пласти́нка	f. record, plate 음반, 레코드, 유리판	
профе́ссия	f. profession 직업	
ре́зать	impf. slice, cut 베다, 자르다, 끊다	
ре́зать(ре́жу, ре́жешь, ре́жет, ре́жем, ре́жете, ре́жут)		
шёпот	m. whisper 속삭임, 귀엣말	
ход	m. motion, speed 운행, 속력, 속도	
паха́ть	impf. plow 경작하다, 갈다	
паха́ть(пашу́, па́шешь, па́шет, па́шем, па́шете, па́шут)		
убира́ть	impf. gather(harvest) 수확하다, 거두어 들이다	
комба́йн	m. combine 콤바인	
предложи́ть	pf. propose, offer 신청하다, 제안하다	
вы́ехать	pf. move, leave 옮기다, 외출하다, 출발하다	
ве́рный	a. correct, true, right 진실한, 성실한, 옳은	
ве́рный(ве́рен, верна́, ве́рно)		
успе́х	m. success 성공, 성과	
прие́зд	m. arrival 도착	
уваже́ние	n. respect 존경, 경의	
отсу́тствовать	impf. be absent 결석하고 있다, 없다	
посыла́ть	impf. dispatch, send 보내다, 송치하다	
специали́ст	m. specialist 전문가	
шёпотом	ad. in a whisper 속삭이며	
по́лный	a. full 완전한, 가득찬	
плуг	m. plough 쟁기, 보습	
урожа́й	m. harvest 수확, 작황	
руби́ть	impf. chop, fell, hew 자르다, 벌목하다, 베다	
руби́ть(рублю́, ру́бишь, ру́бит)		
за́яц	m. hare 토끼	
топо́р	m. axe 도끼	
возвраща́ться	impf. go back, return 귀환하다, 돌아오다	

УРОК 20 명사의 여격, 조격

вы́скочить	m. jumpf out, leep out 뛰어 나가다		постепе́нно	ad. gradually 점차적으로
стрела́	f. arrow 화살		зна́ющий	a. skilful, learned 능숙한, 통달한, 알고 있는
поли́ть	pf. pour (비가 갑자기) 내리기 시작하다, 뿌리다		пришло́сь	(impers) had to 하지 않으면 안되었다
поли́ть(полью́, польёшь, польёт, по́лил, полила́, по́лило)			достиже́ние	n. achievement, success 성취, 성과
желе́зный	a. iron 철의, 철제품의		желе́зо	n. iron 철, 철제품
секрета́рь	m. secretary 비서, 서기		толпа́	f. crowd 군중, 무리
приме́р	m. example 예, 실례		шуме́ть	impf. rustle, make noise 웅성거리다, 소음을 내다
глу́пый	a. stupid, foolish 우둔한, 바보같은		смея́ться	impf. laugh 웃다, 비웃다
то́чка	f. spot, dot, point 점, 지점		смея́ться(смею́сь, смеёшься, смеётся, смеёмся, смеётесь, смею́тся)	
зако́нчить	pf. finish 끝내다, 완성하다			
у́голь	m. coal 석탄, 목탄		де́душка	m. grandfather 할아버지
результа́т	m. result 결과, 결말		экспре́сс	m. express 급행열차
скры́ться	pf. hide(oneself) 숨다, 몸을 숨기다		запреща́ть	impf. prohibit, forbid 말리다, 금하다
течь	impf. flow 흐르다, 흘러나오다		спуска́ться	impf. go down 내려가다
течь(теку́, течёшь, течёт, течём, течёте, теку́т, тёк, текла́)			привы́чка	f. habit 습관, 버릇
			награжда́ть	impf. reward 표창하다, 상을 주다, 수여하다
лист	m. (pl. ли́стья) leaf 나뭇잎			
диссерта́ция	f. dissertation 학위 논문		награди́ть, награжда́ть의 pf.	
ло́дка	f. boat 배, 보트		одева́ться	impf. dress (oneself) (의복을) 입다
ба́бушка	f. grandmother 할머니			
пода́рок	m. gift 선물, 진정품		почти́	ad. almost 거의, 대략
ла́сточка	f. swallow 제비		прито́к	m. tributary (강의) 지류
раб	m. slave 노예, 종복		разлива́ться	impf. flow, overflow 넘치다, 범람하다
умере́ть	pf. die 죽다			
умере́ть(умру́, умрёшь, умрёт)			ба́ржа	f. barge 전마선, 즘배
руче́й	m. stream, brook 개울, 시냇물		соль	f. salt 소금
желе́зная доро́га	m. railway 철도		теплохо́д	m. motor ship 발동선
ми́лый	a. dear, nice, sweet 애교있는, 친근한, 사랑스러운		нефть	f. oil 석유, 원유

 УПРАЖНЕНИЯ

[1] 우리말로 옮겨라.

1. Он дал подарок моей сестре.

2. Мы предложили нашему гостю и его жене самую лучшую комнату.

3. Отец запрещает сыну курить, потому что он ещё молод.

4. Мой брат едет поездом, потому что его жена не любит путешествовать морем.

5. Каждый год учитель награждает своих самых прилежных учеников интересными книгами.

6. Каждое утро мы с братом встаём рано, одеваемся и спускаемся. Завтракаем обычно вместе с отцом.

7. Он сидит за столом и читает с интересом газету или книгу. С нами он почти никогда не говорит за завтраком.

8. Раньше он был профессором и почему-то всегда готовил лекции за завтраком. Вот почему у него такая привычка — читать и молчать за столом.

9. Волга и её притоки Ока и Кама образуют водный путь между Москвой и Уралом. Зимой Волга лежит под снегом. Перед началом весны река разливается и кажется морем.

10. Весной, летом и осенью по Волге идут теплоходы, пароходы,

баржи. С севера на юг по Волге идёт лес, с юга на север идут хлеб, нефть, рыба, соль, фрукты, овощи.

[2] 러시아어로 옮겨라.

1. 그는 형에게 편지를 쓰고 있다.

2. 나는 정원에서 일 하시는 아버지를 돕고 있다.

3. 우리들의 작업은 토요일까지 준비가 될 것이다.

4. 어머니는 아들에게서 온 편지를 아버지에게 보여준다.

5. 우리들은 교과서로 러시아어를 공부하고 있다.

6. 학교 앞에 큰 정원이 있었다.

7. 교장은 학교를 관리한다. 교사는 써클을 지도한다.

8. 오늘 아침 수업전에 나는 도서관에 있었다.

9. 우리들은 교실에서 분필로 흑판에 글을 쓴다.

10. 수요일 저녁 나는 친구와 함께 음악회에 갔었다.

[3] 괄호안에 있는 명사를 알맞는 격으로 고쳐 써라.

1. Он пишет письмо (брат).
2. По (море) плывёт корабль.
3. К (пятница) всё будет готово.
4. За (река) поле, за (поле) лес.

5. Он кладёт письмо́ под её (таре́лка).
6. Моя́ сестра́ уме́ет управля́ть (автомоби́ль).
7. Учи́тель руководи́т (класс).
8. Ме́жду (го́род) и (дере́вня) хоро́шая доро́га.
9. Я люблю́ пить чай с (са́хар).
10. Гео́логи нахо́дят у́голь и нефть под (земля́).

[4] 러시아어에 해당하는 영어를 아래 난에서 골라 그 번호를 써라.

1. Над реко́й больши́е облака́.
2. Мой брат хо́чет быть архите́ктором.
3. Я иду́ по у́лице.
4. Далеко́ в мо́ре кора́бль каза́лся то́чкой.
5. Ме́жду ле́сом и дере́вней большо́е по́ле.
6. Бе́рег реки́ служи́л ме́стом о́тдыха.
7. Пожа́луйста. сходи́те за до́ктором до обе́да.
8. Учи́тель дово́лен ученико́м.
9. Я даю́ кни́гу учи́телю.
10. Пе́ред обе́дом мы гуля́ли в саду́.

① I am walking along the street.
② The teacher is pleased with the pupil.
③ Between the forest and the village there is a big field.
④ Before dinner we walked in the garden.
⑤ My brother wants to be an architect.
⑥ Far on the sea the ship seemed a dot.
⑦ Above the river there are big clouds.
⑧ The river bank served as a place of rest.
⑨ Please go and fetch a doctor before lunch.
⑩ I am giving a book to the teacher.

21 관계대명사, 관계부사

1. 관계대명사 (關係代名詞)

[1] 영어의 관계대명사

(1) 관계 대명사의 역할

관계대명사란 접속사의 역할을 겸한 대명사이다.

　　She has a son. He is very wise.

　　She has a son `and he` is very wise.

　　She has a son `who` is very wise.
　　(그녀에게는 아주 현명한 아들이 있다.)

　　She has a son. His name is John.

　　She has a son `and his` name is John.

　　She has a son `whose` name is John.
　　(그녀에게는 쟌이란 이름의 아들이 있다.)

　　She has a son. She loves him

　　She has a son `and` she loves `him`.

　　She has a son `whom` she loves.
　　(그녀에게는 그녀가 사랑하는 아들이 있다.)

① 관계대명사가 받는 앞서가는 명사 또는 대명사를 그 관계대명사의 선행사라고 한다. 위 보기에서는 관계대명사 who, whose, whom의 선행사는 son이다.

② 관계대명사는 수, 인칭에 있어서 선행사와 일치한다. 그러나 그 격은 선행사와 관계없이 다음에 오는 부분의 다른 낱말과의 관계에 의해 정해진다.

(2) 관계대명사의 종류와 격

격 \ 용법	사람	사물, 동물	사람,사물,동물 (제한적)	~하는 것(일) (선행사 자체내 포함)
주격	who	which	that	what
소유격	whose	whose (of which)	-	-
목적격	whom	which	that	what

(3) 관계 대명사의 용법

① Who

The man who is honest will be loved.
(정직한 사람은 사랑을 받을 것이다.)
He is an inventor whose fame is world-wide.
(그는 그 명성이 전세계에 알려진 발명가이다.)
The boy whom you met there is my brother.
(당신이 그 곳에서 만난 그 소년은 나의 동생이다.)

② Which

The river which flows through Paris is the Seine.
(파리를 관통하여 흐르는 강은 쎄인강이다.)
The book the cover of which is green is mine.
(표지가 녹색인 그 책은 나의 것이다.)
There was some reason which he could not understand.
(그가 이해할 수 없었던 이유가 있었다.)

③ **That** (제한적으로 사용된다.)

He is the only man that loves me.
(그는 나를 사랑하는 유일한 사람이다.)
The book(that) I lent you the other day belongs to my sister.
(전날 내가 당신에게 빌려준 책은 나의 누나 것이다.)
He spoke of the men and the things that he had seen.
(그는 그가 본 사람들과 사물에 관하여 이야기하였다.)

④ **What** (선행사가 그 자체내에 포함된 관계대명사이다.)

That is what I wanted to know.
(그것이 내가 알고 싶었던 것이다.)
* What은 the thing which
What is beautiful is not always good.
(아름다운 것이 다 좋은 것은 아니다.)

[2] 러시아어의 관계대명사

러시아어의 관계대명사는 영어의 관계대명사와 동일한 기능을 가진다. 모든 의문대명사는 관계대명사로 사용된다. 가장 많이 사용되는 것은 кото́рый(who, which)이다.

(1) кто(who, ~하는 사람)

кто는 사람에 대하여 사용된다. 보통 단수명사로 취급한다. 선행사 тот를 취하는 경우가 많다. 관계대명사는 그 선행사와 성·수가 일치한다. 관계대명사의 격은 종속문에서의 그 기능에 따라 결정된다.

Тот, кто зна́ет это, у́мный челове́к.
He who knows this is a clever man. (이것을 아는 그는 영리한 사람이다)

Те, кто опозда́ли, ничего́ не получи́ли.
Those who were late did not get anything.
(늦은 사람들은 아무것도 받지 못했다)

Те, кто хо́чет (хотя́т) пое́хать, должны́ мне дать де́ньги.
Those <u>who</u> want to go must give me the money.
(가고 싶은 사람들은 나에게 돈을 내야 한다)

Побе́да бу́дет за те́ми, кто стро́ит жизнь.
Victory will go to those <u>who</u> are building life.
(승리는 생활을 수립하고 있는 자에게 돌아갈 것이다)

선행사가 명사일 때는 кто 대신 관계대명사 кото́рый가 사용된다. 그러나 선행사가 대명사이면 кто가 사용된다.(The relative pronoun <u>кото́рый</u> is used instead of кто when the antecedent is a noun; but if the antecedent is a pronoun, <u>кто</u> is used.)

<u>Челове́к, кото́рый</u> сказа́л э́то
the <u>man who</u> said this   (이것을 말한 사람)

<u>Письмо́, кото́рое</u> вы написа́ли
the <u>letter which</u> you wrote   (당신이 쓴 편지)

<u>Тот, кто</u> сказа́л э́то
the <u>one who</u> said this   (이것을 말한 사람)

<u>Тот, кто</u> говори́л
<u>He who</u> was saying   (말하고 있던 그는)

кто나 кото́рый로 시작되는 종속절 앞에는 запята́я(comma)를 찍는다.

(2) что(which, that, ~한 것)

что는 사물에 대하여 사용된다. 대명사 중성 то, всё 다음에 사용된다.

Я принёс <u>то, что</u> ты проси́л.   I brought <u>that which</u> you asked for.
(나는 네가 부탁한 것을 가지고 왔다)

<u>Всё, что</u> ты сказа́л, пра́вда.   <u>Everything</u> you said is the truth.
(네가 말한 것은 모두 진실이다)

УРОК 21 관계대명사, 관계부사

Он сказа́л все́, что хоте́л и замолча́л.
He said everything he wanted to say and grew silent.
(그는 자기가 말하고 싶은 것을 모두 말하고 침묵했다)

(3) кото́рый (who, which ~하는, 그, 그사람의)

① кото́рый는 모든 명사, 대명사를 선행사로 하면서 가장 널리 사용된다. 성과 수에 있어서 선행사의 일치하며, 어미 변화는 형용사 но́вый와 같다.

До́ктор, кото́рый написа́л э́ту кни́гу, пое́хал в А́нглию.
The doctor who wrote this book went to England.
(이 책을 쓴 그 의사는 영국으로 갔다.)

Вот письмо́, кото́рое пришло́ вчера́.
Here is the letter which arrived yesterday.
(여기에 어제 도착한 편지가 있습니다.)

Вот мои́ това́рищи, кото́рые рабо́тают вме́сте со мной.
Here are my comrades who work together with me.
(여기에 나와 함께 일하는 나의 친구들이 있습니다.)

② кото́рый의 격은 종속문 중에서 그것이 다른 낱말에 대하여 갖는 역할에 의하여 정해진다.

Актри́са, кото́рую он зна́ет, пое́хала в Аме́рику.
The actress, whom he knows, went to America.
(그가 아는 여배우는 미국으로 갔다.)

Вот мой брат, кото́рого вы хоте́ли ви́деть.
Here is my brother whom you wished to see.
(여기 당신이 보고 싶던 나의 동생이 있습니다.)

③ 영어와는 달리 전치사와 관계대명사는 분리할 수 없다. 전치사는 반드시 관계대명사 앞에 놓아야 한다.

Это кни́га, о которой я говори́л.
This is the book (which) I was talking about.
(이것이 내가 말했던 책이다.)

Вот мой брат, с которым я о́чень дру́жен.
Here is my brother with whom I am very friendly.
(여기 내가 아주 친하게 지내는 나의 형이 있습니다.)

④ 선행사 앞에 지시대명사 тот(та, то, те)를 붙이면 선행사가 특히 강조된다.

Покажи́те мне ту кни́гу, кото́рая лежи́т на столе́.
Show me the book which is on the table.
(탁자 위에 있는 그 책을 보여 주세요.)

Мы пое́хали в э́том году́ в тот дом о́тдыха, в кото́ром бы́ли в про́шлом году́.
We went this year to the same rest home at which we were last year.
(우리는 작년에 갔었던 바로 그 휴식의 집에 금년에도 갔다.)

⑤ кото́рый는 보통 종속절 앞에 오지만, 그것이 명사에 의해 지배되는 생격으로 쓰일 때에는 그 명사 뒤에 온다.

Я встре́тил учи́теля, сын кото́рого у́чится вме́сте со мной.
I met a teacher whose son is studying together with me.
(나는 선생님을 만났는데 그의 아들은 나와 함께 공부하고 있다.)

Сего́дня в теа́тре выступа́ет арти́стка, и́мя кото́рой хорошо́ изве́стно.
An actress whose name is well known is performing at the theatre today.
(이름이 잘 알려진 그 여배우가 오늘 극장에서 출연하고 있다.)

(4) како́й(such as, the sort of ~과 같은)

보통 지시대명사 тако́й에 대응하여 사용된다. 성과 수에 있어서 선행사와 일치할 때가 많다.

История не знает такой блестящей победы, какую мы одержали.
History does not not know such a brilliant victory as we gained.
(역사는 우리가 얻은 것과 같은 그런 빛나는 승리를 알지 못한다.)

Я давно не слышал такого интересного доклада, какой сделал вчера профессор Новиков.
I haven't heard for a long time such an interesting report as was made by professor Novikov yesterday.
(어제 노비꼬프 교수가 한 것과 같은 그런 재미있는 보고를 나는 오랫동안 들어 본 적이 없다.)

(5) чей(whose 그 사람의)

чей는 성, 수, 격에 있어서 **선행사에 좌우되지 않고** 그것이 관계하는 명사의 성, 수, 격과 일치한다. чей는 주로 문어적 표현에 사용된다.

Ученик, чей отец (отец которого) был сегодня в школе, уезжает.
The pupil whose father was in school today is leaving.
(오늘 학교에 아버지가 오셨던 그 학생이 떠납니다.)

Вот девушка, чей отец (отец которой) только что умер.
That is the girl whose father has just died.
(바로 저 소녀가 아버지가 방금 돌아가신 소녀이다.)

Я думал о том человеке, в чьих руках находилась моя судьба.
I was thinking about the man in whose hands my fate lay.
(나의 운명을 손안에 쥐고 있었던 그 사람에 대하여 나는 생각하고 있다.)

2. 관계부사 (關係副詞)

[1] 영어의 관계부사

(1) 관계부사의 역할

관계부사란 접속사의 역할을 겸한 부사이다.

This is the village. I was born there.

This is the village and I was born there .

This is the village where I was born.
(이곳은 내가 태어난 마을이다.)

Sunday is the day. We go to church then.

Sunday is the day and we go to church then .

Sunday is the day when we go to church.
(일요일은 우리가 교회에 가는 날이다.)

(2) 관계부사의 종류

① **where** (선행사는 장소의 명사)

This is the place where I was born.
(이곳은 내가 태어난 곳이다.)
The house where we live stands on the hill.
(우리가 사는 집은 언덕 위에 있다.)

② **when** (때에 관한 선행사와 결합)

Tell me the time when you will start.
(당신이 출발하는 시간을 나에게 말해 주세요.)
I shall never forget the day when I first met you.
(내가 당신을 처음 만났던 날을 나는 결코 잊을 수 없다.)

③ why (선행사는 reason, ~하는 이유)

    This is the <u>reason</u> <u>why</u> he was late. (이것이 그가 늦은 이유이다.)
    I asked her the <u>reason</u> <u>why</u> she did not come.
    (나는 그녀에게 그녀가 오지 않은 이유를 물었다.)

④ How

    How(방법, how에는 선행사가 없다. how던가 the way의 어느 하나를 쓴다. the way how라고는 하지 않는다.)

    This is <u>how</u> he made the box. (그는 이런 방법으로 그 상자를 만들었다.)
    This is <u>how</u> I succeeded.
    This is the <u>way</u> I succeeded. (나는 이런 방법으로 성공하였다.)

[2] 러시아어의 관계부사

где, куда́, когда́ 등 러시아어의 의문부사는 관계사로도 사용된다.

    Я уви́дел сад, где игра́ла му́зыка.
    I saw a garden where music was playing.
    (나는 음악이 연주되고 있는 정원을 보았다.)

    Там, где сади́лось со́лнце, не́бо бы́ло кра́сное.
    There, where the sun was setting, the sky was red.
    (태양이 지고 있었던 곳의 하늘은 붉었다.)

    Рестора́н, куда́ мы хоте́ли пойти́, был закры́т.
    The restaurant where we wanted to go, was closed.
    (우리가 가고 싶었던 음식점은 문이 닫혀 있었다.)

    Э́то был после́дний день, когда́ она́ ви́дела бра́та.
    That was the last day when she saw her brother.
    (그것이 그녀가 자기 동생을 본 마지막 날이었다.)

    Бы́ли таки́е дни, когда́ мы страда́ли от го́лода.
    There were such days as (when) we suffered from hunger.
    (우리들이 굶주림으로 고생했던 그런 날도 있었다.)

СЛОВАРЬ

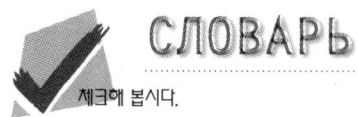
체크해 봅시다.

побе́да	f. victory 승리, 우승		сади́ться	impf. sit down 앉다.
принести́	pf. bring 가져오다.			set (해, 달 등이)지다.
блестя́щий	a. brilliant 찬란한		го́лод	m. hunger 기아, 기근, 부족
	shining 화려한		служе́ние	n. service, serving
судьба́	f. fate 운명, 숙명			봉사, 근무
после́дний	a. last 최후의		слага́ть	impf. put together 놓다.
	lastest 최근의, 최신의		сложи́ть	pf. of слага́ть
страда́ть	impf. suffer (from)		сложи́ть пе́сню	
	고생하다.			compose a song
	in pain 괴로워하다.			(가사를) 짓다.
сча́стье	n. happiness 행복, 행운		же́ртвовать	impf. sacrifice
оде́жда	f. clothes 의복, 의류			희생으로 하다.
	garments 의복, 의류			give up 기부하다.
задо́лго	ad. long before		удово́льствие	
	보다 훨씬 이전에			n. pleasure 만족, 즐거움
запро́с	m. inquiry 질문, 조회		худо́жник	m. artist, painter
	demand 수요, 관심, 요구			예술가, 화가
сме́лый	a. brave, bold 용감한, 대담한		откры́тие	n. opening 개시, 개장
страх	m. fear, terror 공포, 두려움			discovery 발견
долг	m. duty, debt 의무, 부채		тре́бовательный	
веле́ть	pf.impf. order, tell			a. demanding 요구가 많은
	지시하다, 명령하다.			particular 까다로운
веле́ть (велю́, вели́шь, вели́т)			стра́шный	a. dreadful 무서운, 심한
де́йствовать			победи́ть	pf. win 이기다.
	impf. act 행동하다.			conquer 승리하다.
	work 작동하다.		си́льно	ad. strongly 강하게
бог	m. god, God 신(神), 하나님		развито́й	a. developed 발달한
нести́	impf. carry, bear		развито́й	
	나르다, 휴대하다		(ра́звит, развита́, ра́звито)	
	과거 нёс, несла́, несли́		весть	f. news, tidings
одержа́ть	pf. gain 얻다, 획득하다.			소식, 통보, 뉴스

УРОК 21 관계대명사, 관계부사

풀어봅시다.

[1] 우리말로 옮겨라.

1. Вот мой брат, который учится в университете.

2. Вот моя сестра, которую вы видели.

3. Они говорили о человеке, брат которого вчера уехал в Америку.

4. Мы глубоко уважаем того, кто отдавал свои силы служению народу.

5. Вот машина, которую я видел сегодня утром в городе.

6. Мы увидели прекрасные леса, лучше которых ничего не встречали.

7. Народ слагает песни о тех, кто жертвовал жизнью за народное счастье.

8. Он пошёл на концерт пианиста, слушать которого для него было большим удовольствием.

9. Весна. Солнце светит всё ярче. В Москве открылась выставка одежды. Художники стали готовиться к выставке задолго до её открытия. Они изучали запросы публики, которые становятся всё требовательнее с каждым годом.

10. Смелый человек не тот, который ничего не боится. Смелому человеку тоже бывает страшно. Но он умеет победить свой страх. В этом всё дело. Смелым становится тот, у кого сильно развито

чу́вство до́лга, кто де́йствует всегда́ так, как ему́ вели́т любо́вь к ро́дине.

[2] 러시아어로 옮겨라.

1. 아이들은 내일 도착하기로 되어있는 아버지를 기다리고 있다.

2. 친구가 자기의 논문이 실려있는 신문을 나에게 주었다.

3. 나는 창문이 정원을 향하고 있는 방에 살고 있었다.

4. 내가 지금 살고 있는 집은 전에는 나의 형이 살고 있었다.

5. 이 책을 아직 읽지 않은 사람은 모두 읽을 필요가 있다.

6. 어제 당신이 나에게 준 책은 대단히 재미있다.

7. 나는 처음으로 서울에 도착한 날을 기억하고 있다.

8. 오늘 우리들은 5년전에 졸업한 학교를 방문했다.

9. 우리는 전람회에서 본 것들에 관해 오랫동안 이야기 하였다.

10. 이것이 그 일에 대해서 내가 당신에게 말할 수 있는 전부입니다.

[3] 러시아어에 해당하는 영어를 아래난에서 골라 그 번호를 써라.

1. До́ктор, кото́ый написа́л э́ту кни́гу, пое́хал в А́нглию.
2. Вот письмо́, с кото́рым пришли́ хоро́шие ве́сти.
3. Вот мой брат, с кото́рым я о́чень дру́жен.
4. Тот, кто сказа́л вам э́то, умне́е, чем я ду́мал.

УРОК 21 관계대명사, 관계부사

5. Дайте мне журналы, которые вы получили вчера.
6. «Спутник» это человек, с которым вы путешествуете.
7. Над нами было голубое небо, по которому, плыли белые облака.
8. Я знаю студентку, которая пишет книгу.
9. Вот моя сестра, у которой вы были.
10. Я увидел сад, который был за домом.

---

① He who told you this is more intelligent than I thought.
② "Sputnik" is a person with whom you are traveling.
③ I know a student who is writing a book.
④ The doctor who wrote this book went to England.
⑤ Here is my brother with whom I am very friendly.
⑥ Above us was the blue sky in which white clouds were floating.
⑦ Here is my sister whom you went to see.
⑧ Here is the letter which brought good news.
⑨ I saw a garden which was behind the house.
⑩ Give me the magazines which you received yesterday.

22 형동사, 부동사
(Причáстие, Дееприча́стие, Participle, Verbal adverb, Gerund)

러시아어는 분사(participle)를 영어보다 많이 사용하는 언어이다.

처음부터 분사는 두가지 뚜렷한 종류 즉, 형동사와 부동사로 나누는 것이 필요하다. 형동사는 격·성·수에 따라 변화하지만 부동사는 그런 변화가 없다.

대체로 형동사는 영어의 분사에 해당하고 부동사는 분사중 분사구문에 해당한다. 부동사를 영어로 gerund라고 옮기는 예도 있으나 동사와 명사의 역할을 겸하는 영어의 동명사는 부동사와 다름으로 "Verbal adverb"라고 옮기는 것이 더욱 적절하다.

1. 영어의 분사

(1) 분사의 역할

분사란 형용사로 사용되는 동사형이다. 분사란 동사와 형용사의 역할을 겸하는 것이다.

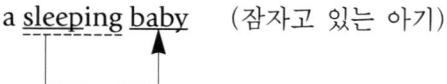   (잠자고 있는 아기)

Sleeping은 sleep이라는 동사의 뜻을 가지면서 형용사화하여 명사 baby를 수식하고 있다.

   (부서진 의자)

broken은 과거에 broke되었다는 동사의 뜻을 가지면서 형용사화하여 명사 chair를 수식하고 있다.

(2) 분사의 종류

분사에는 현재분사와 과거분사가 있다

① 현재분사(동사의 원형 + ~ing)의 용법

   i) 진행형(be+현재분사)으로 쓰인다.

      He is writing a letter. (그는 편지를 쓰고 있다.)
      The sun is rising in the east. (태양은 동쪽에서 떠오르고 있다.)
      You were reading a book. (당신은 책을 읽고 있었다.)
      We were playing tennis. (우리는 테니스를 치고 있었다.)

   ii) 보어로 쓰인다.

      He came running. (그는 달려 왔다.)
      I saw a dog running. (나는 개가 달리는 것을 보았다.)

② 과거분사의 용법

   규칙동사의 과거 분사 ─ 동사의 원형 + ed
                                 call + ed → called
   불규칙동사의 과거분사 ─ 불규칙적으로 변화
                                 write wrote written
                                 break broke broken

   i) 수동형(be동사 + 과거분사)으로 쓰인다.

      A mouse is caught by a cat. (쥐는 고양이에게 잡힌다.)
      This tower was built last year. (이 탑은 작년에 건축되었다.)
      America was discovered by Columbus in 1492.
      (미국은 1492년에 콜롬부스에 의해 발견되었다.)

   ii) 완료형(have(had) + 과거분사)으로 쓰인다.

      I have just written a letter. (나는 방금 편지를 다썼다.)

Spring has come. (봄이 왔다.)
He has lost his watch. (그는 그의 시계를 잃어버렸다.)
When I got to the station, the train had already started.
(내가 정거장에 도착했을 때, 기차는 벌써 출발했었다.)

2. 러시아어의 형동사

(1) 형동사의 역할

형동사란 동사와 형용사의 성질과 기능을 함께 가지는 동사의 파생어이다. 형용사와 마찬가지로 성·수·격에 있어서 관계하는 명사와 일치한다. 또, 동사와 마찬가지로 현재와 과거, 완료체, 불완료체, 능동과 피동의 구별이 있다. 보어(목적어)를 지배하고 부사를 취할 수 있다.

- 완료체 동사는 현재형이 없으므로 형동사 현재를 만들 수 없다.
- 타동사만이 피동 형동사를 만들수 있다.
- 피동 형동사에는 단어미형이 있다.

(2) 형동사의 구분

	능동 형용사	피동 형용사
현재	• 읽고 있는 чита́ющий (one) who is reading	• 읽히우는 чита́емый (something) which is being read
과거	• 읽던 чита́вший (one) who was reading	• 읽히운 прочи́танный (something) which was read

УРОК 22 형동사, 부동사

(3) 능동 형동사

① 능동 형동사 현재

능동 형동사 현재는 불완료체 동사 3인칭 복수 현재형에서 -т를 떼어내고 남은 부분에 -щий를 붙여서 만든다.

| чита́ть | чита́ю-т | чита́ющий | 읽고 있는, 읽은 |
| говори́ть | говоря́-т | говоря́щий | 말하고 있는, 말하는 |

능동 형동사 현재
↓
[3(인칭), 논(수), 현(재)]에서 т를 빼고 + щий

Чита́ющий студе́нт (= студе́нт, кото́рый чита́ет)
a reading student (= student who is reading)
(읽고 있는 학생)

Летя́щий самолёт (= самолёт, кото́рый лети́т)
a flying plane (= a plane which is flying)
(날고 있는 비행기)

Спя́щие де́ти (= де́ти, кото́рые спят)
sleeping children (= children who are sleeping)
(자고 있는 아이들)

Я ви́жу челове́ка, стоя́щего в углу́.
I see a man standing in the corner.
(나는 모퉁이에 서있는 사람을 본다.)

Мы ви́дим студе́нтку, чита́ющую пье́су.
We see a student reading a play.
(우리는 희곡을 읽고 있는 학생을 본다.)

Мы ви́дим в па́рке мно́го гуля́ющих по алле́ям люде́й.
We see many people promenading along the paths of the park.
(우리는 공원의 오솔길을 따라 산보하고 있는 많은 사람들을 본다.)

② 능동 형동사 과거

능동 형동사 과거는 완료체와 불완료체 동사의 과거 어간에 **-вший** 또는 **-ший**를 붙여서 만든다.

i) **-вш-ий** (모음뒤)

| читáть | читá-л | читá-вший | 읽던 |
| говори́ть | говори́-л | говори́-вший | 말하던 |

ii) **-ш-ий** (자음뒤)

| нести́ | нёс | нёс-ший | 가지고 가던 |
| расти́ | рос | рóс-ший | 성장하고 있었던 |

$$\text{과거어간} + \begin{cases} \text{-вш-ий (모음 뒤)} \\ \text{-ш-ий (자음 뒤)} \end{cases} \Rightarrow \text{능동 형동사 과거}$$

Студе́нт, кото́рый читáл = <u>читáвший</u> студе́нт
the student <u>who was</u> (had been) <u>reading</u>
(읽고 있던 학생)

Же́нщина, кото́рая говори́ла = <u>говори́вшая</u> же́нщина
the woman <u>who was speaking</u>
(말하고 있던 여자)

Де́ти, кото́рые ушли́ из са́да = <u>уше́дшие</u> из са́да де́ти
the children <u>who had left</u> the garden
(정원을 떠났던 어린이들)

Я уви́дел челове́ка стоя́вшего в углу́.
I saw a man who was standing in the corner.
(나는 모퉁이에 서 있었던 사람을 보았다.)

Челове́к, читáвший кни́гу, мой друг.
The man who was reading the book is my friend.
(그 책을 읽고 있던 사람은 나의 친구이다.)

УРОК 22 형동사, 부동사

Áвтор, написа́вший э́ту кни́гу, давно́ уже́ у́мер.
The author of this book died a long time ago.
(이 책을 쓴 저자는 이미 오래전에 죽었다.)

Наш заво́д всегда́ выполня́вший план ежего́дно получа́л пре́мию.
Our factory always fulfiling the plan, received the prize every year.
(언제나 계획을 완수하고 있는 우리 공장은 매해 상을 탔다.)

(4) 피동 형동사

① 피동 형동사 현재

피동 형동사 현재는 불완료체 타동사에서 만들어진다. 1인칭 복수 현재형에 형용사 어미 **-ый**를 붙여서 만든다.

i) -емый (제1식 변화)

| чита́ть | мы | чита́-ем | чита́-емый |
| изуча́ть | мы | изуча́-ем | изуча́емый |

ii) -имый (제2식 변화)

| люби́ть | мы | люб-им | люб-и́мый |
| производи́ть | мы | произво́д-им | производ-и́мый |

```
불완료체 타동사
1(인칭), 복(수), 현(재) + ый
```
⇒ 피동 형동사 과거

[주의] 1. 역점은 제1식 변화는 현재형의 역점, 제2식 변화는 부정법의 역점과 일치한다.

чита́-ем   чита́-емый
люби́ть   люб-и́мый

2. -авать 동사는 부정법 어간에서 만들어진다.

дава́ть   даём   дава́-емый
признава́ть   призна-ём   признава́емый

3. петь, пить, шить, брать, писа́ть, звать, класть와 같은 동사는 타동

313

사이지만, 피동 형동사 현재가 만들어지지 않는다.

4. -сти로 끝나는 동사로 1인칭 복수 현재가 -ём인 동사는 -омый가 된다.

| нести́ | несём | несо́мый | 휴대되는 |
| вести́ | ведём | ведо́мый | 인도되는 |

Мы покупа́ем това́р, импорти́руемый из Евро́пы.
We buy goods imported from Europe.
(우리는 유럽에서 수입된 상품을 산다.)

Кни́га, чита́емая все́ми, о́чень интере́сна.
The book being read by all is very interesting.
(모든 사람에게 읽히우는 그 책은 매우 재미있다.)

Когда́ я жил у дя́ди, он всегда́ чита́л приноси́мые мно́ю кни́ги.
When I lived at uncle's, he would always read the books(which were) brought by me.
(내가 아저씨댁에 살고 있었을때, 그는 내가 가져온 책을 언제나 읽곤 하였다.)

В печа́таемой им статье́ мно́го оши́бок.
In the article being typed by him there are many mistakes.
(그가 타자로 친 논문에는 틀린것이 많이 있다.)

так называ́емое ве́то   so-called veto (이른바 거부권)
моя́ люби́мая кни́га   my favorite book (나의 애독서)

② 피동 형동사 과거

피동 형동사 과거는 타동사(주로 완료체)의 과거 어간에 **-нный, -енный, -ённый, -тый** 등의 형용사 어미를 붙여서 만든다. 피동 형동사 과거는 **-ся** 동사에서는 만들어지지 않는다.

피동 형동사 과거는 현재형보다 복잡하지만 아주 널리 사용되므로 철저히 학습해 두어야 한다.

동사의 과거어간 + {-нный, -енный, -ённый, -тый} ⇒ 피동 형동사 과거

УРОК 22 형동사, 부동사

i) -нный를 붙이는 것(과거 어간이 -а, -я, -е로 끝나는 동사)

прочита́ть	прочита́-л	прочи́танный	읽히운
написа́ть	написа́-л	написа́-нный	쓰여진
потеря́ть	потеря́-л	потеря́-нный	상실된
уви́деть	уви́де-л	уви́де-нный	발견된

ii) -енный, -ённый를 붙이는 것(과거 어간이 -и로 끝나는 동사, 이때 -и는 떼어 버린다.)

изучи́ть	изуч(и́-л)	изу́ченный	연구된, 숙지된
получи́ть	получ(и́-л)	полу́ченный	접수된
реши́ть	реш(и́-л)	решённый	결정된

iii) 과거 남성형이 -л을 갖지 않은 것은 -ённый를 붙인다.

| привезти́ | привёз | привез(у́) | привезённый | 실려온 |
| принести́ | принёс | принес(у́) | принесённый | 지참된 |

iv) -тый를 붙이는 것(-нуть, -ыть, -нять, -ереть형의 동사 및 단음절 동사)

поки́нуть	поки́ну-л	поки́нутый	버려진
мыть	мы-л	мы́тый	씻기운
откры́ть	откры́-л	откры́тый	열려있는
заня́ть	за́ня-л	за́нятый	점령된
запере́ть	за́пер	за́пертый	잠겨진, 닫혀진
оде́ть	оде́-л	оде́тый	입혀진, 입은
уби́ть	уби́-л	уби́тый	살해된
взять	взя-л	взя́тый	취해진

v) 피동 형동사 과거를 만들때 일어나는 자음 교체 현상

бро́сить	брос-и́-л(с-ш)	бро́шенный	내던져진
изобрази́ть	изобраз-и́-л(з-ж)	изображённый	묘사된
заплати́ть	заплат-и́-л(т-ч)	запла́ченный	지불된
освети́ть	освет-и́-л(т-щ)	освещённый	비추어진, 조명된

вы́растить	вы́раст-и-л(ст-щ)	вы́ращенный	육성된
победи́ть	побед-и́-л(д-жд)	побеждённый	정복된
купи́ть	куп-и́-л(п-пл)	ку́пленный	사들여진
соста́вить	соста́в-и-л(в-вл)	соста́вленный	조립된

<u>Прочи́танная</u> студе́нтом кни́га
(=кни́га, кото́рую студе́нт прочита́л)
the book <u>(which was) read</u> by the student (그 학생이 읽은 책)

<u>Изу́ченный</u> на́ми язы́к(=язы́к, кого́рый мы изучи́ли)
the language <u>studied</u> by us (우리가 배운 언어)

<u>Спе́тая</u> мно́ю пе́сня(=пе́сня, кото́рую я спел)
the song <u>sung</u> by me (내가 부른 노래)

피동 형동사가 나타내는 행위, 동작의 주체는 조격(студе́нтом, на́ми, мно́ю)으로 표시한다.

Я прочита́л письмо́, <u>напи́санное</u> ва́ми.
I have read the letter <u>written</u> by you.
(나는 당신이 쓴 편지를 읽었다.)

<u>Полу́ченные</u> у́тром пи́сьма лежа́т на столе́.
The letters <u>received</u> in the morning are lying on the table.
(아침에 받은 편지는 탁자 위에 놓여있다.)

Окно́, <u>откры́тое</u> им, выхо́дит на юг.
The window <u>opened</u> by him looks south.
(그가 연 창문은 남쪽을 향하고 있다.)

(5) 형동사 일람표

시제 구분	현재	과거
능동형동사	불완료체 동사 3. 복. 현(-т)+щий читáющий 읽는, 읽고 있는 вúдящий 보는, 보고 있는 говоря́щий 말하는, 말하고 있는 крича́щий 고함치는, 고함치고 있는	불완료체와 완료체 동사 과거어간 + -вший(모음 뒤) -ший(자음 뒤) читáвший 읽던 прочитáвший 다읽은, 읽어버린 говорúвший 말하던 нёсший 가지고가던 вúдевший 보고 있었던

피동형동사	타동사 불완료체
	
	1. 복. 현 + ый
	
	читáемый 읽히우는
	вúдимый 보여지는
	любúмый 사랑받는
	организýемый 조직되는
		타동사 완료체
		
		과거어간 + -нный
		             -енный
		             -ённый
		             -тый
		
		прочúтанный 읽히운
		увúденный 발견된
		привезённый 운반되어 온
		зáнятый 점령된

(6) 형동사의 단어미

    피동 형동사(현재 및 과거)만은 단어미를 가진다. 단어미는 문장 중에서 항상 서술적으로만 사용된다. 형용사의 경우와 마찬가지로 성·수에 있어서 주어와 일치한다.
    피동 형동사의 단어미는 현재, 과거, 또는 미래를 나타낸다. 현재의 경우 연결동사 없이 쓰이고, 과거는 был(-á, -о, -ы)과 함께, 미래는 бýду, бýдешь 등과 함께 쓰인다.
    단어미를 만드는 방법은 형용사 장어미에서 단어미를 만드는 것과 동일하다. 즉 장어미에서 -ый(-ая, -ое, -ые)를 떼어내면 남성 단어미가 되고 그것에 -а를 붙이면 여성, -o를 붙이면 중성, -ы를 붙이면 복수 단어미가 된다.

① 피동 형동사 현재

| -мый | -м, -ма, -мо, -мы |

	장어미	단어미	장어미	단어미
남성	люби́мый	люби́м	называ́емый	называ́ем
여성	люби́мая	люби́ма	называ́емая	называ́ема
중성	люби́мое	люби́мо	называ́емое	называ́емо
복수	люби́мые	люби́мы	называ́емые	называ́емы

② 피동 형동사 과거

-енный, -нный의 경우 두 개의 н이 한 개가 된다.

| -нный | -н, -на, -но, -ны |
| -тый | -т, -та, -то, -ты |

	장어미	단어미
남성	прочи́танный	прочи́тан
여성	прочи́танная	прочи́тана
중성	прочи́танное	прочи́тано
복수	прочи́танные	прочи́таны

(읽히운)

	장어미	단어미
남성	откры́тый	откры́т
여성	откры́тая	откры́та
중성	откры́тое	откры́то
복수	откры́тые	откры́ты

(열려 있는)

	장어미	단어미
남성	устано́вленный	устано́влен
여성	устано́вленная	устано́влена
중성	устано́вленное	устано́влено
복수	устано́вленные	устано́влены

(정해진, 규정된)

③ 피동 형동사의 단어미 용례

Э́тот дом хорошо́ постро́ен.
This house is built well.
(이 집이 잘 완성되고 있다.)

О́кна бы́ли все откры́ты.
The windows were all open.
(창문이 모두 열려져 있었다.)

Мой дя́дя о́чень за́нят.
My uncle is very busy.
(나의 아저씨는 매우 분주하다.)

Всё бу́дет забы́то.
Everything will be forgotten.
(모든 것이 잊혀질 것이다.)

Письмо́ бы́ло по́слано вчера́.
The letter was sent yesterday.
(그 편지는 어제 발송되었다.)

Э́то письмо́ напи́сано по-ру́сски.
This letter is written in Russian.
(이 편지는 러시아어로 쓰여지고 있다.)

Э́та кни́га бу́дет прочи́тана все́ми.
This book will be read by all.
(모든 사람이 이 책을 읽을 것이다.)

За́втра магази́ны бу́дут закры́ты.
Tomorrow the shops will be closed.
(내일 상점들은 문을 닫을 것이다.)

(7) 형동사에서 전화된 명사, 형용사

① 형동사에서 전화된 명사

заве́дующий, управля́ющий, ра́неный와 같은 낱말은 형동사로 사

용된다.

челове́к, заве́дующий библиоте́кой
the man in charge of the library (도서관을 담당하고 있는 사람)

же́нщина, управля́ющая маши́ной
the woman who is driving the car (차를 운전하고 있는 여자)

бойцы́, ра́неные во вчера́шнем бою́
the soldiers wounded in yesterday's battle
(어제 전투에서 부상한 병사들)

이와 같은 형동사가 명사로 사용된다.

заве́дующий	the manager 지배인, 관리인
управля́ющий	the manager, steward 지배인, 주임
ра́неный	the wounded 부상자
слу́жащий	employee 근무자, 종업원, 직원
трудя́щийся	the workers 근로자
уча́щийся	student, pupil 학생, 생도
да́нные	data, facts, information 자료, 재료, 보도자료
бу́дущее	the future 미래
настоя́щее	the present 현재
про́шлое	the past 과거

② 형동사에서 전환된 형용사

i) 형동사에서 전환된 형용사는 형동사보다 덜 행동적이고 시간의 관념이 명백히 나타나지 않는다.

형동사 челове́к, зна́ющий доро́гу
        the man who knows the way (그 길을 아는 사람)
형용사 зна́ющий челове́к
        an educated man (교육 받은 사람)

ii) 피동 형동사에서 전화된 형용사에서는 동작의 행위자를 나타내지 않는다.

Уважа́емый граждани́н　(직역 Respected citizen 존경받는 시민)
Dear Sir(근계, 대개 편지 첫머리에 쓰는 형식적인 경어)
разру́шенный дом　　a destroyed house (파괴된 집)
ра́неные бойцы́　　wounded soldiers (부상병)

iii) 피동 형동사는 행위자를 조격으로 나타내거나 수식어를 갖는다.

челове́к, уважа́емый все́ми
a man respected by everybody (모든 사람의 존경을 받는 사람)

дом, разру́шенный неприя́телем
a house destroyed by the enemy (적에 의하여 파괴된 집)

бойцы́, ра́неные при отступле́нии
soldiers wounded during the retreat (퇴각할 대에 부상한 병사들)

iv) 형동사에서 전화된 형동사는 때때로 비유적인 의미(a figurative meaning)를 갖는다.

блестя́щие результа́ты　　brilliant results (빛나는 결과)
блестя́щий успе́х　　brilliant success (빛나는 성공)
цвету́щее предприя́тие　　a flourishing enterprise (번영하는 기업)
потеря́нное вре́мя　　lost time (잃어버린 시간)
на́ша люби́мая пе́сня　　our favorite song (우리들이 좋아하는 노래)

(8) -ся로 끝나는 능동 형동사 현재

재귀대명사 себя́(oneself)의 준말인 -ся와 -сь는 재귀동사, 상호동사 및 일부 자동사에서 사용된다. 이때 동사 어미가 자음으로 끝나면 -ся를 붙이고 모음으로 끝나면 -сь를 붙인다.
　그러나 능동 형동사 현재에서는 자음 뒤에서도 모음 뒤에서도 항상 -ся를 사용한다. 어미가 모음으로 끝나도 -сь를 사용하지 않는다.

Мы хорошо́ зна́ем де́вушку, поднима́ющуюся на го́ру.
We know very well the girl climbing the mountain.
(우리는 등산하고 있는 그 소녀를 매우 잘 안다.)

(9) 형동사의 관계대명사에 의한 표현

형동사 구문은, 모두 관계대명사 кото́рый의 주격 또는 대격을 사용한 부가문으로 바꾸어 쓸 수 있다. 형동사보다 кото́рый를 사용한 문장이 보다 구어적(colloquial)이다.

чита́ющий студе́нт (= студе́нт, кото́рый чита́ет)
a reading student (=a student who is reading)
(읽고 있는 학생)

летя́щий самолёт (= самолёт, кото́рый лети́т)
a flying airplane (=an airplane which is flying)
(날고 있는 비행기)

чита́вший студе́нт (= студе́нт, кото́рый чита́л)
the student who was reading
(읽고 있던 학생)

де́вушка, прочита́вшая э́ту кни́гу
(= де́вушка, кото́ря прочита́ла э́ту кни́гу)
a girl who has read this book
(이 책을 다 읽은 소녀)

выполня́емая рабо́та (= рабо́та, кото́рую кто́-то выполня́ет)
work being carried out (=work which somebody is carrying out)
(수행되고 있는 작업)

прочи́танная студе́нтом кни́га
(= кни́га, кото́рую студе́нт прочита́л)
the book which was read by the student
(학생에 의하여 읽히운 책, 학생이 읽은 책)

изу́ченный на́ми язы́к (= язы́к, кото́рый мы изучи́ли)
the language studied by us(=the language which we had studied)
(우리가 배운 언어)

3. 러시아어의 부동사

(1) 부동사의 특성

부동사란 동사에서 만들어진 부사형으로 동사와 부사의 성질 및 기능을 함께 가지고 있다.

① 부사적 특성
i) 부동사는 변화하지 않는다. 부동사는 성, 수, 격이 없다.
ii) 부동사는 когда́(when 언제), как(how 어떻게), почему́(why 어째서), при каки́х обстоя́тельствах?(under what circumstances? 어떤 사정 하에서)등과 같은 질문에 답한다.

② 동사적 특성
i) 부동사는 완료체와 불완료체의 구별이 있고 보어(목적어)를 가질 수 있다.

    불완료체   чита́я газе́ту
                    (while)reading the paper (신문을 읽으면서)
    완료체   прочита́в газе́ту
                    having read the paper (신문을 읽고 난 후에)

ii) 부동사는 자동사, 타동사에서 만들어지며, 따라서 자동사, 타동사의 동작을 나타낸다.

    자동사   си́дя в кре́сле
                    (while) sitting in an armchair (안락의자에 앉아서)
    타동사   чита́я кни́гу
                    (while) reading the book (책을 읽으면서)

부동사에는 불완료체 부동사와 완료체 부동사가 있다.

(2) 불완료체 부동사(부동사 현재)

불완료체 부동사는 주절의 동사가 나타내는 동작과 동시에 일어나는 부차적 동작을 나타낸다. 불완료체 부동사는 불완료체 동사의 3인칭, 복수, 현재형 어간에 **-я** 또는 **-a**를 붙여서 만든다.

불완료체 부동사
↓

[3(인칭), 복(수), 현(재)에서 -ют, -ят / -ат, -ут 를 떼어낸 현재어간] + я 또는 a

부정법	현재어간	부동사		
чита́ть	чита́-ют	чита́я	(while) reading	읽으면서
говори́ть	говор-я́т	говоря́	(while) speaking	말하면서
слы́шать	слы́ш-ат	слы́ша	(while) hearing	들으면서
крича́ть	крич-а́т	крича́	(while) shouting	소리치면서
пла́кать	пла́ч-ут	пла́ча	(while) crying	울면서

① 상악음 **ж, ч, ш, щ** 다음에는 **-a**를 붙인다.
② **-ся**가 있는 재귀동사나 자동사는 **-ся**를 **-сь**로 바꾼다.

부정법	현재어간	부동사		
занима́ться	занима́-ют-ся	занима́ясь	(while) studying	공부하면서
ложи́ться	лож-а́т-ся	ложа́сь	(while) lying	누우면서

③ **-авать**형의 동사는 부정법 어간에 **я**를 붙여서 만든다.

부정법	3인칭복수	부정법 어간	불완료체 부동사		
дава́ть	да-ю́т	дава́-	дава́я	(while) giving	주면서
встава́ть	вста-ю́т	встава́-	встава́я	(while) getting up	일어나면서

④ **быть**의 부동사는 예외적으로 **бу́дучи**이다.
⑤ 다음과 같은 동사는 불완료체 부동사를 가지고 있지 않다.

УРОК 22 형동사, 부동사

i) -нуть로 끝나는 동사

ги́бнуть	perish (멸망하다)	мо́кнуть	get wet (젖다, 축축하게 되다)
со́хнуть	get dry (마르다)	вя́нуть	fade, wither (시들다)

ii) -чь로 끝나는 동사

мочь	be able to (~할수 있다)	жечь	burn (태우다)
печь	bake (구워서 만들다)	стере́чь	guard, watch (경호하다, 감시하다)

iii) 어간이 자음으로 끝나는 동사

жда́ть	wait (기다리다)	мять	knead (반죽하다, 주무르다)
писа́ть	write (쓰다)	паха́ть	plough, till (갈다, 경작하다)

iv) 다음과 같은 동사

бить	beat (때리다)	вить	twine, spin (꼬다, 감다, 뜨다, 짜다)
лить	pour (붓다, 흘리다)	петь	sing (노래하다)
пить	drink (마시다)	шить	sew (깁다)
лезть	climb (기어오르다)	зва́ть	call, ask (부르다)
бежа́ть	run (달리다)		

⑥ 불완료체 부동사는 변화하지 않고 그 자체는 시제를 나타내지 않는다. 주동사가 과거, 현재, 미래의 어느 시제이든, 불완료체 부동사는 주동사가 나타내는 동작과 동시에 이루어지는 동작을 나타낸다. 즉 주동사가 불완료체 부동사의 시제를 결정한다.

i) 현재

Де́вушки гуля́ют, ве́село разгова́ривая.
The girls are walking, (while) conversing gaily.
(아가씨들은 즐겁게 이야기하면서 산보하고 있다.)
(The girls are walking and are conversing gaily.)

ii) 과거

Де́вушки гуля́ли, ве́село разгова́ривая.
The girls were walking (while they were) conversing gaily.
(아가씨들은 즐겁게 이야기하면서 산보하고 있었다.)
(The girls were walking and were conversing gaily.)

iii) 미래

Де́вушки бу́дут гуля́ть, ве́село разгова́ривая.
The girls will be walking (while they will be) conversing gaily.
(아가씨들은 즐겁게 이야기하면서 산보를 할 것입니다.)
(The girls will be walking and will be conversing gaily.)

⑦ 불완료체 부동사의 용례

Я сижу́ у окна́, чита́я кни́гу.
I am sitting at the window reading a book.
(나는 책을 읽으면서 창가에 앉아 있다.)

Де́ти бе́гают, игра́я и смея́сь.
The children are running about playing and laughing.
(어린이들은 뛰놀고 웃으면서 달리고 있다.)

Ничего́ не замеча́я, он встал.
Without noticing anything, he got up.
(아무것도 알아채지 못하고 그는 일어났다.)

Возвраща́ясь из теа́тра, мы встре́тили това́рища.
Returning from the theater, we met a friend.
(극장에서 돌아올 때 우리는 친구를 만났다.)

Жела́я скоре́е уе́хать, он торо́пится ко́нчить рабо́ту.
Wishing to leave as soon as possible, he is in a hurry to finish his work.
(될수 있는 대로 빨리 떠나기를 희망하면서, 그는 그의 일을 끝마치려고 서두른다.)

(3) 완료체 부동사(쿠동사 과거)

완료체 부동사는 완료체 동사에서 만들어진다. 완료체 부동사는 주동사가 나타내는 동작보다 앞서 완료된 동작을 표시하는데 쓰인다. 주동사는 현재, 과거, 미래의 어느 시제도 좋고, 완료체도 불완료체도 좋다. 부동사의 형식은 변화하지 않는다.

<u>Прочита́в</u> кни́гу,　　　　<u>Having read</u> the book,
он ложи́тся слать.　　　　he goes to bed.
он лёг спать.　　　　　　he went to bed.
он ля́жет спать.　　　　　he will go to bed.
(그 책을 다 읽고, 그는 잠자리에 든다. 들었다. 들것이다.)

<u>Написа́в</u> письмо́,　　　　<u>Having written</u> the letter,
я иду́ на по́чту.　　　　　I am going to the post office.
я пошёл на по́чту.　　　　I went to the post office.
я пойду́ на по́чту.　　　　I shall go to the post office.
(편지를 다쓰고 나는 우체국에 간다. 갔다. 갈것이다.)

<u>Зако́нчив</u> рабо́ту.　　　<u>Having finished</u> his work,
он уе́хал.　　　　　　　　he left.
он уе́дет.　　　　　　　　He will leave.
(일을 마치고 그는 떠났다. 떠날 것이다.)

① 완료체 부동사는 완료체 동사의 과거어간이 모음으로 끝나면 **-в**(또는 **-вши**), 자음으로 끝나면 **-ши**를 붙인다. **-ся**로 끝나는 동사에서는, 모음 뒤에는 **-вшись**, 자음 뒤에는 **-шись**를 붙인다.

완료체 부동사
↓

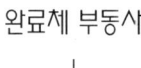

| (완료체 동사의 과거 남성형
에서 어미 **-л**을 떼어낸) | 과거어간 | 모음 + **-в(ши)**
자음 + **ши** |

부정법	과거형 어간	완료체 부동사
прочитáть	прочитá-л	прочитá-в(ши)
закóнчить	закóнчи-л	закóнчи-в(ши)
отдохнýть	отдохнý-л	отдохнý-в(ши)
возвратúться	возвратú-л-ся	возвратú-вшись
принестú	принёс	принёс-ши
привезтú	привёз	привёз-ши

[예외]

прийти	пришё-л	пришéд-ши
привестú	привé-л	привéд-ши

(위의 -йтú, -вестú로 끝나는 동사에서는 미래어간의 д -придý, приведý의 д-가 부동사에 삽입된다.)

② идтú에서 파생된 동사, -зти, -сти로 끝나는 동사, -иться로 끝나는 동사, 그 밖에 몇몇 동사들은 완료체 부동사를 만들 때 불완료체 동사들처럼, 미래어간에 접미사 -я, -а를 붙여서 만들 수도 있다. (특히 구어체에서 많이 쓰인다.)

부정법	미래어간	부동사
прийтú	прид-ýт	прид-я
войтú	войд-ýт	войд-я
привести	привед-ýт	привед—я
принестú	принес-ýт	принес-я
услы́шать	услы́ш-ат	услы́ш-а
возвратúться	возврат-я́тся	возврат-я́сь

③ 완료체 부동사의 용례

<u>Приéхав</u> домóй, я нашёл егó письмó.
<u>Having arrived</u> home, I found his letter.
(집에 도착한 후에, 나는 그의 편지를 발견했다.)

УРОК 22 형동사, 부동사

Поня́в э́то пра́вило, вы легко́ вы́полните все упражне́ния.
Having understood this rule, you will easily do all the exercises.(If you have understood~.)
(만약, 이 규칙을 다 이해한다면, 당신은 모든 연습문제를 쉽게 풀 수 있을 것이다.)

Придя́ домо́й, я на́чал чита́ть газе́ту.
Having arrived home, I began to read a newspaper.
(집에 도착한 후, 나는 신문을 읽기 시작했다.)

Купи́в ну́жные ве́щи, мы отпра́вились в путеше́ствие.
Having bought the necessary things, we set off on our trip.
(필요한 물건을 다 구입하였으므로 우리는 여행을 떠났다.)

Познако́мившись с революцио́нной молодёжью, Го́рький стал чита́ть полити́ческую литерату́ру.
Having become acquainted with revolutionary young people, Gorki began to read a political literature.
(혁명적인 젊은이들과 알게 된 후, 고리끼는 정치문헌을 읽기 시작했다.)

④ 부동사구의 위치

부동사구는 문장의 앞에, 중간에, 뒤에 자유롭게 놓을 수 있다. 문장의 앞에 올 때에는 뒤에, 중간에 올 때에는 앞뒤에, 뒤에 올 때는 앞에 코머(запята́я)를 찍는다.

⑤ 영어의 Gerund와 러시아어의 부동사

영어의 Gerund는 동사와 명사의 역할을 겸하는 동명사이다. 그러나 러시아어의 дееприча́стие(Gerund 또는 Verbal adverb)는 동사와 부사의 역할을 겸하고 있다. 같은 Gerund이지만 영어와 러시아어에서 그 문법적 뜻이 다르다는 것을 알아야 한다.
영어의 Gerund(동명사)를 러시아어로 옮겨 보면 다음과 같다.

영어의 Gerund	러시아어 표현
I like <u>reading</u>. (나는 읽는 것을 좋아한다.)	Я люблю́ <u>чита́ть</u>.
This book is worth <u>reading</u>. (이 책은 읽을 가치가 있다.)	Сто́ит <u>прочита́ть</u> э́ту кни́гу.
I cannot help <u>thinking</u> so. (나는 그렇게 생각하지 않을 수 없다.)	Я не могу́ не <u>ду́мать</u> так.
I could not help <u>laughing</u>. (나는 웃지 않을 수 없었다.)	Я не могу́ не <u>смея́ться</u>. (이상은 동사 **부정법**으로 표현)
A <u>sleeping</u> car (A car for sleeping) (침대차)	<u>Спа́льный</u> ваго́н
A <u>smoking</u> room (A room for smoking) (끽연실)	<u>Кури́тельная</u>(ко́мната) (이상은 형용사로 표현)
A <u>swimming</u> pool (A pool for swimming) (수영장)	Бассе́йн для <u>пла́вания</u>.
<u>Swimming</u> is good for the health (수영은 건강에 좋다.)	<u>Пла́вание</u> поле́зно <u>для здоро́вья</u> (이상은 명사로 표현)

푸쉬킨 동상

СЛОВАРЬ

체크해 봅시다.

аллея	f. alley, path 오솔길, 가로수길	паспорт	m. passport 여권
признавать	impf. recognize 인정하다, 확인하다.	заграничный паспорт	foreign passport 해외 여권
печатать	impf. print, type 인쇄하다, 타자로치다	заполнить	pf. fill in 적어넣다, 채우다
тронуть	pf. touch 만지다. disturb 상하게 하다.	так называемый	so-called 이른바, 소위
запереть	pf. lock 잠그다, 문을 닫다.	лист	m. leaf, sheet 나뭇잎, 종이장, 인쇄지
изобразить	pf. depict 묘사하다. portray 표현하다.	личность	f. personality 개성, 인격 personal remarks 개인신상
вырастить	pf. grow 재배하다, 양육하다.	указать	pf. point out 지시하다. indicate 지적하다.
уставить	pf. arrange, dispose 배치하다.	следующий	a. following 다음의, 다음과 같은
неприятель	m. enemy 적, 원수	рождение	n. birth 출생, 생일
ранить	pf. wound 부상시키다. impf. injure 상처를 입히다.	национальность	f. nationality 국적, 민족, 국민성
предприятие	n. enterprise 기업	занятие	n. occupation 직업, 업무
обстоятельство	n. circumstance 사정, 상황	устная речь	spoken language 구어
отправиться	pf. set off 나가다. depart 출발하다.	принести	pf. bring 가져오다.
молодёжь	f. youth 젊은 사람들	проводить	impf. carry out 실행하다. lead 인도하다, 안내하다.
курительный	a. smoking 흡연용의		
полезно	it is useful 유용하다.	выражать	impf. express 표현하다, 나타내다.
обыкновенно	ad. usually 통상, 보통		
абсолютный	a. absolute 절대적인	мыслить	impf. think 생각하다. reason 사상하다.
больной	m. patient 병자, 환자		
желающий -ющие	those who so desire 희망자, 지망자	искать	impf. look for 찾다. search for 탐구하다.

боро́ться	impf. fight 싸우다, 투쟁하다.
боро́ться (борю́сь, бо́решься, бо́рется, бо́ремся, бо́ретесь, бо́рются)	
правди́вый	a. true, truthful 올바른, 진실의
совреме́нность	f. the present (time) 현대 contemporaneity 시대가 같은 것, 동시대성
обеспе́чивать	impf. secure 보장하다. provide 확보하다.
облада́ть	impf. possess 점유하다, 갖다.
ле́стница	f. stairs 계단 ladder 사다리
спеши́ть	impf. hurry, make haste 서두르다.
купи́ть	pf. buy 사다, 구입하다.
ча́йка	f. sea-gull 갈매기
оказа́ть	pf. show, render 주다, 나타내다.
учёный	a. learned 학문의, 박식한
захо́д	m. sunset (해,달이)지는 것 stopping(at) 들리는 것
проколо́ть	pf. prick, pierce 구멍을 내다, 찌르다
анке́та	f. questionnaire 조사, 조회, 앙케이트
проси́тель	m. applicant 신청인, 청원자
содержа́ть	impf. keep 유지하다. contain 함유하다.
сведе́ние	n. information 정보, 보도 knowledge 지식
о́тчество	n. patronymic 부칭
настоя́щий	a. present 현재의
пое́здка	f. journey, trip 여행
у́стный	a. oral 구두의, 구술의
приня́ть	pf. accept 받다, 접수하다. adopt 채택하다.
реше́ние	n. decision 결정, 결의
дух	m. spirit, mind 정신, 영혼, 기분
и́щущий	иска́ть의 능동형동사 현재
иска́ть (ищу́, и́щешь...)	
хара́ктер	m. character 성격, 특성
отобража́ть	impf. reflect 표현하다. represent 구현하다.
произведе́ние	n. work 작품, 저술, 산물
неизме́нный	a. invariable 불변의
сра́внивать	impf. compare(with) 비교하다, 대조하다.
приве́тствовать	impf. greet 인사하다. welcome 환영하다.
за́навес	m. curtain 막(무대의)
услу́га	f. service 봉사, 서비스
учёный	m. scholar 학자
окружа́ть	impf. surround 감싸다, 에워싸다.
ши́на	f. tire 고무, 타이어
пре́мия	f. premium 상금 prize 장려금
импорти́ровать	impf. import 수입하다.
ве́то	n. veto 거부권, 부인권

покинуть	pf. abandon 버리다. desert 버리고 가다.	революцио́нный	a. revolutionary 혁명의, 혁명적인
бро́сить	pf. pay 지불하다.	поле́зный	a. useful 유익한
соста́вить	pf. make up 만들다. compose 조립하다.	вдоль	prep. along ~을 따라서
установи́ть	pf. set up 설치하다. regulate 정하다.	необходи́мый	a. necessary 필요한, 필수적인
заплати́ть	pf. pay 지불하다.	поко́й	m. rest, peace 안정, 평정
разруша́ть	impf. destroy 파괴하다.	больна́я	f. patient 여자환자
отступле́ние	n. retreat 퇴각	заграни́ца	f. foreign countries 외국
цвету́щий	a. blooming 번영하다.	заграни́чный	f. foreign 외국의
торопи́ться	impf. hurry 서두르다. hasten 서둘러하다.	вы́дача	f. issue 교부, 발행
спа́льный	a. sleeping 자기위한, 침실의	бланк	m. form 서식용지

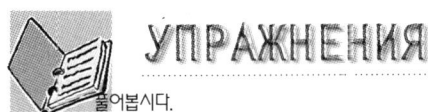

풀어봅시다.

[1] 우리말로 옮겨라.

1. Парохо́ды, пла́вающие вдоль бе́рега, обыкнове́нно малы́.

2. До́ктор, посети́вший больну́ю, нахо́дит, что ей необходи́м абсолю́тный поко́й.

3. Жела́ющие е́хать заграни́цу, должны́ проси́ть о вы́даче им заграни́чного па́спорта.

4. Для получе́ния па́спорта необходи́мо запо́лнить два́ бла́нка,

так называемые анкетные листы, содержащие некоторые вопросы о личности просителя.

5. В этих бланках должны быть указаны следующие сведения: имя, отчество и фамилия просителя; год, месяц и число рождения, настоящий адрес просителя, его национальность, занятие и цель поездки.

6. В Москве у каждого студента, занимающегося русским языком, хорошая практика в устной речи.

7. Студенты находят литературу по всем интересующим их вопросам.

8. Он получил письмо от своих друзей, живущих в Москве.

9. На собрании было принято важное решение. Решение, принятое на собрании, было проведено в жизнь.

10. Писатель выражает дух времени через образы и характеры мыслящих, ищущих, борющихся людей.

11. Писатель живущий интересами народа, правдиво отображающий важнейшие явления современности, обеспечивает сбоим произведениям долгую жизнь.

12. Перо писателя, обладающего глубоким чувством современности, неизменно служит делу мира.

13. Поднимаясь по лестнице, они громко разговаривали. Поднявшись на четвёртый этаж, они позвонили.

14. Гуляя по улицам Москвы, мы сравнивали жизнь в этом

городе с жизнью в Сеуле.

15. В театре было уже много народу. Спешившая публика шумела. Там и здесь, встречающиеся друзья, громко приветствовали друг друга. Смеющаяся молодёжь весело разговаривала. Мы сели на купленные нами места. Перед нами был большой красивый занавес с летающей белой чайкой.

[2] 러시아어로 옮겨라.

1. 문학에 흥미를 가진 젊은이들(молодёжь)이 도서관에 모였다.

2. 놀면서, 즐겁게 웃고있는 어린이들을 보는 것은 유쾌하다.

3. 나의 누이동생이 구입한 (купленный) 빵은 아주 신선하지 않았다.

4. 창가에서 독서하고 있던 학생은 러시아어와 영어를 잘 알고 있다.

5. 이 작가의 작품은 국민의 사랑을 받고 있다.

6. 이 소설을 쓴 사람은 훌륭한 (блестящий) 지혜를 갖고 있다.

7. 어떤 소설들이 러시아어에서 영어로 옮겨 졌습니까?

8. 당신이 나에게 주신 원조에 대하여 진심으로 (от души) 감사합니다.

9. 오늘 아침 내가 받은 편지는 러시아어로 쓰여져 있었다.

10. 우리 도서관은 여러 나라에서 발행되는 (издаваемых) 신문을 많이 받고 있다.

[3] 러시아어에 해당하는 영어를 아래 난에서 골라 그 번호를 써라.

1. Благодарю́ вас за ока́занную мне услу́гу.
2. Это уважа́емый всеми учёный.
3. Ма́льчик, чита́ющий кни́гу, о́чень хоро́ший учени́к.
4. Снеговы́е го́ры, окружа́юще о́зеро, прекра́сны при захо́де со́лнца.
5. Когда́ он верну́лся, он нашёл, что его́ ши́на была́ проко́лота.
6. Все сидя́щие за тем столо́м — иностра́нцы.
7. Ма́льчику, игра́ющему так хорошо́ на скри́пке, то́лько семь лет.
8. Не зна́я ни сло́ва по-ру́сски, он пое́хал в Москву́.
9. Я чита́л по́весть «Капита́нская до́чка», переведённую на англи́йский язы́к.
10. Гуля́я в па́рке, моя́ мать встре́тила моего́ дру́га.

① The boy reading a book is a very good pupil.
② When he returned, he found that his tire had been punctured.
③ I read the novel "The Captain's Daughter", translated into English.
④ I thank you for the service you have rendered me.
⑤ The boy who plays the violin so well is only seven years old.
⑥ He is a learned man whom all respect.
⑦ All those who are sitting at that table are foreigners.
⑧ The snowy mountains surrounding the lake are beautiful in the sunset.
⑨ My mother met my friend while walking in the park.
⑩ Not knowing a word of Russian, he went to Moscow.

23 접속사
(Союз, Conjunction)

접속사(接續詞)란 두 개 이상의 낱말, 구 혹은 문장을 연결시키는 품사이다.

перо́ и каранда́ш
a pen and a pencil (펜과 연필)

па́чка папиро́с и коро́бка спи́чек
a pack of cigarettes and a box of matches (담배 한 갑과 성냥 한 갑)

Я не знал, что он уе́хал.
I did not know that he left. (나는 그가 떠난 것을 몰랐다.)

러시아어에서는 여러 가지 품사가 접속사로 사용된다. 영어에서는 다른 품사로 생각되는 낱말들이, 러시아어에서는 접속사로 분류되는 경우가 있다.
접속사는 크게 두가지 종류로 나눈다. 즉, **등위접속사**(coordinate conjunction)와 **종속접속사**(subordinate conjunction)이다.

1. 등위접속사 (等位接續詞)

문법상 대등한 관계에 있는 낱말, 구, 절을 연결하는 접속사를 등위접속사라고 한다.

брат и сестра́	the brother and the sister (형과 누나)
слоны́ и ти́гры	elephants and tigers (코끼리와 호랑이)
Он там, а она́ здесь.	He is there and she is here. (그는 거기 있고, 그녀는 여기 있다.)

337

(1) 등위접속사는 낱말과 문장을 연결한다.

① и (and, 그리고, 또한)

 день и ночь   day and night
           (낮과 밤)

 рабóтать и учи́ться to work and to study
           (일하는 것과 공부하는 것)

Он опозда́л, и мы се́ли обе́дать без него́.
He was late, so we sat down for dinner without him.
(그는 늦었다. 그래서 우리는 앉아서 그이 없이 점심식사를 하였다.)

② а (and, but ~이지만, ~하지만, 그러면)
 а는 문장 가운데서 가벼운 뜻의 전환과 대립을 나타낸다.

Посиди́м немно́го, а пото́м пойдём.
Let us sit for a while, and then we shall go.
(잠깐 쉬었다가 그 다음에 갑시다.)

В саду́ де́рево, а о́коло него́ скаме́йка.
There is a tree in the garden, and near it a bench.
(정원에 나무가 있고 나무 가까이에 벤치가 있다.)

Он поёт, а я нет.
He sings, but I do not.
(그는 노래한다, 그러나 나는 하지 않는다.)

Вы поёте, а я чита́ю.
You are singing, and I am reading.
(당신은 노래하고, 나는 책을 읽고 있다.)

③ то́же (also, too 마찬가지로, 역시, 또한)

Я уста́л сего́дня. Я то́же!
I'm tired today. Me too!
(나는 오늘 지쳤다. 나도 그렇다.)

Мне не хо́чется пить. Мне то́же.
I'm not thirsty. Nor am I.
(나는 목이 마르지 않다. 나도 그렇다.)

Лю́ди си́льно проголода́лись, ло́шади то́же нужда́лись в о́тдыхе.
The men were quite hungry, the horses also needed a rest.
(사람들은 매우 굶주리고 있었고 말들도 또한 휴식이 필요하였다.)

④ та́кже (as well, also 역시, 또한, 똑같이)

Класс реши́л зада́чу; Я та́кже реши́л её.
The class solved the problem; I also solved it.
(그 학급이 그 문제를 풀었다. 나도 역시 그 문제를 풀었다.)

Изве́стно бы́ло, что он пьёт, ку́рит а та́кже игра́ет на билья́рде в гря́зных тракти́рах.
It was well known that he drank, smoked and also played billiards in dirty pubs.
(그가 술을 마시고 담배를 피우고 또한 더러운 선술집에서 당구를 친 것은 잘 알려져 있었다.)

⑤ не то́лько ~ но и ...(not only ... but also ... 뿐만 아니라, ...도)

Я говори́л не то́лько с ним, но и с ней.
I spoke not only with him but also with her.
(나는 그 뿐만 아니라 그녀와도 이야기 하였다.)

Он не то́лько бога́т, но и умён.
He is not only rich, but also clever.
(그는 부자일 뿐만 아니라 영리하기도 하다.)

Он не то́лько глуп, но и зол.
He is not only foolish, but also wicked.
(그는 우둔할 뿐만 아니라 간악하다.)

⑥ ни ~ ни (neither ~ nor ~도 …도 아니다.)

Сего́дня я не получи́л <u>ни</u> пи́сем, <u>ни</u> газе́т.
Today I have received <u>neither</u> letters <u>nor</u> newspapers.
(오늘 나는 편지도 신문도 받지 못했다.)

<u>Ни</u> я не посла́л бра́ту письма́, <u>ни</u> он мне не написа́л.
<u>Neither</u> I sent a letter to my brother <u>nor</u> he wrote to me.
(나도 형에게 편지를 보내지 않았고, 그도 나에게 편지를 쓰지 않았다.)

◐ 접속사 ни … ни는 부정을 강조하기 위하여 부정문에서 사용된다.

⑦ и ~ и (both ~ and ~도 …도, 둘 다)

<u>И</u> он <u>и</u> я студе́нты.
<u>Both</u> he <u>and</u> I are students.
(그도 나도 학생이다.)

Э́та кни́га <u>и</u> лёгкая <u>и</u> интере́сная.
This book is <u>both</u> easy <u>and</u> interesting.
(이 책은 쉽기도 하고 재미있기도 하다.)

Коре́я сейча́с демократи́ческая страна́ <u>и</u> в назва́нии <u>и</u> в действи́тельности.
Korea is now a democratic country <u>both</u> in name <u>and</u> reality.
(한국은 지금 명실공히 민주국가이다.)

(2) 등위접속사는 대조나 반대를 나타낸다.

① а (but, and, on the contrary 그러나, 그렇지만)

Э́то не перо́, <u>а</u> каранда́ш.
This is not a pen <u>but</u> a pencil.
(이것은 펜이 아니고 연필이다.)

Вам ве́село, <u>а</u> мне гру́стно.
You are having fun, <u>but</u> I feel sad.
(당신은 즐거워하지만 나는 슬프다.)

УРОК 23 접속사

Здесь река́, а там о́зеро.
Here is a river and there's a lake.
(여기에 강이 있고 저기에 호수가 있다.)

Сего́дня пого́да хоро́шая, а вчера́ пого́да была́ плоха́я.
Today the weather is fine, but yesterday it was bad.
(오늘은 날씨가 좋으나 어제는 나빴다.)

Он живёт в го́роде, а не в дере́вне.
He lives in the town and not in the village.
(그는 도시에 살고 있으며 시골에 살지 않는다.)

② но (but, however, on the other hand 그러나, 그렇지만, 하지만)

Я ему́ предложи́л пое́хать, но он реши́л оста́ться до́ма.
I offered him to go, but he decided to stay at home.
(나는 그에게 떠나도록 제안하였으나 그는 집에 머무르기로 결정하였다.)

Мы вы́ехали по́здно, но прие́хали во́время.
We left late but we came on time.
(우리들은 늦게 출발하였으나 제시간에 도착하였다.)

Рестора́н дорого́й, но он о́чень хоро́ший.
This restaurant is expensive but it is very good.
(이 식당은 값이 비싸지만 아주 좋다.)

Со́лнце зашло́ за го́ры, но бы́ло ещё светло́.
The sun had set beyond the mountains, but it was still light.
(태양은 산 너머로 졌지만 아직도 밝았다.)

③ одна́ко (however 그러나, 하지만, 그래도, 그럼에도 불구하고)

одна́ко는 но보다 뜻이 강하다.

Он сказа́л, что он напи́шет, одна́ко до сих пор не написа́л.
He said that he would write ; however he has not written yet.
(그는 편지를 쓰겠다고 말하였지만 아직 안쓰고 있다.)

341

Он серьёзно бо́лен, одна́ко наде́жда есть.
He is seriously ill, however, there is hope.
(그는 중병에 걸렸다. 그래도 희망은 있다.)

④ а то (otherwise 그렇지 않으면, 하지만, 그런데 사실은)
а то는 대립과 반대의 뜻을 나타냄.

Ты сего́дня же до́лжен поговори́ть с отцо́м, а то он бу́дет беспоко́иться о твоём отъе́зде.
You should talk with your father today, otherwise he will be worrying about your departure.
(너는 바로 오늘 아버지와 이야기를 나누어야 한다. 그렇지 않으면, 아버지는 너의 출발에 대하여 근심하실 것이다.)

Вы уже́ обе́дали? Нет, коне́чно нет, пойдёмте вме́сте и закуси́м. Вот хорошо́, а то я про́сто умира́ю с го́лоду.
Have you already eaten? No, of course not. Let's go together and have a bite. That's good, otherwise I'm simply dying of hunger.
(벌써 식사를 하셨습니까? 아니오, 물론, 안했습니다. 함께 가서 간단히 식사를 합시다. 그것 좋습니다. 그렇지 않으면, 나는 굶어 죽을 것 같습니다.)

⑤ же (but, and, whereas 그러나, 글쎄 ~인데)
중요한 낱말을 추출해서 강조하기 위해서 사용.

Иди́, е́сли тебе́ охо́та, я же оста́нусь здесь.
You go, if you feel like it, but I shall stay here.
(만약 당신이 가고 싶다면, 가십시오, 그러나 나는 여기 머물러 있겠습니다.)

Ра́ньше мы ви́делись ча́сто, тепе́рь же ви́демся о́чень ре́дко.
Before we saw each other often, but now we see each other very seldom.
(전에 우리는 서로 자주 만났지만 지금은 좀처럼 만나지 못한다.)

УРОК 23 접속사

⑥ всё же (yet, just the same 역시, 그래도 역시)

Я зна́ю, что э́то тру́дно — всё же на́до постара́ться э́то сде́лать.
I know it is difficult, yet we must try to do it.
(그것이 어렵다는 것을 알고 있다. 그래도 그것을 하기 위하여 노력하여야 한다.)

⑦ да (but, but then 그러나, 그러나 그 경우, 그래도)

Я б пошёл, да уже́ по́здно.
I'd go, but it's too late.
(나는 가고 싶지만 그러나 너무 늦었다.)

Я охо́тно проводи́л бы тебя́, да вре́мени не́ту.
I would gladly come with you but I haven't the time.
(나는 기꺼이 당신과 동행하고 싶지만 시간이 없다.)

(3) 등위접속사는 선택 또는 교체 (choice or alternation)를 나타낸다.

① и́ли (or, or else, otherwise 혹은, 또는, 그렇잖으면)

Да́йте мне, пожа́луйста, кни́гу и́ли журна́л.
Please give me a book or a magazine.
(책이나 잡지를 주십시오.)

До́ма мы говори́м по-ру́сски и́ли по-англи́йски.
At home we speak Russian or English.
(집에서 우리는 러시아어 혹은 영어를 말한다.)

② и́ли ~ и́ли … (either ~ or … ~든가 또는 … 든가, ~ 거나 또는 … 거나)

Он уезжа́ет и́ли в конце́ ию́ля, и́ли в нача́ле а́вгуста.
He is leaving either at the end of July or at the beginning of August.
(그는 7월 말이나 8월 초에 떠난다.)

В воскресе́нье и́ли я пойду́ к това́рищу, и́ли он придёт ко мне.
On Sunday, either I'll go to my friend's or he'll come to my place.
(일요일에 내가 친구 집에 가든가 또는 그가 내 집에 올 것이다.)

343

③ ли́бо ~ ли́бо (either ~ or … ~든지 혹은 … 든지)

По вечера́м мы ли́бо чита́ем, ли́бо слу́шаем му́зыку.
In the evening we either read or listen to the music.
(저녁에 우리는 책을 읽든지 혹은 음악을 듣는다.)

④ то ~ то (now ~now …, now ~ then … 때로는 ~ 때로는 …)

Он <u>то</u> тут, <u>то</u> там.
He is <u>now</u> here, <u>now</u> there.
(그는 여기에 있을 때도 있고, 저기에 있을 때도 있다.)

Стра́нная пого́да: <u>то</u> жа́рко, <u>то</u> хо́лодно.
Strange weather : <u>now</u> it's hot, <u>then</u> it's cold.
(이상한 날씨다. 때로는 덥고 때로는 춥다.)

⑤ не то ~ не то (either ~or 든지 혹은 든지, 든가 또는 든가)

Ка́жется, ско́ро бу́дет <u>не то</u> дождь, <u>не то</u> снег.
It looks like <u>either</u> rain <u>or</u> snow soon.
(곧 비나 눈이 올 것 같다.)

(4) 등위접속사는 설명적인 뜻을 가지고 있다.

① то есть(т.е.) (that is <to say> 즉, 말하자면)

Он уезжа́ет в сре́ду, <u>то есть</u> че́рез три дня.
He is leaving on Wednesday, <u>that is</u>, in three days.
(그는 수요일에, 즉 3일 후에 떠난다.)

Холоди́льник сто́ит оди́н миллио́н вон, <u>то есть</u> одну́ мою́ зарпла́ту.
The refrigerator costs one million won, <u>that is</u>, my monthly salary.
(냉장고는 값이 백만원 즉 나의 한 달 월급이다.)

② не то что (not really ~이라는 것은 아니다.)

　　Не то что хо́лодно, но всё же прохла́дно.
　　Not really cold, but just the same cool.
　　(아주 춥지는 않지만 그래도 서늘하다.)

　　Он не то что чуда́к, но како́й-то стра́нный челове́к.
　　He is not really a crank, but somehow a strange person.
　　(그는 괴짜라고 할 정도는 아니지만 무언가 좀 이상한 사람이다.)

③ и́менно, а и́менно (namely, to be exact 즉)

　　В то вре́мя, а и́менно два го́да тому́ наза́д, мы рабо́тали вме́сте.
　　At that time, namely two years ago, we worked together.
　　(그 당시 즉 2년 전에 우리는 함께 일했다.)

2. 종속접속사 (從屬接續詞)

종속절을 이끌어 주절에 이어주는 접속사를 종속접속사라고 한다.

　　Я зна́ю что́ он чита́ет.
　　I know what he is reading. (나는 그가 무엇을 읽고 있는지 알고 있다.)

　　Мы бы́ли ра́ды что наступи́ла весна́.
　　We were glad that spring had come. (봄이 와서 우리는 기뻤다.)

　　Я не зна́ю почему́ он смеётся.
　　I do not know why he is laughing. (나는 그가 왜 웃는지 모른다.)

(1) 이유나 원인

① потому́ что (because 왜냐하면)

　　Я закры́л окно́, потому́ что ста́ло хо́лодно.
　　I closed the window because it became cold.
　　(추워졌기 때문에 나는 창문을 닫았다.)

Мы не пойдём в кино, потому что у нас собрание.
We shall not go to the pictures because we have a meeting.
(우리는 회의가 있기 때문에 영화를 보러 가지 않는다.)

② оттого что (because, for the reason that 때문에, 이런 이유로)

Он похудел, оттого что он очень мало ест.
He has lost weight because he eats very little.
(그는 아주 적게 먹기 때문에 체중이 줄었다.)

③ так как (because, since 까닭에, 때문에)

Я должен встать рано, так как поезд отходит в семь часов.
I have to get up early because the train leaves at seven o'clock.
(기차가 일곱시에 떠나기 때문에 나는 일찍 일어나야 한다.)

Так как он опоздал, мы начнём без него.
Since he is late, we shall start without him.
(그가 늦어지므로, 우리는 그가 없이 시작합시다.)

④ Ввиду того что (since, because of <the fact> ~인하여, ~때문에)

Ввиду того что вы отказываетесь уплатить эту сумму, нам придётся обратиться в суд.
Since you refuse to pay this sum, we will have to take the matter to court.
(당신이 이 금액의 지불을 거절하므로 우리는 이 문제를 법정에 제기하지 않을 수 없다.)

Ввиду того, что я во время отпуска был болен, прошу продлить мне отпуск, на две недели.
Owing to the fact that I was ill during my holiday, I ask to extend it for two weeks.
(휴가 기간중에 내가 병을 앓았기 때문에, 나는 휴가를 두 주간 연장해 달라고 요청한다.)

⑤ Благодаря тому что
(thanks to, due to the fact that ~의 결과, ~이 원인으로)

Благодаря тому, что операция была сделана вовремя, всё обошлось благополучно.
Due to the fact that the operation was performed on time, everything turned out all right.
(수술이 제때에 이루어졌기 때문에, 모든 일이 순조롭게 끝났다.)

(2) 목적

① чтобы (to, in order to, so that ~하기 위하여, ~하도록)

Я дал ему денег, чтобы он купил себе пальто.
I gave him some money to buy himself an overcoat.
(나는 그에게 외투를 사 입도록 돈을 좀 주었다.)

Мы открыли окно, чтобы не было так жарко.
We opened the window, so that it would not be so warm.
(우리는 덥지 않도록 창문을 열었다.)

Я иду в город чтобы купить газету.
I am going to town to buy a newspaper.
(나는 신문을 사기 위하여 시내에 간다.)

② для того чтобы (in order to, so that ~을 위하여, 하기 위하여)

Мать пошла на рынок для того, чтобы купить овощи.
Mother went to market to buy vegetables.
(어머니는 야채를 사기 위하여 시장에 갔다.)

Для того чтобы поступить в университет, надо сделать следующее:
In order to enter a university, one must do the following.
(대학에 입학하기 위해서는 다음과 같은 일을 하여야 한다.)

(3) 결과

так что (so that 그래서, 그렇기 때문에)

Он ещё не отве́тил, так что я не могу́ вам ничего́ сказа́ть.
He has not answered yet, so I can't tell you anything.
(그는 아직 대답하지 않았다. 그래서 나는 당신에게 아무말도 할 수 없다.)

Лёд на реке́ места́ми уже́ тро́нулся, так что идти́ на лы́жах бы́ло опа́сно.
The ice on the river had broken in some places, so that it was dangerous to ski.
(강위에 얼음이 여기 저기 깨어졌다. 그래서 스키를 타는 것은 위험하였다.)

(4) 조건

① е́сли (if 만일 ~ 이면, 만일 ~ 라면)

Е́сли вы не понима́ете, я объясню́ вам.
If you do not understand, I will explain to you.
(만일 당신이 이해를 못한다면, 내가 당신에게 설명을 하겠다.)

Е́сли я получу́ о́тпуск ле́том, я пое́ду в дере́вню.
If I get a holiday in summer, I'll go to the country.
(만일 내가 여름에 휴가를 얻는다면, 나는 시골로 가겠다.)

② раз (if, since 만약 ~ 한다면, ~ 했다면)

Заче́м вы говори́те э́то, раз вы не зна́ете?
Why do you say it, if you don't know?
(당신이 모른다면, 어째서 그것을 말하는가?)

Раз дал сло́во, до́лжен его́ сдержа́ть.
Once you pledged your word, you must keep it.
(만약 당신이 약속을 하였다면, 그 약속을 지켜야 한다.)

(5) 양보

① хотя́(хоть) (although, though 비록 ~이지만, ~이나, ~에도 불구하고)

Бы́ло прия́тно пойти́ погуля́ть, хотя́ бы́ло хо́лодно.
It was nice to go for a walk, although it was cold.
(추웠지만 산보하는 것은 기분이 좋았다.)

Хотя́ вода́ была́ холо́дная, но мы реши́ли пойти́ купа́ться.
Although the water was cold, we decided to go swimming.
(물은 차지만 우리들은 미역을 감기로 결정하였다.)

Хотя́ мы о́чень торопи́лись до темноты́ верну́ться домо́й, ночь заста́ла нас в пути́.
Though we hurried very much in order to get home before dark, night fell as we were still on our way.
(어둡기 전에 집에 돌아가려고 우리는 매우 서둘렀으나 아직도 집에 가는 도중에 밤이 되었다.)

② несмотря́ на то что (in spite of \<the fact\> ~에도 불구하고)

Несмотря́ на то что экза́мены бы́ли тру́дные, он прошёл их.
In spite of the fact that the examinations were difficult, he passed them.
(시험이 어려웠음에도 불구하고 그는 시험에 통과하였다.)

Несмотря́ на то что бы́ло уже́ совсе́м темно́, мы продолжа́ли свой путь.
In spite of it being quite dark, we continued on our way.
(아주 어두워졌음에도 불구하고, 우리는 우리의 길을 계속 갔다.)

③ пусть(пуска́й)

(let it be, even if, although 가령 ~할지라도, ~라고 할지라도)

Пусть э́то тру́дно, зато́ интере́сно.
Although this is difficult, it is nevertheless interesting.
(이것은 어렵기는 하지만 그 대신에 재미있다.)

Пу́сть им бу́дет проти́вно, но я до́лжен вы́сказать своё мне́ние.
Even if they don't like it, I must express my opinion.
(가령 그들이 반대한다 할지라도 나는 나의 의견을 진술하여야 한다.)

④ ра́зве что (unless, except that ~하지 않으면, ~라고 하는 것 외에는)

Я ему́ всё скажу́, ра́зве что вы са́ми хоти́те поговори́ть с ним.
I will tell him everything, unless you want to talk with him yourself.
(당신 자신이 그와 이야기 하는 것을 원치 않으면, 내가 그에게 모든 것을 다 말하겠다.)

Он вы́глядит так же как всегда́, ра́зве что похуде́л.
He looks the same as ever, except that he has lost weight.
(그는 체중이 줄었다는 것 외에는 전과 다름 없어 보인다.)

⑤ впро́чем (however, but 그러나, 그렇기는 하나)

Он у́мный челове́к, впро́чем он ча́сто ошиба́ется.
He is a clever man, but he often makes mistakes.
(그는 영리한 사람이다. 그러나 때때로 실수를 한다.)

Мы мо́жем пойти́ пешко́м, впро́чем, как хоти́те.
We can go on foot, but as you wish.
(우리는 걸어서 갈 수 있습니다. 그러나 좋을대로 하시오.)

⑥ как — ни (no matter how, however 아무리 ~일지라도)

Как он ни стара́ется, ничего́ не выхо́дит.
No matter how much he tries, nothing comes out of it.
(그가 아무리 노력을 한다 할지라도 아무 소용이 없다.)

Как ни тру́ден был путь, мы шли о́чень бы́стро.
However hard the road was, we went fast.
(길이 아주 험난했으나 우리는 빨리 갔다.)

⑦ пра́вда — но (true ~ but 틀림없지만)

Пра́вда, я забы́л, но и вы мне не напо́мнили.
It is true that I forgot, but you did not remind me either.
(내가 잊어버린 것은 사실이지만, 당신도 나에게 생각나게 주의시켜 주지 않았다.)

Пра́вда, я ему́ не написа́л, но я вот-во́т собира́лся позвони́ть.
True I had not written to him, but I was on the point of ringing.
(내가 그에게 편지를 하지 않은 것은 사실이지만, 나는 바야흐로 전화를 하려고 하였다.)

(6) 비교

① чем (than ~보다) (비교급과 함께)

Э́та но́вая кни́га интере́снее, чем та ста́рая.
The new book is more interesting than the old one.
(이 새 책은 저 낡은 책보다 더 재미있다.)

Он интересу́ется геогра́фией бо́льше, чем исто́рией.
He is more interested in geography than in history.
(그는 역사보다도, 지리에 더 흥미가 있다.)

② как (as, like ~와 같이, ~처럼, ~로서)

Он говори́т по-ру́сски как настоя́щий ру́сский.
He speaks Russian like a native.
(그는 진짜 러시아사람 처럼 러시아어를 한다)

Сове́тую тебе́ э́то как друг.
I give you this advice as a friend.
(나는 친구로서 너에게 이것을 충고한다)

③ как бу́дто
  как бу́дто бы
  бу́дто   (as if 마치 ~인 것처럼)
  бу́дто бы
  как бы

Вы говори́те, <u>как бу́дто</u> вы ничего́ не зна́ете.
You are speaking, <u>as if</u> you did not know anything.
(마치 당신은 아무것도 모르는 것처럼 이야기 하고 있다.)

Вы говори́те, <u>как бу́дто</u> вы не по́няли, что он сказа́л.
You are speaking, <u>as if</u> you did not understand what he said.
(마치 당신은 그가 말한 것을 몰랐던 것처럼 이야기하고 있다.)

Он верну́лся с таки́м ви́дом, <u>бу́дто</u> его́ изби́ли.
He came back looking <u>as if</u> he had been beaten up.
(그는 마치 두들겨 맞은 사람 같은 모습으로 돌아왔다.)

Он отве́тил нам по-францу́зски, <u>как бы</u> жела́я показа́ть, что он понима́ет наш разгово́р.
He answered us in French, <u>as if</u> wanting to show that he understands our conversation.
(그는 마치 우리들의 회화를 그가 이해한다는 것을 보여주려고 하는 것같이, 불어로 우리들에게 대답했다.)

④ то́чно
  сло́вно   (as if, like 마치 ~인 것처럼)

Вода́ <u>то́чно(сло́вно)</u> зе́ркало.
The water is <u>like</u> a mirror.
(호수는 거울과 같다.)

Он там стоя́л <u>то́чно</u> окамене́лый.
He stood there <u>as if</u> turned to stone.
(마치 돌로 변한 것 같이 그는 그곳에 서 있었다.)

Он лежа́л на полу́, сло́вно мёртвый.
He was lying on the floor, as if he were dead.
(그는 마치 죽은 것 같이 마루 위에 누워 있었다.)

⑤ насто́лько ~ наско́лько (as ~ as, as much as ~만큼, 그 만큼)

Он насто́лько же умён, наско́лько образо́ван.
He is as clever as he is well educated.
(그는 잘 교육받은 만큼 영리하다.)

⑥ чем + (비교급) ~, тем + (비교급)
(the more ~ the more ~하면(이면), ~할수록, 일수록)

Чем скоре́е, тем лу́чше.
The sooner, the better. (빠르면, 빠를수록 더 좋다.)

Чем ра́ньше вы придёте, тем лу́чше.
The earlier you come, the better. (일찍오면 일찍 올수록 더 좋다.)

(7) 시간

① когда́ (when ~할 때에)

Я поступи́л в шко́лу, когда́ мне бы́ло во́семь лет.
I entered school when I was eight years old.
(나는 여덟살 때 학교에 입학했다.)

Когда́ он вошёл в ко́мнату, все вста́ли.
When he entered the room, everyone got up.
(그가 방에 들어 갔을 때, 모두 일어섰다.)

② едва́ ~, как (no sooner ~ than, hardly ~ when 하자마자)

Едва́ мы вы́шли, как пошёл дождь.
No sooner we went out than it started to rain.
(우리가 밖으로 나오자 마자, 비가 오기 시작했다.)

Едва́ он вошёл, как зазвони́л телефо́н.
He had scarcely come in when the telephone began to ring.
(그가 들어오자 마자 전화가 울리기 시작했다)

③ лишь(лишь то́лько)   as soon as
   чуть(чуть то́лько)   no sooner ~ than   ~하자마자
   как то́лько   the moment

Лишь он вошёл, соба́ка зала́яла.
No sooner had he entered than the dog began to bark.
(그가 들어가자마자 개가 짖기 시작했다.)

Лишь то́лько (Как то́лько) он вошёл в ко́мнату, (как) возни́к спор.
He had no sooner entered the room than an argument started.
(그가 그 방에 들어가자마자 말다툼이 시작되었다.)

Лишь то́лько скры́лось со́лнце, ста́ло о́чень хо́лодно.
The moment the sun disappeared, it became very cold.
(태양이 자취를 감추자마자 아주 추워졌다.)

Как то́лько со́лнце скры́лось за горизо́нтом, сра́зу поду́л ре́зкий, холо́дный ве́тер.
The very moment the sun set beyond the horizon, a sharp, cold wind began blowing.
(태양이 지평선 뒤로 사라지자마자 느닷없이 모진 찬 바람이 불기 시작했다.)

Как то́лько я вошёл в рестора́н, я встре́тил мою́ знако́мую из Москвы́.
As soon as I walked into the restaurant, I met my friend from Moscow.
(내가 그 식당에 들어가자마자 나는 모스끄바에서 온 나의 친구를 만났다.)

④ пока́
　в то вре́мя, как　} (while ~하는 동안, ~할 때)
　ме́жду тем как

Пока́ (В то вре́мя, как) я чита́л, шёл снег.
While I was reading, it was snowing.
(내가 읽고 있는 동안, 눈이 오고 있었다.)

Пока́ мы вас жда́ли, я всё рассказа́л ему́.
While we were waiting for you, I told him everything.
(우리가 당신을 기다리고 있는 동안, 나는 그에게 모든 것을 다 말했다.)

⑤ пока́ ~ не (until ~할 때까지)

Не де́лайте ничего́, пока́ я не напишу́ вам.
Don't do anything until I write you.
(내가 당신에게 편지를 쓸 때까지, 아무일도 하지마시오.)

Мы стоя́ли под де́ревом, пока́ дождь не переста́л.
We stopped under a tree till the rain stopped.
(우리는 비가 그칠 때까지 나무 밑에 서 있었다.)

⑥ по́сле того́ как (after ~후에)

По́сле того́ как он уе́дет, я вам всё скажу́.
After he leaves, I will tell you everything.
(그가 떠난 후에, 당신에게 모든 것을 다 말하겠다.)

По́сле того́ как он верну́лся, он жени́лся.
After he returned, he got married.
(그는 돌아온 후에 결혼하였다.)

⑦ пре́жде чем
　　пе́ред тем как　} (before ~전에)
　　до того́ как

Он уе́хал пре́жде чем мы верну́лись.
He left before we returned.
(그는 우리가 돌아오기 전에 떠났다.)

Пре́жде чем он ска́жет нам, я хочу́ поговори́ть с тобо́й.
Before he tells us, I want to have a talk with you.
(그가 우리에게 이야기 하기 전에 나는 당신과 이야기하고 싶다.)

Она́ бу́дет гото́ва, пре́жде чем вы придёте.
She will be ready before you arrive.
(당신이 도착하기 전에 그녀는 준비가 다 될 것입니다.)

Произошло́ здесь мно́го несча́стных слу́чаев до того́, как расши́рили доро́гу.
Many accidents happened here before they widened the road.
(도로를 넓히기 전에 여기서 많은 사고가 일어났다.)

⑧ с тех пор, как (since ~한 이래로, ~한 후로)

С тех пор как мы прие́хали, мы ни ра́зу не́ были в теа́тре.
Since we arrived here, we have not been a single time to the theater.
(우리가 도착한 후로, 우리는 한번도 극장에 간 적이 없다.)

Он заме́тно поседе́л с тех пор, как мы расста́лись с ним.
He had gone perceptibly grey since we parted from him.
(우리가 그와 헤어진 후로, 그는 눈에 띄게 백발이 되었다.)

УРОК 23 접속사

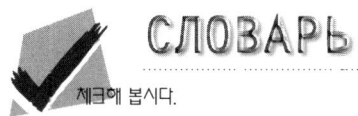

СЛОВАРЬ
체크해 봅시다.

па́чка	f. bundle, pack 다발, (담배의) 한 갑	
тигр	m. tiger 호랑이	
скаме́йка	f. bench 걸상, 벤치	
нужда́ться	impf. be in want, need 부족하다, 필요하다.	
тракти́р	m. eating-house, pub 하급 음식점, 선술집	
игра́ть на билья́рде	impf. play billiards 당구를 치다.	
гру́стный	a. sad 슬픈, 우울한	
до сих пор	up to now, till now 지금까지	
отъе́зд	m. departure 출발, 떠나감	
охо́та	f. wish, desire 열의, 욕망 (술어) ~하고 싶다	
постара́ться	pf. try 노력하다, 힘쓰다	
охо́тно	ad. gladly, willingly 기꺼이, 자진하여	
не́ту (coll) = нет	нет의 속어, 구어	
холоди́льник	m. refrigerator 냉장고	
прохла́дный	a. fresh, cool 시원한, 서늘한	
худе́ть	impf. grow thin 여위다	
похуде́ть	худе́ть의 pf	
отка́зываться	impf. refuse 거절하다.	

обрати́ться	pf. appeal 호소하다.
коро́бка	f. case, box 작은 곽, 갑
посиде́ть	pf. sit (for a while) (잠시) 앉아 있다.
проголода́ться	pf. get hungry 시장기를 느끼다.
гря́зный	a. dirty 더러운, 불결한
билья́рд	m. billiards 당구
глу́пый	a. foolish, stupid 우둔한, 바보같은
злой (зол, зла, зло)	a. evil, bad, wicked 악의있는, 나쁜 마음의
оста́ться	pf. stay, remain 남다, 잔류하다.
серьёзно	ad. seriously 진지하게, 심각하게
беспоко́иться	impf. worry 걱정하다, 근심하다.
вида́ться	impf. see one another meet 면회하다, 만나다
б (part.) = бы	단모음으로 끝나는 낱말의 뒤에서 사용
проводи́ть	pf. see off 전송하다. accompany 동행하다.
стра́нный	a. strange 기이한, 이상한

зарпла́та	f. salary, wages 임금, 급료	проти́вно	prep. against, contrary to 반대하여, 어기고
чуда́к	m. crank 괴짜, 기인	выходи́ть	impf. go out 나가다, 나오다.
уплати́ть	pf. pay 지불하다.	вот-во́т	ad. just, on the point of 곧, 이제 곧
прийти́сь	pf. have to ~하지 않으면 안된다. fit 적합하다.	изби́ть	pf. beat (up) 마구 때리다.
продли́ть	pf. prolong 늘이다. extend 연장하다.	окамене́лый	a. petrified 돌로 변한
су́мма	f. sum 금액, 총액, 총계	образо́ванный	a. educated 교육받은, 교양있는
опера́ция	f. operation 수술, 작전, 사무, 업무	возни́кнуть	pf. arise, spring up 일어나다, 생기다.
всё обошло́сь благополу́чно	(everything turned out all right)	возни́кнуть(ну, нешь 과거 ник, ла)	
благополу́чный	a. successful 순조로운	скры́ться	pf. hide 숨다, 몸을 숨기다.
поступи́ть	pf. enter 들어가다, 입학하다.	обойти́сь	pf. treat, turn out, end 대우하다, 결과 ~이 되다.
лёд тро́нулся	the ice has begun to break (해빙기가 되어) 얼음이 움직이기 시작하였다.	благополу́чно	ad. well, happily 순조롭게, 무사히
лы́жа	f. ski 스키	тро́нуться	pf. start, set out 움직이기 시작하다.
(ходи́ть на лы́жах to ski 스키를 타다.)		сдержа́ть	(a promise) (약속을) 지키다.
зачем	ad. why, what for 왜, 무슨 목적으로	заста́ть	pf. find 만나다, 찾아내다.
сдержа́ть сло́во	keep one's word 약속을 지키다.	зато́	conj. but to make up for it, but then 그 대신에
торопи́ться	impf. hurry, hasten, 서두르다.	вы́глядеть	impf. look ~처럼 보이다.
		напо́мнить	pf. remind of 상기시키다.
пройти́	pf. pass, walk by 통과하다, 지나가다.	собира́ться	impf. intend, prepare, 하려고 하다, 준비하다.

УРОК 23 접속사

вид	m. view, look, appearance 모양, 외관	обре́зать	pf. cut, prune 잘라 줄이다, 자르다.
мёртвый	a. dead 죽은, 조용한	греть	impf. warm, heat 덥게하다, 따뜻하게 하다.
зала́ять	pf. bark (개가) 짖다.		
спор	m. argument 논쟁, 말다툼	соскреба́ть	impf. scrape away 긁어버리다.
горизо́нт	m. horizon 수평선, 지평선		
ре́зкий	a. harsh, sharp 날카로운, 예리한	бульва́р	m. avenue 가로수 길
		берёза	f. birch 자작나무
поду́ть	дуть의 pf	черёмуха	f. bird cherry 벚꽃
несча́стный	a. unhappy 불행한	кле́йкий	a. sticky 끈끈한, 점착하는
расши́рить	pf. broaden, widen 넓히다, 확장하다.	ли́па	f. lime(- tree) 보리수
		по́чка	f. bud 꽃봉오리
заме́тно	ad. noticeably 현저하게, 명백히	га́лка	f. jackdaw, daw 갈 가마귀
		го́лубь	m. pigeon, dove 비둘기
стара́ться	impf. try, make an effort 힘쓰다, 노력하다.	гнездо́	n. (pl гнёзда) nest (새의)둥지
сра́зу	ad. right away, at once 즉시, 단번에	му́ха	f. fly 파리
		пригре́ть	pf. warm 따뜻하게 하다.
расста́ться	pf. part with, leave 헤어지다, 이별하다.	уро́довать	impf. deform, mutilate 불구로 만들다.
случи́ться	pf. happen, come about 일어나다, 생기다.	жа́ться	impf. huddle up, press close 바싹 달라붙다.
хотя́	conj. though 비록 ~이지만, ~이나	трава́	f. grass 풀, 초본
изуро́довать	уро́довать의 pf block up 틀어막다.	счища́ть	impf. clear away, clean off 청소하다.
забива́ть	impf. hammer in 때려 박다.	дыми́ть	impf. smoke 연기를 내다.
		дуть	impf. blow 바람이 불다
тра́вка	f. dim of трава́, трава의 지소, 애칭	слу́чай	m. case, event, incident 경우, 사건, 기회
пробива́ться	impf. push up, shoot 자라다, 음이 트다.	выгоня́ть	impf. drive out, expel 쫓아내다, 내몰다.

оживáть	impf. revive, come to life 소생하다.	свящéнный	a. holy, sacred 신성한, 숭고한
газóн	m. lawn 잔디, 잔디밭	блáго	n. happiness, good, blessing 선, 행복
плитá	f. flagstone, plate 판석, 포석	располагáть	impf. dispose, gain 배열하다, 마음을 쏠리게 하다.
тóполь	m. poplar 포플러, 백양		
распускáть	impf. spread 넓히다, 펴다	вы́думать	pf. make up, invent 생각해내다, 고안하다.
пахýчий	a. strong-smelling, odorous (강렬한) 향기가 있는	состоя́ться	impf. take place 행해지다, 집행되다.
надувáть	impf. inflate 부풀게 하다.		
лóпаться	impf. break 깨어지다. burst 터지다.	сырóй	a. damp 축축한, 습기가 찬
воробéй	m. sparrow 참새	обмáнывать	impf. cheat, deceive 기만하다, 속이다.
по-весéннему	ad. as in spring 봄답게, 봄처럼	считáть	impf. consider, count ~라고 생각하다.
рáдостный	a. joyful, glad 기쁜, 즐거운	бóжий	a. God's 신의, 신이 창조한
жужжáть	impf. hum, buzz 웅웅거리다	существó	n. being, essence 존재, 본질
пригрéтый сóлнцем	태양으로 따뜻해진	соглáсие	n. consent, harmony 동의, 화합
насекóмое	n. insect 곤충	влáствовать	impf. hold sway(over), rule 지배하다, 통치하다.
весёлый	a. merry, cheerful 즐거운, 유쾌한		
весёлый(вéсел, веселá, вéсело)		пи́шущая маши́на(маши́нка)	typewriter 타자기
растéние	n. plant 식물, 초목	забóтиться	impf. take care (of) 보살피다, 배려하다.
переставáть	impf. cease, stop 그만두다, 중지하다.	слóвно	conj. or ad. as if, like, as 마치, 흡사
мýчить	impf. (col. мýчать) torment 괴롭히다.		

УРОК 23 접속사

 УПРАЖНЕНИЯ

[1] 우리말로 옮겨라.

1. Что бы ни случилось, он всегда старался казаться спокойным.

2. В то время как в поле дует ветер, в лесу тихо и тепло.

3. Было так тепло, будто (словно) уже наступила весна.

4. Чем больше я читал, тем больше мне нравилась книга.

5. Мы хотим читать по-русски так же хорошо, как он читает по-английски.

6. Хотя мой товарищ хорошо знает русский язык, а этой фразы перевести не мог.

7. Как ни старались люди, собравшись в одно небольшое место несколько сот тысяч, изуродовать ту землю, на которой они жались, как ни забивали камнями землю, чтобы ничего не росло на ней, как ни счищали всякую пробивающуюся травку, как ни дымили каменным углем и нефтью, как ни обрезывали деревья и ни выгоняли всех животных и птиц, — весна была весною даже и в городе.

8. Солнце грело, трава, оживая, росла и зеленела везде, где только не соскребли её, не только на газонах бульваров, но и между плитами камней, и берёзы, тополи, черёмуха распускали свои клейкие и пахучие листья, липы надували лопавшиеся почки; галки, воробьи и голуби по-весеннему

ра́достно гото́вили уже́ гнёзда, и му́хи жужжа́ли у стен, пригре́тые со́лнцем. Ве́селы бы́ли и расте́ния, и пти́цы, и насеко́мые, и де́ти.

9. Но лю́ди — больши́е, взро́слые лю́ди — не перестава́ли обма́нывать и му́чать себя́ и друг дру́га. Лю́ди счита́ли, что свяще́нно и ва́жно не э́то весе́ннее у́тро, не э́та красота́ ми́ра бо́жия, да́нная для бла́га всех суще́ств, — красота́, располага́ющая к ми́ру, согла́сию и любви́, а свяще́нно и ва́жно то, что они́ са́ми вы́думали, чтобы вла́ствовать друг над дру́гом.

[2] 러시아어로 옮겨라.

1. 그는 매우 분주하기 때문에 친구들에게 편지 쓸 시간이 없다.

2. 우리는 우리의 일을 다 끝마쳐야 했기 때문에 늦었다.

3. 매우 무더웠기 때문에 나는 오랫동안 잠들 수가 없었다.

4. 연습문제는 많이 하면 많이 할수록 더 좋다.

5. 우리가 그 집에 들어가자 마자, 소나기가 오기 시작했다.

6. 그녀가 떠난 이후 많은 시간이 지나갔다.

7. 그녀가 거리에 나가자 마자 비가 오기 시작했다.

8. 나는 매우 피곤함에도 불구하고 (несмотря́ на то что), 일을 하기 시작했다.

9. 아무리 노력한다고 해도 나는 기간 안에 많은 일을 끝낼 수 없었다.

10. 매우 강한 바람이 불고 있었으나, 그래도 (однáко) 작업은 중지 (прекращáться, прекращáлась) 되지 않았다.

[3] 러시아어에 해당하는 영어를 아래 난에서 골라 그 번호를 써라.

1. Он сидéл у меня, покá я не кóнчил рабóтать.
2. Моя сестрá чáсто посещáет концéрты, так как óчень лю́бит му́зыку.
3. Матч не состои́тся сегóдня ввиду́ плохóй погóды.
4. Моя́ пи́шущая маши́нка такáя стáрая, что не рабóтает.
5. На у́лице бы́ло сы́ро, оттогó что шёл дождь.
6. Лишь тóлько он э́то сказáл, все замолчáли.
7. Футбóл мне нрáвится бóльше, чем волейбóл.
8. Этот человéк забóтится обо мнé, слóвно роднóй брат.
9. Несмотря́ на дождь, тури́сты продолжáли свой путь.
10. Как тóлько стáло светлó, мы вы́шли из деревни.

① The match will not take place today in view of the bad weather.
② My typewriter is so old that it doesn't work.
③ He sat with me until I finished working.
④ It was wet in the street because it had been raining.
⑤ My sister often goes to concerts as she is very fond of music.
⑥ In spite of the rain the tourists continued on their way.
⑦ As soon as it grew light, we left the village.
⑧ Hardly had he said it when all grew silent.
⑨ This man takes care of me as my own brother would.
⑩ I am more fond of football than of volley ball.

24 수사
(Имя числительное, Numeral)

일정한 수를 나타내는 낱말을 수사(數詞)라고 한다. 러시아어의 수사는 예외, 특수성 및 불규칙성 때문에, 영어의 수사보다 다소 복잡하나 다른 나라 말로 옮기는 데 큰 어려움은 없다.

수사에는 다음과 같은 4종류가 있다.

1) 개수사 : 개수사란 한 개, 두 개, 세 개등(one, two, three etc.) 물건의 개수를 표시하는 수사이다.
2) 순서수사 : 순서수사란 첫번째, 두번째, 세번째등(first, second, third etc.) 순서를 표시하는 수사이다.
3) 집합수사 : 집합수사는 사람이나 사물의 집단을 표시하는 수사이다. (óба — both, двóе — two, a couple of, трóе — three) 집합수사는 영어에서 보다 러시아어에서 더욱 널리 사용된다.
4) 분수사 : 분수사는 개수사(분자)와 순서수사(분모)의 결합에 의하여 표시된다. (однá треть — one third)

1. 개수사

(1) 기본적인 개수사

1	оди́н	one
2	два	two
3	три	three
4	четы́ре	four
5	пять	five
6	шесть	six

7	семь	seven
8	во́семь	eight
9	де́вять	nine
10	де́сять	ten
11	оди́ннадцать	eleven
12	двена́дцать	twelve
13	трина́дцать	thirteen
14	четы́рнадцать	fourteen
15	пятна́дцать	fifteen
16	шестна́дцать	sixteen
17	семна́дцать	seventeen
18	восемна́дцать	eighteen
19	девятна́дцать	nineteen
20	два́дцать	twenty
30	три́дцать	thirty
40	со́рок	forty
50	пятьдеся́т	fifty
60	шестьдеся́т	sixty
70	се́мьдесят	seventy
80	во́семьдесят	eighty
90	девяно́сто	ninety
100	сто	one hundred
200	две́сти	two hundred
300	три́ста	three hundred
400	четы́реста	four hundred
500	пятьсо́т	five hundred
600	шестьсо́т	six hundred
700	семьсо́т	seven hundred
800	восемьсо́т	eight hundred
900	девятьсо́т	nine hundred
1000	ты́сяча	one thousand
2000	две ты́сячи	two thousand
3000	три ты́сячи	three thousand

4000	четы́ре ты́сячи	four thousand
5000	пять ты́сяч	five thousand
6000	шесть ты́сяч	six thousand
10,000	де́сять ты́сяч	ten thousand
100,000	сто ты́сяч	one hundred thousand
1,000,000	милли́он	one million
1,000,000,000	миллиа́рд	one billion

[주의] 1. оди́н은 남성 оди́н, 중성 одно́, 여성 одна́, 복수 одни́의 형태를 가진다.

2. два는 남성과 중성에 две는 여성에 사용된다.

3. 11에서 19까지는 어미에 -на와 -дцать가 붙어 있다. -дцать는 де́сять(10)의 옛 형이다. 따라서 оди́ннадцать는 оди́н-на-дца́ть 즉 1+10 (one over ten) 의 뜻이다. 마찬가지로 двена́дцать는 две-на-дца́ть 즉 2+10 (two over ten)의 뜻이다. 또 два́дцать, три́дцать는 two ten(s) (2X10), three ten(s) (3X10)의 뜻이다. -дцать는 [ццать]로 발음한다.

4. 20, 30은 -дцать로 끝나고, 50~80은 -де́сят로 끝난다. -де́сят는 де́сять의 고대 러시아어의 복수 생격형이다. 50, 60에서는 강세가 어미에 70, 80에서는 강세가 낱말 앞 머리에 온다.

5. 강세가 없는 모음 е와 я는 매우 약하게 발음한다.
    во́семь,   де́вять,   де́сять

6. 5(пять)에서 30(три́дцать)까지의 개수사는 ь로 끝난다.

7. 50(пятьдеся́т)   60(шестьдеся́т)
    70(се́мьдесят)   80(во́семьдесят)
    500(пятьсо́т)   600(шестьсо́т)
    700(семьсо́т)   800(восемьсо́т)
중간에 (두 어근 사이에) ь가 있다.

(2) 개수사의 분류

러시아어의 개수사에는 단일수사, 합성수사 및 복합수사가 있다.

① 단일수사
    하나의 어근으로 된 것이다.

два	two, 2	пять	five, 5
семь	seven, 7	со́рок	forty, 40
сто	one hundred, 100		

② 합성수사

두개의 어근으로 구성된 것이다.

двена́дцать	twelve 12 (две-на-дцать)
три́дцать	thirty 30 (три-дцать)
шестьдеся́т	sixty 60 (шесть-десят)

③ 복합수사

두개 이상의 숫자로 구성되는 수를 말한다.

два́дцать оди́н	twenty-one 21
со́рок семь	forty-seven 47
сто два́дцать пять	one hundred and twenty-five 125

복합수사를 이르는 숫자는 따로 떼어서 쓴다.

(3) 개수사와 명사, 형용사와의 결합

① 수사 하나(оди́н, одно́, одна́)는 그것이 수식하는 명사와 성, 수, 격에 있어서 일치한다.

оди́н	стол	оди́н	ру́сский	журна́л
одно́	окно́	одно́	ру́сское	сло́во
одна́	ко́мната	одна́	ру́сская	кни́га

Оди́н но́вый стол
One new table (한 개의 새 탁자)

Три́дцать одна́ молода́я де́вушка
Thirty-one young girls (31명의 젊은 소녀들)

Я ви́дел со́рок одну́ пти́цу.
I saw forty-one birds. (나는 41마리의 새를 보았다.)

Он пришёл с двадцатью одним маленьким мальчиком.
He came with twenty-one little boys.
(그는 21명의 어린 소년들과 함께 왔다.)

Я получил за год тридцать одно письмо.
I received thirty-one letters in a year.
(나는 1년에 31통의 편지를 받았다.)

② 복수형 одни는 "한 개"가 두 개 이상 있다는 뜻이 아니다.

i) 복수형 одни는 단수가 없는 명사와 함께 쓰인다.

одни   часы   one watch (시계 한 개)
одни   ножницы   one pair of scissors (가위 한 자루)
одни   брюки   one pair of trousers (양복 바지 한 벌)

Я купил одни часы и одни ножницы.
I bought one watch and one pair of scissors.
(나는 시계 한 개와 가위 한 자루를 샀다.)

ii) 복수형 одни는 "단지, 뿐", "홀로, 혼자서", "어떤 사람들"의 뜻이 있다.

На собрании были одни женщины.
Only women attended the meeting.
(회의에는 여성들만이 참석했다.)

Они сидели там одни.
They sat there alone.
(그들은 그곳에 홀로 앉아 있었다.)

Одни мальчики съели почти весь хлеб.
The boys alone ate up almost all the bread.
(그 소년들만이 모든 빵을 거의 다 먹었다.)

Одни думают так, а другие — иначе.
Some think so, but others otherwise.
(어떤 사람들은 그렇게 생각하나 다른 사람들은 다르게 생각한다.)

УРОК 24 수사

③ 수사 два, три, четы́ре(2, 3, 4)가 주격일때 함께 쓰이는 명사는 단수생격이 되고, 형용사는 복수생격이 된다. (여성 명사일 때에는 복수주격도 쓸 수 있다)

 два стола́   two tables (두 개의 탁자)
 три студе́нта three students (세 명의 학생)
 две кни́ги   two books (두 권의 책)

 два ру́сских журна́ла
   (복수생격) (단수생격)
 two Russian magazines (두 권의 러시아어 잡지)

 четы́ре но́вых (но́вые) кни́ги
   (복수생격) (복수주격) (단수생격)
 four new books (네 권의 책)

 На столе́ лежа́т (лежи́т) три но́вых кни́ги.
 Three new books lie on the table.
 (세 권의 새 책이 탁자 위에 놓여 있다.)

 Постро́ено четы́ре но́вых больши́х до́ма.
 Four large new houses have been built.
 (4채의 새 큰 집이 건축되었다.)

 Сего́дня в газе́те два ва́жных изве́стия.
 Today there are two important items in the newspaper.
 (오늘 신문에 두가지 중요한 기사가 실려있다.)

④ 수사 пять(5) 이상이 주격일 때, 함께 쓰이는 명사, 형용사는 복수생격이 된다.

 пять столо́в   five tables (다섯 개의 탁자)
 шесть студе́нтов six students (여섯 명의 학생)

 пять ру́сских журна́лов
   (복수생격) (복수생격)
 five Russian magazines (다섯 권의 러시아어 잡지)

 два́дцать ру́сских же́нщин
   (복수생격) (복수생격)
 twenty Russian women (20명의 러시아 여자)

Прие́хало три́дцать шесть но́вых делега́тов.
Thirty-six new delegates have arrived.
(36명의 새 대표위원들이 도착했다.)

⑤ 복합수사와 함께 쓰이는 명사의 수와 격은 복합수사의 마지막 수사에 따라 결정된다.

два́дцать оди́н каранда́ш (단·주)
twenty-one pencils (21자루의 연필)
три́дцать оди́н студе́нт (단·주)
thirty-one students (31명의 학생)

два́дцать два карандаша́ (단.생)
twenty-two pencils (22자루의 연필)
три́дцать два стде́нта (단·생)
thirty-two students (32명의 학생)

два́дцать пять карандаше́й (복·생)
twenty-five pencils (25자루의 연필)
три́дцать пять студе́нтов (복·생)
thirty-five students (35명의 학생)

(4) 100이상 개수사의 유의점

① сто(100)는 다음과 같이 변화한다.

	주격	생격	여격	대격	조격	전치격
단수	сто	ста	ста	сто	ста	ста
복수	ста	сот	стам	ста	ста́ми	стах

② две́сти 200 (-сти는 сто의 파생어이다.)
три́ста 300 четы́реста(-ста는 сто의 단수생격.)
пятьсо́т 500
шестьсо́т 600

семьсо́т   700
восемьсо́т 800
девятьсо́т 900   (-сот는 сто의 복수생격.)

　　i) 위의 개수사는 두개의 어근을 가지며 -сти, -ста, -сот는 сто(100)를 의미한다.

　　ii) 수사 пятьсо́т, шестьсо́т, семьсо́т, восемьсо́т, девятьсо́т는 두 어근 중간에 ь(연음부)가 있다.

③ ты́сяча(1,000)는 да́ча와 같은 여성명사로 취급하고, миллио́н(1,000,000)는 журна́л과 같은 남성명사로 취급한다. 따라서 2000은 две ты́сячи로 두 낱말을 떼어 쓰고, ты́сячи는 단수생격형이다. 5000은 пять ты́сяч로 ты́сяч는 복수생격형이다. 200만은 два миллио́на, 1000만은 де́сять миллио́нов이다.

④ 두개 이상의 수사로 구성되는 복합수사의 각 구성부문은 떼어서 쓴다.

　　131 — сто три́дцать оди́н
　　　　　one hundred and thirty-one
　　458 — четы́реста пятьдеся́т во́семь
　　　　　four hundred and fifty-eight

(5) 수사 + 명사가 주어일 때의 술어

① 수사+명사가 주어일 때 술어는 복수도 될 수 있고 단수도 될 수 있다.

В кла́ссе сидя́т (от сиди́т) пять ученико́в.
Five pupils sit in the classroom.
(교실에 5명의 학생이 앉아 있다.)

На столе́ лежа́т (от лежи́т) три кни́ги.
Three books lie on the table.
(세 권의 책이 탁자 위에 놓여 있다.)

371

② 과거 시제에서 술어는 복수도 될 수 있고 단수도 될 수 있다. 그러나 단수형이 사용될 때는 과거시제의 동사는 반드시 중성이어야 한다.

В кла́ссе сиде́ли (or сиде́ло) пять ученико́в.
Five pupils sat in the classroom.
(교실에 5명의 학생이 앉아 있었다.)

На столе́ лежа́ли (or лежа́ло) три кни́ги.
Three books lay on the table.
(세 권의 책이 탁자 위에 놓여 있었다.)

③ 시간, 돈, 연령 등을 표현할 때는, 술어는 단수만이 쓰인다.

У него́ бы́ло пятьдеся́т рубле́й.
He had fifty roubles. (그는 50루불을 가지고 있었다.)

Бы́ло пять часо́в.
It was five o'clock. (5시 였다.)

Ему́ бы́ло два́дцать два го́да.
He was tewenty-two years old. (그는 22세 였다.)

Ей бы́ло три́дпать лет.
She was thirty years old. (그녀 30세 였다.)

[주의] 1. 사람의 연령은 год로 표현한다.

　　два, три, четы́ре 뒤에는 го́да를 쓰고
　　пять 이상의 수나 мно́го, ско́лько, не́сколько 등 수량을 나타내는 말 뒤에는 лет를 쓴다. лет는 ле́то의 복수 생격이다.

2. 연령을 표시할 때 그 대상이 되는 사람은 여격이 된다.

3. How old are you? 의 러시아어 표현은 Ско́лько вам лет?이다.

Ско́лько вам лет?	How old are you?
	(당신은 몇 살입니까?)
Мне два́дцать лет.	I am twenty years old.
	(나는 20살입니다.)
Ему́ три́дцать оди́н год.	He is thirty-one years old.
	(그는 31살입니다.)
Ей два́дцать три го́да.	She is twenty three years old.
	(그녀는 23세입니다.)

④ мно́го(much, a lot 많은), ма́ло(little 조금의), ско́лько(how much? 얼마, 몇), не́сколько(a few, several, some 약간, 몇몇, 다소간의), килогра́мм(kilogram 킬로그램), литр(liter 리터), буты́лка(bottle 병), ба́нка(jar 단지, 병)등 수량대명사가 명사와 결합할 때, 명사는 생격이 된다. (수량생격). 이 경우 셀수 없는 명사(물질명사나 추상명사)는 단수 생격이 된다.

ско́лько све́та!	how much light here! (얼마나 밝은 장소인가!)
мно́го во́здуха	much air (많은 공기)
ма́ло воды́	little water (조금의 물)
литр молока́	a liter of milk (1리터의 우유)
кило́ хле́ба	a kilogram of bread (1킬로의 빵)
кусо́к са́хара	a lump of sugar (한 덩어리의 설탕)
ба́нка ма́сла	a jar of butter (한 통의 버터)
стака́н воды́	a glass of water (한 잔의 물)
буты́лка вина́	a bottle of wine (포도주 한 병)

[주의] мно́го 등과 함께 쓰이는 물질명사 (예, вино́)가 그 종류를 나타낼 때는 복수생격이 된다.
　　　мно́го вин　many wines (많은 종류의 포도주)

⑤ мно́го, ма́ло, ско́лько, не́сколько 등 수량 대명사가 셀수 있는 명사와 결합할 때는, 명사는 복수생격이 된다.

мно́го книг	many books (많은 책)
мно́го люде́й	a lot of people (많은 사람들)
не́сколько мосто́в	a few bridges (몇 개의 다리)
ско́лько уче́бников	how many text-books (몇 권의 교과서)
па́чка папиро́с	a pack of cigarettes (담배 한 갑)

[주의] 수사와 челове́к
челове́к에는 두가지 뜻이 있다. 하나는 사람, 인간(person, man)이라는 뜻이고 다른 하나는 (몇)사람, (몇)명의 뜻이다.

① 사람, 인간의 뜻

Со́ня — ми́лый челове́к и о́чень хоро́ший педаго́г.
Sonya is a nice person and a very good teacher.
(쏘냐는 좋은 사람이고 아주 훌륭한 교사이다.)

사람, 인간이라는 뜻의 **челове́к**의 복수는 **лю́ди**이다.

	주격	생격	여격	대격	조격	전치격
단수	челове́к	челове́ка	челове́ку	челове́ка	челове́ком	челове́ке
복수	лю́ди	люде́й	лю́дям	люде́й	людьми́	лю́дях

Во вре́мя пое́здки я познако́мился с интере́сными людьми́.
At the time of the travel, I became acquainted with interesting people.
(여행할 때, 나는 재미있는 사람들과 친분을 맺게 되었다.)

② 몇 사람, 몇 명의 뜻

수사, 부정(不定)개수사와 함께 사용하여 사람의 수를 셀 때는 **лю́ди**를 사용하지 않고 **челове́к**의 복수형을 사용한다. 그러나 **мно́го**와 **ма́ло** 뒤에는 **люде́й**를 사용한다.

челове́к의 복수 변화

주격	생격	여격	대격	조격	전치격
челове́ки	челове́к	челове́кам	челове́к	челове́ками	челове́ках

i) челове́к의 복수형은 수사와 결합할 때만 사용한다.
ii) 복수생격 челове́к는 단수주격 челове́к와 동형이다.
iii) 복수주격 челове́ки는 古語이다.

два́дцать два челове́ка   twenty-two people (22명)
пять челове́к   five people (5명)
не́сколько челове́к   several people (몇 사람)

В магази́не бы́ло не́сколько челове́к.
There were several persons in the shop.
(상점 안에 사람들이 몇 명 있었다.)

В магази́не бы́ло мно́го люде́й.
There were many people in the shop.
(상점 안에 많은 사람들이 있었다.)

(6) 부분 생격

① 물질의 일부분이나, 일정하지 않은 양을 나타낼 때에는 생격이 사용된다.

Да́йте хле́ба. (생격)
Give me some bread. (빵을 좀 주십시오.)

Да́йте мне воды́, вина́. (생격)
Give me some water, some wine. (물 좀, 포도주 좀 주십시오.)

Да́йте мне во́ду, вино́. (대격)
Give me the water, the wine. (물, 포도주를 주십시오.)

[주의] 주다(give)라는 말에 대한 러시아어는 дава́ть, дать의 두가지가 있다.

дава́ть(불완료체) даю́, даёшь, даёт, даём, даёте, даю́т, 명령형 дава́й(те)
дать(완료체) дам, дашь, даст, дади́м, дади́те, даду́т, 명령형 дай(те)

Да́йте мне воды́. Give me some water. дай(те)는 дать라는 완료체 동사의 명령형이다. 그 뜻은 "give me once (not many times)", 즉 물을 여러 번이 아니고 한 번만 줌으로써 동작이 완료되는 것을 의미한다.

② 부분 생격에서 어떤 남성명사, чай(tea, 차), мёд(honey, 꿀), са́хар(sugar, 설탕), сыр(cheese, 치즈) 등은 단수생격 어미로 -а, -я 대신에 -у, -ю를 갖는다. 같은 격이 두가지 형태를 가지는 경우가 있는데 са́хар은 단수생격에서 어미가 а - у즉 са́хара도 되고 са́хару도 되는데, 부분 생격에서는 -у를 쓰는 경우가 많다.

Да́йте мне, пожа́луйста, ча́ю и мёду.
Please give me some tea and honey.
(차와 꿀을 좀 주십시오.)

Вот килогра́мм са́хару.
Here is a kilogram of sugar.
(여기 설탕 1킬로가 있습니다.)

Кусо́к сы́ру.
A piece of chesse.
(치즈 한 조각)

(7) 개수사의 변화

① оди́н의 변화

격 \ 성	남성	중성	여성	복수
주격	оди́н	одно́	одна́	одни́
생격	одного́	одного́	одно́й	одни́х
여격	одному́	одному́	одно́й	одни́м
대격	주 또는 생	одно́	одну́	주 또는 생
조격	одни́м	одни́м	одно́й	одни́ми
전치격	одно́м	одно́м	одно́й	одни́х

② два, три, четы́ре의 변화

격 \ 수	2	3	4
주격	два, две	три	четы́ре
생격	двух	трёх	четырёх
여격	двум	трём	четырём
대격	주 또는 생	주 또는 생	주 또는 생
조격	двумя́	тремя́	четырьмя́
전치격	двух	трёх	четырёх

③ 5에서 20, 30까지의 변화

이들 수사는 ь로 끝나는 여성 명사 ночь(night, 밤), вещь(thing, 물건), ло́шадь(horse, 말)와 동일하게 변화하고 대격은 항상 주격과 같다.

격 \ 수	5	8	11	30
주격	пять	во́семь	оди́ннадцать	три́дцать
생격	пяти́	восьми́	оди́ннадцати	тридцати́
여격	пяти́	восьми́	оди́ннадцати	тридцати́
대격	пять	во́семь	оди́ннадцать	три́дцать
조격	пятью́	восьмью́	оди́ннадцатью	тридцатью́
전치격	пяти́	восьми́	оди́ннадцати	тридцати́

④ 50, 60, 70, 80의 변화

5, 6, 7, 8과 10이 각각 변화한다. 즉 합성하는 각 부분별로 변화한다.

격 \ 수	50	60	80
주격	пятьдеся́т	шестьдеся́т	во́семьдесят
생격	пяти́десяти	шести́десяти	восьми́десяти
여격	пяти́десяти	шести́десяти	восьми́десяти
대격	пятьдеся́т	шестьдеся́т	во́семьдесят
조격	пятью́десятью	шестью́десятью	восьмью́десятью
전치격	пяти́десяти	шести́десяти	восьми́десяти

⑤ 40, 90, 100의 변화

대격은 주격과 같고 다른 모든 격은 -а로 끝난다.

격 \ 수	40	90	100
주격	со́рок	девяно́сто	сто
생격	сорока́	девяно́ста	ста
여격	сорока́	девяно́ста	ста
대격	со́рок	девяно́сто	сто
조격	сорока́	девяно́ста	ста
전치격	сорока́	девяно́ста	ста

⑥ 200 ~ 900의 변화

이들 수사는 2~9까지의 변화에 сто의 복수형(ста, сот, стам, ста, ста́ми, стах)의 변화를 결합시킨다.

격 \ 수	200	300	500
주격	две́сти	три́ста	пятьсо́т
생격	двухсо́т	трёхсот	пятьсо́т
여격	двумста́м	трёмстам	пятиста́м
대격	две́сти	три́ста	пятьсо́т
조격	двумяста́ми	тремяста́ми	пятьюста́ми
전치격	двухста́х	трёхстах	пятиста́х

[주의] 1. 400은 300과 같이 변화한다. 단 400의 조격에 -ь가 삽입된다.

четырьмястáми

2. 600, 700, 800, 900의 변화는 500과 같다.

⑦ 1,000(тысяча), 100만(миллион), 10억(миллиáрд)의 변화

수 격	1,000		1,000,000	
	단수	복수	단수	복수
주격	тысяча	тысячи	миллион	миллионы
생격	тысячи	тысяч	миллиона	миллионов
여격	тысяче	тысячам	миллиону	миллионам
대격	тысячу	тысячи	миллион	миллионы
조격	тысячей	тысячами	миллионом	миллионами
전치격	тысяче	тысячах	миллионе	миллионах

две (три, четыре) тысячи
two (three, four) thousand (2,000 (3,000, 4,000))

пять (шесть) тысяч   five (six) thousand (5,000 (6,000))
два миллиона   two million (200만)
пять миллиардов   five billion (50억)

[주의] 1. тысяч는 여성명사 задача와 같이 변화하고, миллион과 миллиард는 남성 명사 завод와 같이 변화한다.
2. тысяча, миллион, миллиард는 그 앞에 숫자가 올 때 그 수사의 요구에 따른다.
3. тысяча, миллион 그리고 миллиард. 이들 수사는 문법적으로 명사로 생각되므로 모든 격에서 그 뒤에 명사의 복수 생격이 온다.(These numerals — considered grammatically as nouns — are followed by the genitive plural of nouns in all six cases.) 다시 말하면, тысяча, миллион, миллиард는 그 격에 관계 없이 복수 생격을 지배한다.

с тысячью рублей   with one thousand rubles
  (조격) (복수생격)   (1000루불을 가지고)
о миллионе долларов   about one million dollars
  (전치격) (복수생격)   (100만불에 관하여)

이들 구문은 명사와 함께 쓰인 다른 구문과 비슷하다.

УРОК 24 수사

  с дю́жиной карандаше́й with a dozen pencils
   (조격) (복수생격) (한 다스의 연필을 가지고)

그러나 수사와 함께 쓰인 구문과는 다르다.

  с двена́дцатью карандаша́ми
   (조격)   (조격)

모든 개수사는 그것이 수식하는 명사의 격에 일치하도록 변화한다.

  Мы пришли́ к пяти́ часа́м. We arrived about five o'clock.
     (여격) (여격) (우리는 5시경에 도착했다.)

  Они́ говоря́т о семи́ рубля́х. They are speaking about seven rubles.
     (전치격) (전치격) (그들은 7루불에 관하여 이야기 하고 있다.)

миллио́н, миллиа́рд는 명사로 취급하고 ты́сяча는 명사로도, 수사로도 취급한다. 따라서 그 뒤에는 복수생격이 와도 좋고 또는 수식하는 명사의 격과 일치시켜도 좋다. 그러나 ты́сяча는 "수사로 되어가는 경향"이 있다.

그러므로 к ты́сяче рубля́м about thousand rubles
    (여격) (여격) (약 1000루불)

    с ты́сячью рубля́ми with thousand rubles
    (조격) (조격) (1000루불을 가지고)

와 같은 표현도 보통 쓰인다.

(8) 어림수의 표현법

① 전치사 о́коло(생격지배)를 사용한다.

  два часа́   two hours (두시간) two o'clock (두시)
  о́коло двух часо́в   about two hours (약 두시간)
  о́коло одного́ го́да   about one year (약 1년)

Я жил в Москве́ о́коло го́да.
I lived in Moscow for about a year.
(나는 약 1년 모스끄바에서 살았다.)

Мы гуля́ли в па́рке о́коло ча́са.
We walked in the park for about an hour.
(우리는 약 한시간 동안 공원에서 산보하였다.)

② 명사를 수사 앞에 놓으므로 어림수를 표시한다.

два часá	two hours (두 시간)
часá два	about two hours (약 두시간)
человéк дéсять	about ten people (약 열사람)
минýт двáдцать	about twenty minutes (약 20분)
киломéтров двáдцать	about twenty kilometers (약 20km)

이들 용법은 часов вóсемь, минýт трńдцать, миль двéсти 등 어림수 (round figures)와 함께 사용된다. 347, 523과 같은 숫자, 또는 одńн, тýсяча, миллион 등에는 이 용법이 사용되지 않는다.

③ 부사

приблизńтельно	approximately (대개, 약)
примéрно	approximately, roughly (대체로, 약)

<u>приблизńтельно</u> дéсять человéк
<u>about</u> ten people (약 10명)

<u>приблизńтельно (примéрно)</u> чéрез полчасá
In about half an hour (약 반시간 지나서)

<u>полчаса</u>(half an hour, 반 시간)와 같은 한 낱말 표현이 전치사와 함께 사용될 때에는 부사 приблизńтельно, примéрно가 사용되어야 한다.

④ 전치사 до(생격지배 about, approximately, ~ (정도), 까지, 약)를 사용한다.

До десятń человéк
about ten people (약 10명)

У нас в больнńце до двух тýсяч кóек.
In our hospital there are about two thousand beds.
(우리 병원에는 병상이 약 2000개 있다.)

2. 순서수사

(1) 순서수사의 형성

순서수사는 각각 그에 대응하는 개수사에서 만들어진다. 그러나 1, 2는 개수사의 어간과 전혀 다르고 3, 4, 7, 8, 40, 100 등은 변형된 어간으로 부터 만들어 진다.

1st	пе́рвый	first
2nd	второ́й	second
3rd	тре́тий	third
4th	четвёртый	fourth
5th	пя́тый	fifth
6th	шесто́й	sixth
7th	седьмо́й	seventh
8th	восьмо́й	eighth
9th	девя́тый	ninth
10th	деся́тый	tenth
11th	оди́ннадцатый	eleventh
12th	двена́дцатый	twelfth
13th	трина́дцатый	thirteenth
14th	четы́рнадцатый	fourteenth
15th	пятна́дцатый	fifteenth
16th	шестна́дцатый	sixteenth
17th	семна́дцатый	seventeenth
18th	восемна́дцатый	eighteenth
19th	девятна́дцатый	nineteenth
20th	двадца́тый	twentieth
21st	двадцать пе́рвый	twenty-first
22nd	двадцать второ́й	twenty-second
23rd	двадцать тре́тий	twenty-third
30th	тридца́тый	thirtieth
31st	тридцать пе́рвый	thirty-first
32nd	тридцать второ́й	thirty-second

33rd	три́дцать тре́тий	thirty-third
40th	сороково́й	fortieth
41st	со́рок пе́рвый	forty-first
42nd	со́рок второ́й	forty-second
43rd	со́рок тре́тий	forty-third
50th	пятидеся́тый	fiftieth
51st	пятьдеся́т пе́рвый	fifty-first
52nd	пятьдеся́т второ́й	fifty-second
53rd	пятьдеся́т тре́тий	fifty-third
60th	шестидеся́тый	sixtieth
61st	шестьдеся́т пе́рвый	sixty-first
62nd	шестьдеся́т второ́й	sixty-second
63rd	шестьдеся́т тре́тий	sixty-third
70th	семидеся́тый	seventieth
71st	се́мьдесят пе́рвый	seventy-first
72nd	се́мьдесят второ́й	seventy-second
73rd	се́мьдесят тре́тий	seventy-third
80th	восьмидеся́тый	eightieth
81st	во́семьдесят пе́рвый	eighty-first
82nd	во́семьдесят второ́й	eighty-second
83rd	во́семьдесят тре́тий	eighty-third
90th	девяно́стый	ninetieth
91st	девяно́сто пе́рвый	ninety-first
92nd	девяно́сто второ́й	ninety-second
93rd	девяно́сто тре́тий	ninety-third
100th	со́тый	hundredth
101st	сто пе́рвый	hundred and first
102nd	сто второ́й	hundred second
103rd	сто тре́тий	hundred third
120th	сто двадца́тый	hundred twentieth
130th	сто тридца́тый	hundred thirtieth
131st	сто тридца́ть пе́рвый	hundred thirty-first
132nd	сто тридца́ть второй	hundred thirty-second

133rd	сто тридца́ть тре́тий	hundred thirty-third
200th	двухсо́тый	two hundredth
300th	трёхсо́тый	three hundredth
400th	четырёхсо́тый	four hundredth
500th	пятисо́тый	five hundredth
600th	шестисо́тый	six hundredth
700th	семисо́тый	seven hundredth
800th	восьмисо́тый	eight hundredth
900th	девятисо́тый	nine hundredth
1000th	ты́сячный	thousandth
1,000,000th	миллио́нный	millionth
1,000,000,000th	миллиа́рдный	billionth

[주의] 1. 5 이상의 순서수사는 개수사 어간에 형용사 장어미 -ый, -ая, ое(-о́й, -а́я, -о́е)를 붙여서 만든다.

   пять   пя́тый, -ая, -ое
   шесть шесто́й, -а́я, -о́е

2. 순서수사는 형용사의 경변화 형식을 따르며 그것이 수식하는 명사의 성, 수, 격에 일치한다. (단 тре́тий, тре́тья, тре́тье 만은 연변화 형식을 따른다)

   девя́тый год   the ninth year (아홉번째 해)
   девя́тая зима́   the ninth winter (아홉번째 겨울)
   девя́тое окно́   the ninth window (아홉번째 창문)
   девя́той зимы́   of the ninth winter (아홉번째 겨울의)
   о девя́том ле́те   about the ninth summer (아홉번째 여름에 관하여)

3. 순서 수사 50, 60, 70, 80은 첫 부분이 단수 생격이 된다.

   пятьдеся́т   пятидеся́тый, -ая, -ое
   во́семьдесят восьмидеся́тый, -ая, -ое

(2) 합성 순서수사

합성 순서수사에서는 앞부분은 개수사의 형태를 취하고 마지막 부분만이 형용사 변화를 하여 순서수사가 된다.

   два́дцать пя́тый   twenty-fifth (제25의)
   сто се́мьдесят восьмо́й   hundred seventy-eighth (제178의)

3. 집합수사

(1) 집합수사의 형성

① 2에서 10까지의 집합수사는 다음과 같다.

    2. двóе   3. трóе   4. чéтверо
    5. пя́теро   6. шéстеро   7. сéмеро
    8. вóсьмеро (9. дéвятеро   10. дéсятеро)

이들 중 2,3,4의 집합수사는 현대 러시아어에서 자주 사용되나 9,10의 집합수사는 거의 사용되지 않는다.

② 영어의 "both"에 해당하는 집합수사는 óба, óбе (양쪽, 둘다) 이다. óба는 남성과 중성명사의 경우에 óбе는 여성명사의 경우에 각각 사용된다.

(2) 집합수사의 격변화

격 \ 성	남성, 중성	여성	3성 공통	
주 격	óба	óбе	двóе	чéтверо
생 격	обóих	обéих	двоúх	четверы́х
여 격	обóим	обéим	двоúм	четверы́м
대 격	주 또는 생	주 또는 생	주 또는 생	주 또는 생
조 격	обóими	обéими	двоúми	четверы́ми
전치격	обóих	обéих	двоúх	четверы́х

трóе는 двóе 처럼 격변화하며, 나머지는 чéтверо 처럼 변화한다. 집합수사의 사격은 거의 사용되지 않는다.

(3) 집합수사의 용법

① 집합수사는 합성수사에서는 사용되지 않는다. 개수사가 사용되어야 한다.

    двáдцать два мáльчика   twenty-two boys
    (двое는 사용되지 않는다)   (22명 소년)

② двóе, трóе와 같은 집합수사 다음에는 명사의 복수생격이 온다.

    двóе мáльчиков   two boys (두 소년)
    трóе студéнтов   three students (세 학생)

③ 집합수사는 다음과 같은 경우에 개수사 대신 사용된다.

  i) 복수형만을 가지는 명사와 함께

    двóе сýток   two days and two nights (2주야)
    трóе ворóт   three gates (세 대문)
    трóе часóв   three watches (세 개의 시계)

  ii) 사람의 양성(兩性)을 나타내는 남성명사나 중성명사와 함께

    двóе детéй   two children (두 어린이)
    чéтверо солдáт   four soldiers (네 병사들)
    трóе рабóчих   three workers (세 노동자들)

  У них двóе детéй.
  They have two children. (그들에게 두 어린이가 있다)

  У нас вчерá бы́ло трóе гостéй.
  We had three visitiors yesterday. (어제 세 사람의 방문객이 있었다)

  iii) 사람을 나타내는 집합수사는 명사없이 독립적으로 사용될 수 있다.

  <u>Трóе</u> стоя́ли на ýлице.
  <u>Three</u> (people) were standing on the street.
  (세 사람이 거리에 서 있었다.)

  <u>Céмеро</u> одногó не ждут.
  <u>Seven</u> (people) do not wait for one (person).
  (일곱 사람이 한 사람을 기다리지 않는다.)
    ☞ 속담 - 작은 것을 희생하여 큰 것을 살린다.

iv) 복수 인칭대명사 (мы, вы, они) 와 함께 관용적 구문에서 쓰인다.

Нас бы́ло <u>че́тверо</u>. There were <u>four</u> of us.
(우리는 모두 넷이었다.)

Вас здесь <u>пя́теро</u>. There are <u>five</u> of you here.
(여기 당신들은 모두 다섯 명이다.)

Их бу́дет <u>се́меро</u>. There will be <u>seven</u> of them.
(그들은 일곱 명일 것이다.)

То́лько мы <u>дво́е</u> бы́ли там. Only we <u>two</u> were there.
(우리 둘만이 그곳에 있었다.)

Вам <u>четверы́м</u> я расскажу́ о своём путеше́ствии.
I shall tell you <u>four</u> about my trip.
(당신들 네 사람에게 나의 여행에 관하여 이야기 하겠다.)

④ 집합수사 о́ба(남성, 중성), о́бе(여성)와 함께 사용되는 명사, 형용사의 격의 용법은 два, две의 경우와 마찬가지로 다음에 오는 명사는 단수생격이고 형용사는 복수생격이다.

о́ба бра́та   both brothers (두 형제)
о́ба окна́   both windows (두 창문)
о́бе ро́зы   both roses (두 장미)

О́ба <u>това́рища</u> хорошо́ учи́лись. Both comrades studied well.
(두 친구 모두 공부를 잘했다.)

Мы откры́ли о́ба <u>окна́</u>. We opened both windows.
(우리는 두 창문을 다 열었다.)

Мы купи́ли о́ба <u>больши́х стола́</u>. We bought both large tables.
(우리는 큰 탁자 두 개를 다 샀다.)

о́ба와 о́бе는 비슷한 사물이나 사람의 양쪽을 의미한다.

Я купи́л о́бе кни́ги.
I bought both books.
(나는 책 두 권을 다 샀다.)

그러나 다른 사물의 두가지를 나타낼 때는 и то и другóе(both)를 사용한다.

Я купи́л и то и другóе(крéсло и шкап).
I bought both (the armchair and the cupboard).
(나는 안락의자와 찬장 두 개를 다 샀다.)

4. 분수사

(1) 분수

① 분자는 개수사로 분모는 순서수사로 표시한다. 순서수사는 "몇분의 1"이라는 뜻을 가지고 있다.

$\frac{1}{3}$은 1단위의 $\frac{1}{3}$의 부분(трéтья часть)이다. 분모는 여성명사 часть(part, 부분)의 정어적 형용사 구실을 한다.

одна́ пя́тая(часть)	one-fifth	$\frac{1}{5}$
четы́ре пя́тых(ча́сти)	four-fifths	$\frac{4}{5}$
одна́ седьма́я(часть)	one-seventh	$\frac{1}{7}$

② 분자가 1일 때에는 분모는 단수주격이 되고, 분자가 2이상일 때에는 분모는 복수생격이 된다.

одна́ восьма́я(часть)	one-eighth	$\frac{1}{8}$
пять шесты́х(ча́сти)	five-sixths	$\frac{5}{6}$

③ 명사적 분수사 полови́на(half, $\frac{1}{2}$), треть(a third, $\frac{1}{3}$), че́тверть(a qurter, $\frac{1}{4}$)는 각각 여성명사 처럼 변화한다.

Он дал мне полови́ну свои́х де́нег.
He gave me half of his money.
(그는 자기 돈의 절반을 나에게 주었다.)

Он взял треть мои́х де́нег.
He took a third of my money.
(그는 내 돈의 3분의 1을 가지고 갔다.)

④ $\frac{2}{3}$(two-thirds)는 две тре́ти(the noun construction - 명사구문) 또는 две тре́тьих(the ordinal - numeral construction - 순서수사구문)로 표시한다.

마찬가지로 $\frac{3}{4}$(three-fourths, three quarters)은 три че́тверти(명사구문) 또는 три четвёртых(순서수사구문)으로 나타낸다. 일상생활에서는 명사구문이 더 많이 쓰인다.

⑤ 분수 뒤에 오는 명사, 형용사는 언제나 생격이고 분수가 격변화하여도, 명사, 형용사는 변화하지 않는다.

две тре́тьих ко́мнаты	two-thirds of the room
две тре́тьих студе́нтов	two-thirds of the students
с двумя́ тре́тьими студе́нтов	with two-thirds of the students

한 개의 사물의 부분을 나타낼 때에는 단수생격, 동종의 사물 전체에서의 일부를 나타낼 때에는 복수생격을 쓴다.

одна́ треть са́да	one-third of the garden (정원의 3분의 1)
три пя́тых са́хара	three-fifths of the sugar (설탕의 5분의 3)
две пя́тых на́ших ученико́в	two-fifths of our students (우리 학생들의 5분의 2)

⑥ 주격 이외의 사격(oblique case)에서 분모(순서수사)는 часть의 변화와 일치한다. 예를 들면 две пя́тых($\frac{2}{5}$)의 생격은 двух пя́тых 여격은 двум пя́тым, 조격은 двумя́ пя́тыми 이다.

Я прочитал около двух пятых (частей) этой книги.
I have read about two-fifths of this book.
(나는 이 책의 약 $\frac{2}{5}$를 읽었다.)

Шуба стоит больше трёх четвертей всех моих денег.
The fur coat costs more than three-fourths of all my money.
(그 모피 외투는 내 모든 돈의 $\frac{3}{4}$ 이상이 든다.)

⑦ 대분수는 접속사 **и**를 사용하여 정수부분과 분수부분을 결합한다. 정수를 나타내는 개수사 다음에 형용사 **целая**를 쓸 때도 있다.

$7\frac{5}{6}$ семь и пять шестых
seven and five-sixths

$1\frac{2}{5}$ одна целая и две пятых
one and two-fifths

$3\frac{4}{7}$ три целых и четыре седьмых
three and four-sevenths

(2) 소수

소수를 표시하는 방법은 10, 100, 1000 … 을 분모로 하여 분수를 표시하는 방법과 같다. 소수점 위의 수는 정수이므로 개수사를 사용하고, 그 다음에 그것이 요구하는 **целая**의 격변화를 쓰고, 다음에 소수점 이하를 10, 100 … 을 분모로 하는 분수로 표시한다.

0 (нуль, ноль)은 복수생격을 요구한다.

$0.1 = \frac{1}{10}$ одна десятая   zero point one

$0.2 = \frac{2}{10}$ две десятых   zero point two

0 은 정수이므로

0.3 ноль це́лых, три деся́тых
zero point three

0.15 ноль це́лых, пятна́дцать со́тых
zero point one five

0.121 ноль це́лых, сто два́дцать одна́ ты́сячная
zero point one two one

1.4 одна́ це́лая и четы́ре деся́тых
one point four

7.5 семь це́лых и пять деся́тых
seven point five

소수와 결합하는 명사, 형용사의 격변화는 분수의 경우와 같다.

네바강

УРОК 24 수사

СЛОВАРЬ

체크해 봅시다.

ножницы	(pl) pair of scissors 가위	съесть	pf. eat 먹다
иначе	ad. otherwise, differently 다르게, 틀리게	известие	n. news 보도, 소식, 뉴스
		педагог	m. teacher 교사, 교육가
милый	a. nice, sweet 친근한, 사랑스런	койка	f. bed (in hospital) 침대, 병상
поездка	f. trip 여행, 유람	коек	койка의 복수생격
шуба	f. fur coat 모피외투	ворота	pl. (no sing) gate, gates 문, 대문
страница	f. page 페이지		
кафедра	f. pulpit, chair 강단 sub-faculty 강좌	целый	a. entire, whole 전부의, 완전한
равняться	impf. compare (with) 비견하다 be equal (to) ~와 같다	факультет	m. faculty 학부
		общежитие	n. hostel 기숙사, 합숙소
		сообщить	pf. report 보도하다 inform 알리다
техникум	m. technical college 직업기술학교	институт	m. institute 연구소, 전문학교
курс	m. course 진로, 학년, 학원	всем миром	all together 전체로서, 일치하여
карман	m. pocket 호주머니		
витрина	f. shopwindow 진열장	останавливаться	impf. stop 멈추다, 머물다
замечательный	a. wonderful, remarkable 비범한, 우수한	сани	pl. sledge, sleigh 썰매
		делегат	m. delegate 대표(위원)

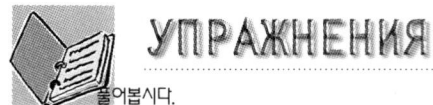

УПРАЖНЕНИЯ

[1] 우리말로 옮겨라.

1. Мы были в девяти магазинах, но не нашли этой книги.

2. Прочитайте сто девяносто седьмую страницу его доклада.

3. Сколько стоит этот костюм? Этот костюм стоит восемьсот семьдесят пять рублей. Это очень дорого.

4. В Московском университете 12 факультетов и более 200 кафедр. В общежитии для студентов и аспирантов около 6,000 комнат.

5. Расстояние между Москвой и Владивостоком равняется 7,780 километрам.

6. Я получил от него одиннадцать писем; в одиннадцатом письме он сообщил мне важную новость.

7. В Москве больше миллиона детей, юношей и взрослых учатся в школах, техникумах, институтах и на разных курсах. Почти сто тысяч студентов учатся в семидесяти восьми Московских университетах.

8. Вчера у меня было шестьсот восемьдесят четыре рубля. Так много денег у меня никогда ещё не было, и я был очень доволен собой и всем миром.

9. Я вышел из дому со своими шестьюстами восемьюдесятью четырьмя рублями в кармане и пошёл гулять по городу.

Прия́тно бы́ло остана́вливаться у ра́зных магази́нов, смотре́ть на ве́щи в витри́нах.

10. Вот в одно́й витри́не стоя́т са́ни, кото́рые сто́ят четы́реста со́рок три рубля́. Но мне сане́й не ну́жно, потому́ что у нас до́ма уже́ есть дво́е прекра́сных сане́й. В друго́й витри́не ви́жу замеча́тельные часы́, кото́рые стоя́т пятьсо́т пятьдеся́т шесть рубле́й, но у нас в до́ме уже́ есть че́тверо часо́в.

[2] 러시아어로 옮겨라.

1. 그는 몇 장의 영국 우표를 사 달라고 나에게 말하였다.

2. 2개 또는 3개의 외국어를 갈하는 사람들은 그들이 어디에 살던 쓸모가 있다.

3. 서울에는 천만 이상의 주민이 있다.

4. 도서관에는 러시아어 책이 약 5000권 있습니다.

5. 학급에는 학생이 몇 명 있슴니까? 학급에는 학생이 45명 있습니다.

6. 그에게는 자녀가 일곱인데 아들(сын, 복수주격 сыновья́, 복수생격 сынове́й) 다섯, 딸(дочь, 단수생격 до́чери)이 둘이다.

7. 이 마을 인구의 $\frac{4}{5}$가 밭(по́ле)에서 일한다.

8. 그는 이 양복을 720루불에 샀다.

9. 봉투 한 다스, 엽서 10장, 그리고 우표 6장을 주십시오.

10. 당신은 몇 살입니까? 나는 23세 입니다.

[3] 러시아어에 해당하는 영어를 아래 난에서 골라 그 번호를 써라.

1. Тури́сты прие́хали на трёх больши́х автомоби́лях.
2. На столе́ лежа́ло то́лько одно́ я́блоко.
3. Моя́ сестра́ родила́сь в ты́сяча девятьсо́т шестьдеся́т седьмо́м году́.
4. Оте́ц дал мне полови́ну свои́х де́нег.
5. Я получи́л за год три́дцать одно́ письмо́.
6. На пя́тый день он реши́л верну́ться домо́й.
7. Постро́ено четы́ре но́вых больши́х до́ма.
8. Он рабо́тает от девяти́ утра́ до пяти́ часо́в ве́чера.
9. Прие́хало три́дцать шесть но́вых делега́тов.
10. Он пришёл с двадцатью́ одни́м ма́леньким ма́льчиком.

---

① I received thirty-one letters in a year.
② Four large new houses have been built.
③ Thirty-six new delegates have arrived.
④ On the table there lay only one apple.
⑤ He came with twenty-one little boys.
⑥ The tourists arrived in three big cars.
⑦ Father gave me half of his money.
⑧ My sister was born in the year nineteen hundred and sixty-seven.
⑨ On the fifth day he decided to retum home.
⑩ He works from nine in the morning until five in the afternoon.

УРОК 25 때(연, 월, 일)를 나타내는 방법

25 때(연, 월, 일)를 나타내는 방법

1. 연도 (год, year)의 표현

(1) 연도는 순서수사로 표시한다.

  тысяча девятьсот пятьдесят девятый год
  one thousand, nine hundred, fifty-ninth year (1959)

(2) 달(месяц, month)을 표시하지 않고 "햇수"만을 나타낼 때에는 순서수사는 주격이 된다.

  Какой (который) год?
  What year? (몇 년입니까?)

  Какой теперь год?   Какой теперь у нас год?
  What year is it now? (지금은 몇 년입니까?)

  Теперь (у нас) тысяча девятьсот девяносто девятый год.
  It is now 1999. (지금은 1999년입니다.)

(3) "연, 월, 일"을 계속해서 말할 때는 햇수를 나타내는 순서수사는 생격이 된다.

  Девятое мая тысяча девятьсот сорок шестого года.
  (= 9 - -ое мая 1946 г.)
  (one thousand nine hundred and forty-six, or nineteen forty-six)
  (May 9, 1946)

  ☞ 이때 девятое는 девятый의 중성 단수형이고 мая는 май의, года는 год의 생격이다.

395

октя́брь ты́сяча девятьсо́т во́семьдесят второ́го го́да
(октя́брь 1982 г.)
one thousand, nine hundred and eighty-two, or nineteen eighty-two
(October, 1982)

(4) "햇수"와 함께 쓰여지는 전치사는 в(+전치격), к(+여격), с(+생격), до(+생격) 등이다.

В како́м году́ э́то бы́ло?
In what year was this? (이것은 몇 년에 있었습니까?)

Э́то бы́ло в ты́сяча девятьсо́т во́семьдесят второ́м году́.
(в 1982 г.) It was in 1982. (그것은 1982년에 있었습니다.)

Втора́я мирова́я война́ ко́нчилась в ты́сяча девятьсо́т со́рок пя́том году́. (в 1945 г.)
The second world war ended in 1945.
(one thousand, nine hundred, forty-fifth year)
(제2차 세계대전은 1945년에 끝났다.)

☞ год의 단수 전치격은 보통 о го́де이지만 전치사 в 뒤에서는 году́가 된다.

Всё бу́дет гото́во к 1982-му году́.
All will be ready by 1982.
(1982년까지는 모든것이 다 준비될 것이다.)

☞ второ́му는 второ́й의, году́는 год의 여격이다.

Э́то строи́тельство зако́нчится к ты́сяча девятьсо́т девяно́сто седьмо́му году́.
This construction will be finished by the year nineteen ninety-seven.
(이 건축은 1997년까지는 완공될 것이다.)

Он в Москве́ с два́дцать пя́того февраля́.
He has been in Moscow since February 25th
(그는 2월 25일 부터 모스끄바에 있다.)

УРОК 25 때(연, 월, 일)를 나타내는 방법

Он был студéнтом с 1977-го до 1982-го гóда.
He was a student from 1977 to 1982.
(그는 1977년 부터 1982까지 학생이었다.)

☞ 1977-го의 어미는 седьмóго이고 1982-го의 어미는 вторóго이다.

2. 달 (мéсяц, month)의 표현

(1) 달의 이름 (назеáние мéсяцев, the name of the months)

1. янвáрь	January	7. июль	July
2. феврáль	February	8. áвгуст	August
3. март	March	9. сентя́брь	September
4. апрéль	April	10. октя́брь	October
5. май	May	11. ноя́брь	November
6. июнь	June	12. декáбрь	December

☞ 러시아어의 달의 이름은 모두 남성명사이다. 러시아어의 달의 이름은 문장의 처음에서만 대문자로 쓰고 나머지 경우는 항상 소문자로 쓴다.

(2) "몇 월" "어느 달"의 표현

Какóй мéсяц?	What month? (몇 월입니까?)
Какóй сейчáс мéсяц?	What month is it now? (지금은 몇 월입니까?)
Сейчáс март.	It is March. (지금은 3월입니다.)

(3) "몇 월에" "어느달에"라는 표현은 в+전치격의 형태로 나타낸다. 이때 그 뒤에 오는 년(год, year)은 생격이 된다.

В какóм мéсяце?	In what month? (어느 달에)
В январé.	In January. (1월에)
Я роди́лся в декабрé.	I was born in December. (나는 12월에 태어났다.)

3. 날짜(числó, date)의 표현

(1) 날짜는 순서수사의 단수 중성형 주격으로 나타낸다. 날짜 다음에 오는 월명(月名)은 생격이 된다.

Какóе сегóдня числó? (오늘은 몇 일입니까?)
What is the date today? What date is it (today)?

Сегóдня пéрвое мáрта. (오늘은 3월 1일입니다.)
It is the first of March.. Today is March 1st.

Сегóдня восьмóе ноября́. (오늘은 11월 8일입니다.)
It is the 8th of November.

☞ 대답에는 числó는 보통 생략된다.

Какóе числó бы́ло вчера? (어제는 몇 일이였습니까?)
What date was it yesterday? What was the date yesterday?

Вчерá бы́ло седьмóе ноября́. (어제는 11월 7일이였습니다.)
Yesterday was the 7th of November.

Какóе числó бýдет зáвтра? (내일은 몇 일입니까?)
What date will it be tomorrow? What will be the date tomorrow?

Зáвтра бýдет девя́тое ноября́. (내일은 11월 9일입니다.)
Tomorrow will be the 9th of November.

(2) "몇월 몇일에" 무엇이 일어 났다는 것을 나타낼 때는 순서수사는 생격이 된다.

Какóго числá?   On what date? (몇 일에?)
Восьмóго мая   On the 8th of May (5월 8일에)

Какóго (Котóрого) числá вы бýдете в Лóндоне?
On what date will you be in London?
(몇일에 런던에 오시겠습니까?)

Я бу́ду там два́дцать седьмо́го апре́ля.
I shall be there on the 27th of April.
(나는 4월 27일에 그곳에 가겠습니다.)

Он прие́хал восьмо́го октября́.
He arrived on October 8th.
(그는 10월 8일에 도착하였다.)

Пе́рвого января́ у нас пра́здник – Но́вый год.
On January 1st, we have a holiday – the New Year's Day.
(정월 초하루는 휴일 즉 설날이다.)

В Коре́е но́вый уче́бный год начина́ется пе́рвого ма́рта.
In Korea a new school year begins on March 1st.
(한국에서 새 학년도는 3월 1일에 시작된다.)

4. 요일(дни неде́ли, The day of a week)의 표현

(1) 요일의 이름

월	понеде́льник	Monday
화	вто́рник	Tuesday
수	среда́	Wednesday
목	четве́рг	Thursday
금	пя́тница	Friday
토	суббо́та	Saturday
일	воскресе́нье	Sunday

(2) "무슨 요일"의 표현

Како́й сего́дня день (неде́ли)?
What day(of the week) is it (today)?
(오늘은 무슨 요일입니까?)

Сегóдня суббóта. It is Saturday. (Today is Saturday.)
(오늘은 토요일입니다.)

Какóй день недéли был вчерá? What day was yesterday?
(어제는 무슨 요일이였습니까?)

Вчерá былá пя́тница. It was Friday.
(Yesterday was Friday.)
(어제는 금요일이였습니다.)

Какóй день недéли бýдет зáвтра? What day will it be tomorrow?
(내일은 무슨 요일입니까?)

Зáвтра бýдет воскресéнье. It will be Sunday.
(일요일입니다.)

(3) "무슨 요일에"는 в+대격으로 나타낸다.

<u>В суббóту</u> я не бýду в шкóле.
On Saturday I do not go to school.
(토요일에 나는 학교에 가지 않는다.)

В какие дни недéли у вас урóки рýсского языкá?
What day do you have your Russian lesson?
(어느 요일에 당신의 러시아어 수업이 있습니까?)

<u>В понедéльник</u>, в <u>срéду</u>, и в <u>пя́тницу</u>.
On Monday, Wednesday, and Friday.
(월요일, 수요일 그리고 금요일에 있습니다.)

(4) "무슨 주에"는 на+전치격으로 나타낸다.

<u>На</u> бýдущей недéле бýдут экзáмены.
Next week there will be examinations. (다음주에 시험이 있다.)

<u>на</u> прóшлой <u>недéле</u>　　last week (지난 주에)
<u>на</u> э́той <u>недéле</u>　　this week (금 주에)
<u>на</u> бýдущей <u>недéле</u> ⎤
<u>на</u> слéдующей <u>недéле</u> ⎦ next week (다음 주에)

Он уезжа́ет в суббо́ту на э́той неде́ле.
He is going away on Saturday this week.
(그는 이번주 토요일에 출발합니다.)

5. 시간(час, hour)의 표현

러시아어로 시간을 표시할 때는 개수사를 사용하는 경우와 순서수사를 사용하는 경우가 있다.

(1) 개수사를 사용하는 경우

① час   one o'clock (1시)
два часа́   two o'clock (2시)
пять часо́в   five o'clock (5시)
двена́дцать часо́в   twelve o'clock (12시)

☞ "시"라는 뜻을 가진 час가 оди́н으로 끝나는 수와 함께 쓰일 때는 час 그대로 쓰고, два, три, четы́ре로 끝나는 수사와는 часа́(단수생격), пять 이상의 수와 같이 쓰일 때는 часо́в(복수생격)를 쓴다.

② "몇시 몇분 전"이라는 표현 (전치사 без+생격)

Без пяти́ (мину́т) семь   Five minutes to seven (6:55)
Без трёх мину́т два   Three minutes to two (1:57)
Без че́тверти во́семь   A quarter to eight (7:45)
Без десяти́ (мину́т) оди́ннадцать Ten minutes to eleven (10:50)

(2) 순서수사를 사용하는 경우

러시아어에서는 "12시간제"를 순서수사로 표시한다. 그리고 말로 시간을 표현할 때는 순서수사를 더 많이 사용한다. "12시간제"란 0시에서 12시까지를 제1시, 제2시 … 제12시로 나눈다. 즉 0시에서 1시까지의 1시간을 пе́рвый час(제1시), 1시에서 2시까지를 второ́й час(제2시), 2시에서 3시까지를 тре́тий час(제3시)

라고 하고 이런식으로 해서 11시에서 12시까지를 **двена́дцатый час**(제12시)라고 한다.

  Пять мину́т второ́го (ча́са). It is five minutes past one. (1:05)

▶ 1시 5분은 <u>**второ́й час**</u>, 제2시 <1시 ~ 2시>의 5분이라는 뜻이다. 제2시와 2시를 혼동하여서는 안된다.

  два́дцать мину́т тре́тьего. It is twenty minutes past two. (2:20)

▶ 2시 20분은 <u>**тре́тий час**</u>, 제3시 <2시 ~ 3시>의 20분이라는 뜻이다.

  Че́тверть седьмо́го. It is a quarter past six. (6:15)
  Полови́на восьмо́го. It is half past seven. (7:30)

час가 개수사와 함께 사용될 때 단수생격은 **часа́**(예: два часа́)이고, 순서수사의 생격과 함께 사용할 때는 **ча́са**(예: четвёртого ча́са)이다. 수사적(數詞的) 명사 **полови́на**(half, $\frac{1}{2}$), **че́тверть**(quarter, $\frac{1}{4}$)도 자주 사용된다.

(3) "몇시 몇분에" (в кото́ром час?, At what time?)라는 표현은 전치사 в + 대격의 형태로 나타낸다.

  в два часа́   at two o'clock (2시에)
  в пять часо́в   at five o'clock (5시에)
  в че́тверть девя́того at a quarter past eight (8시 15분에)
  в полови́ну второ́го at half past one (1시반에)

  Я прие́хал в де́сять мину́т пе́рвого.
  I arrived at ten minutes past twelve.
  (나는 12시 10분에 도착하였다.)

  Я уе́хал в че́тверть второ́го.
  I left at quarter past one.
  (나는 1시 15분에 떠났다.)

УРОК 25 때(연, 월, 일)를 나타내는 방법

(4) 오전(A.M), 오후(P.M)의 표현

러시아어에서는 오전, 오후의 표현을 영어와는 달리 다음과 같이 세분하여 사용한다.

① 4:00시에서 12:00시 정오까지의 시간을 아침시간으로 하고 **утра**로 표시한다.

    В шесть часов утра   at 6:00 A.M. (아침 6시에)
    В одиннадцать часов утра   at 11:00 A.M. (아침 11시에)

② 12:00시 정오에서 오후 6:00시 까지는 낮 시간 **дня**이다.

    В двенадцать часов дня   at 12:00 noon (낮 12시에)
    В три часа дня   at 3:00 P.M. (낮 3시)

③ 오후 6:00시에서 밤 12:00시 까지는 저녁시간 **вечера**이다.

    В шесть часов вечера   at 6:00 P.M. (저녁 6시에)
    В одиннадцать часов вечера   at 11:00 P.M. (저녁 11시에)

④ 밤 12:00시 부터 오전 3:00시 까지는 밤시간 **ночи**이다.

    В час ночи   at 1:00 A.M. (밤 1시에)
    В три часа ночи   at 3:00 A.M. (밤 3시에)

이상을 요약하면

    4시 — 낮 12시   утра   (утро의 단수생격)
    낮 12시 — 6시   дня   (день의 단수생격)
    6시 — 밤 12시   вечера   (вечер의 단수생격)
    밤 12시 — 3시   ночи   (ночь의 단수생격)

(5) "지금은 몇 시입니까?"(What time is it now?)의 표현

Котóрый час?
Котóрый тепéрь час?
Скóлько врéмени?
Скóлько тепéрь врéмени?

What time is it now?
(지금 몇 시입니까?)

Два часá.　　Two o'clock. (2시)

(6) 시간을 표시하는데 사용되는 전치사

без(+생격)　　без десятú шесть
　　　　　　　ten minutes to six (6시 10분전)

в(+대격)　　в два часá
　　　　　　at two o'clock (2시에)

в(+전치격)　　в пя́том часý
　　　　　　　after four o'clock (제5시에, 4시 이후)

на(+대격)　　Он опоздáл на две минýты.
　　　　　　He was two minutes late. (그는 2분 늦었다.)

　　　　　　Мой часы́ отстаю́т на однý минýту.
　　　　　　My watch is (by) one minute slow.
　　　　　　(내 시계는 1분 늦다.)

чéрез(+대격)　　чéрез час
　　　　　　　　in an hour (한 시간 후)

　　　　　　　Мы вас встрéтим чéрез недéлю.
　　　　　　　We shall meet you in a week.
　　　　　　　(우리는 일주일 후에 당신을 만나게 될 것입니다.)

до(+생격)　　до трёх часóв
　　　　　　till three o'clock (3시까지)

с(+생격) ----- д(+생격)
　　　　　　С девятú до шестú
　　　　　　from nine till six (9시에서 6시 까지)

УРОК 25 때(연, 월, 일)를 나타내는 방법

                Мы ждáли пóезда с десятú часóв утрá до
                двух часóв дня.
                We waited for the train from 10 A.M. until 2 P.M.
                (우리는 오전 10시부터 오후 2시까지 기차를 기다렸다.)

мéжду(+조격)   мéжду двумя́ и тремя́ часáми.
                between two and three o'clock (2시와 3시 사이)

пóсле(+생격)   пóсле восьмú
                after eight (8시가 지나서, 8시 후에)

óколо(+생격)   óколо пятú часóв
                about five o'clock   (5시경)

к (+여격)   Он пришёл к шестú
                He came just before six o'clock
                (그는 6시 바로 전에 왔다.)

                Я дóлжен быть дóма к пятú часáм
                I must be home by five o'clock
                (나는 5시 까지 집에 와야 한다.)

за(+대격), до(+생격)

                за два дня до егó смéрти
                two days before his death (그가 죽기 이틀 전에)

                Он пришёл за час до начáла рабóты.
                He came an hour before work.
                (그는 일하기 한 시간 전에 왔다.)

                Мы приéхали за три часá до начáла урóка.
                We arrived three hours before the lesson.
                (우리는 수업이 시작되기 3시간 전에 도착하였다.)

(7) сейчáс와 тепéрь의 의미

① сейчáс는 현재의 순간을 중심으로 그 가까운 전후를 나타낸다. now (지금), just (방금), right away (곧, 즉각) 등을 뜻한다. сейчáс는 현재, 과거, 미래

와 함께 사용된다.

Я сейча́с пью ко́фе.	I am drinking coffee now. (나는 지금 커피를 마시고 있다.)
Он сейча́с звони́л.	He just called up. (a moment ago) (그는 방금 전화를 걸었다.)
Она́ сейча́с вернётся.	She will return shortly (right away). (그 여자는 곧 돌아올 것이다.)

② тепе́рь는 now (지금), at present (현재, 목하)의 뜻이다. 주로 현재 시제와 함께 쓰인다. 때로는 과거나 미래형과도 같이 쓰인다.

Я тепе́рь рабо́таю в ба́нке.	I am working at present in a bank. (나는 현재 은행에서 일하고 있다.)
Тепе́рь он реши́л уе́хать.	(And) now he decided to leave. (이제 그는 떠나기로 결정하였다.)
Он тепе́рь уж не вернётся.	He will not return now (any more). (이제 그는 돌아오지 않을 것이다.)

6. "세기"(век, century)의 표현

(1) "세기"는 순서 수사로 표시한다.

девятна́дцатый век
девятна́дцатое столе́тие } the nineteenth century
(the 19th century) (19세기)

Мы лю́ди двадца́того ве́ка.
We are the people of the twentieth century. (우리는 20세기 사람들이다.)

(2) "세기에"의 표현

В двадца́том ве́ке (в XX в.)
in the twentieth century (20세기에)

В пе́рвой полови́не двадца́того ве́ка.
in the first half of the twentieth century (20세기 전반에)

В середи́не девятна́дцатого ве́ка.
in the middle of the nineteenth century (19세기 중엽에)

(3) "기원" "서기"의 표현

на́ша э́ра(약어로는 н.э.)
A.D. (Anno Domini), in the year of our Lord (서력, 기원)

христиа́нская э́ра   the Christian era (서기)
1958 г.н.э.(на́шей э́ры)   1958 A.D. (서기 1958년)
до на́шей э́ры   B.C.(before christ) (기원전)

Во тре́тьем ве́ке на́шей э́ры
in the third year A.D. (3세기에)

Во второ́м ве́ке до на́шей э́ры
in the second year B.C. (기원전 2세기에)

7. "나이"(во́зраст, age)의 표현

"여격+나이"의 형식으로 나타낸다.

(1) 나이는 개수사로 표시한다.

수사 оди́н은 단수주격, два, три, четы́ре는 단수생격, пять, шесть 이상은 복수생격의 명사를 요구한다. 따라서 оди́н 다음에는 год를 쓰고, два, три, четы́ре 다음에는 го́да를, пять, шесть 이상의 수사나 ско́лько, мно́го 등 수량을 나타내는 말 다음에는 лет를 쓴다.

복합수사 다음에 год, го́да, лет를 사용할 때는 그 마지막 숫자에 의하여 어떤 것을 사용할 지를 결정한다. (21 год, 24 го́да, 25 лет)

лет는 ле́то(summer, 여름)의 복수생격이다. ле́то는 여름이라는 뜻이지만 옛날에는 "나이"의 뜻으로 사용되었다.(예, мно́гая ле́та - 장수)

개수사 뒤에 복수생격이 올 때는 годо́в가 아니고 лет를 사용한다. 그러나 다음 경우에는 예외이다.

① 10년간(decades), 연대(eras) 등을 나타낼 때

челове́к сороквы́х годо́в
a man of the forties (40대의 사람)

② 두 순서수사를 함께 쓸 때

по́сле пя́того и шесто́го годо́в.
after the fifth and sixth years (제5년, 제6년 후에)

(2) 나이가 표시되는 사람은 여격이 된다. 그리고 문장은 무인칭문이 된다.

Ско́лько вам лет?
How old are you? (당신은 몇 살입니까?)
Мне семна́дцать лет.
I am seventeen years old. (나는 17세입니다.)

Ско́лько ему́ лет?
How old is he? (그는 몇 살입니까?)
Ему́ три го́да.
He is three years old. (그는 세 살입니다.)

Ско́лько Влади́миру лет?
How old is Vladimir? (부라지미르는 몇 살입니까?)
Ему́ два́дцать оди́н год.
He is twenty-one years old. (그는 21세입니다.)

Ско́лько ей лет?
How old is she? (그녀는 몇 살입니까?)
Ей два́дцать лет.
She is twenty years old. (그녀는 20살입니다)

УРОК 25 때(연, 월, 일)를 나타내는 방법

Ско́лько Ва́шей сестре́ лет?
How old is your sister? (당신의 누나는 몇 살입니까?)
Ей три́дцать пять лет.
She is thirty-five years old. (그녀는 35세입니다.)

Ско́лько лет вам бы́ло?
How old were you? (당신은 몇 살이였습니까?)
Мне бы́ло шестна́дцать лет.
I was sixteen years old. (나는 16세였다.)

Ско́лько лет ей бу́дет?
How old will she be? (그녀는 몇 살이 될까요?)
Ей бу́дет де́вять лет.
She will be nine years old. (그녀는 9세가 될 것입니다.)

(3) го́да 또는 лет가 수사 앞에 놓이면 약(about)의 뜻이 된다.

Ему́ лет со́рок.
He is about forty years old. (그는 약 40세 이다.)

8. "계절"(вре́мя го́да, season)의 표현

(1) 계절의 이름

| весна́ | spring (봄) | ле́то | summer (여름) |
| о́сень | autumn (가을) | зима́ | winter (겨울) |

(2) "계절에"의 표현

весно́й in the spring (봄에)
ле́том   in the summer (여름에)
о́сенью in the autumn (가을에)
зимо́й   in the winter (겨울에)

В э́том году́ <u>весна́</u> наступи́ла по́здно.
This year <u>spring</u> came late. （금년에 봄이 늦게 왔다.）

<u>Весно́й</u> всё вокру́г зелене́ет и цветёт.
<u>In the spring</u> everything around turns green and blooms.
（봄에, 주위에 모든 것이 녹색으로 되고 꽃이 핀다.）

<u>Ле́том</u> на да́че бы́ло о́чень жа́рко.
It was very hot in the country <u>during the summer</u>.
（여름동안 시골은 매우 더웠다.）

<u>Зимо́й</u> на ю́ге тепле́е, чем на се́вере.
<u>In the winter</u> it's warmer in the south than in the north.
（겨울에 남쪽이 북쪽보다 더 따뜻하다.）

9. 하루의 여러 다른 부분의 표현

(1) 아침, 낮, 저녁, 밤의 표현

у́тро　morning （아침）　　день　afternoon （오후）, day （날）
ве́чер　evening （저녁）　　ночь　night （밤）

Я де́лаю заря́дку ка́ждое <u>у́тро</u>.　I take exercise every <u>morning</u>.
　　　　　　　　　　　　　　　　（나는 매일 아침 운동을 한다.）

Была́ ти́хая лу́нная ночь.　　　　It was a quiet, moonlight night.
　　　　　　　　　　　　　　　　（조용한 달밤이었다.）

(2) "아침에" "낮에"등의 표현

у́тром　　　in the morning　（아침에）
днём　　　 in the day-time　（오후에）
　　　　　　during the afternoon
ве́чером　　in the evening　（저녁에）
но́чью　　　at night, in the night　（밤에）

▶ 이들 부사들은 у́тро, день, ве́чер, ночь의 조격이다.

<u>Ве́чером</u> он у́жинает; пото́м он ложи́тся на дива́н и чита́ет газе́ту.
<u>In the evening</u> he has supper: then he lies down on the sofa and reads the paper. (저녁에 그는 저녁을 먹고, 소파에 누워서 신문을 읽는다.)

(3) 오늘, 어제, 내일 등의 표현

сего́дня	today (오늘)
вчера́	yesterday (어제)
за́втра	tomorrow (내일)
позавчера́	the day before yesterday (그저께)
послеза́втра	the day after tomorrow (모레)
сего́дня у́тром	this morning (오늘 아침에)
вчера́ у́тром	yesterday morning (어제 아침에)
за́втра у́тром	tomorrow morning (내일 아침에)
сего́дня днём	this afternoon (오늘 오후에)
вчера́ днём	yesterday afternoon (어제 오후에)
за́втра днём	tomorrow afternoon (내일 오후에)
сего́дня ве́чером	this evening (오늘 저녁에)
вчера́ ве́чером	yesterday evening (어제 저녁에)
за́втра ве́чером	tomorrow evening (내일 저녁에)
сего́дня но́чью (ве́чером)	tonight, this evening (오늘밤)

СЛОВАРЬ

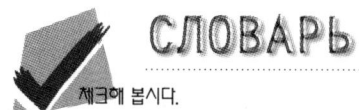
체크해 봅시다.

отста́ть	pf. be slow, fall behind 처지게 되다, 늦어지다, 늦다	банк	m. bank 은행, 금고
столе́тие	n. century 100년, 1세기	век	m. century(=столе́тие), age, lifetime 시대, 세기, 생애
заря́дка	f. exercises, charging 운동, 충전	лу́нный	a. lunar, moonlight 달의, 달빛의
ро́вно	ad. exactly, sharp 정확히, 꼭, 똑같이	отходи́ть	impf. move away, leave, depart 떠나다, 물러서다
ле́топись	f. chronicle 연대기	упомина́ть	impf. mention 언급하다, 진술하다
впервы́е	ad. for the first time 처음으로	пра́здновать	impf. celebrate 축하하다, 축제를 거행하다
переезжа́ть	impf. cross, move 건너다, 이전하다	отпра́здновать	пра́здновать의 pf.
успе́ть	pf. have time ~할 시간이 있다 manage 늦지 않게 대다	годовщи́на	f. anniversary 기념일
прости́ть	pf. forgive 용서하다	медици́нский	a. medical 의학의
го́рло	n. throat 목, 인후	сконча́ться	pf. die, pass away 서거하다, 별세하다
ужа́сный	a. terrible 무서운, 비상한	ка́шель	m. cough 기침
ску́чный	a. boring, dull 무료한, 적적한, 재미없는	голова́	f. head 머리, 두뇌
голо́дный	a. hungry 굶주린, 공복의	ужа́сно	ad. terribly, horribly 대단히, 무섭게, 몹시
посла́ть	pf. dispatch, send 파견하다, 보내다	уста́лый	a. fatigued, tired 지친, 피로한
посла́ть(пошлю́, пошлёшь, пошлёт, пошлём, пошлёте, пошлю́т, 명령 пошли́(те))		ве́сить	impf. weigh 무게가 나가다
пробы́ть	pf. to be, stay, remain 체재하다, 머물러 있다	тяжёлый тяжёлый(жёл, жела́)	a. heavy 무거운

УРОК 25 때(연, 월, 일)를 나타내는 방법

 УПРАЖНЕНИЯ

[1] 우리말로 옮겨라.

1. Кото́рый час? Сейча́с полови́на восьмо́го. Я ка́ждый день встаю́ в полови́не восьмо́го.

2. Я встаю́ ро́вно в шесть, в полови́не седьмо́го я за́втракаю и е́ду в го́род по́ездом, кото́рый отхо́дит в семь со́рок.

3. Я конча́ю рабо́ту в шесть часо́в ве́чера и возвраща́юсь домо́й к семи́ часа́м.

4. В кото́ром часу́ вы идёте на конце́рт? Я вы́йду и́з дому в два́дцать мину́т восьмо́го.

5. Москве́ бо́лее 800 лет. Она́ впервы́е упомина́ется в ле́тописи в 1147 году́. В 1947 году́ она́ отпра́здновала свою́ 800 годовщи́ну.

6. А. П. Че́хов роди́лся 17 января́ 1860 го́да в го́роде Таганро́ге. О́сенью 1879 го́да Че́хов переезжа́ет в Москву́, а че́рез год поступа́ет на медици́нский факульте́т Моско́вского университе́та.

7. С 1880 го́да по 1884 год Че́хов у́чится в университе́те. Че́хов не успе́л всего́ сказа́ть. Ему́ бы́ло то́лько 44 го́да, когда́ в ночь на 2 ию́ля 1904 го́да он сконча́лся.

8. Прости́, что давно́ тебе́ не писа́ла, но я уже́ пя́тый день больна́, и не выхожу́ и́з дому. О́чень си́льно простуди́лась. У меня́ на́сморк и ка́шель, го́рло боли́т и голова́ боли́т.

9. Сегóдня мне ужé лýчше, но дóктор говорúт, что выходúть ещё нельзя́. Ужáсно скýчно всё врéмя сидéть дóма. Хотя́ бы позвонúл кто-нибýдь по телефóну. Я бы самá позвонúла комý-нибудь, но все моú друзья́ рабóтают до пятú часóв и никогó из них нет дóма.

10. Я тепéрь весь день однá. Муж ухóдит на рабóту в семь часóв утрá и возвращáется вéчером в без чéтверти шесть, устáлый и голóдный. Нáши сосéди и сосéдки тóже рабóтают до половúны шестóго, так что днём почтú никогó нет дóма.

[2] 러시아어로 옮겨라.

1. 우리들은 오전 8시 반부터 오후 5시 15분까지 일한다.

2. 나는 1976년 10월 15일 서울에서 태어났다.

3. 나는 보통 아침 6시 반에 일어나서 밤 10시 반에 잠자리에 든다.

4. 지금 몇 시입니까? 지금은 9시 15분입니다.

5. 당신은 몇 시에 수업이 끝납니까? 5시 10분전입니다.

6. 오늘은 몇 일입니까? 오늘은 3월 8일입니다.

7. 당신은 몇 살입니까? 나는 20세 입니다.

8. 나는 24세이고 형은 29세이다. 형은 나보다 5년 연상이다.

9. 그는 저녁 6시 10분 전에 소파에 누워서 잠들었다.

10. 우리 대학에서 여름 방학은 6월 20일에 시작해서 8월 25일에 끝난다.

УРОК 25 때(연, 월, 일)를 나타내는 방법

[3] 러시아어에 해당하는 영어를 아래 난에서 골라 그 번호를 써라.

1. Он работает от девяти утра до пяти вечера.
2. Я буду у вас завтра утром, между десятью и одиннадцатью.
3. Он встал, как обычно, з половине седьмого, умылся, позавтракал и пошёл на работу.
4. В одном доме пятьдесят квартир, в другом сто шестьдесят.
5. Пожалуйста, пошлите автомобиль в половине девятого завтра утром.
6. Мой отец пробудет заграницей с пятого марта до двадцать второго мая.
7. Этот чемодан весит сколо десяти килсграммов; он слишком тяжёл для самолёта.
8. Мы ждали поезда с десяти часов утра до двух часов дня.
9. В котором часу начинается собрание? Ровно в восемь.
10. В семь часов вечера третьего января мы прилетели в Москву.

---

① I shall be at your house tomorrow morning, between ten and eleven.
② Please send a car at half past eight tomorrow morning.
③ In one house there are fifty flats, in the other, one hundred and sixty.
④ He works from nine in the morning until five in the evening.
⑤ He got up as usual at half past six, washed, had breakfast and went to work.
⑥ We waited for the train from 10 A.M. until 2 P.M.
⑦ What time does the meeting begin? At eight sharp.
⑧ At seven o'clock in the evening on January the third we arrived by plane in Moscow.
⑨ My father will be abroad from the 5th of March to the 22nd of May.
⑩ This suitcase weights about ten kilogrammes; it's too heavy for the airplane.

26 전치사
(Предлóг, Preposition)

[1] 영어의 전치사

1. 전치사의 기능

전치사는 명사 (상당 어구) 또는 대명사 앞에 놓여서 그것들과 문중의 다른 낱말과의 관계를 나타내는 낱말이다.

  I went <u>to</u> New York. (나는 뉴욕에 갔다.)
  They are talking <u>about</u> you. (그들은 당신에 관하여 말하고 있다.)

전치사 다음에 놓여지는 명사, 대명사를 그 전치사의 **목적어**라고 한다. 대명사가 목적어가 되는 경우에는 목적격이 되어야 한다. 따라서 by he, after he라고는 하지 않고 by him, after him이라고 하여야 한다. 전치사 다음에 오는 she나 who도 by her, after her, by whom, after whom이라고 하여야 한다.

전치사 다음에 명사가 올 때는 그 낱말을 변화시키지 않는다. by the <u>book</u>, by the <u>man</u>, after my <u>father</u> 등, book, man, father는 그대로 쓴다.

전치사는 목적어와 결합하여 형용사구 또는 부사구의 역할을 한다.

  The flowers <u>in the garden</u> are very beautiful.
  (정원의 꽃들은 매우 아름답다.)

  The book <u>on the desk</u> is mine.
  (책상 위의 책은 나의 것이다.)

전치사 in은 garden(목적어) 앞에 놓여서 문중의 다른 낱말 flowers를 꾸미는 형용사구이다. 마찬가지로 on the desk는 The book을 꾸미는 형용사구이다.

The boys are playing in the garden. (소년들이 정원에서 놀고 있다.)
I put the book on the desk. (나는 그 책을 책상위에 놓았다.)

in the garden은 are playing을 on the desk는 put를 수식하는 부사구이다.

2. 전치사의 종류

(1) 단순 전치사

한 낱말로 된 전치사이다. 대부분의 전치사가 단순 전치사이다.

Someone is at the door. (누군가가 문가에 있다.)
They sat by the fire. (그들은 난롯가에 앉았다.)

(2) 이중 전치사

2개의 전치사가 모여서 하나의 전치사가 된 것이다.

He appeared from behind the curtain.
(그는 커튼 뒤로부터 나타났다.)

I shall stay here till after the examination.
(나는 시험 뒤까지 여기에 체재합니다.)

(3) 전치사구

전치사가 다른 낱말과 결합하여 하나의 성구로 전치사 역할을 하는 것을 말한다.

She has come in spite of rain.
(그녀는 비를 무릅쓰고 왔다.)

He could not come on account of illness.
(그는 병 때문에 올 수 없었다.)

The train was delayed because of a snow storm.
(기차는 눈보라 때문에 연착했다.)

3. 주요 전치사

(1) 때를 나타내는 전치사

at, on, in, by, till, for, during, before, after 등

I got up <u>at</u> half past six. (나는 6시 반에 일어났다.)
I was born <u>on</u> the 5th of June. (나는 6월 5일에 태어났다.)
Finish this work <u>by</u> tomorrow noon. (내일 정오까지 이 일을 끝내라.)

(2) 장소를 나타내는 전치사

at, in, on, over, above, into, out of, along, across, between, among, round, around.

There are many trees <u>around</u> the school.
(학교 주위에 많은 나무들이 있다.)

He values money <u>above</u> anything else.
(그는 무엇보다도 돈을 소중히 여긴다.)

There is a house <u>between</u> a river and a wood.
(강과 숲 사이에 집이 있습니다.)

(3) 기타 전치사

① 원인, 이유 – from, through, of, for

Many people are taken ill <u>from</u> drinking too much.
(많은 사람들이 술을 너무 많이 마셔서 병에 걸린다.)

His mother died <u>of</u> cancer.
(그의 어머니는 암으로 돌아가셨다.)

He was punished <u>for</u> stealing money.
(그는 돈을 훔쳐서 벌을 받았다.)

② 결과, 목적 - to, into, for, after

　　Her house was burnt to ashes. (그녀의 집은 불에 타서 재가 되었다.)
　　Water is changed into steam by heat. (물은 열을 가하면 증기가 된다.)
　　Man seeks after happiness. (사람은 행복을 추구한다.)

③ 수단, 행위자 - by, with, in, through

　　We go to school by bus. (우리는 버스로 학교에 간다.)
　　Cut meat with a knife. (고기를 칼로 자르세요.)
　　Caesar was killed by Brutus. (시저는 브루터스가 죽였다.)
　　It was through him that I knew her.
　　(내가 그 여자를 알게 된 것은 그를 통해서였다.)

④ 원료, 재료 - of, from, in

　　This house is made of brick. (이 집은 벽돌집이다.)
　　Wine is made from grapes. (포도주는 포도로 만든다.)
　　Bread is made of flour. (빵은 밀가루로 만든다.)
　　I am tired of reading this book. (나는 이책을 읽는데 싫증이 난다.)

[2] 러시아어의 전치사

1. 전치사의 기능

　어떤 일이 일어나는 장소나 시간, 또는 어떤 행동의 원인이나 목적을 나타내기 위하여 사용되는 낱말을 전치사라고 한다.

　　Мой отéц стрóит дом вблизи́ фáбрики.
　　My father is building a house near the factory.
　　(나의 아버지는 공장 가까이에 집을 짓고 있다.)

　　Я гуля́л пóсле обéда.
　　I walked after dinner. (나는 식사 후에 산책하였다.)

Учи́тель хвали́л ученика́ за хоро́шую рабо́ту.
The teacher has praised the pupil for his good work.
(선생님은 그 학생이 숙제를 잘했다고 칭찬하였다.)

Он принёс э́ту кни́гу для мое́й сестры́.
He has brought this book for my sister.
(그는 나의 누나를 위하여 이 책을 가져왔다.)

위의 예문에 있는 вблизи́(near, 가까이에), по́сле(after, ~의 후에), за(for, ~을 위하여), для(for, ~을 위하여) 등과 같은 낱말이 전치사이다.

영어의 전치사는 목적격을 지배하므로 전치사 다음에 대명사가 올 때는 by him, for her, with us와 같이 대명사의 목적격을 써야한다. 러시아어의 전치사는 그 뒤에 오는 명사, 대명사의 일정한 격을 요구(지배)한다.

전치사는 주격을 제외한 모든 격을 지배한다. 대부분의 전치사는 한 격만을 지배한다.(Most prepositions govern one case only.) 그러나 어떤 전치사는 그 뜻에 따라 2개 내지 3개의 격을 지배하기도 한다.

다음의 보기는 러시아어의 전치사가 그 뒤에 오는 명사의 어미를 어떻게 변화시키는가를 보여준다.

① **Я сиде́л о́коло де́рева.** (о́коло는 де́рево의 생격지배)
 I was sitting near the tree. (나는 그 나무 가까이에 앉아 있었다.)

② **Я подошёл к де́реву.** (여격지배)
 I came up to the tree. (나는 나무쪽으로 다가갔다.)

③ **Я взлез на де́рево.** (대격지배)
 I climbed up the tree. (나는 그 나무를 기어 올랐다.)

④ **Я сиде́л под де́ревом.** (조격지배)
 I was sitting under the tree. (나는 그 나무 밑에 앉아 있었다.)

⑤ **Я сиде́л на де́реве.** (전치격 지배)
 I was sitting up in the tree. (나는 그 나무 위에 앉아 있었다.)

2. 전치사의 정리

(1) 생격 지배 전치사

без(о)	without	없이
	без рабо́ты	일 없이
	без де́нег	돈 없이
близ	near, close to	가까이
	близ дере́вни	마을 가까이
вдоль	along	~을 따라서
	вдоль бе́рега	바닷가를 따라
	вдоль доро́ги	도로를 따라
вме́сто	instead of	~대신에
	вме́сто бра́та	형 대신에
	вме́сто пода́рка	선물 대신에
внутри́	inside, within	~안에, 내부에
	внутри́ до́ма	집안에
	внутри́ вокза́ла	정거장 안에
вне	outside, out of	밖에, 바깥쪽에, 없이
	вне до́ма	집 박에서
	вне зако́на	법률의 보호 밖에(두다)
во́зле	beside, next to	옆에, 가까이에
	во́зле до́ма	집 근처에서
	во́зле меня́	내 옆에
вокру́г	round, around	주위에, 주위를
	вокру́г о́зера	호수 주위에
	вокру́г го́рода	도시 주변에
впереди́	in front of, before	앞에, 선두에
	впереди́ взво́да	소대 선두에서
	впереди́ меня́	내 앞에서

для	for обе́д для госте́й пода́рок для отца́	위해서, 위한 손님을 위한 식사 아버지를 위한 선물
до	as far as, up to until, before до ста́нции до войны́	까지, 이전에 정거장까지 전쟁전에
из	from, out of made of из ко́мнаты стол из де́рева	안으로부터 ~으로 만든(재료) 방안으로 부터 나무로 만든 책상
из-за	from behind for жени́ться из-за де́нег	뒤로부터 때문에 돈 때문에 결혼하다
из-под	from under for из-под ковра́ буты́лка из-под молока́	밑으로 부터 ~을 넣기 위하여, ~용(用)의 양탄자 밑에서 우유병
кро́ме	besides, except кро́ме ру́сского языка́ кро́ме сестры́	이외에, ~을 제외하고 러시아어 이외에 누나 이외에는
ми́мо	past, by ми́мо библиоте́ки	옆을 지나서 도서관 옆을 지나서
о́коло	near, around, about о́коло учи́теля о́коло трёх часо́в	가까이에 주위에, 대략, 약 교사의 주위에 약 3시간, 3시경
от	from (distance), from (a person) от шко́лы письмо́ от ма́тери	~부터 ~에서 학교로 부터 어머니로부터의 편지

УРОК 26 전치사

позади́	behind (of place, of time)	뒤에
	позади́ шко́лы	학교 뒤에
	позади́ нас	우리 뒤에
по́сле	after	후에, 다음에
	по́сле экза́мена	시험 후에
	по́сле вас	당신 다음에
посреди́	in the middle of	한가운데에
	посреди́ о́зера	호수 한가운데에
	посреди́ пло́щади	광장 한복판
про́тив	opposite	마주 대하여
	against	~에 거슬러, 반대하여
	про́тив це́ркви	교회 맞은 쪽에
	про́тив войны́	전쟁에 반대한다
ра́ди	for the sake of	위하여
	ра́ди страны́	나라를 위하여
	ра́ди сы́на	아들을 위하여
среди́	among	~가운데에, 중에
	среди́ друзе́й	친구들 가운데
	среди́ гор Кавка́за	까프까스의 산들 중에
с	from	~으로부터
	from (since)	~이래
	с конце́рта	음악회에서
	с утра́	아침부터
у	(expresses possession)	가지고 있다(소유를 나타냄)
	У меня́ но́вые часы́.	내게는 새 시계가 있다.
	Мы бы́ли у сосе́да.	우리들은 이웃집에 있었다
	at the home of	집에서, ~에게서
	by, at	~의 곁에, ~가까이
	у окна́	창가에

Я изуча́л ру́сский язы́к без учи́теля.
I studied Russian without teacher.
(나는 러시아어를 선생님 없이 공부하였다.)

Нет ды́ма без огня́.
There is no smoke without fire. (아니 땐 굴뚝에 연기 날까.)

Он шёл вдоль бе́рега.
He was walking along the shore. (그는 바닷가를 따라 걸어 왔다.)

Вдоль у́лицы высо́кие дома́.
Along the street there are tall houses. (가로를 따라 큰 집들이 있다.)

Де́ти стоя́ли вокру́г учи́теля.
The children were standing round the teacher.
(어린이들은 선생님 주위에 서 있었다.)

Э́та ко́мната для рабо́ты.
This room is for working. (이 방은 작업실이다.)

Он о́чень высо́к для свои́х лет.
He is very tall for his age. (그는 그의 나이에 비해 매우 키가 크다.)

Из-за ле́са встаёт со́лнце.
The sun is rising from behind the forest.
(숲 뒤로부터 태양이 떠오르고 있다.)

Он е́дет из Москвы́.
He is coming from Moscow. (그는 모스끄바에서 오고 있다.)

По́езд направля́лся из Петербу́рга в Москву́.
The train was making for Moscow from Petersburg.
(기차는 뻬젤부르끄에서 모스끄바를 향하고 있다.)

Из чего́ стол?
Of what is the table made? (탁자는 무엇으로 만듭니까?)

Из де́рева.
Of wood. (나무로 만듭니다.)

УРОК 26 전치사

Мы éхали мúмо дерéвни.
We rode past the village. (우리들은 마을 옆을 지나갔다.)

Óколо рекú нахóдится большóй лес.
There is a great forest near the river.
(강 가까이에 큰 숲이 있습니다.)

Как дóлго вы жúли в Москвé?
How long have you lived in Moscow?
(모스끄바에 얼마나 오래 사셨습니까?)

Я жил в Москвé óколо гóда.
I lived in Moscow for about a year. (약 1년 살았습니다.)

Средú егó книг был ромáн «Войнá и Мир».
The novel "War and Peace" was among his books.
(그의 책 가운데 소설 "전쟁과 평화"가 있었다.)

Кнúга упáла со столá на пол.
The book fell from the table on the the floor.
(책이 탁자에서 마루로 떨어졌다.)

(2) 여격 지배 전치사

к(о)	to towards к учúтельнице любóвь к мýзыке	~쪽으로, ~에게로 ~까지 선생님 쪽으로 음악에 대한 사랑
благодаря́	thanks to owing to because благодаря́ вáшим забóтам благодаря́ хорóшей погóде	~의 덕분에 때문에 당신의 배려 덕분에 좋은 날씨 때문에
по	on, along by	~의 위를, ~을 따라서 ~에 의하여

	according to	~에 따라
	по у́лице	거리를 따라서
	по траве́	
	(on the grass)	풀 위를
	по желе́зной доро́ге	철도로, 기차로
	по расписа́нию	
	(according to schedule)	시간표에 따라

Он прие́дет <u>к</u> концу́ бу́дущей неде́ли.
He will arrive <u>by</u> the end of next week.
(그는 다음 주말까지는 도착할 것이다.)

Това́рищ подхо́дит <u>к</u> столу́.
The comrade is approaching the table.
(그 친구는 탁자 쪽으로 접근하고 있다.)

<u>Благодаря́</u> хоро́шему кли́мату он ско́ро попра́вился.
<u>Thanks</u> to the good climate he soon recovered.
(좋은 기후때문에 그는 곧 회복되었다.)

Я иду́ <u>по</u> у́лице.
I am walking <u>along</u> the street.
(나는 거리를 걷고 있다.)

Я говори́л с ним <u>по</u> телефо́ну.
I was speaking with him <u>by</u> telephone.
(전화로 그와 이야기 하고 있었다.)

Мы хо́дим в теа́тр <u>по</u> четверга́м.
We go to the theatre <u>on</u> Thursdays.
(목요일에 우리는 극장에 간다.)

УРОК 26 전치사

(3) 대격 지배 전치사

в(о)	to, into on, at(time)	속으로 ~으로, ~에, ~내에 (시일·기간)	в го́род 시내로 в теа́тр 극장으로 во всю ночь 밤새도록
за	behind, for before	뒷쪽으로 ~을 위하여 ~하기 전에	за крова́ть 침대 뒤로 спаси́бо за ваш пода́рок 당신의 선물 고맙습니다. боро́лись за свобо́ду 자유를 위하여 투쟁하였다. за час до нача́ла рабо́ты 일이 시작되기 1시간 전에
на	on, to, into at, on(of time) for	위에, 위로 (동작의 방향) 동안(기간표시)	на о́зеро 호수로 на юг 남쪽으로 на друго́й день 그다음날 на три го́да 3년간 на ле́то 여름 기간 동안
под	under (direction) near towards (of time)	밑으로, ~의 근처에 가까이, ~경(무렵, 쯤)	под де́рево 나무 밑에 под кни́гу 책 밑에 родно́й дом под Москво́й 모스크바 근교의 생가 под ве́чер 저녁 무렵
про	about, for	~에 대하여 ~위하여	говори́ли про вас 당신에 대하여 이야기하고 있었다. ска́зка про коро́ву 암소에 대한 옛날 이야기
че́рез	across, over through in(of time)	지나서, 거쳐서 가로질러 ~후에, 지나서	че́рез мост 다리를 건너 че́рез лес 숲을 가로질러 че́рез неде́лю 1주일 후에, 한 주간이 지나서

Де́ти иду́т со свои́м учи́телем в музе́и.
The children are going to the museum with their teacher.
(어린이들은 선생님과 함께 박물관에 가고 있다.)

Ту́ча ухо́дит за лес.
The cloud disappears(goes away) behind the forest.
(먹구름은 숲 뒤로 사라졌다.)

За мир, и за сча́стье всех люде́й во всём ми́ре.
To peace, and to the happiness of all people in the whole world.
(평화와 전세계 모든 사람들의 행복을 위하여)

За тако́й тост нельзя́ не вы́пить.
It's impossible not to drink to such a toast.
(이런 축배에 안 마실 수는 없다.)

За э́то ле́то ваш сын о́чень вы́рос.
Your son has grown very much this summer.
(금년 여름에 당신의 아들이 매우 성장했다.)

Мы е́дем на фа́брику.
We are going to the factory. (우리들은 공장에 가고 있다.)

Мы получи́ли письмо́ на друго́е у́тро.
We got the letter next morning. (우리는 다음날 아침에 편지를 받았다.)

Я е́ду в Ло́ндон на два дня.
I am going to London for two days. (나는 이틀 예정으로 런던에 간다.)

Я кладу́ каранда́ш под кни́гу.
I am putting the pencil under the book. (나는 책 밑에 연필을 놓습니다.)

Про кого́ вы говори́те?
About whom are you talking? (누구에 대하여 이야기하고 있습니까?)

Мы говори́м про вас.
We are talking about you. (당신에 대하여 이야기하고 있습니다.)

Мы е́дем в Москву́ че́рез Берли́н.
We are travelling to Moscow via Berlin.
(우리는 베를린을 거쳐 모스크바로 여행하고 있다.)

УРОК 26 전치사

Че́рез неде́лю у нас бу́дет собра́ние.
We shall have a meeting in a week.
(일주일 후에 우리는 모임을 가집니다.)

(4) 조격 지배 전치사

за	after, for at, during	~뒤에 ~을 뒤따라서 ~을 찾아 ~에	за столо́м 책상 뒤에, 식사 중에(at table) год за го́дом 매년(year after year) посла́ть за до́ктором 의사를 부르러 보내다 (to send for a doctor-) за за́втраком 조반시간에(at breakfast)
ме́жду	between, among	사이에, 중간에 ~의 사이를 통해	ме́жду на́ми 우리 사이의 ме́жду учёными 학자들 사이에
над	over, above on, at	~의 위에 위에서 ~에 대하여 (행위의 대상)	над столо́м 탁자 위어 рабо́тать над диссерта́цией 학위 논문을 작성하였다. (to be working on a dissertation)
пе́ред	before, in front of	~의 앞에 면전에, 앞에	пе́ред зе́ркалом 거울 앞에 пе́ред дворцо́м 궁전 앞에서 пе́ред обе́дом 점심전(before dinner)
под	under	~의 밑에서 ~의 밑에 (어떤 상태)에서	под не́бом 하늘 아래서 под кры́шей 지붕 밑에서 под аре́стом 체포되어 (under arrest)

с	with, by (=by means of)	~와 함께 (수단을 나타냄) (소유를 나타냄)	с удовóльствием 기꺼이(with pleasure) хлеб с мáслом 버터 바른 빵 (bread and butter) с экспре́ссом 급행열차로

Мы сиди́м за столо́м.
We are sitting at the table. (우리들은 식사중이다.)

Она́ пошла́ за поку́пками.
She went shopping. (그녀는 쇼핑하러 갔다.)

Ме́жду го́родом и дере́вней хоро́шее шоссе́.
There is a good highway between the town and the village.
(그 도시와 마을 사이에 좋은 포장도로가 나 있다.)

Над реко́й больши́е облака́.
Above the river there are big clouds. (강 위에 큰 구름이 떠있다.)

Над го́родом лета́ют самолёты.
Over the town, airplanes are flying.
(도시 상공을 비행기가 날아 다니고 있다.)

По́д мо́стом плывёт ло́дка.
Under the bridge a boat is sailing.
(다리 밑을 조그만 배가 항해하고 있다.)

Пе́ред до́мом большо́й сад.
In front of the house there is a big garden.
(집 앞에 큰 정원이 있다.)

Пе́ред обе́дом мы гуля́ли в саду́.
Before dinner we walked in the garden.
(식사 전에 우리는 정원을 걸었다.)

Мы рабо́таем с интере́сом.
We work with interest. (우리들은 재미있게 일한다.)

Ты подхо́дишь к де́реву <u>с топоро́м</u>. Ты ру́бишь де́рево топоро́м.
You are approaching a tree <u>with an axe</u>. You are felling a tree with an axe.
(당신은 도끼를 가지고 나무에 가까이 가고 있습니다. 당신은 도끼로 나무를 베어 넘어 뜨리고 있습니다.)

(5) 전치격 지배 전치사

в(во)	in at a distance of	~에, 속에 ~의 곳에(거리)	жить в го́роде 시내에 살다 в лесу́ 숲속에서 в де́тстве 어린 시절에
на	on, in, at during	위에, 표면에 ~에서, 동안 ~(의 수단으)로	на столе́ 테이블 위에 на у́лице 거리에 е́хать на трамва́е 전차를 타고 가다. на кани́кулах 방학 동안 (during the holidays)
о(об, обо)	of, about concerning, on, with having	~에 대하여 ~에 관하여 (어떤 물건을 형성하는 부분의 수효를 나타냄)	о вас 당신에 관해서 обо мне 나에 관해서 об экза́менах 시험에 대해서 стол о трёх но́жках 세 다리 책상
по	on, after	~한 후에 ~하고 나서	по обе́де 점심 후에 по прие́зде 도착 후에 по оконча́нии рабо́ты 일이 끝난 후에
при	by, at, attached to, in the presence of, in the reign of(with)	~의 곁에 ~가까이, 부속 ~있는데서 ~에 즈음하여 ~의 치세에	при реке́ 강변에 при доро́ге 길가에서 при шко́ле есть це́рковь 학교에 교회가 있다. при сме́рти 죽음에 즈음하여

В го́роде краси́вые у́лицы.
There are beautiful streets in the city.
(시내에 아름다운 거리가 있다.)

В э́той ко́мнате нет телефо́на.
There is no telephone in this room.
(이 방에는 전화가 없다.)

В де́тстве он жил в Москве́.
In childhood he lived in Moscow.
(어린시절에 그는 모스크바에서 살았다.)

Газе́та лежи́т на столе́.
The newspaper is on the table.
(신문이 탁자 위에 놓여 있다.)

Вчера́ я был на конце́рте.
I was at a concert yesterday.
(어제 나는 음악회에 갔었다.)

Наш го́род на се́вере.
Our city is in the North.
(우리 도시는 북쪽에 있다.)

Мы говори́м о пого́де.
We are talking about the weather.
(우리는 날씨에 대하여 이야기 하고 있다.)

Мой брат ду́мает об отце́.
My brother is thinking about father.
(나의 동생은 아버지에 대하여 생각하고 있다.)

По оконча́нии университе́та он поступи́л на слу́жбу.
On graduating (After his graduation) from the university, he went to work. (대학을 마친 후 그는 취직하였다.)

По прие́зде он сейча́с же нам позвони́л.
On his arrival, he called us up at once.
(그는 도착하자마자 곧 우리에게 전화하였다.)

Всю ночь она сидела при больном.
She sat by the sick man all night.
(그녀는 환자 옆에 밤새 앉아 있었다.)

При школе есть сад.
There is a garden at the school.
(학교 가까이에 정원이 있다.)

При заводе есть клуб.
The plant has its own club.
(공장에는 부속 클럽이 있다.)

При Петре Великом Россия стала сильнее.
In the reign of Peter the Great, Russia became stronger.
(피요트르 <Пётр> 대제의 치세에 러시아는 더욱 강해졌다.)

При желании всего можно добиться.
Where there's a will, there's a way.
(뜻이 있는 곳에 길이 있다.)

(6) 대부분의 러시아어 전치사는 한 격만을 지배하지만 2격을 지배하는 전치사, 3격을 지배하는 전치사도 있다.

① 2격 지배 전치사

    за, под, перед   (대격과 조격 지배)
    в, на, о   (대격과 전치격 지배)
    между   (생격과 조격 지배)

② 3격 지배 전치사

    по   (여격, 대격 및 전치격 지배)
    с   (생격, 대격 및 조격 지배)

(7) 러시아어 전치사 격지배 일련표

전치사	생격	여격	대격	조격	전치격
без близ благодаря́	without nearby	thanks to			
в вдоль вме́сто вне внутри́ во́зле вокру́г вопреки́	along instead of outside inside by, near around	in spite of contrary to against	towards, into		in, at
для до	for up to, as far as till				
за			behind, after for	behind, after	
из(изо) из-за из-под	from, out of from behind because from under				
к(ко) кро́ме	besides except	to, towards by			
ме́жду ми́мо	between among past, by			between among	

УРОК 26 전치사

전치사	생격	여격	대격	조격	전치격
на́			on, at, by		on, in, at
над				over, above on	
о(об, обо)			against, about, on		
о́коло	by, near				
от(о)	away, from				
пе́ред				in front of before	
по		on, by, about according to	to, up to towards under, near		on, after
под				under near	
по́сле	after afterwards				
посреди́	in the middle of				
при					by, at, with in the time of
про			about, for concerning		
про́тив	against opposite				
ра́ди	for the sake of				
с(со)	from, off, with		about the size of through	with by	
сквозь					
среди́	among, in the middle of				
у	by, at, with				
че́рез			across, over through, in		

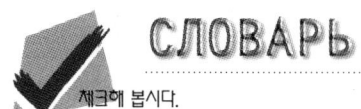

СЛОВАРЬ

체크해 봅시다.

хвали́ть	impf. praise, compliment 칭찬하다	наблюда́ть	impf. observe 관찰하다, watch 감시하다
дым	m. smoke 연기	ча́шка	f. cup, bowl 찻잔, 접시
ого́нь	m. fire 불, 등불, 포화	подойти́	pf. come up to 다가오다 approach 접근하다
ого́нь (ого́нь, огня́, огню́, ого́нь, огнём, огне́)		взлезть	pf. climb up 기어오르다
направля́ться	impf. make for 향하다 get going 향하여 가다	взлезть (과거 взлез, взле́зла)	
		упа́сть	pf. fall 떨어지다
		упа́сть (과거 упа́л, упа́ла, упа́ли)	
попра́виться	pf. get better 건강이 회복되다, 개선되다	уходи́ть	impf. go away 떠나다 leave 출발하다
вы́пить	pf. drink(up) 마시다, 건배하다	руби́ть	impf. fell, hew 베다, 자르다, 벌목하다
обсужда́ть	impf. discuss 심의하다, consider 고찰하다	ую́тный	a. comfortable 쾌적한 cosy 기분좋은
спа́льня	f. bedroom 침실	меша́ть	impf. hinder, impede 방해하다
что́бы	conj. that ~하는 것을, 인 것을 in order to ~하기 위하여	что́бы	(접속법의 기능을 가지며 종속문의 동사는 과거형 또는 부정법을 쓴다.)
		затме́ние	n. eclipse ~식(蝕)
		но́жка	f. leg(of furniture) (탁자, 가구 등의) 다리

УРОК 26 전치사

 **УПРАЖНЕНИЯ**
풀어봅시다.

[1] 우리말로 옮겨라.

1. Отец и сын гуляют каждое утро вдоль берега реки.

2. Моя сестра будет заграницей до конца месяца.

3. Посреди парка находится глубокое озеро.

4. Он работает без отдыха с раннего утра до поздней ночи.

5. Мы сидели вокруг стола и обсуждали события дня.

6. Между городом и деревней хорошее шоссе.
   Под горой течёт глубокая река.

7. Я ещё учусь в университете и у меня всегда много работы. Мои родители дали мне большую и уютную комнату, чтобы я мог спокойно заниматься или отдыхать.

8. Я также сплю в этой комнате, хотя у меня с братом есть большая спальня. Мой брат Вася часто говорит: "Миша меня не любит. Он даже не хочет спать в одной комнате со мной."

9. Но это не так. Я просто не хочу, чтобы мне мешали, когда я занимаюсь, а мой брат Вася не может молчать ни одной минуты, когда мы вместе.

10. Со мной в комнате живёт моя кошка, которую я очень люблю. Иногда я с ней разговариваю как с человеком, и мне кажется, что она всегда меня слушает с большим интересом и всё понимает.

[2] 러시아어로 옮겨라.

1. 우리는 수업 시간 사이에 휴식하고 있다.

2. 그는 책을 신문 밑에 놓았다.

3. 우리 대학에는 부속 도서관이 있다.

4. 나는 이 소설을 러시아어로 읽었다.

5. 나는 보통 9시 경에 잠자리에 든다.

6. 그녀는 내가 도착하기 일주일 전에 떠났다.

7. 나의 집은 바다로 부터 멀지 않은 곳에 있다.

8. 우리는 강변을 따라서 오랫동안 걸어갔다.

9. 집 주위에 어린 소나무들이 자라고 있다.

10. 나는 차표들을 사기위해 정거장에 갔다.

УРОК 26 전치사

[3] 러시아어에 해당하는 영어를 아래 난에서 골라 그 번호를 써라.

1. Мы живём недалеко́ от шко́лы.
2. Из окна́ мое́й кварти́ры я могу́ ви́деть прекра́сный сад.
3. Места́ на спу́тнике о́чень ма́ло, а ну́жно взять с собо́й так мно́го.
4. Впереди́ теа́тра краси́вый парк.
5. Среди́ но́чи мы наблюда́ем затме́ние луны́.
6. Я ка́ждый день покупа́ю газе́ту для отца́.
7. Э́та ма́ленькая де́вочка пьёт молоко́ из большо́й ча́шки.
8. Че́рез час я отвезу́ тебя́ на автомоби́ле в библиоте́ку.
9. Де́вушки с пе́сной возвраща́лись с по́ля.
10. Моя́ сестра́ сиди́т у стола́ с карандашо́м в руке́.

---

① There is a pretty park in front of the theatre.
② We shall watch the eclipse of the moon in the middle of the night.
③ From the window of my apartment I can see a beautiful garden.
④ I buy a newspaper for my father every day.
⑤ We do not live far from our school.
⑥ There is very little room on the satellite and it is necessary to take along so much.
⑦ The girls were returning from the field singing.(with a song)
⑧ My sister is sitting at the table with a pencil in her hand.
⑨ In an hour I am taking you in the car to the library.
⑩ This little girl drinks her milk out of a big cup.

27 문장론
(Си́нтаксис, Syntax)

문이란 정리된 사상이나 감정을 낱말로 전달하는 최소의 단위이다. 표현된, 혹은 이해되는 주어가 있고 정형동사(수, 인칭, 시제, 법에 의하여 한정된 동사)를 포함한 술어가 있다.

1. 문의 분류

(1) 문의 구조에 의한 분류

① 단문 (просто́е предложе́ние, simple sentence)

단문은 한 개의 주어와 한 개의 술어 동사로 된 문이다. (주부+술부)

Рабо́чий мо́лод.	The worker is young.
	(그 노무자는 젊다.)
Кни́ги интере́сны.	The books are interesting.
	(그 책들은 재미있다.)

② 중문 (compound sentence)

두 개 이상의 등위절로 된 문이다. 러시아어에서는 중문을 병립적 복문이라고 한다. (대등절+대등절)

Вы поёте, а я чита́ю.
You are singing, and I am reading.
(당신은 노래 부르고 나는 책을 읽고 있다.)

Я не говорю́ по-ру́сски, но понима́ю.
I don't speak Russian, but I understand it.
(나는 러시아어를 말하지 못하나 이해는 한다.)

Тепе́рь учи́тель чита́ет, а мы слу́шаем.
Now the teacher is reading and we are listening.
(지금 선생님은 읽고 있고 우리들은 듣고 있다.)

③ 복문 (Сложноподчинённое предложе́ние, complex sentence)

주절과 종절로 된 문이다. 러시아어에서는 종속적 복문이라고 한다.
(주절 ← 종절)

Я зна́ю, что он придёт.
I know that he will come.
(나는 그가 오리라는 것을 알고 있다.)

Мы бы́ли ра́ды что наступи́ла весна́.
We were glad that spring had come.
(봄이 와서 우리는 기뻤다.)

(2) 문의 내용에 의한 분류

문은 그 내용에 따라 평서문, 의문문, 명령문, 감탄문의 4개로 분류되고 또 각각 긍정과 부정이 있을 수 있다.

◯ 평서문 (повествова́тельное предложе́ние, Declarative Sentence)

사실을 있는 그대로 설명하는 글이다. 긍정과 부정이 있다.

Вот дом и мост. Here are the house and bridge.
(여기에 집과 다리가 있다.)

Это о́чень краси́вый цвето́к. This is a very beautiful flower.
(이것은 매우 아름다운 꽃이다.)

Мне о́чень нра́вится э́тот цвето́к. I like this flower very much.
(나는 이 꽃을 매우 좋아한다.)

До́брые слова́ му́зыка ми́ра. Kind words are the music of the world.
(친절한 말은 세계의 음악이다.)

② 의문문 (Вопроси́тельное предложе́ние, Interrogative sentence)

의문을 나타내는 글로 문미에 물음표(?)를 붙인다.

Э́то кни́га?	Is this a book? (이것은 책입니까?)
Да, э́то кни́га.	Yes, it is a book. (예, 그것은 책입니다.)
Нет, э́то не кни́га.	No, it is not a book. (아니오, 그것은 책이 아닙니다.)
Кто э́то?	Who is this? (이 사람은 누구입니까?)
Что ты де́лаешь?	What are you doing? (너는 무엇을 하고 있느냐?)
Кто понима́ет по-англи́йски?	Who understands English? (누가 영어를 이해합니까?)
Мы (понима́ем.)	We do. (우리가 압니다.)

③ 명령문 (повели́тельное предложе́ние, Imperative Sentence)

명령, 의뢰, 금지 등을 나타내는 글이다.

чита́й	чита́йте	read	(읽어라)
пой	по́йте	sing	(노래하라)
говори́	говори́те	speak	(말하라)

☞ 모음 뒤에 й, 자음 뒤에 и

1인칭 복수형 동사로 1인칭 명령을 만든다.

Идём гуля́ть!	Let's go walking! (산보를 갑시다!)
Пойдём купа́ться!	Let's go for a bathe! (미역감으러 가자!)

Дава́й(те)를 사용하여 1인칭 명령을 만든다.

Дава́й(те) пить.	Let's drink. (마시자.)
Дава́й чита́ть гро́мко.	Let's read aloud. (크게 읽자.)

Пусть(пуска́й)는 "불완료체 현재형 3인칭" 또는 "완료체 미래형 3인칭"과 함께 "하게 하라"의 3인칭 명령을 만든다.

Пусть он ска́жет!	Let him say! (그로 하여금 말하게 하라!)
Пуска́й они́ приду́т!	Let them come! (그들로 하여금 오게 하라!)
Пусть он идёт домо́й.	Let him go home! (그로 하여금 집으로 가게 하라!)

부정법이 명령법으로 쓰이는 경우도 있다.

Не кури́ть!	No smoking! (금연!)
Молча́ть!	Be silent! (잠자코 있어!)
Прочита́ть гро́мко!	Read aloud! (큰 소리로 읽어라!)

④ 감탄문 (Восклица́тельное предложе́ние, Exclamatory Sentence)

강한 감정이나 원망을 나타내는 글이다. 대명사 како́й, тако́й, 부사 как, так 등을 써서 감탄문을 만든다. 평서문이나 의문문 등을 특별히 강한 어조로 말할 때도 감탄문이 된다. 감탄문에는 감탄부호(!)를 붙인다.

Како́й прекра́сный день!	What a splendid day! (참 아름다운 날이다!)
Како́й он глу́пый!	What a stupid man he is! (그는 참 바보이다!)
Как он глуп!	How stupid he is! (그는 참 바보이다!)
Он тако́й глу́пый!	He is such a stupid man! (그는 참 바보이다!)

Он такóй дóбрый!	He is such a kind man!
	(그는 정말로 아주 좋은 사람이다.)
Он такóй сѝльный!	He is such a strong man!
	(그는 정말로 힘이 센 사람이다.)

Как хорошó в э́том прохлáдном лесý!
How nice it is in this cool wood!
(이 서늘한 숲속이 얼마나 좋은가!)

2. 문의 성분

러시아어에서 문의 성분은 주어, 술어, 보어(дополнéние, object), 정어(определéние, attribute - 한정사, 관형사), 상황어(обстоя́тельство, adverbial modifier - 부사적 수식어) 등이다.

주어와 술어를 문의 주성분(Primary parts of the sentence)이라고 하고, 보어, 정어 및 상황어를 분의 2차 성분(secondary parts of the sentence)이라고 한다.

(1) 주어(подлежáщее, subject)

주어는 한 문장 속에서 사상, 감정의 주제(主題)가 되는 말이다.

Товáрищ читáет.	The comrade is reading.
	(친구가 책을 읽고 있다.)
Кто читáет?	Who is reading?
	(누가 읽고 있습니까?)
Мой товáрищ.	My comrade (is reading)
	(나의 친구가 읽고 있다.)
Кни́га лежи́т здесь.	The book is here.
	(그 책은 여기 놓여 있다.)
Что лежи́т здесь?	What is lying here?
	(여기 무엇이 놓여 있습니까?)
Кни́га.	A book is (lying here).
	(책이 놓여 있다.)

주어가 될 수 있는 품사는 ① 명사 ② 대명사 ③ 명사의 뜻으로 사용되는 형용사 및 형동사 ④ 수사 ⑤ 수사와 명사와의 결합 ⑥ 부정법 ⑦ 기타 품사들이다.

① 명사

Самолёт летит на север.
The airplane is flying to the North.
(비행기가 북쪽으로 날아가고 있다.)

Студенты изучают русский язык.
The students are studying Russian.
(학생들은 러시아어를 공부하고 있다.)

② 대명사

Они понимают по-русски очень хорошо.
They understand Russian very well.
(그들은 러시아어를 매우 잘 이해한다.)

Он работает с девяти утра до пяти часов вечера.
He works from nine in the morning until five in the afternoon.
(그는 오전 9시부터 오후 5시까지 일한다.)

③ 명사적 형용사 및 형동사

Больной лежит в больнице.
The patient is (lying) in hospital. (환자는 병원에 있다.)

Рабочие и служащие посещают курсы русского языка.
Workers and employees are attending lectures on Russian.
(근로자와 사무원들은 러시아어 강습에 다닌다.)

④ 수사

Пятнадцать делится на три без остатка.
Fifteen can be divided by three without a remainder.
(15는 3으로 나누어 떨어진다.)

Тро́е из нас рабо́тают на фа́брике.
Three of us are working at the factory.
(우리 셋이 공장에서 일하고 있다.)

⑤ 수사와 명사와의 결합

В ко́мнате стоя́т два больши́х стола́.
There are two large tables in the room.
(방에 두 개의 큰 탁자가 있다.)

Пришли́ пять студе́нтов.
Five students arrived.
(5명의 학생이 도착하였다.)

⑥ 부정법

Кури́ть мно́го — вре́дно, а пить мно́го молока́ поле́зно.
Smoking a lot is harmful, but drinking a lot of milk is good for you.
(담배를 많이 피우는 것은 해롭고 우유를 많이 마시는 것은 이롭다.)

Боро́ться за мир — наш долг.
To struggle for peace is our duty.
(평화를 위하여 싸우는 것은 우리의 의무이다.)

⑦ Мно́го, ма́ло, ско́лько 등과 함께 쓰이는 생격 명사

На столе́ бы́ло мно́го хле́ба.
There was much bread on the table.
(탁자 위에 많은 빵이 있었다.)

Ско́лько ученико́в в кла́ссе?
How many students are there in the class?
(학급에는 몇 명의 학생이 있습니까?)

(2) 술어(сказуемое, predicate)

술어는 주어를 풀이하는 말이다. 문장의 주제가 되는 어떤 사물이나 사람의 동작, 상태, 성질 등을 말하고 설명하는 낱말이나 어군이 술어이다. 술어는 ① 동사 ② 형동사 ③ 명사, 대명사, 형용사, 수사, 부사 등에 의하여 이루어진다.

① 동사 술어

i) 동사 быть의 현재형

동사 быть의 현재형 есть는 보통 생략된다. 현재형에서 은축된 동사 뒤에는 언제나 서술적 주격이 사용된다.

Он студе́нт.	He is a student. (그는 학생이다.)
Я инжене́р.	I am an engineer. (나는 기사이다.)
Ва́ша тётя - краси́вая же́нщина.	Your aunt is a beautiful woman. (당신의 숙모는 아름다운 여자이다.)
Гла́вная цель - справедли́вость.	The main aim is justice. (주된 목적은 정의이다.)
Мой дом о́чень удо́бный.	My home is very comfortable. (나의 집은 매우 편리하다.)

ii) 동사 быть의 과거 및 미래형

과거형에서는 술어는 보통 조격이 된다.

Его́ оте́ц был изве́стным инжене́ром.
His father was a well-known engineer.
(그의 아버지는 유명한 기사였다.)

조격은 자주 일시적인 상태를 가리킨다. 따라서 тогда́(then - 그때에), в то вре́мя(at that time - 당시에, 그때에)와 같이 쓰일 때가 많다.

Я был тогда́ офице́ром.	I was an officer then (나는 그때 장교였다.)

В то вре́мя я был <u>студе́нтом</u> Óксфордского университе́та.
At that time I was a student at Oxford.
(그때 나는 옥스퍼드 대학의 학생이였다.)

때와 관계없이 영구적인 상태를 나타내는 글에서 서술적 주격이 과거형과 함께 사용된다.

Пу́шкин был вели́кий <u>поэ́т</u>.
Pushkin was a great poet (and still is).
(푸쉬킨은 위대한 시인이었다.) (그리고 아직도 그렇다.)

Он был <u>брат</u> мое́й ба́бушки.
He was the brother of my grandmother.
(그는 나의 할머니의 동생이었다.)

Его́ жена́ была́ <u>ру́сская</u>.
His wife was a Russian.
(그의 아내는 러시아 사람이었다.)

[주의] 서술적 조격 대신에 서술적 주격을 쓰는 경우도 많다. 회화체 러시아어에서는 주격을 더 많이 쓴다.

Он был о́чень ми́лым челове́ком.
또는 Он был о́чень ми́лый челове́к.
He was a very nice man. (그는 매우 사랑스러운 사람이었다.)

미래형에서는 보통 서술적 조격을 쓴다.

Он бу́дет инжене́ром.
He will be an engineer. (그는 기사가 될 것이다.)

iii) 다음 연사 뒤에는 시제에 관계없이 서술적 조격이 사용된다.

явля́ться	to be, appear, serve (~이다, 나타나다, ~인 것을 알다)
каза́ться	to seem, look (생각된다, 보이다, 아마 ~인 듯하다.)
де́латься	to become, grow, happen (어떤 상태가 되다, 생기다, 일어나다)
станови́ться	to become, happen (되다, 일어나다.)
служи́ть	to serve as (~의 역할을 하다, ~으로 되다)

УРОК 27 문장론

считáться　to be considered, to be thought, to be regarded
　　　　　(고려하다, 생각되다, 간주되다)
окáзываться　to turn out, to prove, to be found
　　　　　(판명되다, ~로 인정되다, ~인 것을 알게 되다)
называ́ться　to be called (불리워지다)

Бéрег реки́ служи́л мéстом о́тдыха.
The river bank served as a place of rest.
(강변은 휴식처의 역할을 한다.)

Постепéнно ручéй стано́вится рекóй.
Gradually the stream becomes a river.
(점차로 시냇물이 강이 된다.)

Офицéр каза́лся ма́льчиком.
The officer looked like a boy.
(그 장교는 소년같이 보였다.)

Высоко́ в нéбе самолёт бу́дет каза́ться то́чкой.
High up in the sky the plane will seem a dot.
(높은 하늘에서 비행기는 점처럼 보일 것이다.)

Это явля́ется я́рким примéром.
This is a clear example.
(이것은 분명한 본보기이다.)

Он счита́лся у́мным, но мне он каза́лся глу́пым.
He was considered clever, but to me he seemed stupid.
(그는 현명하다고 생각되었지만 나에게는 어리석게 보였다.)

iv) 동사 술어의 단일형과 복합형

a) 단일형

Мы чита́ем.　　　We read. We are reading.
　　　　　　　　(우리는 읽는다. 우리는 읽고 있다.)

Я говорю́.　　　 I speak. I am speaking.
　　　　　　　　(나는 말한다. 나는 말하고 있다.)

Он <u>рабо́тает</u>.	Her works. He is working. (그는 일한다. 그는 일하고 있다.)
Я <u>приказа́л закры́ть окно́</u>.	I ordered to shut the window. (나는 그 창문을 닫으라고 명령하였다.)

위 예문에서 **чита́ем, говорю́, рабо́таем, приказа́л**은 단일형 동사 술어이다.

b) 복합형

복합형은 개시, 계속, 종지를 나타내는 동사와 부정법이 결합된 것이다. 또 화법의 동사와 부정법이 결합된 것도 복합형동사 술어이다.

〈개시, 계속, 종지를 나타내는 동사〉

нача́ть	to begin, start (시작하다, 착수하다)
стать	to begin, start (시작하다)
продолжа́ть	to continue, go on (계속하다)
переста́ть	to stop, cease (중지하다, 그만두다)
ко́нчи́ть	to finish, end (끝마치다, 완료하다)

〈화법의 동사〉

мочь	to be able (가능하다, 할 수 있다, 되다)
уме́ть	to be able, know how (할 수 있다, ~할 능력이 있다.)
хоте́ть	to want, desire (바라다, 희망하다)
жела́ть	to wish, desire, want (기원하다, 바라다)
ду́мать	to think, intend, be concerned (생각하다, 궁리하다, ~라고 생각하다)

Мы <u>на́чали чита́ть</u>.	We began reading. (우리는 읽기 시작했다.)
Она́ <u>продолжа́ла чита́ть</u>.	She continued reading. (그녀는 읽기를 계속했다.)
Он <u>продолжа́л смея́ться</u>.	He went on laughing. (그는 계속해서 웃었다.)

УРОК 27 문장론

Вы ко́нчили писа́ть письмо́? Have you finished writing the letter?
(편지 쓰기를 끝마쳤습니까?)

Я могу́ мно́го чита́ть. I can read a lot.
(나는 많이 읽을 수 있다.)

Я уме́ю чита́ть по-ру́сски. I can read Russian.
(나는 러시아어를 읽을 수 있다.)

[주의] уметь와 мочь 차이

уметь는 "할 수 있다." "~할 능력이 있다." (to know how to, to have the knowledge)라는 뜻으로 지식의 결과로서의 능력표시(expresses ability as a result of knowledge)를 의미한다.
мочь는 어떤 일을 할 수 있는 정신적 또는 신체적 능력을 의미한다.

Я не могу́ чита́ть, потому́ что я ничего́ не ви́жу.
I cannot read because I see nothing.
(아무것도 보이지 않아 읽을 수 없다.)

Я не уме́ю чита́ть, потому́ что я никогда́ не ходи́л в шко́лу.
I cannot (do not know how to) read because I never attended school.
(학교에 가 본 적이 없어서 읽을 줄을 모른다.)

Он уме́ет игра́ть на скри́пке.
He can play the violin. (그는 바이올린을 켤 수 있다.)

Я хочу́ покупа́ть кни́ги.
I want to buy books. (나는 책을 사고 싶다.)

Она́ хо́чет стать учи́тельницей.
She wishes to be a teacher. (그녀는 교사가 되고 싶어한다.)

Жела́ете ли вы познако́миться с ним?
Do you wish to meet him? (그를 만나고 싶습니까?)

Он ду́мает пое́хать в Ло́ндон.
He is thinking of going to London.
(그는 런던에 가는 것을 생각하고 있다.)

② 형동사 술어

동사와 형용사의 성질과 기능을 함께 가지는 형동사가 술어가 된다.

Эта кни́га хорошо́ напи́сана.	This book is well written. (이 책은 잘 쓰여져 있다.)
Всё сде́лано.	Everything is done. (모든 것이 이루어 졌다.)
Мой дя́дя о́чень за́нят.	My uncle is very busy. (나의 아저씨는 매우 분주하다.)
Письмо́ бы́ло по́слано вчера́.	The letter was sent yesterday. (편지는 어제 보냈다.)
О́кна бы́ли все откры́ты.	The windows were all open. (창문이 모두 열려져 있었다.)
За́втра магази́ны бу́дут закры́ты.	Tomorrow the shops will be closed. (내일은 가게문을 닫는다.)

③ 명사 술어

명사, 형용사, 대명사, 수사, 부사 등으로 이루어진 술어를 통틀어 명사 술어 라고 한다.

i) 명사

<주격>

Луна́ — спу́тник земли́.
The moon is the traveling companion of the earth.
(달은 지구의 동반자이다.)

Она́ хоро́ший до́ктор.
She is a good doctor. (그녀는 좋은 의사이다.)

<생격>

Моя́ сестра́ о́чень кре́пкого здоро́вья.
My sister is very robust.
(나의 누나는 매우 튼튼하다.)

Какóго цвéта цветы́?
What color are the flowers?　(꽃들은 무슨 색깔입니까?)

Они́ си́него цвéта.
They are blue.　(그것들은 푸릅니다.)

[주의] 생격으로 쓰여진 러시아어 명사 또는 형용사+명사는 관용적으로 영어의 형용사로 옮겨진다.

<조격>

Я снóва посýдником на парохóде.
Once again I am a dishwasher on the steamer.
(나는 다시 그 기선에서 접시 닦기를 하고 있다.)

Нóвый дирéктор шкóлы был дрýгом моегó дéтства.
The new headmaster was a childhood friend of mine.
(새 교장은 나의 어린 시절 친구였다.)

ii) 형용사

<단어미>

Твоя́ сестра́ умна́.　　Your sister is clever. (당신의 누나는 똑똑하다.)
Он бóлен.　　　　　　He is sick. (그는 몸이 아프다.)
Всё я́сно.　　　　　　Everything is clear. (모든 것이 분명하다.)

<장어미 주격>

Эта дорóга óчень хорóшая.
This road is a very good one.　(이 도로는 매우 좋은 도로이다.)

Река́ споко́йная.
The river is a calm one.　(이것은 고요한 강이다.)

<장어미 조격>

Тогда́ она́ была́ молодо́й, краси́вой.
Then she was young and beautiful. (그 당시 그녀는 젊고 아름다웠다.)

<비교급>

Ва́ша кни́га деше́вле мое́й.　Your book is cheaper than mine.
　　　　　　　　　　　　　　(당신의 책은 나의 것 보다 싸다)
Она́ моло́же меня́.　　　　She is younger than I.
　　　　　　　　　　　　　　(그녀는 나보다 젊다.)

iii) 대명사, 수사, 부사

Я не <u>ты</u>.　　　　　　　　I am not you. (나는 네가 아니다.)
Она́ <u>моя́</u>.　　　　　　　　She is mine. (그녀는 나의 것이다.)
Два́жды три — <u>шесть</u>.　　Two times three is six. (2 곱하기 3은 6이다.)
Она́ <u>за́мужем</u>.　　　　　　She is married. (그녀는 결혼했다.)
Уже́ <u>темно́</u>.　　　　　　　It is already dark. (벌써 어둡다.)
Здесь <u>хорошо́</u>.　　　　　　It is nice here. (여기는 좋다.)

(3) 보어

① 영어의 목적어와 보어

i) 목적어 (object)

술어 동사가 타동사일 때 그 동작을 받는 낱말(명사 또는 명사 상당어)을 목적어라고 한다. 술어 동사가 완전 타동사일 때 한 개의 목적어를 가지는 경우와 두 개의 목적어를 가지는 경우가 있다.

I like <u>apples</u>.　(나는 사과를 좋아한다.)
He teaches <u>English</u>.　(그는 영어를 가르친다.)

위의 예문은 목적어가 한 개이다.

He gave me a book.　(그는 나에게 책 한 권을 주었다.)
My father bought me a watch.　(아버지가 내게 시계 하나를 사주셨다.)

이 경우 목적어가 두 개인데 "~을"에 해당하는 낱말을 직접목적어(Direct object), "~에게"에 해당하는 낱말을 간접목적어(Indirect object)라고 한다.

УРОК 27 문장론

ii) 보어(complement)

술어동사의 뜻이 불완전할 때 그 뜻을 보충하여 완전하게 하는 낱말을 보어라고한다. 불완전 자동사를 보충하는 보어를 주격보어, 불완전 타동사를 보충하는 보어를 목적보어라고 한다.

<주격 보어>

He is a doctor. (그는 의사이다.)
He is happy. (그는 행복하다.)

<목적 보어>

He made his son a doctor.
(그는 자기 아들을 의사로 만들었다.)

Music makes our daily life bright.
(음악은 우리의 일상 생활을 명랑하게 한다.)

iii) 영어의 보어(complement)와 러시아어의 보어(дополнéние, object)

Он студéнт.	He is a student.
	(그는 학생이다.)
Мой дом óчень удóбный.	My home is very comfortable.
	(나의 집은 매우 안락하다.)
Я рад вúдеть вас.	I am glad to see you.
	(당신을 만나서 기쁩니다.)
Я óчень рад твоемý приéзду.	I am very glad (that) you came.
	(당신이 와서 매우 기쁩니다.)

영어에서는 a student, comfortable, glad 등이 불완전 자동사(is, am)의 주격보어이다. 그러나 러시아어에는 студéнт, удóбный, рад 등이 술어로 쓰이고 있다. 영어에서는 동사만이 술어가 되지만 러시아어에서는 동사 뿐만 아니라 명사, 대명사, 형용사, 형동사, 수사, 부사 등도 술어가 된다.
예를 들면

Студéнт Ивáнов — мой товáрищ.
Student Ivanov is my comrade. (이바노프 학생은 나의 친구이다.)

영어에서 my comrade는 주격 보어이지만, 러시아어에서는 주격 명사 **мой товáрищ**는 명사 술어(noun predicate)가 된다. 러시아어의 보어는 영어의 보어와는 다르며 대체로 영어의 목적어(object)와 같은 역할을 한다.

② 러시아어의 보어 (Дополнéние, object)

러시아어에서 보어는 문의 2차적 성분이다. 보어란 문중에서 동사, 형용사, 부사, 명사, 술어적 부사 등과 관계를 가지면서, 그것들이 이르키는 동작을 받는 대상 또는 그것들의 특징이 드러나는 대상을 나타내는 낱말이다.

러시아어의 보어는 사물이나 사람을 나타내며, 주격을 제외한 모든 격(사격-생격, 여격, 대격, 조격, 전치격)에서 кто(who), что(what)라는 물음에 답한다. 러시아어의 보어(дополнéние)는 영어로 object라고하며 **прямóе дополнéние**는 direct object, **кóсвенное дополнéние**는 indirect object이다.

보어는 보통 명사, 대명사 또는 부정법으로 표시된다.

보어중 동사 및 술어적 부사와 관계를 갖는 보어는 직접보어와 간접보어(사보어)로 나누어진다. 직접보어란 타동사 또는 술어적 부사가 요구하는 대격(부정의 경우에는 종종 생격) 형태의 보어이다.

간접보어는 타동사 및 비타동사와 관계를 가지면서 대격 이외의 사격(생격, 여격, 조격, 전치격) 및 전치사를 수반하는 사격(생격, 여격, 대격, 조격, 전치격)의 형태를 취한다.

i) 직접보어

대격이 대부분의 타동사의 직접목적을 표시하는데 주로 사용된다. 부정의 경우에는 때때로 생격이 사용된다.

Я читáю кни́гу.	I read a book.
	(나는 책을 읽는다.)
Он пьёт вóду.	He drinks water.
	(그는 물을 마신다.)
Он лю́бит му́зыку.	He likes music.
	(그는 음악을 좋아한다.)
Он не лю́бит му́зыки.	He doesn't like music.
	(그는 음악을 좋아하지 않는다.)

Мы не ви́дели их.　　　　We did not see them.
　　　　　　　　　　　　(우리는 그들을 보지 않았다.)

ii) 간접보어

여격이 간접목적으로 주로 사용된다.

Я даю́ кни́гу бра́ту.
I give the book to my brother.　(나는 나의 동생에게 그 책을 준다.)

Он пи́шет письмо́ отцу́.
He is writing a letter to his father.　(그는 아버지에게 편지를 쓰고 있다.)

Он подари́л сы́ну часы́.
He gave a watch to his son. 또는 He gave his son a watch.
(그는 아들에게 시계를 주었다.)

Он говори́т сестре́, что его́ не бу́дет до́ма.
He tells his sister that he will not be at home.
(그는 누나에게 그가 집에 있지 않는다고 말한다.)

<조격으로 된 보어>

Я занима́юсь грамма́тикой.　　I am studying grammar.
　　　　　　　　　　　　　　(나는 문법을 공부하고 있다.)

Я не интересу́юсь му́зыкой.　　I am not interested in music.
　　　　　　　　　　　　　　(나는 음악에 흥미가 없다.)

На́шим кружко́м руководи́т преподава́тель.
Our study group is supervised by a teacher.
(우리 써클은 선생님이 지도한다.)

<전치사를 수반하는 보어>

Мы ве́рим в побе́ду.
We are confident of our victory.　(우리는 승리를 확신하고 있다.)

Благодарю́ вас за по́мощь.
Thank you for your help.　(당신의 도움에 감사드립니다.)

Он мечта́ет об успе́хе и сча́стье.
He is dreaming of success and happiness.
(그는 성공과 행복을 꿈꾸고 있다.)

Наро́д во всём ми́ре стреми́тся к ми́ру.
The people in the whole world are striving for peace.
(전세계 민중들은 평화를 얻으려고 노력하고 있다.)

iii) 부정법으로 된 보어

Она́ лю́бит чита́ть.
She likes to read. (그 여자는 읽는 것을 좋아한다.)

Он пошёл купи́ть хле́ба.
He went to buy some bread. (그는 빵을 좀 사러 갔다.)

Они́ договори́лись встре́титься наза́втра.
They agreed to meet the next day. (그들은 다음날 만나기로 합의하였다.)

Я привы́к ра́но встава́ть.
I got accustomed to get up early. (나는 일찍 일어나는데 익숙해 있었다.)

(4) 정어

형용사에는 2가지 용법이 있다.

① 정어 (한정용법) (определе́ние, attribute)

러시아어의 정어는 문의 일부이며 사물의 성질, 속성을 나타낸다. 보통 како́й? кака́я? како́е? каки́е? 등의 물음에 답한다. 명사 앞에서 직접 수식하며 그 뜻을 한정한다.

Э́то интере́сная кни́га.   This is an interesting book.
(이것은 재미있는 책이다.)

Э́то но́вый журна́л.   This is a new magazine.
(이것은 새 잡지이다.)

Э́то о́чень хоро́шая доро́га.   This is a very good road.
(이것은 매우 좋은 도로이다.)

정어 용법의 형용사도 강조할 때나 리듬(rhythm)을 위해서 명사 뒤에 올 때도 있다.

Легко́ на се́рдце от пе́сни весёлой.
A merry song makes you free and easy.
(즐거운 노래가 당신의 가슴을 편하게 한다.)

② 술어 (서술용법) (предика́т, predicate)

명사 뒤에서 서술하고 설명하는 형용사의 용법을 술어(서술용법)라고 한다.

Э́та кни́га — интере́сная.　　　This book is interesting.
　　　　　　　　　　　　　　　(이 책은 재미있다.)

Э́тот журна́л но́вый.　　　　　This magazine is new
　　　　　　　　　　　　　　　(이 잡지는 새로 나왔다.)

Э́та доро́га о́чень хоро́шая.　　This road is very good.
　　　　　　　　　　　　　　　(이 도로는 참 좋다.)

③ 일치 정어와 불일치 정어

i) 일치 정어

형용사에 의해 표시된 정어가 그것이 수식하는 명사와 일치한다.

Я чита́ю интере́сную кни́гу.
I am reading an interesting book.
(나는 재미있는 책을 읽고 있다.)

Вчера́ мы бы́ли в но́вом теа́тре.
Yesterday we were at the new theatre.
(어제 우리는 새 극장에 갔었다.)

Вы уже́ зна́ете мно́го ру́сских слов.
You already know many Russian words.
(당신은 벌써 많은 러시아어 낱말을 알고 있다.)

ii) 불일치 정어

다른 격의 명사에 의하여 표시된 정어는 그것이 수식하는 명사와 일치하지 않는다.

Мы шли по у́лицам го́рода.
We walked along the streets of the town.
(우리는 시내의 거리를 걸어갔다.)

На столе́ лежа́л цвето́к из бума́ги.
A flower made of paper was lying on the table.
(탁자 위에 종이로 만든 꽃이 있었다.)

Э́то была́ ко́мната с окно́м.
It was a room with a window.
(그것은 창문이 있는 방이었다.)

Мы чита́ли текст без назва́ния.
We read a text without a title.
(우리는 제목 없는 본문을 읽고 있었다.)

어떤 경우에는 불일치 정어를 일치 정어로 바꿀 수 있다.

Улица го́рода — городска́я у́лица
a street of the town — a town street
(시내의 거리)   (시내 거리)

Цвето́к из бума́ги — бума́жный цвето́к
a flower made of paper — a paper flower
(종이로 만든 꽃)   (종이 꽃)

Дом в пять этаже́й — пятиэта́жный дом
a house five story high — a five storied house
(5층 높이의 집)   (5층 집)

(5) 상황어(обстоятельство, adverbial modifier)

러시아어의 상황어는 영어의 부사, 부사절에 해당한다. 상황어는 동사를 수식하며 때, 장소, 방식, 비교, 조건, 원인, 목적, 양보 등을 표시한다.

① 상황어(부사)

  Он приехал вчера.   He arrived yesterday.
             (그는 어제 도착했다.)

  Я живу здесь давно.   I have lived here for a long time.
             (나는 여기서 오랫동안 살고 있다.)

  Они пошли домой.   They went home.
             (그들은 집으로 갔다.)

  Он работает хорошо.   He works well.
             (그는 일을 잘한다.)

  Она поёт, как соловей.   She sings like a nightingale.
             (그녀는 꾀꼬리 같이 노래한다.)

  Хотя и поздно, но он пришёл. Though late, yet he came.
             (늦었지만 그는 도착하였다.)

  Он сделал это по молодости. He did it because of his youth.
             (그는 그의 젊음때문에 그것을 했다.)

При усердии он выполнит всё.
By diligence he will accomplish anything.
(근면으로 그는 어떤 일도 성취할 것이다.)

Трудящиеся получают отпуск для отдыха.
Working people are given vacation to rest.
(근로자들은 휴식을 위해 휴가가 주어진다.)

② 상황어적 종속문(부사절)

 i) 시간의 종속문

  시간의 종속문은 주절의 동작이 언제 일어 나는가를 말하며, когда(when

언제), как до́лго(how long 얼마나 오래), с каки́х пор(from what time 언제부터), до каки́х пор(till when 언제까지) 등에 대답한다.
시간의 종속문은 когда́(when ~할 때에), едва́(hardly 하자마자), как то́лько(as soon as, hardly ~ when 하자마자), пока́(while ~하는 동안에) 등과 같은 접속사로 주절에 연결된다.

Мы возвраща́лись домо́й, когда́ уже́ бы́ло темно́.
We were returning home when it was dark already.
(우리들은 이미 어두어졌을 때 집으로 돌아오고 있었다.)

Едва́ показа́лось со́лнце, как тури́сты отпра́вились в путь.
Hardly had the sun risen when the tourists set off on their way.
(태양이 떠오르자마자 여행자들은 그들의 길을 떠났다.)

Как то́лько ста́ло светло́, мы вы́шли из дере́вни.
As soon as it grew light, we left the village.
(밝아지자마자 우리는 그 마을을 떠났다.)

ii) 장소의 종속문

장소의 종속문은 주문의 동작이 어디서 일어나는가를 표시하며 где(where 어디에서), куда́(where to 어디로), отку́да(from where 어디로 부터) 등의 물음에 답한다.

Вдали́, где сади́лось со́лнце, не́бо бы́ло кра́сное.
In the distance, where the sun was setting, the sky was red.
(태양이 지고 있던 먼 곳에 하늘이 붉었다.)

Тури́сты шли́, куда́ им хоте́лось.
The tourists went where they wished (to go).
(여행자들은 그들이 가고 싶은 데로 갔다.)

iii) 양태(樣態)의 종속문

양태의 종속문은 주절의 동작이 어떤 방식으로 이루어지는가를 표시하고 как(how 어떻게), каки́м о́бразом(in what manner 어떤 방법으로) 등의 물음에 답한다.

Я сде́лал всё так, как вы хоте́ли.
I did all in the way you wished.
(나는 모든 것을 당신이 바라는 대로 하였다.)

Э́тот слепо́й не так слеп, как ка́жется.
This blindman is not so blind as he seems.
(이 장님은 겉모습 같이 그렇게 장님은 아니다.)

iv) 결과의 종속문

결과의 종속문은 주절의 동작이나 상태의 결과를 표시한다. 그것은 흔히 접속사 так что(so that 그렇기 때문에, 그래서), что(that ~라는 것은, 종속문을 주문에 연결한다) 등에 의하여 주절에 연결된다.

Подняла́сь бу́ря, так что парохо́д не мог вы́йти в откры́тое мо́ре.
A storm rose so that the ship could not sail into the open sea.
(폭풍이 일어나서 배가 공해로 나갈 수 없었다.)

Лёд места́ми стал то́нким, так что ката́ться на конька́х опа́сно.
The ice has become thin in places, so that skating is dangerous.
(얼음이 곳곳에서 얇어져서 스케이트 타는 것이 위험하다.)

v) 비교의 종속문

비교의 종속문은 보통 как(as ~와 같이, 처럼), то́чно(as 마치 ~같다), сло́вно, бу́дто(as if, as though 마치 ~처럼) 등과 같은 접속사에 의하여 주절에 연결된다.

Мы хоти́м чита́ть по-ру́сски так же хорошо́, как он чита́ет по-англи́йски.
We want to read Russian as well as he reads English.
(우리들은 그가 영어를 읽는 것만큼 러시아어를 읽고 싶다.)

Бы́ло так тепло́, бу́дто (сло́вно) уже́ наступи́ла весна́.
It was so warm as though spring had come.
(너무 따뜻해서 마치 봄이 온 것 같다.)

vi) 원인의 종속문

원인의 종속문은 주절의 동작이 왜 일어 나는가를 표시하며 почему́(why 어째서), отчего́(because of what 왜, 어째서), по како́й причи́не(for what reaseon 무슨 이유로, 무슨 원인으로) 등의 물음에 답한다.

потому́ что(because 왜냐하면), оттого́ что(because 왜냐하면), благодаря́ тому́ что(due to, thanks to, owing to ~의 결과, ~이 원인으로), так как(as ~이기 때문에), ввиду́ того́, что́(in view of, owing to the fact that, ~을 고려하여, ~때문에) 등의 접속사에 의하여 주절과 연결된다.

Мы не пойдём в кино́, потому́ что у нас собра́ние.
We shall not go to the movies because we have a meeting.
(우리는 모임이 있기 때문에 영화 구경을 갈 수 없다.)

На у́лице бы́ло сы́ро, оттого́ что шёл дождь.
It was wet in the street because it had been raining.
(비가 왔기 때문에 거리는 질퍽질퍽했다.)

Моя́ сестра́ ча́сто посеша́ет конце́рты, так как о́чень лю́бит му́зыку.
My sister often goes to concerts as she is very fond of music.
(나의 누나는 음악을 매우 좋아하기 때문에 자주 음악회에 간다.)

vii) 목적의 종속문

목적의 종속문은 주절의 동작의 목적을 표시한다. заче́м(why 왜, 무슨 목적으로), для чего́(what for 무엇 때문에), с како́й це́лью(for what purpose 어떤 목적으로) 등의 물음에 답한다.

что́бы(in order that ~하기 위하여), для того́ что́бы(in order to ~하기 위해서) 등과 같은 접속사로 주절에 연결된다.

Мы прие́хали сюда́ для о́тдыха.
We came here for a rest.
(우리는 휴양차 여기에 왔다.)

Он вы́шел из ко́мнаты, чтобы тем са́мым доказа́ть своё безразли́чие к разгово́ру.
He left the room precisely to demonstrate his indifference to the conversation.
(그는 그 담화에 대한 그의 무관심을 정확히 드러내 보이기 위하여 그 방 밖으로 나갔다.)

Я зале́з на высо́кое де́рево, чтобы отту́да как сле́дует огляде́ть окре́стность.
I climbed up a high tree in order to get a proper view of the surrounding countryside.
(나는 주변을 잘 둘러보기 위하여 높은 나무에 기어 올라갔다.)

viii) 양보의 종속문

양보의 종속문은 보통 접속사, хотя́(although, though 비록 ~이지만), несмотря́(in spite of ~에도 불구하고) 등으로 주절에 연결된다.

Хотя́ мне да́ли ви́зу, мне не разреши́ли е́хать.
Although they gave me a visa, they didn't let me go.
(그들은 나에게 사증은 주었지만 나를 가지 못하게 하였다.)

Бы́ло немно́го хо́лодно, хотя́ со́лнце я́рко свети́ло.
It was rather cold although the sun shone brightly.
(해는 밝게 빛났지만 다소 추웠다.)

Несмотря́ на дождь, тури́сты продолжа́ли свой путь.
In spite of the rain, the tourists continued on their way.
(비가 오는데도 불구하고 여행자들은 그들의 길을 계속해서 갔다.)

ix) 조건의 종속문

조건의 종속문은 주절의 동작의 수행을 가능케하는 조건을 표시하며 при како́м усло́вии(on what condition 어떤 조건으로), в како́м слу́чае(in the event of what 어떤 경우에) 등의 물음에 답한다.
е́сли(if, 만약 ~이라면), ко́ли, коль(if 만약 ~이라면), когда́(when 만일 ~이면, ~할 때에) 등의 접속사에 의하여 주절에 연결된다.

Мы бу́дем о́чень ра́ды, если вы придёте к нам.
We shall be very glad <u>if you come to see us</u>.
(만약 당신이 우리를 만나러 온다면 참 기쁘겠습니다.)

Тру́дно вы́полнить упражне́ние, когда́ оно́ непоня́тно.
It is difficult to do an exercise <u>when it is not clear</u>.
(연습문제가 분명치 않을 때 그것을 하는 것은 힘든다.)

<u>Е́сли дождя́ не бу́дет</u>, (то) мы пойдём гуля́ть.
<u>If there is no rain</u>, (then) we shall go for a walk.
(비가 오지 않는다면 산보갑시다.)

3. 부정인칭문 (不定人稱文)
  (Неопределенно-личное предложе́ние, The indefinite - personal sentence)

주어가 없고 술어는 3인칭 복수형을 취한다. 부정 인칭문은 주어가 분명하지 않고 동작의 주체가 누구인지 분명히 할 필요가 없을 때 사용된다.

Пи́шут о гидроэлектроста́нциях на Во́лге.
It is written about the hydroelectric power stations on the Volga.
(그것은 볼가강의 수력 발전소에 관하여 쓰여져 있다.)

Говоря́т, что он у́мер.
It is said that he is dead. (그가 죽었다고 한다.)

Говори́ли о пого́де.
It was talked about the weather. (날씨에 대하여 이야기하였다.)

У него́ де́ньги укра́ли доро́гой.
His money was stolen on the way. (그는 도중에 돈을 도난당하였다.)

Говоря́т, что он бо́лен.
It is said (they say) that he is ill. (그가 병에 걸렸다고 한다.)

В шко́ле изуча́ли ру́сский язы́к.
Russian used to be studied at school.
(학교에서 러시아어를 공부하곤 했다.)

Говоря́т, что здесь нельзя́ кури́ть.
They say that one must not smoke here.
(여기서는 담배를 피워서는 안된다고 한다.)

4. 일반인칭문
(Обобщённо - ли́чное предложе́ние, The general - personal sentence)

2인칭 단수 현재형의 동사를 사용하여, 특정한 사람이 아닌 일반적인 사람, 일반적인 사실 등을 나타내는 문장을 일반인칭문이라고 한다. 보통 주어가 없으며 동사는 2인칭, 3인칭 복수도 사용할 수 있다. 흔히 속담이나 격언에서 많이 사용된다.

Ти́ше е́дешь, да́льше бу́дешь.
The slower one travels, the farther one gets.
(천천히 가면 더 멀리 간다.)

Ска́жешь — не воро́тишь.
What is said can't be undone.
(한 번 말한 것은 돌이킬 수 없다.)

Как ме́дленно идёт вре́мя, когда́ ничего́ не де́лаешь.
How slowly time passes when one does nothing.
(아무것도 하지 않고 있을 때 참으로 시간이 느리게 간다.)

Без труда́ не вы́нешь и ры́бку из пруда́.
Without effort, one cannot take out even a small fish from the pond.
(노력없이는 작은 물고기 한마리도 연못에서 끄집어 낼수 없다.)

5. 무인칭문
(Безли́чное предложе́ние, The impersonal sentence)

무인칭문은 문법적 주어가 없는 문장을 말한다. 주어가 생략된 것은 무인칭문이 아니다. 주격을 주어로 쓸 수 없는 문장을 말한다. 술어는 무인칭 동사 또는 술어적 부사로 표시된다.
러시아어의 무인칭문은 대체로 영어의 It is cold. It is dark. 등 특별용법의 it을 주어로 하는 무인칭문에 해당된다.

무인칭문은 술어의 내용에 따라 다음과 같은 종류가 있다.

(1) 술어가 동사로 표현된 것

① 무인칭동사

무인칭 동사는 현재형과 미래형에서는 3인칭 단수가 사용되고 과거형에서는 중성만이 사용된다. 무인칭 동사는 사람이나 사물과는 아무관계도 없는 자연현상을 표시한다.

Светáет.	It is getting light. (날이 밝아지고 있다.)
Светáло.	It was getting light. (날이 밝아지고 있었다)
Смеркáется.	It is getting dark. (어둑어둑해지고 있다.)
Смеркáлось.	It was getting dark. (어둑어둑해졌다.)
Волнóй разбúло лóдку.	The boat was broken by the wave. (파도로 보트가 부서졌다.)

② 재귀동사

때때로 동사(보통 자동사)에 -ся가 붙어서 재귀동사로 되면 무인칭의 뜻을 갖게 된다. 이때 이 동사는 주체의 의지와는 관계없이 일어나는 동작을 나타낸다.

Мне не рабóтается.	I don't feel like working. (나는 일하고 싶지 않다.)
Емý не спалóсь.	He was unable to sleep. (그는 잠을 이룰 수가 없었다.)
Ей живётся хорошó.	She gets on quite well. (그녀는 꽤 잘 지내고 있다.)

Нам пришлóсь подождáть ещё два часá.
We had to wait another two hours.
(우리들은 다시 두 시간을 더 기다려야 했다.)

이 때 동작의 주체는 여격(емý, мне, нам)으로 표시된다.

(2) 술어가 -о로 끝나는 부사로 표현된 것.

술어적 부사의 대부분은 형용사 중성 단어미형과 같은 형태를 취한다. тепло́(warm, warmly 따뜻하다), жа́рко(hot, hotly 덥다), ве́село(jolly 즐겁다)등. 술어적 부사도 자연현상, 육체적 심리적 상태 등을 나타낸다.

술어적 부사가 현재, 과거 또는 미래시제를 나타내기 위하여 быть(to be), стать(to become), станови́ться(to become), де́латься(to become, get, grow 되다, 생기다, 일어나다), сде́латься(to become, grow) 등의 연사가 사용된다.

과거나 미래를 나타낼 때는 бы́ло(과거), бу́дет(미래)를 첨가한다.

Стано́вится тепло́.	It is getting warm. (따뜻해지고 있다.)
Бы́ло жа́рко.	It was hot. (더웠다.)
Бу́дет ве́село.	It will be jolly. (즐거울 것이다.)
Мне тепло́.	I am warm. (나는 따뜻하다.)
Бра́ту бы́ло хо́лодно.	(My) brother was cold. (나의 동생은 추웠다.)
Ей бу́дет удо́бно.	She will be comfortable. (그녀는 안락할 것이다.)
Нам бы́ло ску́чно.	We felt dull. (우리들은 지루하게 느꼈다.)
Больно́му пло́хо.	The sick person is in a bad state. (환자는 상태가 좋지 않다.)

이 경우도 동작, 상태를 경험하는 주체는 여격이다.

(3) 술어가 가능, 필요, 당위 등을 나타내는 말로 표현된 것.

мо́жно(it is possible, 가능하다, 할 수 있다), ну́жно(it is necessary, ~이 필요하다), нельзя́(it is impossible, 할 수 없다, 불가능하다) 등은 무인칭문에서 부정법과 함께 사용되기도 하고 단독으로 사용되기도 한다. 이때 의미상의 주어는 여격이 된다.

Мо́жно мне войти́?	May I come in? (들어가도 좋습니까?)
Войди́те пожа́луйста.	Please come in. (들어 오십시오.)

Мо́жно разгова́ривать в кла́ссе?   May one talk in class?
                                  (교실에서 말을 해도 됩니까?)

Нельзя́.   One may not.
                                  (안됩니다.)

Мо́жно здесь кури́ть?   May one smoke here?
                                  (여기서 담배를 피워도 좋습니까?))

Нет, здесь нельзя́ кури́ть.   No, (there's) no smoking here.
                                  (안됩니다. 여기서는 금연입니다.)

Больно́му мо́жно есть мя́со.   The sick person may eat meat.
                                  (환자는 고기를 먹어도 좋다.)

Мне ну́жно рабо́тать.   It is necessary for me to work.
                                  (나는 일을 하여야 한다.)

В го́роде ничего́ нельзя́ бы́ло купи́ть.
It was impossible to buy anything in town.
(시내에서는 아무것도 살 수 없었다.)

Де́тям пора́ спать.
It is time for the children to go to bed.
(어린이들이 잠자리에 들 때이다.)

Нам ну́жно бу́дет повтори́ть э́тот уро́к.
We shall have to repeat this lesson.
(우리는 이 과를 되풀이 해야 할 것이다.)

6. 명칭문 (Номинати́вное предложе́ние, The nominative sentence)

주격 명사는 그것만으로도 문장을 만들 수 있다. 또 수사와 명사를 결합한 것 만으로도 문장을 만들 수 있다. 이러한 문을 명칭문이라고 한다.

Зима́.   It is winter (겨울이다.)
Моро́з.   There is a frost. (서리가 내렸다.)
Тишина́.   It is quiet. (고요하다.)
Семь часо́в.   It is seven o'clock. (7시다.)

7. 인칭문 (Ли́чное предложе́ние, The personal sentence)

인칭문이란 주어와 술어가 있는 문장이다.

Я люблю́ жить в дере́вне ле́том.
I love to live in the country during the summer.
(나는 여름에 시골에서 사는 것을 좋아한다.)

Я чита́ю исто́рию ми́ра.
I am reading the history of the world.
(나는 세계 역사를 읽고 있다.)

СЛОВАРЬ

체크해 봅시다.

оста́ток	m. remainder, rest 나머지, 여분	дешёвый(дёшев, дешева́, дёшево: (비교) деше́вле, дешеве́е)	
дели́ться	impf. divide (into) 나누어지다	два́жды	ad. twice(= два́ ра́за) 2번, 2회
поле́зный	a. useful, helpful 유익한, 유용한	мечта́ть	impf. dream(of) 공상하다, 염원하다
долг	m. duty, debt 의무, 본분, 빚, 부채	договори́ться	pf. come to an agreement 약속하다, 협정하다
приказа́ть	pf. order, command 명령하다, 지시하다		
здоро́вье	n. health 건강	привы́к	привы́кнуть의 과거
посу́дник	m. dish-washer 그릇을 씻는 사람	усе́рдие	n. zeal, diligence 열심
		слепо́й	m. blind person 장님
дешёвый	a. cheap 값이 싼, 염가의	бу́ря	f. storm 폭풍, 폭풍우

коньки́	(pl.) skates 스케이트
ката́ться на конька́х	스케이트를 타다
безразли́чие	n. indifference 무관심
тот са́мый	the very 바로 그
огляде́ть	pf. look round 둘러보다 inspect 유심히보다
сле́довать	impf. ought, should ~해야 한다, 하지 않으면 안된다.
зале́зть	pf. climb up 기어오르다
разреши́ть	pf. allow, permit 허가하다, 허락하다
ти́ше	comp. of ти́хий
вы́нуть	pf. take out, pull out 꺼내다, 빼내다
оста́тка	оста́ток의 생격
вре́дный	a. harmful 해로운, 해를 끼치는
боро́ться	impf. fight 싸우다 wrestle 씨름하다
справедли́вость	f. justice, truth 정의, 공평
кре́пкий	a. strong, robust 튼튼한, 견고한, 굳은
здоро́вья	здоро́вье의 생격
руководи́ть	impf. lead, guide 지도하다, 주관하다
стреми́ться	impf. strive(for), rush 노력하다, 돌진하다, 지향하다
привы́кнуть	pf. get used (to) get accustomed 익숙해지다
солове́й	m. nightingale 꾀꼬리
отпра́виться	pf. set out, start 나가다, 출발하다
слепо́й	a. blind 눈이 먼, 눈이 보이지 않는
то́нкий	a. thin, slim, slender 얇은, 가는
ката́ться	impf. go for a drive 타고 돌아다니다
причи́на	f. reason, cause 이유, 원인
доказа́ть	pf. demonstrate, prove 증명하다
окре́стность	f. neighbourhood 부근, 근방, 주위
сле́довать	impf. follow, go after 따르다
как сле́дует	as it should be, properly 적당하게, 충분하게
зале́зть	(과거 зале́з, ла)
укра́сть	pf. steal 훔치다, 도둑질하다
вороти́ть	pf. bring back, get back 돌려주다, 되돌아오게 하다
пруд	m. pond 못
смерка́ться	impf. get dark, 어둑어둑해지다
смерка́ться	= смерка́ется
волна́	f. wave 물결, 파도

УРОК 27 문장론

тишина́	a. quiet, silence 고요함, 정적, 졸숙	приходи́ться	impf. fit 맞다 have to 하지 않으면 안된다
сюрпри́з	m. surprise 뜻박의 일, 뜻밖의 선물	обеща́ть	impf. promise 약속하다
всего́	ad. only, all 다만, 오직, 전부	десе́рт	m. dessert 디저트, 후식
сно́сный	a. tolerable 인내할 수 있는, 참을 수 있는	сно́сно	ad. tolerably, so-so 그런대로, 그럭저럭
моли́ться	impf. pray, offer prayers 기도하다	всё ещё	still 아직(도), 여전히
дыра́	f. hole 구멍, 틈바귀	копа́ть	impf. dig, 파다, 파내다
уби́ть	pf. kill 죽이다, 살해하다	испуга́ться	pf. be frightened, be scared 놀라다, 깜짝 놀라다
задрожа́ть	pf. begin to tremble 떨기 시작하다	дрожа́ть	impf. tremble, shiver 떨다, 진동하다
прости́ть	pf. forgive 용서하다	гнев	m. anger, rage 분노, 분개
тюрьма́	f. prison, jail 감옥, 형무소	успоко́иться	pf. calm down 진정하다 compose oneself 편안해지다
заря́	f. dawn, daybreak 노을	купе́ц	m. merchant 상인
сте́пень	f. degree, extent 정도, 등급	окра́шивать	impf. paint, colour 착색하다, 염색하다
поседе́лый	a. grown grey 백발이 된	улыбну́ться	pf. smile 미소짓다
стих	m. poetry, verse 시, 시구	расста́ться	pf. part with, leave 헤어지다, 결별하다
слове́чко	n. dim of сло́во сло́во의 지소 애칭	хоть	conj. even if ~이라도 at least 비록~라도
сме́ркнуться, смерка́ться의 pf.			
разби́ть	pf. break, smash 깨뜨리다, 부수다		

[1] 우리말로 옮겨라.

1. Сегодня муж обещал привести кого-то к ужину, но не сказал, кто это будет, потому что хочет сделать мне приятный сюрприз.

2. Он также обещал купить какую-то рыбу, которую наш гость очень любит и что-то вкусное на десерт.

3. Мне так хочется с кем-нибудь поговорить, что мне всё равно кого приведёт мой муж. Уже двадцать пять минут шестого. Я смотрю на часы каждые пять минут. Мне всё кажется, что мои часы отстают.

4. Как медленно идёт время, когда сидишь дома и ничего не делаешь. Неделю тому назад мои очки упали с комода и разбились, так что с тех пор я ничего не читала.

5. Сегодня у нас в классе практические занятия по русскому разговору. Мы ещё не очень хорошо знаем русский язык. Мы начали заниматься им всего четыре недели тому назад.

6. Мы читаем более или менее сносно, но говорим всё ещё довольно плохо, потому что у нас слишком мало возможностей для практики. Наш преподаватель старается говорить с нами по-русски как можно больше.

7. Ночью Аксёнов не мог спать. Он думал о жене и детях. Сколько лет он их не видел! Дети были маленькие, когда его

послáли в Сибúрь. А он был молодóй, весёлый, любúл петь, игрáть на гитáре.

8. Аксёнов нáчал молúться. Он молúлся дóлго, но не мог забы́ть Макáра. Днём он не говорúл с Макáром и не смотрéл на негó.

9. Раз нóчью Аксёнов увúдел, что ктó-то копáет дыру́ в стенé. Это был Макáр. Макáр испугáлся, когдá он увúдел, что Аксёнов смóтрит на негó и сказáл:
  - Если ты скáжешь, что я дыру́ копáю, я тебя́ убью́.
  Аксёнов задрожáл от гнéва и сказáл:
  - Ты меня́ ужé давнó убúл. А скажу́ я об этом или нет, это моё дéло.

10. -Бог тебя́ простúт. Мóжет быть я горáздо ху́же тебя́. И когдá он сказáл это, он вдруг успокóился. Он перестáл ду́мать о дóме, не хотéл уходúть из тюрьмы́, а тóлько ду́мал о смéрти. Макáр пошёл к офицéру и сказáл ему́, что он убúл купцá. Но когдá Аксёнову пришлó разрешéние éхать домóй, он ужé у́мер.

[2] 러시아어로 옮겨라.

1. 곧 상점에는 새 교과서가 반입된다.(привезу́т)

2. 라디오로 최근의 뉴스가 방송되었다.(передавáли)

3. 그 대학생에게는 그가 수업시간에 늦은 것처럼 생각되었다.(показáлось)

4. 신문에 러시아 배우들에 대해서 쓰여 있었다.

5. 나는 자신의 어린시절에 대한 소설(повесть)을 쓰고 싶다. (хочется)

6. 만나 뵈오니 반갑습니다.

7. 내게는 그가 너무 많이 먹고 마시는 것처럼 생각된다. (кажется)

8. 바다는 고요했다. 우리 위에 하늘은 맑았고 태양은 밝게 비쳤다.

9. 강한 바람에도 불구하고(несмотря на), 우리 비행기는 자기의 항로(свой путь)를 계속했다.

10. 비가 왔기 때문에(благодаря тому, что), 풀은 싱싱했고(была сочная) 초록색이었다.

[3] 러시아어에 해당하는 영어를 아래 난에서 골라 그 번호를 써라.

1. Утренняя заря только что начинает окрашивать горизонт.
2. Так как он бедный человек, то она, быть может, не выйдет за него замуж.
3. Нам хотелось пойти в театр.
4. Я не мог не улыбнуться, до такой степени всё это было верно.
5. Он заметно поседел с тех пор, как мы расстались с ним.
6. Только он вошёл в комнату, (как) возник спор.
7. После ужина мы легли спать. Над нами было тёмное южное небо и яркие звёзды.
8. Много стихов было написано о мире.
9. Он вышел из комнаты, чтобы тем самым доказать своё безразличие к разговору.
10. Скажи он хоть одно словечко, она бы вернулась.

① We wanted to go to the theatre.
② He had gone perceptibly grey since we parted from him.
③ Dawn is just beginning to tinge the horizon.
④ He had no sooner entered the room than an argument started.
⑤ Since he is a poor man, she may not marry him.
⑥ I could not help smiling, so true was all that.
⑦ He left the room precisely to demonstrate his indifference to the conversation.
⑧ If he had said even one single word, she would have returned.
⑨ Much poetry was written about peace.
⑩ After supper we lay down to sleep. Overhead was the dark southern sky and the bright stars.

28 어순
(Порядок слов, Word order)

러시아어는 잘 발단된(명사, 대명사, 형용사의) 격변화(declension)와 동사변화(conjugation) 체계때문에, 영어보다는 문장의 어순이 훨씬 자유롭다. 이렇게 어순이 비교적 자유롭다는 것이 러시아어의 풍부성의 한 원천이기도 하다. 이와 같은 자유때문에 문장 구성에 유연성이 있고 문장에 어떤 리듬을 줄 수 있다. 그러나 어순이 비교적 자유롭다는 것이 러시아어 문장에서 낱말을 아무렇게나 배열해도 좋다는 뜻은 아니다. 어순의 모든 변화는 문장에 새로운 뉘앙스나 미묘한 뜻의 차이를 갖게 한다.

1. 평서문의 어순

Это дом.	This is a house. (이것은 집이다.)
Это комната.	This is a room. (이것은 방이다.)
Я профессор.	I am a professor. (나는 교수이다.)
Он студент.	He is a student. (그는 학생이다.)
Москва – город.	Moscow is a city (모스끄바는 도시이다.)
Тут стол.	Here is a table. (여기 탁자가 있다.)
Мост там.	The bridge is there. (다리가 저기 있다.)
Вот карта.	Here is a map. (여기 지도가 있다.)

(1) 러시아어에는 관사가 없다. 러시아어의 дом이라는 명사는 그 뜻에 따라 영어의 'a house', 'the house' 혹은 'house'가 된다.

(2) 현재형에서는 영어의 be동사(am, are, is)에 해당하는 러시아어 동사 есть는 보통 생략된다.

(3) 러시아어에 있어서 평서문의 어순은 보통 다음과 같다.

УРОК 28 어순

Я иду́ сего́дня в теа́тр.
I am going to the theatre today.
(나는 오늘 극장에 간다)

① 주어는 술어에 선행하며 되도록 술어 가까이에 위치한다.

Мы прочита́ли газе́ту.
We have read the paper. (우리들은 신문을 읽었다)

② 일치 정어의 경우 보통 그것이 수식하는 낱말 앞에 온다. 형용사, 형동사, 물주대명사, 지시대명사 등이 그것이 수식하는 명사와 일치할 때에는 정어는 그 낱말 앞에 온다.

Больша́я ко́мната освеща́лась двумя́ ла́мпами.
The large room was lighted up by two lamps.
(큰 방은 두 남포등으로 조명되고 있었다)

Он подошёл к своему́ столу́.
He approached to his own table.
(그는 자기 탁자 쪽으로 다가갔다.)

불일치 정어의 경우 그것이 수식하는 낱말 다음에 온다. 명사의 여러가지 격 변화에 의하여 표시된 불일치 정어는 그것이 수식하는 낱말 다음에 온다.

Мать Оле́га помога́ла сы́ну и его́ това́рищам.
Oleg's mother helped her son and his comrades.
(오레그의 어머니는 아들과 아들의 친구들을 도왔다.)

③ 보어(목적어)는 보통 술어 다음에 온다.

Я чита́ю кни́гу.   I read a book. (나는 책을 읽는다.)
Он пьёт во́ду.   He drinks water. (그는 물을 마신다.)

④ -о로 끝나는 부사에 의하여 표시된 상황어(adverbial modifier)는 보통 술어 앞에 놓는다.

Он хорошо́ чита́ет. He reads well.
(그는 잘 읽는다.)

Де́ти гро́мко смея́лись. The children laughed loudly.
(어린이들은 크게 웃었다.)

⑤ 접두사 по-로 시작되는 부사에 의하여 표시된 상황어는 보통 술어 뒤에 온다.

Мы говори́м по-ру́сски. We speak Russian.
(우리들은 러시아어를 말한다.)

Он рабо́тает по-но́вому. He is working in a new way.
(그는 새로운 방식으로 일하고 있다.)

2. 어순의 도치

러시아어의 문장에서는 위에서 말한 배열이 기본적 어순이다. 그러나 강조하는 경우 또는 문체나 리듬때문에 어순이 도치될 때가 있다.

(1) 강조하기 위한 도치

강조의 가장 중요한 위치는 문장의 처음과 끝이다.

① 술어를 주어 앞에 놓는다.

Вы́полнил он э́ту рабо́ту бы́стро.
He did carry out this work quickly.
(그는 이 일을 빨리 완수하고야 말았다.)

② 목적어를 문장 앞에 놓는다.

Пальто́ не забу́дь наде́ть, - хо́лодно.
Don't forget to put on your overcoat. — it is cold.
(외투입는 것을 잊지 말아라 — 춥다.)

③ 상황어를 문 머리에 놓는다.

Бы́стро он вы́полнил э́ту рабо́ту.
Quickly he carried out this work.
(빨리 그는 이 일을 완수하였다.)

(2) 문체나 리듬을 바꾸기 위한 도치

На си́нем не́бо встаёт я́ркое со́лнце. (정상적인 어순)
На не́бо си́нем со́лнце я́ркое встаёт. (도치되어 리듬이 달라진 어순)
The bright sun is rising in the blue sky.
(빛나는 태양이 푸른 하늘에 떠오르고 있다.)

(3) 도치할 수 없는 어순

문장속에서 주어와 직접 보어(목적어)가 같은 형의 주격 명사, 대격 명사일 때 술어 앞에 있는 것이 주어이다. 이 때 어순은 고정되어야 한다. 어순이 바뀌면 뜻이 달라진다.

Авто́бус обгоня́ет по́езд.
The autobus is overtaking the train.
(버스가 기차를 앞지르고 있다.)

Ночь сменя́ет день.
Night replaces day.
(낮은 밤으로 대체되고 있다.)

그러나 주어와 보어(목적어)의 성(gender)이 다르고 술어가 과거 시제일 때는 어순을 바꿀수 있다.

День смени́ла ночь.
Night replaced day.
(낮은 밤으로 대체되고 있었다.)

день은 남성명사이고 ночь는 여성명사이다.

3. 의문문의 어순

(1) 의문사를 가진 의문문

의문사를 문장 첫 머리에 놓고 문장끝에 의문부(?)를 붙이며 의문사의 어조를 높인다.

<u>Кто</u> он? Who is he? (그는 누구입니까?)
Он мой брат. He is my brother. (그는 내 동생입니다.)

<u>Что</u> э́то? What is this? (이것은 무엇입니까?.)
Это газе́та. It is a newspaper. (그것은 신문입니다.)

<u>Где</u> он? Where is he? (그는 어디에 있습니까?.)
Он там. He is there. (그는 저기 있습니다.)

(2) 의문사가 없는 의문문

평서문의 어순을 바꾸지 않고 문장 끝에 물음표 (?)를 붙이며 묻는 말의 어조를 높인다.

평서문의 어조 ↘	Это кни́га. This is a book. (이것은 책입니다.)
의문문의 어조 ↗	Это кни́га? This is a book? (이것은 책입니까?)

Это самолёт? Is this an airplane? (이것은 비행기입니까?)
Да, э́то самолёт. Yes, it is an airplane. (예, 그것은 비행기입니다.)
Он ру́сский? Is he a Russian?
 (그는 러시아 사람입니까?)
Да, он ру́сский. Yes, he is a Russian.
 (예, 그는 러시아 사람입니다.)
Нет, он не ру́сский. No, he is not a Russian.
 (아니오, 그는 러시아 사람이 아닙니다.)

(3) 조사(частица, particle) ли를 사용하여 만든 의문문

조사 ли 자체는 아무런 뜻이 없지만 관계있는 말, 바로 뒤에 붙어서 의문을 나타낸다.

Э́то кни́га.	This is a book. (이것은 책이다.)
Кни́га ли э́то?	Is this a book? (이것은 책입니까?)
Э́то ка́рта.	This is a map. (이것은 지도이다.)
Ка́рта ли э́то?	Is this a map? (이것은 지도입니까?)
Возмо́жно ли?	Is it possible? (그것은 가능합니까?)
Придёт ли он?	Is he coming? (그는 옵니까?)

Бы́ли ли вы в шко́ле сего́дня?
Were you at school today?
(오늘 학교에 갔었습니까?)

이와 같은 의문문에서 묻는 낱말은 문장 앞 부분에 놓고 그 뒤에 조사 ли를 붙인다.

Идёте ли вы сего́дня в шко́лу? Are you going to school today?
　　　　　　　　　　　　　　(오늘 학교에 갑니까?)

В шко́лу ли вы идёте сего́дня? Is it to school you are going today?
　　　　　　　　　　　　　　(학교에 오늘 갑니까?)

Сего́дня ли вы идёте в шко́лу? Is it today that you are going.
　　　　　　　　　　　　　　(바로 오늘 학교에 갑니까?)

▶ 조사 ли의 용법상 주의할 점은 다음과 같다.

① 조사 ли는 의문사가 있는 의문문에서는 사용할 수 없다.
② 조사 ли는 문 머리에는 올 수 없다.
③ 조사 ли는 묻는 말 바로 뒤에 붙인다.

Спроси́л ли он бра́та? Did he ask his brother?
　　　　　　　　　　(그의 동생에게 물어 보았습니까?)

Он ли спроси́л бра́та? Was it he who asked his brother?
　　　　　　　　　　(그의 동생에게 물어 본 사람은 바로 그였습니까?)

④ 조사 ли가 동사 뒤에 올 때는 주어와 술어의 어순이 도치된다.

  <u>Зна́ете ли</u> вы?   Do you know? (아십니까?)

  <u>Прие́хал ли</u> до́ктор? Had the doctor arrived?
           (의사는 도착하였습니까?)

⑤ 러시아어에서 의문 조사 ли가 명사와 같이 쓰이는 일은 드물고, 명사는 조사 ли에 의해서 보다는, 어조(intonation)에 의해서 직접 의문을 나타내는 것이 오늘날의 경향이다.

⑥ 조사 ли는 앞 단어와 붙여서 읽는다.

4. 부정문(否定文)의 어순

(1) 부정문에서의 не와 нет

① не: 영어의 not에 해당하며, 그 직후에 오는 낱말을 부정한다.

  Э́то <u>не</u> стул.   This is <u>not</u> a chair.
           (이것은 의자가 아니다.)

  Он <u>не</u> рабо́тает.   He is <u>not</u> working.
           (그는 일하지 않는다.)

  Я <u>не</u> живу́ в го́роде. I do <u>not</u> live in the town.
           (나는 도시에 살지 않는다.)

  Он <u>не</u> писа́л.   He did <u>not</u> write.
           (그는 쓰지 않았다.)

타동사의 술어가 не에 의해 부정될 때 그 동사의 직접보어(목적어)는 생격이 된다.

  Я не чита́ю <u>журна́лов</u>. I do <u>not</u> read <u>magazines</u>.
            (나는 잡지를 읽지 않는다.)

  Он не зна́ет ру́сского <u>языка́</u>. He does <u>not</u> know <u>Russian</u>.
            (그는 러시아어를 모른다.)

② нет : 영어의 no에 해당하며, "아니요", "그렇지 않다", "없다", "존재하지 않다"
라는 뜻을 가지며 да의 반대말이다.

Это кни́га?	Is it a book? (그것은 책입니까?)
Да, э́то кни́га.	Yes, it is a book. (예, 그것은 책입니다.)
Нет, э́то не кни́га.	No, it is not a book. (아니요, 그것은 책이 아닙니다.)

부정(否定) 질문에 답할 때 нет는 영어의 yes에 해당한다.

Вы не студе́нт?	Aren't you a student? (당신은 학생이 아닙니까?)
Нет. Я студе́нт.	Yes, I am a student. (아니요, 나는 학생입니다.)
Вы его́ ви́дели?	Did you see him? (그를 보았습니까?)
Нет.	No. (보지 못했습니다.)
Вы не ви́дели его́?	You didn't see him? (그를 보지 못했습니까?)
Нет, ви́дел.	Yes, I did. (아니요, 보았습니다.)

нет는 "없다, 존재하지 않다, 있지 않다" 는 뜻도 나타낸다. 이 때 존재가 부정되는 명사는 생격이 된다.

Его́ нет здесь.	He is not here. (그는 여기 없습니다.)
В го́роде нет шко́лы.	There is no school in town. (시내에는 학교가 없다.)
У меня́ нет скри́пки.	I have no violin. (나는 바이올린이 없다.)

(2) 이중부정 (The Double Negative)

러시아어에서는 2중 부정이 긍정이 되지 않는다.(In Russion two negatives do not make an affirmative.) 러시아어에서는 같은 문장속에 ничего(nothing), никогда(never)와 같은 부정사가 있어도 동사 앞에 부정사 не를 또 사용하여야 한다.

Я никого́ здесь не зна́ю.
I know nobody here.
I do not know anybody here.
(나는 여기에 아는 사람이 없다.)

485

Я <u>ничего</u> не знаю. I know <u>nothing</u>. (나는 아무것도 모른다.)
Я <u>никогда</u> не читаю. I <u>never</u> read. (나는 결코 읽지 않는다.)
<u>Никто не</u> работал. <u>No</u> one was working.
(누구도 일하고 있지 않았다.)

부정 조사 ни는 부정을 강조하기 위하여 사용된다. 그것은 '하나 …도 없다' 라는 뜻으로 단수 명사 앞에 사용될 수 있다.

На небе <u>ни</u> облака.
There is <u>not a (single)</u> cloud in the sky.
(하늘에는 구름 한 점 없다.)

그런데 ни가 반복될 때에는 분리된 낱말이나 문장을 연결하는 접속사가 된다. 영어 접속사 'neither ~ nor'에 해당된다.

Сегодня <u>нет ни</u> дождя, <u>ни</u> ветра.
Today there is <u>neither</u> rain <u>nor</u> wind.
(오늘은 비도 안오고 바람도 없다.)

<u>Ни</u> он, <u>ни</u> она не говорили по-русски.
<u>Neither</u> he <u>nor</u> she spoke Russian.
(그도 그녀도 러시아어를 말하지 않았다.)

У меня <u>нет ни</u> брата, <u>ни</u> сестры.
I have <u>neither</u> a brother <u>nor</u> a sister.
(나는 형도 누나도 없다.)

УРОК 28 어순

СЛОВАРЬ
체크해 봅시다.

помогать	impf help 도와주다. aid 원조하다.	найти	pf. find, discover 찾아내다, 발견하다.
обгонять	impf. pass 앞지르다. outstrip 추월하다.	вверх	ad. up, upward (s) 위로 향하여
исторический	a. historical 역사의 historic 역사적인	вот что	really 실은, 바로
сопровождаться	impf. accompany 수반되다.	отрывать	impf. tear off 떼어놓다. tear away 분리시키다.
лишение	n. privation 곤궁, 궁핍 deprivation 박탈	мысль	f. thought 생각, 사상
привязаться	pf. become attached 애착을 느끼다, 잡아매다.	одиночество	n. loneliness 고독 solitude 외로움
образованный	a. educated 교육받은 cultured 교양있는	непоправимый	a. irreparable 돌이킬 수 없는
течь	impf. flow, stream 흐르다, 새다.	родной	a. kindred, own 육친의
течь(теку́, течёшь, теку́т, 과거 тёк, текла́)		цена	f. value, price 가치, 가격
		глядеть	impf. look(at) 바라보다. gaze(upon) 주시하다.
комбинат	m. industrial complex 종합공장	выполнить	pf. carry out 수행하다. fulfil 완수하다.
передать	pf. pass, tell 건네다. broadcast 보도하다, 전언하다.	сменять	impf. change 교체시키다. replace 바꾸다.
сообщение	n. communication 교통 n. report 보도, 통보	событие	n. event 사건
		страдание	n. suffering 고통, 괴로움
		отвратить	pf. avert 피하다. stave off 방지하다.
искусственный	a. artificial 인공적인, 인조의	весьма	ad. very, highly 매우, 아주
душа	f. soul 영혼 spirit 마음	несчастный	a. unhappy 불행한 unfortunate 불운한
		зеленеть	impf. turn green 녹색으로 되다.
		законченный	a. finished 완성된 complete 완전한

опубликовáть	pf. publish	발표하다, 공포하다.
зáпуск	m. throw, thrust	발사 blast-off 높이 날리는 것
спýтник	m. satellite companion	위성 길동무, 동반자
постигнуть	pf. grasp overtake	이해하다. 포착하다.
отправляться	impf. set out start	출발하다. 향하다, 가다.
вниз	ad. down, downward(s)	아래로, 하류로
ручéй	m. brook stream	시냇물 개울
почемý-то	ad. for some reason	웬일인지
сливáться	impf. flow together merge	합류하다. 하나로 합치다.
сознáние	n. consciousness	의식, 지각
одинóкий	a. solitary lonely	고독한 쓸쓸한
бесконéчно	ad. endlessly	끝없이, 한없이
звездá	(pl. звёзды) f. star	별
непонятный	a. incomprehensible	이해할 수 없는, 알수 없는
мгла	f. darkness, gloom haze	어둠, 어스름 안개
остáться	pf. remain stay	남다. 잔류하다.
смысл	m. sense, meaning	뜻, 의미
могила	f. grave	묘, 묘혈
отчáянный	a. despairing desperate	절망적인 결사적인
представляться	impf. occur, seem (to)	마음에 떠오르다. 생각되다, 나타나다.
окружáть	impf. surround encircle	감싸다. 에워싸다.
подéржанный	a. second-hand	사용하여 낡은
продуктóвый	a. food	식료품의
настáть	pf. come, begin	오다, 되다.
настáть(настáну, настáнешь, тáнет)		
замахáть	pf. begin to wave	흔들다, 흔들기 시작하다.
пристань	f. pier, wharf	부두, 선창
равнодýшный	a. indifferent(to)	냉담한, 무관심한
с глáзу на глаз	face to face with	서로 마주 보고
гнести	impf. oppress	압박하다, 추궁하다.
сýщность	f. essence	본질, 요점
ужáсный	a. awful terrible	무서운 비상한
окружáющий	a. surrounding	에워싸고 있는, 주위의
наканýне	ad. the day before	전일에
раб	m. slave	노예, 종복
платóк	m. shawl handkerchief	숄 손수건

УРОК 28 어순

풀어봅시다.

[1] 우리말로 옮겨라.

1. Исторические события сопровождаются страданиями и лишениями, которых не может отвратить человек.

2. Чем больше я узнавал его, тем сильнее я к нему привязался.

3. Отец мой был человек весьма добрый, умный, образованный и несчастный.

4. Течёт река к морю, идёт год за годом. Каждый год зеленеет к весне серый лес над Днестром.

5. Как передаёт ТАСС, на Урале закончено строительство нового комбината.

6. Вчера в газетах было опубликовано сообщение о запуске первого искусственного спутника земли.

7. Если хочешь душу леса постигнуть, найди лесной ручей и отправляйся берегом его вверх или вниз. Я иду берегом своего любимого лесного ручья, и вот что тут вижу, и слышу, и думаю.

8. Когда долго, не отрывая глаз, смотришь на глубокое небо, то почему-то мысли и душа сливаются в сознание одиночества.

9. Начинаешь чувствовать себя непоправимо одиноким, и всё то, что считал раньше близким и родным, становится бесконечно

далёким и не имéющим ценьí.

10. Звёзды, глядя́щие с нéба ужé ты́сячи лет, самó непоня́тное нéбо и мгла, равнодýшные к корóткой жи́зни человéка, когдá остаёшься с ни́ми с глáзу нá глаз и старáешься пости́гнуть их смысл, гнетýт дýшу свои́м молчáнием; прихóдит на мысль то одинóчество, котóрое ждёт кáждого из нас в моги́ле, и сýщность жи́зни представля́ется отчáянной, ужáсной.

[2] 러시아어로 옮겨라.

1. 어제 우리들은 최신간(новéйших) 잡지 몇 권을 받았다.

2. 이 도시에는 아름다운 정거장과 아주 훌륭한 식당이 있다.

3. 이론은 실천에 매우 강한 영향을 미친다.

4. 나는 이 일에 전적인 책임을 지고 있다.

5. 선반에 러시아어, 한국어, 영어책들이 있다.

6. 한국의 국민경제는 빠른 속도로 발전하고 있다.

7. 나를 위해 해주신 일에 대하여 대단히 고맙게 생각합니다.

8. 몇일 전에 우리는 극장에 갔었다. 우리 도시에는 3개의 큰 극장이 있다.

9. 그 어린이는 아직 읽지도 쓰지도 못한다.

10. 담배를 많이 피우는 것은 해롭다. 그러나 우유를 많이 마시는 것은 당신에게 유익하다.

УРОК 28 어순

[3] 러시아어에 해당하는 영어를 아래 난에서 골라 그 번호를 써라.

1. Снеговы́е го́ры, окружа́ющие о́зеро, прекра́сны при захо́де со́лнца.
2. Мой оте́ц купи́л поде́ржанный автомоби́ль за две́сти пятьдеся́т до́лларов.
3. Мы интересу́емся исто́рией литерату́ры европе́йских стран.
4. Мой сын игра́ет в саду́ с каки́ми-то детьми́.
5. Накану́не в суббо́ту, ма́ма и я пошли́ де́лать заку́пки в продукто́вый магази́н.
6. Наста́нет вре́мя, я вам бо́льше не бу́ду рабо́м.
7. В на́шей шко́ле заня́тия продолжа́ются до четырёх часо́в дня.
8. Соединённые Шта́ты счита́ются са́мой бога́той страно́й ми́ра.
9. Пассажи́ры замаха́ли платка́ми когда́ парохо́д стал ме́дленно отходи́ть от при́стани.
10. В про́шлое воскресе́нье мы реши́ли пое́хать на пикни́к всей семьёй.

① My son is playing in the garden with some children.
② Last Sunday the whole family decided to go on a picnic.
③ The day before, on Saturday, mother and I went shopping in the food market.
④ In our school, studies go on until four o'clock in the afternoon.
⑤ My father bought a used car for two hundred and fifty dollars.
⑥ We are interested in the history of the literature of European countries.
⑦ The passengers started waving their handkerchiefs when the steamer started to move slowly out of the harbour.
⑧ The snowy mountains surrounding the lake are beautiful in the sunset.
⑨ The United States are considered to be the richest country in the world.
⑩ A time will come when I shall no longer be your slave.

29 동사변화의 총정리

러시아어의 동사는 그 변화의 방식에 따라 생산형 동사(Productive types of verbs)와 비생산형 동사(Non-productive types of verbs)로 구분할 수 있다. 생산형 동사는 현대어에서 살아있는 문형으로 쓸수 있는 동사이다. 모든 새로 만들어지는 동사는 이 생산형 동사중 어느 하나에 따라 활용된다. 즉 생산형 동사의 활용방식이 새로 만들어지는 동사에게 적용된다. 따라서 생산형 동사는 끊임없이 그 수가 늘어나고 있다. 생산형 동사는 모두 규칙적으로 변화한다. 비생산형 동사는 옛 시대부터 물려 받아 현존의 동사에 보존되어 있는 것으로 그 활용 방식으로는 새로운 동사를 만들 수 없다. 비생산형 동사는 대부분 불규칙 동사이다.

1. 생산형 동사

종류	부정법	의미	변화 방식	1인칭 단수	2인칭 단수	3인칭 복수	과거형
① -ать -ять	читáть изучáть рабóтать гуля́ть явля́ть влия́ть	to read 읽다 to learn 배우다, 연구하다 to work 일하다 to walk 산보하다 to be, to appear ~이다, 나타나다 to influence 영향을 주다	I	читáю изучáю рабóтаю гуля́ю явля́ю влия́ю	читáешь изучáешь рабóтаешь гуля́ешь явля́ешь влия́ешь	читáют изучáют рабóтают гуля́ют явля́ют влия́ют	читал -ла изучáл -ла рабóтал -ла гуля́л -ла явля́л -ла влия́л -ла

УРОК 29 동사변화의 총정리

종류	부정법	의미	변화 방식	1인칭 단수	2인칭 단수	3인칭 복수	과거형
② -еть	име́ть	to have 갖다, 소유하다	I	име́ю	име́ешь	име́ют	име́л -ла
	беле́ть	to whiten 희게하다		беле́ю	беле́ешь	беле́ют	беле́л -ла
	красне́ть	to redden 빨갛게 되다		красне́ю	красне́ешь	красне́ют	красне́л -ла
	жале́ть	to pity 가엾게 여기다		жале́ю	жале́ешь	жале́ют	жале́л -ла
	зре́ть	to ripen 익다, 성숙하다		зре́ю	зре́ешь	зре́ют	зре́л -ла
③ -овать -евать	организова́ть	to organize 조직(구성)하다	I	организу́ю	организу́ешь	организу́ют	организова́-л -ла
	рисова́ть	to draw 그리다, 묘사하다		рису́ю	рису́ешь	рису́ют	рисова́л -ла
	существова́ть	to exist 존재(생존)하다		существу́ю	существу́ешь	существу́ют	существова́л -ла
	воева́ть	to wage war to quarrel 싸우다, 말다툼하다		вою́-ю	вою́ешь	вою́-ют	воева́л -ла
	горева́ть	to grieve 슬퍼하다, 상심하다		горю́-ю	горю́ешь	горю́-ют	горева́л -ла
	жева́ть	to chew 씹다, 저작하다		жую́	жуёшь	жую́т	жева́л -ла
④ -нуть	толкну́ть	to push 밀다, 떠밀다	I	толкну́	толкнёшь	толкну́т	толкну́л -ла
	кри́кнуть	to cry, shout 외치다, 부르짓다		кри́кну	кри́кнешь	кри́кнут	кри́кнул -ла
	дви́нуть	to move 움직이다		дви́ну	дви́нешь	дви́нут	дви́нул -ла

종류	부정법	의미	변화 방식	1인칭 단수	2인칭 단수	3인칭 복수	과거형
⑤ -ить	махну́ть	to wave 흔들다	II	махну́	махнёшь	махну́т	махну́л -ла
	говори́ть	to speak 말하다, 이야기하다		говорю́	говори́шь	говоря́т	говори́л -ла
	учи́ть	to teach 가르치다		учу́	у́чишь	у́чат	учи́л -ла
	реши́ть	to decide 결정하다, 풀다		решу́	реши́шь	реша́т	реши́л -ла
	вари́ть	to boil 끓이다		варю́	ва́ришь	ва́рят	вари́л -ла
	ходи́ть	to walk 걷다, 걸어다니다		хожу́	хо́дишь	хо́дят	ходи́л -ла
	люби́ть	to love 사랑하다		люблю́	лю́бишь	лю́бят	люби́л -ла

- 자음의 교체(1인칭 단수에서만)

   ① 치음 → 상악음

치음	상악음	부정법	의미	1인칭 단수	2인칭 단수	3인칭 복수
з	ж	вози́ть	to carry, cart 운반하다	вожу́	во́зишь	во́зят
д	ж	води́ть	to lead 인도하다	вожу́	во́дишь	во́дят
с	ш	носи́ть	to bear, carry 가지고 다니다	ношу́	но́сишь	но́сят
т	ч	плати́ть	to pay 지불하다	плачу́	пла́тишь	пла́тят
т	щ	возврати́ть	to return 돌려주다	возвращу́	возврати́шь	возвратя́т
ст	щ	чи́стить	to clean 깨끗하게 하다	чи́щу	чи́стишь	чи́стят

② 순음 + л

순음	+л	부정법	의 미	1인칭 단수	2인칭 단수	3인칭 복수
п	пл	купи́ть	to buy 사다	куплю́	ку́пишь	ку́пят
б	бл	люби́ть	to love 사랑하다	люблю́	лю́бишь	лю́бят
ф	фл	графи́ть	to rule (선)줄을 긋다	графлю́	графи́шь	графя́т
в	вл	гото́вить	to prepare 준비하다	гото́влю	гото́вишь	гото́вят
м	мл	корми́ть	to feed 먹이다,양육하다	кормлю́	ко́рмишь	ко́рмят

2. 비생산형 동사

(1) -ать

현재 어간이 자음으로 끝난다(жд-ать의 жд-). 생산형 동사 чита́ть는 어간이 чита-로 모음으로 끝난다.

부정법	의 미	1인칭 단수	2인칭 단수	3인칭 복수	명령	과거
ждать	to wait 기다리다	жду	ждёшь	ждут	жди	ждал -ла
рвать	to tear, rend 찢다, 뽑다	рву	рвёшь	рвут	рви	рвал -ла
врать	to lie 거짓말하다	вру	врёшь	врут	ври	врал -ла

① 표준적인 것(제1식)

② 자음교체가 있는 것(제1식)

자음 교체는 단·복 각 인칭 및 명령형에서 일어난다.
생산형 동사 제2식 변호-에서는 1인칭 단수에서만 자음 교체가 일어난다.

i) 치음, 후음 → 상악음

자음 교체	부정법	의 미	1인칭 단수	2인칭 단수	3인칭 복수	명령	과거
с - ш	писа́ть	to write 쓰다	пишу́	пи́шешь	пи́шут	пиши́(те)	писа́л -ла
з - ж	сказа́ть	to say, tell 말하다, 이야기하다	скажу́	ска́жешь	ска́жут	скажи́(те)	сказа́л -ла
х - ш	маха́ть	to wave 흔들다	машу́	ма́шешь	ма́шут	маши́(те)	маха́л -ла
т - ч	шепта́ть	to whisper 속삭이다	шепчу́	ше́пчешь	ше́пчут	шепчи́(те)	шепта́л -ла
к - ч	пла́кать	to weep, cry 울다	пла́чу	пла́чешь	пла́чут	пла́чь(те)	пла́кал -ла
т - щ	ропта́ть	to murmur grumble 중얼거리다, 불평하다	ропщу́	ро́пщешь	ро́пщут	ропщи́(те)	ропта́л -ла
ск - щ	иска́ть	to look for 찾다	ищу́	и́щешь	и́щут	ищи́	иска́л -ла

ii) 순음 + л

부정법	의 미	1인칭 단수	2인칭 단수	3인칭 복수	명령	과거
колеба́ть	to shake 진동시키다	коле́блю	коле́блешь	коле́блют	коле́бли(те)	колеба́л -ла
дрема́ть	to doze 졸다, 잠깐 잠들다	дремлю́	дре́млешь	дре́млют	дремли́(те)	дрема́л -ла
сы́пать	to pour, strew 퍼붓다, 뿌리다	сы́плю	сы́плешь	сы́плют	сыпь(те)	сы́пал -ла

iii) 어간에 모음이 삽입되는 것

부정법	의 미	1인칭 단수	2인칭 단수	3인칭 복수	명령	과거
брать	to take 잡다	беру́	берёшь	беру́т	бери́	брал -ла
избра́ть	to elect, choose 선거(선택)하다	изберу́	избере́шь	изберу́т	избери́	избрал -ла
звать	to call 부르다	зову́	зовёшь	зову́т	зови́	звал -ла́
назва́ть	to call, name 이름을 부르다	назову́	назовёшь	назову́т	назови́	назва́л -ла́

iv) 어간에 자음이 삽입되는 것

부정법	의 미	1인칭 단수	2인칭 단수	3인칭 복수	명령	과거
нача́ть	to begin 시작하다	начну́	начнёшь	начну́т	начни́(те)	на́чал -ла́
стать	to stand, begin 서다, 시작하다	ста́ну	ста́нешь	ста́нут	стань(те)	стал -ла
встать	to rise, stand up 기상하다, 일어나다	вста́ну	вста́нешь	вста́нут	встань(те)	встал -ла
жать	to press, squeeze 억누르다, 짜다	жму	жмёшь	жмут	жми(те)	жал -ла
жать	to reap 수확하다	жну	жнёшь	жнут	жни(те)	жал -ла
мять	to kneed, crumple 주무르다, 부수다	мну	мнёшь	мнут	мни(те)	мял -ла

v) -ю, -ешь로 되는 것

부정법	의 미	1인칭 단수	2인칭 단수	3인칭 복수	명령	과거
слать	to send 보내다	шлю	шлёшь	шлют	шли(те)	слал -ла́
посла́ть	to send, dispatch 보내다, 파견하다	пошлю́	пошлёшь	пошлю́т	пошли́(те)	посла́л -ла
стлать	to spread 펼치다, 깔다	стелю́	сте́лешь	сте́лют	стели́(те)	стлал -ла

③ 제2식 변화에 속하는 것

부정법	의 미	1인칭 단수	2인칭 단수	3인칭 복수	명령	과거
i)лежа́ть	to lie 누워있다, 놓여있다	лежу́	лежи́шь	лежа́т	лежи́(те)	лежа́л -ла́
крича́ть	to cry, shout 외치다, 부르짖다	кричу́	кричи́шь	крича́т	кричи́(те)	крича́л -ла
ii)спать	to sleep 자다	сплю	спишь	спят	спи	спал -ла
iii)гнать	to drive, chase 몰다, 쫓아내다	гоню́	го́нишь	го́нят	гони́	гнал -ла

(2) -нять

① 접두사가 모음으로 끝나는 것.

부정법	의 미	1인칭 단수	2인칭 단수	3인칭 복수	명령	과거
поня́ть	to understand 이해하다	пойму́	поймёшь	пойму́т	пойми́(те)	по́нял -ла
приня́ть	to take, accept 채택하다, 받아들이다	приму́	при́мешь	при́мут	прими́	при́нял -ла́

② 접두사가 자음으로 끝나는 것.

부정법	의 미	1인칭 단수	2인칭 단수	3인칭 복수	명령	과거
подня́ть	to raise, lift 들어올리다, 높이다	подниму́	подни́мешь	подни́мут	подним-и́	по́днял -ла́

(3) -взять

부정법	의 미	1인칭 단수	2인칭 단수	3인칭 복수	명령	과거
взять	to take 붙잡다, 잡다	возьму́	возьмёшь	возьму́т	возьми́	взял -ла

(4) -авать

부정법	의 미	1인칭 단수	2인칭 단수	3인칭 복수	명령	과거
дава́ть	to give 주다	да-ю́	даёшь	даю́т	дава́й(те)	дава́л -ла

현재형 дава́ть에서 -ва를 없애고 변화하고 역점은 반드시 어미에 잇다, 단 명령법과 과거의 어간에는 -ва-가 남아있다.

(5) -дать

  дать (to give, 주다)

  미래 я дам, ты дашь, он даст, мы дади́м, вы дади́те, они́ даду́т
  과거 дал, дала́, да́ло, да́ли 명령 дай(те)

(6) -сти, -сть, -зти, -дти

① 어간이 с로 끝나는 것.

부정법	의 미	1인칭 단수	2인칭 단수	3인칭 복수	명령	과거
нести́	to carry 가지고 가다 bear 휴대하다	несу́	несёшь	несу́т	неси́(те)	нёс несла́

② 어간이 3로 끝나는 것.

부정법	의 미	1인칭 단수	2인칭 단수	3인칭 복수	명령	과거
везти́	to cart, carry 운반하다	везу́	везёшь	везу́т	вези́(те)	вёз везла́

③ 어간이 Д로 끝나는 것.(과거형에서 Д가 빠져나간다.)

부정법	의 미	1인칭 단수	2인칭 단수	3인칭 복수	명령	과거
вести	to lead, conduct 인도하다, 이끌다	веду́	ведёшь	веду́т	веди́(те)	вёл вела́
класть	to lay, put 놓다, 넣다	кладу́	кладёшь	кладу́т	клади́(те)	клал кла́ла

④ 어간이 T로 끝나는 것.(과거형에서 T가 빠져나간다.)

부정법	의 미	1인칭 단수	2인칭 단수	3인칭 복수	명령	과거
цвести́	to bloom 꽃이 피다	цвету́	цветёшь	цвету́т	цвети́(те)	цвёл цвела́
изобрести́	to invent 발명하다	изобрету́	изобретёшь	изобрету́т	изобрети́(те)	изобрёл изобрела́

⑤ 어간이 CT로 끝나는 것.

부정법	의 미	1인칭 단수	2인칭 단수	3인칭 복수	명령	과거
расти́	to grow 성장하다, 자라다	расту́	растёшь	расту́т	расти́(те)	рос росла́

⑥ 어간이 б로 끝나는 것.

부정법	의 미	1인칭 단수	2인칭 단수	3인칭 복수	명령	과거
грести́	to row 배를 젓다 rake 긁어모으다	гребу́	гребёшь	гребу́т	греби́(те)	грёб гребла́

⑦ 예외

부정법	의 미	1인칭 단수	2인칭 단수	3인칭 복수	명령	과거
сесть	to sit down 앉다, 자리 잡다	ся́ду	ся́дешь	ся́дут	сядь(те)	сел се́ла
есть	to eat 먹다	ем	ешь	едя́т	ешь(те)	ел е́ла
идти́	to go 가다 come 오다	иду́	идёшь	иду́т	иди́(те)	шёл шла

(7) -чь

-чь로 끝나는 동사에는 변화할 때 어간에 г, ж가 나타나는 것과 к, ч가 나타나는 것이 있다. 어간이 к 또는 г로 끝나는 것을 후음 어간이라고 한다.

① г, ж

1인칭 단수와 3인칭 복수에서는 г로 되고 기타에서는 ж로 된다.

부정법	의 미	1인칭 단수	2인칭 단수	3인칭 복수	명령	과거
мочь	to be able ~할 수 있다	могу́	мо́жешь	мо́гут	—	мог могла́
жечь	to burn 태우다	жгу	жжёшь	жгут	жги́	жёг жгла
лечь (예외)	to lie 눕다	ля́гу	ля́жешь	ля́гут	ляг(те)	лёг легла́

501

② к, ч

1인칭 단수와 3인칭 복수에서는 к로 되고 기타에서는 ч로 된다.

부정법	의 미	1인칭 단수	2인칭 단수	3인칭 복수	명령	과거
течь	to flow, stream 흐르다	текý	течёшь	текýт	теки́(те)	тёк текла́
печь	to bake 굽다	пекý	печёшь	пекýт	пеки́(те)	пёк пекла́

(8) -ить

부정법	의 미	1인칭 단수	2인칭 단수	3인칭 복수	명령	과거
пить	to drink 마시다	пью	пьёшь	пьют	пей	пил пи́ла
бить	to beat, defeat 치다, 이기다	бью	бьёшь	бьют	бей	бил би́ла
лить	to pour 붓다, 쏟다	лью	льёшь	льют	лей	лил -ла́
вить	to twist 꼬다, 감다	вью	вьёшь	вьют	вей	вил -ла́
шить	to sew 깁다	шью	шьёшь	шьют	шей	шил -ла́

(9) -ыть

부정법	의 미	1인칭 단수	2인칭 단수	3인칭 복수	명령	과거
крыть	to cover, coat 덮다, 씌우다	крóю	крóешь	крóют	крó-й(те)	крыл -ла
мыть	to wash 씻다, 세탁하다	мóю	мóешь	мóют	мóй(те)	мыл -ла
рыть	to dig, burrow 파다, 마구 헤적이다	рóю	рóешь	рóют	рой(те)	рыл -ла
выть	to howl 짖다, 울부짖다	вóю	вóешь	вóют	вой(те)	выл -ла
ныть	to ache, moan 쑤시다	нóю	нóешь	нóют	ной(те)	ныл -ла
открыть	to open 열다	открóю	открóешь	открóют	открóй(те)	открыл -ла
закрыть	to close, shut 닫다	закрóю	закрóешь	закрóют	закрóй(те)	закрыл -ла

(10) -ереть

부정법	의 미	1인칭 단수	2인칭 단수	3인칭 복수	명령	과거
терéть	to rub, grind 비비다, 문지르다	тру	трёшь	трут	три(те)	тёр -ла
умерéть	to die 죽다	умру́	умрёшь	умру́т	умри́(те)	у́мер -ла
отперéть	to unlock, open 벗기다, 열다	отпру́	отпрёшь	отпру́т	отпри́(те)	о́тпер -ла

(11) -олоть, -ороть

부정법	의 미	1인칭 단수	2인칭 단수	3인칭 복수	명령	과거
колóть	to break, stab 깨뜨리다, 부수다	колю́	кóлешь	кóлют	коли́(те)	колóл -ла
борóться	to fight, struggle 싸우다, 투쟁하다	борю́сь	бóрешься	бóрются	бори́(те)сь	борóлся борóлась
полóть	to weed 제초하다	полю́	пóлешь	пóлют	поли́(те)	полóл -ла

(12) -еть

① 제2식 변화동사

부정법	의 미	1인칭 단수	2인칭 단수	3인칭 복수	명령	과거
смотре́ть	to see, look at 보다(의식하고)	смотрю́	смо́тришь	смо́трят	смотри́(те)	смотре́л -ла
ви́деть	to see 보다, 만나다	ви́жу	ви́дишь	ви́дят	ви́дь(те)	ви́дел -ла

② петь

부정법	의 미	1인칭 단수	2인칭 단수	3인칭 복수	명령	과거
петь	to sing 노래하다	пою́	поёшь	пою́т	пой(те)	пел пе́ла

③ деть

부정법	의 미	1인칭 단수	2인칭 단수	3인칭 복수	명령	과거
деть	to put 놓아두다, 치우다	де́ну	де́нешь	де́нут	день(те)	дел де́ла
наде́ть	to put on 입다, 걸치다	наде́ну	наде́нешь	наде́нут	наде́нь(те)	наде́л -ла

④ хоте́ть

부정법	의 미	1인칭 단수	2인칭 단수	3인칭 복수	명령	과거
хоте́ть	to want, desire 원하다, 하고싶다	хочу́	хо́чешь	хотя́т	хоти́(те)	хоте́л -ла

(13) -нуть (불완료체)

부정법	의 미	1인칭 단수	2인칭 단수	3인칭 복수	명령	과거
мёрзнуть	to freeze 얼다, 동결하다	мёрзну	мёрзнешь	мёрзнут	мёрзни(те)	мёрз -ла
гаснуть	to be extinguished 꺼지다, 감소하다	гасну	гаснешь	гаснут	гасни(те)	гас -ла
гибнуть	to perish 멸망하다, 파멸하다	гибну	гибнешь	гибнут	гибни(те)	гиб -ла

역점은 ну 앞에 오고, 과거형에서는 -ну-가 탈락된다.

(14) -шибить

부정법	의 미	1인칭 단수	2인칭 단수	3인칭 복수	명령	과거
ушибить	to injure 타박상을 입히다	ушибу	ушибёшь	ушибут	ушиби(те)	ушиб -ла
ошибиться	to make a mistake 실수하다, 잘못하다	ошибусь	ошибёшься	ошибутся	ошибись(те)	ошибся -лась

(15) -быть

부정법	의 미	1인칭 단수	2인칭 단수	3인칭 복수	명령	과거
быть	to be 있다, 이다	буду	будешь	будут	будь(те)	был -ла
забыть	to forget 잊다, 망각하다	забуду	забудешь	забудут	забудь	забыл -ла
прибыть	to arrive 도착하다	прибуду	прибудешь	прибудут	прибудь	прибыл -ла

30 러시아어와 영어 상당어의 비교 정리

영어와 러시아어 사이에는 공통된 어휘가 많다. 특히 학술, 과학용어에서 그러하다. 이 과에서는 러시아어에 상당하는 영어단어를 접미사, 대응하는 문자변화 등을 기준으로 17개의 유형으로 분류 정리하였다.

이 유형을 익히면 이미 학습한 한 언어의 어휘에서 다른 언어의 해당 어휘를 쉽게 능률적으로 이해할 수 있다고 생각된다.

1. -ция, -tion

러시아어(-ция)	영어(-tion)	우리말 뜻
авиа́ция	aviation	비행, 항공
администра́ция	administration	행정, 관리, 경영
вака́ция	vacation	휴가 (кани́кулы)
вентиля́ция	ventilation	통풍, 환기
изоля́ция	isolation	격리, 고립
имита́ция	imitation	모방, 모조(품)
деклара́ция	declaration	선언, 공포, 포고
делега́ция	delegation	대표단, 사절(단)
дискримина́ция	discrimination	판별, 차별대우
квалифика́ция	qualification	자격 부여, 품질 증명
классифика́ция	classification	분류, 등급 매기기
колле́кция	collection	수집, 채집, 모금
комбина́ция	combination	결합, 합동, 배합
компози́ция	composition	구성, 조립, 작곡, 작문
консолида́ция	consolidation	강화, 굳게 함, 통합

УРОК 30 러시아어와 영어 상당어의 비교 정리

러시아어(-ция)	영어(-tion)	우리말 뜻
конститу́ция	constitution	구조, 헌법, 체격
констру́кция	construction	구성, 구조, 건설
концентра́ция	concentration	집중, 전념
конце́пция	conception	개념(작용), 구상, 착상
коопера́ция	cooperation	협력, 협동(조합)
корре́кция	correction	정정, 수정, 교정
ликвида́ция	liquidation	청산, 정리, 근절
механиза́ция	mechanization	기계화
на́ция	nation	국민, 민족, 국가
обсерва́ция	observation	관측, 관찰
опера́ция	operation	작업, 작전, 수술
оппози́ция	opposition	반대, 반항, 대립
организа́ция	organization	조직, 기구, 단체
пози́ция	position	위치, 처지, 지위
проду́кция	production	생산, 제조, 제품
револю́ция	revolution	혁명, 변혁, 회전
реду́кция	reduction	감소, 절감, 단순화
репута́ция	reputation	명성, 평판, 신망
ста́нция	station	정거장, 역, 숙박소
тради́ция	tradition	전통, 관례, 전설
унифика́ция	unification	통일, 단일화, 통합
федера́ция	federation	연방, 연합, 동맹
фу́нкция	function	기능, 직무, 함수
цивилиза́ция	civilization	문명, 교화, 문명사회
циркуля́ция	circulation	순환, 유통, 보급
экспеди́ция	expedition	탐험, 원정, 파견
эксплуата́ция	exploitation	착취, 채취, 이용
экспози́ция	exposition	진열, 전람(회), 제시
электрифика́ция	electrification	전력보급, 전화(電化)
эволю́ция	evolution	진화, 발전, 전개

2. -сия, -sion

러시아어(-сия)	영어(-sion)	우리말 뜻
агре́ссия	aggression	침략, 도전, 공격
диску́ссия	discussion	토론, 토의
коми́ссия	commission	위원회, 임무, 위탁
ми́ссия	mission	사명, 임무, 사절단
пе́нсия	pension	연금, 수당
профе́ссия	profession	직업
репре́ссия	repression	탄압, 억압, 진압
се́ссия	session	회기, 정기적으로 열리는 회의
экску́рсия	excursion	소풍, 유람여행
экспре́ссия	expression	표현, 표정, 표시

3. -тет, -ty

러시아어(-тет)	영어(-ty)	우리말 뜻
авторите́т	authority	권위, 당국, 전문가
иммуните́т	immunity	면역, 면제
университе́т	university	대학, 종합대학
факульте́т	faculty	학부

4. -ность, -ity

러시아어(-ность)	영어(-ity)	우리말 뜻
акти́вность	activity	활동, 적극성, 주동성
актуа́льность	actuality	현실(성), 실재(성)
национа́льность	nationality	국적, 국민(성), 민족(성)
пропорциона́льность	proportionality	균형, 조화, 비례

5. -ия, -y

러시아어(-ия)	영어(-y)	우리말 뜻
акадéмия	academy	학술원, 학회, 대학
антрополóгия	anthropology	인류학
áрмия	army	군대, 육군, 군
артиллéрия	artillery	대포, 포병, 포술
астронóмия	astronomy	천문학
биолóгия	biology	생물학
биогрáфия	biography	전기(傳記), 경력
вакáнсия	vacancy	공석, 결원, 공허
геогрáфия	geography	지리, 지리학
геолóгия	geology	지질학
геомéтрия	geometry	기하학
гармóния	harmony	조화, 화합, 일치
демокрáтия	democracy	민주주의, 민주정체
идеолóгия	ideology	관념형태, 사상내용
истóрия	history	역사
колóния	colony	식민지, 거류지
комéдия	comedy	희극, 소극
лаборатóрия	laboratory	실험실, 연구소
лúлия	lily	백합, 나리, 백합꽃
мелóдия	melody	음조, 선율, 곡조
обсерватóрия	observatory	천문대, 기상대, 관측소
пáртия	party	정당, 당파, 무리
психолóгия	psychology	심리학, 심리
территóрия	territory	영토, 국토, 지역
технолóгия	technology	공예학, 공업기술
трагéдия	tragedy	비극, 비참, 고난
фантáзия	fantasy	공상, 환상, 허구
федерáция	federation	연방, 동맹, 연합
физиолóгия	physiology	생리학, 생리기능
филосóфия	philosophy	철학, 원리
фотогрáфия	photography	사진술, 사진
экономúя	economy	절약, 경제, 검약
энéргия	energy	에너지, 힘, 활기

6. -ика, -ics, -ice, -ic

러시아어(-ика)	영어(-ics, -ice, -ic)	우리말 뜻
гимна́стика	gymnastics	체조, 체육, 운동
матема́тика	mathematics	수학
поли́тика	politics, policy	정치, 정책, 정략
пра́ктика	practice	실천, 실제, 실습
пу́блика	public	공중, 세상, 청중
респу́блика	republic	공화국, 공화정체
стати́стика	statistics	통계학, 통계
та́ктика	tactics	전술, 전법
те́хника	technics	기술, 공학, 공예
фи́зика	physics	물리학
эконо́мика	economics	경제학, 경제(상태)
электро́ника	electronics	전자공학
э́тика	ethics	윤리학, 윤리, 도덕

7. ф 또는 т, th

러시아어(ф, т)	영어(th)	우리말 뜻
арифме́тика	arithmetic	산수, 산술
атле́т	athlete	경기자, 운동가
мета́н	methane	메탄, 소기(沼氣)
ме́тод	method	방법, 방식
пифаго́реец	Pythagorean	피타고라스 학파의 사람들
теа́тр	theater	극장, 연극
те́зис	thesis	명제, 주장, 테제
тео́рия	theory	이론, 학설, 의견
трон	throne	옥좌, 왕위
энтузиа́зм	enthusiasm	열중, 열광, 열심

8. г 또는 х, h

러시아어(г, х)	영어(h)	우리말 뜻
гекта́р	hectare	헥타르
герои́зм	heroism	영웅주의, 영웅적 정신
геро́й	hero	영웅, 주인공
геро́льд	herald	선구자, 전령, 보도자
гимн	hymn	찬송가, 국가(國歌)
горизо́нт	horizon	수평선, 지평선
гормо́н	hormone	호르몬
го́спиталь	hospital	병원
хи́нди	Hindi	힌디어
хулига́н	hooligan	불량배, 깡패

9. х, ch

러시아어(х)	영어(ch)	우리말 뜻
архи́в	archives	기록 보관소, 공문서
архитекту́ра	architecture	건축학, 건축술, 구조
механи́зм	mechanism	기계(장치), 기구, 구조
меха́ник	mechanic	기계공, 기계기사
ха́ос	chaos	혼돈, 혼합, 혼란
хара́ктер	character	성격, 특성, 인격
хи́мия	chemistry	화학
холе́ра	cholera	콜레라
хор	chorus, choir	합창, 합창단
хроноло́гия	chronology	연대기, 연표, 연대
эпо́ха	epoch	시대, 신기원
э́хо	echo	메아리, 산울림
я́хта	yacht	요트, 쾌속정

10. к 또는 ц, c

러시아어(к, ц)	영어(c)	우리말 뜻
кабинéт	cabinet, study	내각, 서재, 연구실
кавалéрия	cavalry	기병대
кадéт	cadet	사관생도
календáрь	calendar	달력, 일정표
канáл	canal	운하, 수로
кандидáт	candidate	후보자, 지원자
капитáл	capital	자본, 자금, 원금
капитáн	captain	선장, 함장, 주장
карикатýра	caricature	풍자화, 회화, 만화
каскáд	cascade	작은 폭포
каталóг	catalog	목록, 카탈로그
класс	class	학급, 수업, 계급
клúмат	climate	기후, 풍토
клуб	club	클럽, 집회소, 동호회
комáнда	command, team	명령, 지휘, 부대
комбáйн	combine	콤바인, 합성식 기계
комитéт	committee	위원회
коммýна	commune	지방자치제, 자치구역
комплéкс	complex	복합체, 콤플렉스, 총체
композúтор	composer	작곡가, 구성자
комфóрт	comfort	안락, 안이, 위로
конвергéнция	convergence	부합, 복합, 수렴
конгрéсс	congress	의회, 국제적 회의
конкрéтный	concrete	구체적, 실제적
континéнт	continent	대륙, 육지
контрóль	control	지배, 통제, 관리
конфýз	confusion, discomfiture	당황, 혼란, 당혹
концéпт	concept	개념
концéрт	concert	음악회, 연구회
коридóр	corridor, passage	복도, 회랑

УРОК 30 러시아어와 영어 상당어의 비교 정리

러시아어(к, ц)	영어(c)	우리말 뜻
корреспонде́нт	correspondent	통신원, 특파원
ко́смос	cosmos	우주, 질서있는 체계
костю́м	costume, suit	복장, 의복, 양복 한벌
ко́фе	coffee	커피
криста́лл	crystal	수정, 결정체
кри́тик	critic	비평가, 평론가
культу́ра	culture	문화, 교양, 재배
курс	course	진로, 방침, 과정
проце́сс	process	과정, 진행, 공정
цеме́нт	cement	시멘트, 양회
це́нзор	censor	검열관, 감찰관
центр	center	중심, 중앙, 중심지
цика́да	cicada	매미
цикл	cycle	순환, 주기, 한바퀴
цикло́н	cyclone	선풍, 대폭풍
цили́ндр	cylinder	실린더, 기둥, 원통
цирк	circus	서커스, 곡마단, 곡예

11. кс 또는 кз, x

러시아어(кс, кз)	영어(x)	우리말 뜻
и́ндекс	index	색인, 목록, 지수
такси́	taxi	택시
текст	text	본문, 원문, 원본
экза́мен	examination	시험, 고사, 검사
экспериме́нт	experiment	실험, 시험, 시도

12. кв, qu

러시아어(кв)	영어(qu)	우리말 뜻
кварта́л	quarter	지역, 구역, 4분의 1
кварц	quarts	석영(石英)
кво́та	quota	몫, 할당, 분담액
эква́тор	equator	적도

13. ав, au

러시아어(ав)	영어(au)	우리말 뜻
а́вгуст	August	8월
авто́бус	autobus, bus	버스
автомоби́ль	automobile	자동차
автоно́мия	autonomy	자치, 자치권, 자치제
а́втор	author	저자, 작가, 필자
автобиогра́фия	autobiography	자서전, 이력(서)
авторите́т	authority	권위, 전문가, 당국

14. ев, eu

러시아어(ев)	영어(eu)	우리말 뜻
евге́ника	eugenics	우생학(優生學)
Евро́па	Europe	유럽
европе́ец	European	유럽사람
европе́йский	European	유럽의, 서구적인
евфеми́зм	euphemism	완곡법(婉曲法)

15. и, y

러시아어(и)	영어(y)	우리말 뜻
гибри́д	hybrid	잡종, 트기
гипо́теза	hypothesis	가설, 억설, 전제
мисте́рия	mystery	신비, 비벌
си́мвол	symbol	상징, 기호
симпто́м	symptom	징후, 징조, 증후
симфо́ния	symphony	교향곡, 심포니
систе́ма	system	제도, 체계, 방식
тип	type	형, 전형, 타이프
цини́зм	cynicism	냉소주의, 견유주의

16. -изм, -ism

러시아어(-изм)	영어(-ism)	우리말 뜻
абсолюти́зм	absolutism	절대주의
дарвини́зм	Darwinism	진화론, 다윈설
демократи́зм	democratism	민주주의(정치)
идеали́зм	idealism	이상주의, 관념론
индивидуали́зм	individualism	개인주의
империали́зм	imperialism	제국주의
импрессиони́зм	impressionism	인상주의
капитали́зм	capitalism	자본주의
классици́зм	classicism	고전주의
коммуни́зм	communism	공산주의
консервати́зм	conservatism	보수주의, 보수경향
конструктиви́зм	constructivism	구조주의
либерали́зм	liberalism	자유주의
маркси́зм	Marxism	마르크스주의
материали́зм	materialism	유물론, 물질주의
модерни́зм	modernism	모더니즘, 근대주의

러시아어(-изм)	영어(-ism)	우리말 뜻
натурали́зм	naturalism	자연주의
национали́зм	nationalism	민족주의, 국가주의
нигили́зм	nihilism	허무주의
прагмати́зм	pragmatism	실용주의
реали́зм	realism	현실주의, 리얼리즘
ревизиони́зм	revisionism	수정주의
романти́зм	romanticism	낭만주의, 공상적인 것
символи́зм	symbolism	상징주의
скептици́зм	skepticism	회의론, 회의주의
социали́зм	socialism	사회주의
фатали́зм	fatalism	운명론
фаши́зм	fascism	파시즘
феодали́зм	feudalism	봉건주의, 봉건제도
экзистенциали́зм	existentialism	실존주의

17. 기타

러시아어	영어	우리말 뜻
а́дрес	address	주소, 인사, 축사
актёр	actor	배우, 예능인
актри́са	actress	여배우
алле́я	alley, avenue	오솔길, 가로수 길
альбо́м	album	앨범, 사진첩
ана́лиз	analysis	분석, 분해
анса́мбль	ensemble	총체, 협주단, 앙상블
аппара́т	apparatus	기구, 용구, 기기
аппети́т	appetite	식욕, 욕구, 욕망
апре́ль	April	4월
аре́ст	arrest	체포, 구류
архите́ктор	architect	건축가

УРОК 30 러시아어와 영어 상당어의 비교 정리

러시아어	영어	우리말 뜻
астроно́м	astronomer	천문학자
ата́ка	attack	공격, 돌격
атмосфе́ра	atmosphere	대기, 공기, 분위기
аэропла́н	airplane	비행기
аэропо́рт	airport	비행장
а́том	atom	원자, 미분자
ба́за	base, basis	기지, 근거, 기초
ба́зис	basis	기초, 기저, 기반
бала́нс	balance	균형, 평균, 평형
бале́т	ballet	발레, 발레단
балко́н	balcony	발코니, 노대(露臺)
баро́метр	barometer	청우계, 기압계
баскетбо́л	basket-ball	농구
бассе́йн	basin, pool	저수지, 풀, 유역
батаре́я	battery	포대(砲臺), 축전지
билли́ард	billiards	당구
бино́кль	binoculars	쌍안경
блока́да	blockade	봉쇄, 폐색
бо́мба	bomb	폭탄
брига́да	brigade, team	여단, 작업반, 조(組)
бро́нза	bronze	청동, 청동제품
бюро́	bureau, office	지도부, 국(局), 사무소
бюст	bust	반신상(半身像), 여자의 가슴
буке́т	bouquet	꽃다발
ва́за	vase, bowl	꽃병, 그릇
ва́куум	vacuum	진공, 공허, 공백
ва́рвар	barbarian	미개인, 야만인
визи́т	visit	방문, 시찰, 왕진
витами́н	vitamin	비타민, 영양소
волейбо́л	volley-ball	배구
газ	gas	가스, 기체
галере́я	gallery	화랑, 회랑, 미술품 전시장

러시아어	영어	우리말 뜻
гара́ж	garage	차고, 자동차 수리소, 격납고
генера́л	general	장군, 장관(將官)
ге́ний	genius	천재, 수재, 수호신
гига́нт	giant	거인, 거물
гита́ра	guitar	기타
гол	goal	득점, 결승점, 골
грамма́тика	grammar	문법, 어법, 문법책
гру́ппа	group	집단, 떼, 단체
делега́т	delegate	대표, 파견원, 사절
де́льта	delta	델타, 3각주
дета́ль	detail	상세, 세목
депута́т	deputy	대표자, 대의원, 부관
диа́гноз	diagnosis	진단, 식별
диале́кт	dialect	방언, 사투리
диале́ктика	dialectics	변증법, 변론법
дие́та	diet	다이어트, 식이요법
дикта́нт	dictation	받아쓰기, 구술, 지시
дире́ктор	director	지도자, 관리자, 중역
дисципли́на	discipline	규율, 기강, 군기
до́ктор	doctor	박사, 의사, 학위
докуме́нт	document	증서, 서류, 문서
до́ллар	dollar	달러(화폐 단위)
дра́ма	drama	극, 희곡, 극적사건
драмати́ческий	dramatic	극의, 희곡의, 극적인
журна́л	journal, magazine	잡지, 일지, 일기
журнали́ст	journalist	신문, 잡지 기자
зигза́г	zigzag	지그재그, 번개무늬
зо́на	zone	지대, 지역
зооло́гия	zoology	동물학
зоопа́рк	zoo	동물원
иде́я	idea	관념, 이념, 생각
инжене́р	engineer	기사, 공학자

УРОК 30 러시아어와 영어 상당어의 비교 정리

러시아어	영어	우리말 뜻
инициати́ва	initiative	발의, 창의, 주도권
инспе́ктор	inspector	검사관, 감독관
институ́т	institute	연구소, 전문학교
инстру́ктор	instructor	교사, 교관, 교도자
инструме́нт	instrument	기구, 기계, 악기
интеллиге́нция	intelligentsia	지식계급
интере́с	interest	관심, 흥미, 이익
интере́сный	interesting	흥미있는, 재미있는
интри́га	intrigue	음모, 술책, 줄거리
ию́нь	June	6월
ию́ль	July	7월
кероси́н	kerosene	등유, 등불용 석유
кри́зис	crisis	위기, 공황, 핍박
ла́мпа	lamp	남포등, 전등
леге́нда	legend	전설, 고담, 성자전
лейтена́нт	lieutenant	위관, 소위, 중위
ле́кция	lecture	강의, 강연
лингви́ст	linguist	어학자, 언어학자
ли́ния	line	선, 직선, 노선
литерату́ра	literature	문학, 문예, 문헌
ло́тос	lotus	연, 연꽃
лифт	lift, elevator	승강기, 엘리베이터
мавзоле́й	mausoleum	능(陵), 묘(廟), 사당
магни́т	magnet	자석, 자철
май	May	5월
мане́р	manner	방법, 풍(風), 식(式)
ма́сса	mass	다량, 다수, 대중
ма́стер	master	명인, 대가, 숙련된 직공
материа́л	material	재료, 자료, (양복의)감
мате́рия	matter	물질, 실체, 문제
матч	match	경기, 시합
маши́на	machine	기계, 기관, 자동차

러시아어	영어	우리말 뜻
меда́ль	medal	메달, 상패, 휘장
медици́на	medicine	의학, 의술, 약
мета́лл	metal	금속, 주철
микроско́п	microscope	현미경
миллио́н	million	100만
минера́л	mineral	광물
мине́стр	minister	장관, 각료, 공사
мину́та	minute	분(分), 순간
моде́ль	model	견본, 모형, 모델
моле́кула	molecule	분자
моме́нт	moment	순간, 시기, 계기
мора́ль	morals, ethics	도덕, 윤리, 교훈
мото́р	motor	발동기, 전동기
музе́й, музе́ум	museum	박물관, 진열관
му́зыка	music	음악, 작곡
му́скул	muscle	근육, 힘줄
негати́в	negative	사진원판, 네가티브
негати́вный	negative	부정의, 반대의, 거절의
нерв	nerve	신경
не́рвный	nervous	신경의, 신경질인
но́та	note	각서, 문서, 음표
оа́зис	oasis	오아시스
объе́кт	object	대상, 목적물, 객체
океа́н	ocean	대양, 대해
октя́брь	October	10월
о́пера	opera	오페라, 가극
оптими́ст	optimist	낙천가, 낙천주의자
о́рган	organ	기관(器官), 기관
оригина́л	original	원형, 원문, 원작
орке́стр	orchestra	관현악, 오케스트라
офице́р	officer	사관, 경관, 장교
павильо́н	pavilion	정자(亭子), 누각, 막사

Уро́к 30 러시아어와 영어 상당어의 비교 정리

러시아어	영어	우리말 뜻
па́льма	palm	야자, 종려
памфле́т	pamphlet	소책자, 팜플렛
панора́ма	panorama	회전화, 파노라마
пара́д	parade	관병식, 열병식, 행렬
парашю́т	parachute	낙하산, 파라쉬트
парк	park	공원, 유원지, 주차장
парла́мент	parliament	국회, 의회
пассажи́р	passenger	승객, 여객, 통행인
патрио́т	patriot	애국자, 우국지사
па́уза	pause	휴지(休止), 중지, 단락
пацие́нт	patient	환자, 병자
педаго́г	pedagogue	교사, 교육가
пери́од	period	기간, 시대, 주기
перспекти́ва	perspective	원경(遠景), 전망, 견지
пик	peak	산정(山頂), 절정, 첨단
пикни́к	picnic	야유회, 피크닉
пионе́р	pioneer	개척자, 선구자, 파이오니아
пла́мя	flame	불길, 화염, 정열
плане́та	planet	유성, 혹성
платфо́рма	platform	플랫폼, 강령, 연단
поли́ция	police	경찰, 경찰서
популя́рный	popular	대중적인, 인기있는
порт	port	항구, 항구도시
пост	post	직, 직위, 부서
портре́т	portrait	초상, 초상화
портфе́ль	portfolio	손가방, 장관의 직
поэ́ма	poem	시, 서사시
поэ́т	poet	시인, 가인(歌人)
президе́нт	president	대통령, 총재, 사장
привиле́гия	privilege	특권, 특전, 특허권
приз	prize	상품, 상금, 상
при́нцип	principle	원리, 원칙, 방침

521

러시아어	영어	우리말 뜻
пробле́ма	problem	문제, 과제
про́за	prose	산문, 평범, 단조
програ́мма	program	계획, 순서, 프로그램
проду́кт	product	생산품, 제품, 소산
прое́кт	project, design	설계, 기획, 디자인
пролетариа́т	proletariat	노동자계급, 프롤레타리아트
профе́ссор	professor	교수
проце́нт	percentage	100분의 1, 퍼센트
ра́дио	radio	라디오 수신기
раке́та	rocket	봉화, 화전(火箭), 로케트
регуля́рно	regularly	규칙적으로, 정기적으로
регуля́рный	regular	규칙적인, 정규의
резервуа́р	reservoir	저장소, 저수지
резиде́нция	residence	주거, 저택, 소재지
результа́т	result, outcome	결과, 결말, 귀결
реко́рд	record	기록, 레코드, 경기기록
рели́гия	religion	종교, 신앙
респу́блика	republic	공화국, 공화정체
рестора́н	restaurant	음식점, 레스토랑
рис	rice	쌀, 벼
ро́за	rose	장미
роль	role	역할, 배역, 임무
рома́нс	romance	가공적인 이야기, 로맨스
сала́т	salad	생채요리, 샐러드
сезо́н	season	계절, 철, 시즌
секре́т	secret	비밀, 기밀, 비결
секрета́рь	secretary	비서, 서기, 간사, 장관
секу́нда	second	초(秒)
сигаре́та	cigaret	궐련, 작은 시가
скульпту́ра	sculpture	조각, 조각술, 조각작품
солда́т	soldier	병사, 졸병, 군인
сорт	sort	종류, 부류, 품질

УРОК 30 러시아어와 영어 상당어의 비교 정리

러시아어	영어	우리말 뜻
спорт	sport	경기, 운동, 스포츠
стадио́н	stadium	경기장, 경주장, 스타디움
степь	steppe	대초원, 스텝지대
сти́гма	stigma	오명, 낙인, 치욕
студе́нт	student	학생, 대학생
сувени́р	souvenir	기념품, 선물
су́мма	sum	금액, 총액, 합계
суп	soup	국, 스프
тала́нт	talent	재주, 재능, 인재
танк	tank	전차, 탱크, 물탱크
телеви́зор	television set	텔레비전 수상기
телегра́мма	telegram	전보, 전신
телеско́п	telescope	망원경
телефо́н	telephone	전화, 전화기
те́ма	theme, topic	주제, 테마, 화제
темпера́мент	temperament	기질, 체질, 열정
температу́ра	temperature	온도, 기온, 체온
те́ннис	tennis	정구, 테니스
те́рмин	term	학술어, 전문용어
терра́са	terrace	대지, 노대(露臺), 테라스
тигр	tiger	호랑이
ти́тул	title	제목, 표제, 칭호
тра́ктор	tractor	자동 경운기, 트랙터
тра́нспорт	transport	운수, 수송, 운송
тре́нер	trainer	훈련자, 트레이너
тролле́йбус	trolley-bus	무궤도 전차, 트롤리 버스
трофе́й	trophy	전리품, 전승기념품, 트로피
туале́т	toilet	화장, 화장대, 변소
турби́на	turbine	(기계) 터빈
тури́ст	tourist	관광객, 유람객
тюльпа́н	tulip	튜울립, 그 꽃
увертю́ра	overture	(음악) 서장(序章), 서곡

러시아어	영어	우리말 뜻
унифо́рма	uniform	제복, 군복, 유니폼
фа́брика	factory	공장
фа́за	phase	국면, 단계, 면(面), 상(相)
факт	fact	사실, 진실, 진상
фасо́н	fashion, style	형태, 모양, 방식, 유행
фе́рма	farm	농장, 농원
фестива́ль	festival	잔치, 축제, 기념제
фигу́ра	figure	모양, 인물, 도형, 숫자
фи́зик	physicist	물리학자
фильм	film	필름, 영화필름, 영화
флаг	flag	기, 깃발
фонта́н	fountain	샘, 분수, 원천, 풍부
фо́рма	form	형태, 모양, 형식
фра́за	phrase	구(句), 성구
фронт	front	정면, 제일선, 전선
фрукт	fruit	과일
футбо́л	football	축구
чемпио́н	champion	선수권 보유자, 챔피언
шко́ла	school	학교, 강습소
шофёр	chauffeur, driver	자동차 운전사
штаб	staff	참모, 사령부 막료, 직원
штамп	stamp	도장, 인(印), 스탬프
экста́з	ecstasy	황홀, 무아경, 매우 기쁨
элева́тор	elevator	승강기, 엘리베이터, 곡물창고
электри́чество	electricity	전기, 전력, 전등
элеме́нт	element	요소, 성분, 구성분자
эмбле́ма	emblem	상징, 표장, 기호
э́ра	era	기원, 시대, 시기
эскала́тор	escalator	자동승강계단, 에스컬레이터
юбиле́й	jubilee	기념제, 기념축제, 축전
ю́мор	humour, humor	해학, 유머, 기지

3

해답편

해답편

1과

1)
1. 이것은 집입니다. 이것은 지도입니다. 이것은 펜입니다.
2. 다리는 여기에 있습니다. 집은 저기에 있습니다.
3. 여기에 탁자, 의자, 램프가 있습니다.
4. 이것은 책입니까? 예, 이것은 책입니다.
5. 이것은 신문입니까? 아니오, 이것은 신문이아닙니다.
6. 그는 한국사람(남자)입니까? 예, 그는 한국 사람입니다.
7. 그는 일본사람(남자)입니까? 아니오, 그는 일본사람이 아닙니다.
   그는 중국사람(남자)입니다.
8. 이것은 무엇입니까? 이것은 탁자와 의자입니다.
9. 누가 저기 있습니까? 저기 형(제)과 누이(동성)가 있습니다.
10. 종이와 펜은 어디에 있습니까? 종이는 여기에 있고 펜은 저기에 있습니다.

2)
1. Что э́то? Э́то кни́га.
2. Вот кни́га, газе́та и журна́л.
3. Что э́то? Э́то доска́ и мел.
4. Где ка́рта? Ка́рта здесь.
5. Он ру́сский и́ли америка́нец? Он не америка́нец, а ру́сский.

3)
1. ⑤	2. ⑦	3. ①	4. ②	5. ⑩
6. ③	7. ④	8. ⑬	9. ⑮	10. ⑥
11. ⑧	12. ⑭	13. ⑪	14. ⑫	15. ⑨

2과

1)
1. 여기 이바노프 씨가 있습니다. 그는 러시아인입니다.
   저기 이바노바 씨가 있습니다. 그녀도 또한 러시아인입니다.
2. 이분은 누구입니까? 이분은 루낀 동지입니다. 그는 기사입니다.
   이분은 누구입니까? 이분은 루끼나 동지입니다. 그녀는 의사입니다.
3. 존 스미드는 학생입니다. 그는 영국인입니다. 메리 브라운은 영국여자입니다.
   그녀는 신문기자입니다. 그녀는 집에 있습니까? 아니오, 그녀는 여기 있습니다.
4. 여기 방이 있습니다. 정면에 창문이 있습니다. 왼쪽에 문이 있습니다. 오른쪽에 소파가 있습니다. 찬장도 역시 오른쪽에 있습니다.

5. 여기 탁자가 있습니다. 한가운데 램프가 있습니다. 오른쪽에 잡지 "지식"이 놓여 있습니다. 왼쪽에 잡지 "과학과 생활"이 놓여 있습니다. "프라브다" 신문은 어디에 있습니까? 그것은 여기에 있습니다.

2) 1. Я учени́к, а вы учи́тель.
2. Коре́ец Ким – рабо́чий? Нет, он инжене́р.
3. Я коре́ец, а он ру́сский.
4. Где ва́за? Она́ здесь. Где моя́ кни́га? Она́ там.
5. Где ва́ша гезе́та и журна́л?

3) 1. ⑥   2. ④   3. ①   4. ⑧   5. ②
6. ⑩   7. ⑨   8. ⑤   9. ⑦   10. ③

3과

1) 1. 여기 비행기가 날아가고 있습니다. 아래쪽에 땅이 있습니다. 아래쪽에 들판, 수풀 그리고 사람들이 있습니다. 여기 강이 있습니다. 그것은 볼가강입니다.
2. 이것은 비행기입니까? 예, 그것은 비행기입니다. 그것은 북쪽으로 날아가고 있습니까, 혹은 남쪽으로 날아가고 있습니까? 비행기는 북쪽으로 날아가고 있습니다.
3. 이것은 공장입니까? 예, 그것은 공장입니다. 여기에 나의 직장이 있습니다. 여기에 나의 공작기계가 있습니다. 이분은 누구입니까? 이분은 나의 누나입니다. 그녀는 기술자입니까? 예, 그녀는 기술자입니다.
4. 이것은 책입니까? 예 그것은 책입니다. 그것은 나의 책입니다. 여기 신문이 있습니다. 여기 흑판과 백묵이 있습니다.
5. 탁자는 저기 있습니까? 예, 탁자는 저기 있습니다. 의자는 저기 있습니까, 혹은 여기 있습니까? 나의 의자는 여기 있습니다. 램프는 저기 있습니까? 아니오. 램프는 어디 있습니까? 그것은 여기 있습니다.

☞ 「그것」이 남성명사나 여성명사를 의미할 때 он이나 она로 옮겨진다. (It, when it stands for a masculine or feminine noun, is translated by он or она accordingly.)

(예) Где кни́га? Она́ на столе́.   Where is the book? It is on the table.

2) 1. Где студе́нт? Он там.
2. Где журна́л? Он тут.
3. Где студе́нтка? Она́ там.

4. Где доска? Она тут.

5. Где перо́? Сно́ тут.

6. Где студе́нт и профе́ссор? Они́ тут.

3) 1. m   2. m   3. n   4. f   5. n   6. m   7. f
8. m   9. n   10. m   11. f   12. f   13. f   14. n
15. n   16. m   17. f   18. n   19. m   20. f   21. n

(m=남성, f=여성, n=중성)

4과

1) 1. 당신들은 학생입니까? 예 우리들은 학생입니다.
그들도 또한 학생입니까? 아니오, 그들은 교수입니다.
2. 여기에 탁자가 있습니다. 여기에 신문(들)과 잡지(들)이 있습니다.
사전들도 있습니까? 여기 그것들도 있습니다.
3. 이것은 교과서(들)입니까? 아니오, 그것은 사전(들)입니다.
공책들은 어디 있습니까? 바로 여기 있습니다.
4. 비행기가 북쪽으로 날아가고 있습니다. 그것은 높이 그리고 빨리 날아가고 있습니다. 아래쪽에, 들판들과 초원들, 산들과 골짜기들, 숲들과 강들이 있습니다. 아래쪽에 도시들과 농촌들, 광산들과 공장들이 있습니다.
5. 여기 모스크바 시가 있습니다. 여기에는 공장과 제작소, 대학과 (초중등)학교, 극장과 박물관, 가로와 광장들이 있습니다.

2) 1. Здесь сады́ и па́рки.
2. Там у́лицы и пло́щади.
3. Это ко́мната. Напра́во о́кна, нале́во две́ри.
4. Это уче́бник. Здесь те́ксты, грамма́тика, словари́ и упражне́ния.
5. Мы студе́нты. Они́ учителя́. Вы рабо́чие.

3)

1. ① (f) шко́лы   ② (m) теа́тры   ③ (f) у́лицы
④ (m) това́рищи   ⑤ (f) пло́щади   ⑥ (m) инжене́ры
⑦ (f) ка́рты   ⑧ (m) журна́лы   ⑨ (m) музе́и
⑩ (m) институ́ты   ⑪ (f) ко́мнаты   ⑫ (m) уче́бники
⑬ (m) заво́ды   ⑭ (m) самолёты   ⑮ (f) фа́брики

2. ① (m) города́   ② (m) столы́   ③ (n) моря́
    ④ (m) словари́   ⑤ (n) слова́   ⑥ (m) врачи́
    ⑦ (m) леса́   ⑧ (m) карандаши́ ⑨ (n) поля́
    ⑩ (m) слоны́   ⑪ (m) берега́   ⑫ (m) глаза́
    ⑬ (n) времена́   ⑭ (m) века́   ⑮ (m) поезда́

3. ① (f) сёстры   ② (n) о́кна   ③ (f) го́ры
    ④ (f) ру́ки   ⑤ (n) ли́ца   ⑥ (f) но́ги
    ⑦ (f) стра́ны   ⑧ (f) зе́мли   ⑨ (f) го́ловы
    ⑩ (n) пи́сьма   ⑪ (n) я́йца   ⑫ (n) ко́льца

5과

1) 1. 나는 한국인입니다. 나는 한국어로 말합니다. 지금 나는 러시아어를 배우고 있습니다. 나는 벌써 러시아어를 조금 이해하고 말합니다.
    2. 당신은 러시아인입니다. 당신은 러시아어로 말합니다. 지금 당신은 한국어를 배우고 있습니다. 당신은 벌써 한국어를 잘 이해합니다.
    3. 나의 형(제)은 영어를 잘 말합니다. 그는 독일어를 읽을 수 있습니다. 나의 자(매)는 프랑스어를 말할 수 있습니다.
    4. 형과 누나는 벌써 러시아어를 잘 읽습니다. 그러나 아직 말하는 것은 서툽니다. 당신이 러시아어를 빨리 말할 때는 그들은 거의 이해하지 못합니다.
    5. 나의 어머니, 아버지 그리고 나는 지금 라디오를 듣고 있습니다. 우리들은 음악회를 듣고 있습니다.
    6. 당신의 동생은 무엇을 하고 있습니까? 그는 일하고 있습니다. 그는 어떻게 일을 합니까? 그는 일을 잘 합니다.
    7. "book"라는 낱말을 러시아어로 무엇이라고 하는지 아십니까? 압니다. 그것은 러시아어로 кни́га입니다.

2) 1. Вы говори́те по-ру́сски? Да, немно́го.
    2. Он говори́т по-англи́йски.
    3. Мы говори́м по-ру́сски о́чень ме́дленно.
    4. Что вы де́лаете? Я учу́ уро́к.
    5. Вы пи́шете по-ру́сски хорошо́.
    6. Кто зна́ет ру́сский язы́к? Никто́ не понима́ет.
       (Кто уме́ет говори́ть по-ру́сски?)
    7. В шко́ле мы нзуча́ем ру́сский язы́к.

8. Что вы де́лаете? Мы смо́трим телеви́зор.
9. Мы не ку́рим, а они ку́рят.
10. Что вы чита́ете? Я чита́ю ру́сский журна́л. «Но́вый мир»

3) 1. ⑦   2. ⑧   3. ①   4. ⑩   5. ③
   6. ②   7. ④   8. ⑨   9. ⑤   10. ⑥

과

1) 1. 나는 학생입니다. 나에게는 형(제)과 누나가 있습니다. 나의 형은 지질학자입니다. 나의 누나는 언어학자입니다. 그리고 나는 물리학자입니다. 우리들의 일은 잘 진행되고 있습니다.
2. 우리들은 모두 운동선수입니다. 나의 형은 등산가입니다. 나의 누나는 정구를 잘 치고 수영과 달리기를 잘 합니다.
3. 나는 축구를 꽤 잘 합니다. 축구는 내가 좋아하는 운동종목입니다. 나는 수영도 또한 매우 좋아합니다. 그외에 형과 나는 장기를 둡니다.
4. 우리들은 대가족을 갖고 있습니다. 나의 부모는 벌써 늙었습니다. 그들의 자식들은 모두 성인입니다. 자식들 중 내가 가장 젊은 딸입니다. 우리들은 함께 살고 있습니다.
5. 나의 형은 벌써 오래 전에 결혼하였습니다. 그는 훌륭한 아내를 갖고 있습니다. 형과 그의 아내는 사이좋게 살고 있습니다.
6. 나의 형은 키가 매우 큽니다. 그는 검은 머리카락을 갖고 있으나 눈은 나와 마찬가지로 회색입니다. 그는 현명하고, 정력적이고 진실한 용모(얼굴)를 갖고 있습니다.
7. 나의 형과 나의 누나는 훌륭한 학생입니다. 나와 마찬가지로 그들도 학업이 주된 목적입니다. 우리들은 많이 읽습니다. 우리에게는 언제나 새 책과 잡지들이 있습니다.
8. 지구는 크고 매우 훌륭한 곳입니다. 그 위에는 많은 놀랄만한 사람들이 있습니다.
(The earth is a large and splendid place, there are many wonderful people on it.)

2) 1. Мы студе́нты.
2. Э́то каранда́ш.
3. Тут карти́на и письмо́.
4. У меня́ есть газе́та.
5. У него́ есть жена́ и сын.
6. У них есть всё что вам ну́жно.
7. У вас есть ру́сская кни́га? Да, есть.
8. Вчера́ была́ хоро́шая пого́да.

9. У нас бы́ли но́вые кни́ги.
10. Сейча́с у нас уро́к.
11. За́втра бу́дет хоро́шая пого́да.
12. За́втра мы должны́ бу́дем мно́го рабо́тать.

3) 1. ③   2. ①   3. ⑤   4. ⑦   5. ④
   6. ⑩   7. ⑨   8. ②   9. ⑧   10. ⑥

7과

1) 1. 겨울에 나는 일을 많이 하였습니다. 나의 누나도 역시 겨우내 일을 하였습니다. 시험 전에 우리들은 밤새도록 공부하였습니다.

2. 지금 우리는 방학 중입니다. 그래서 우리들은 여름내 별장으로 갑니다. 누나의 여자친구와 나의 친구도 역시 우리와 함께 갑니다.

3. 우리들은 강가에 작은 별장을 가지고 있습니다. 나는 강가에 앉아 있는 것을 좋아합니다. 집 근처에 우리는 큰 나무를 가지고 있습니다.

4. 나무 밑에 누워서 새들이 어떻게 우는가를 듣는 것은 참으로 즐겁다. 가을과 겨울이 지나가서 나는 기쁘다. 시간이 참으로 빨리 날아가고 있다.

5. 여름이 다가옵니다. 곧 따뜻해질 것입니다. 그리고 나는 벌써 휴가에 대하여 생각하고 있습니다. 아마 당신과 나의 휴가는 여름이 될 것이고, 우리들은 함께 휴가를 가질 수 있을까요? 이전에 우리들이 함께 까프까즈에 갔던 것을 기억하십니까? 그때에 우리들은 여행을 많이 하였습니다.

6. 우리들은 미역을 감고 수영을 많이 할 것입니다. 해변에 누워있을 것입니다. 모닥불에 점심과 저녁을 준비할 것입니다. 해안이나 숲속에서 밤을 지내는 것은 참으로 즐거울 것입니다.

7. 어제 우리들은 뉴스 영화를 보았습니다. 스크린(영사막) 위에 우리들은 러시아 북부 백해(白海), 알항게리스크 시를 보았습니다. 그곳은 지금 봄입니다. 항구에는 기선이 정박하고 있었습니다.

8. 그리고 영화로 공장 부속 클럽인 「빨간 장미」를 보여주었습니다. 그곳에는 음악회가 있었습니다. 음악회에는 훌륭한 예능인들이 출연하였고 또 합창단들도 노래하였습니다. 합창단은 러시아의 노래를 불렀습니다.

2) 1. Что вы де́лапи в ко́мнате? Я писа́л письмо́.
   2. Она́ гуля́ла в го́роде.
   3. У нас была́ кни́га.

4. Мы о́чень люби́ли гуля́ть.
5. Вчера́ бы́ло о́чень хо́лодно. Уже́ зима́.
6. Когда́ я был в Москве́, у меня́ был автомоби́ль.
7. Они́ бу́дут гуля́ть за́втра в лесу́.
8. В сре́ду я до́лжен бу́ду слу́шать ле́кцию у вас в шко́ле.
9. Она́ бу́дет вам ча́сто писа́ть.
10. Е́сли пого́да бу́дет хоро́шая за́втра, я пойду́ гуля́ть.

3) 1. бу́дет   2. бу́дешь   3. бу́ду
   4. бу́дем   5. бу́дет   6. бу́дут   7. бу́дете

4) 1. бу́дет   2. бу́ду жить
   3. бу́дем купа́ться   4. бу́дет отдыха́ть
   5. бу́дет чита́ть и ходи́ть   6. бу́дем

8과

1) 1. 여기 우리 교실이 있습니다. 선생님이 읽고 있습니다. 우리는 듣고 있습니다. 선생님은 러시아어를 매우 잘 읽습니다. 나의 친구 이반 또한 잘 읽습니다. 그러나 우리 선생님만큼 잘 읽지는 못합니다.
2. 교실에서 나는 글을 쓰거나 혹은 읽습니다. 나는 종이 위에나 혹은 흑판 위에 씁니다. 종이 위에 나는 연필이나 펜으로 씁니다. 그러나 흑판에는 분필로 씁니다.
3. 내가 교실에서 글을 쓸 때, 나는 의자에 앉아 있습니다. 우리 선생님은 자주 의자에 앉아 있습니다. 그러나 이 지금 그는 서 있습니다. 우리들이 교실에서 대답할 때는 때로는 앉아 있고 또 때로는 서 있습니다.
4. 메리 스미드는 젊고 아름다운 미국 여자입니다. 그리고 뉴욕시에 살고 있습니다. 그녀는 대학에서 수학을 공부하고 있습니다. 메리는 러시아어도 또한 공부하고 있으며 벌써 러시아어를 읽고 씁니다.
5. 나는 이 편지를 러시아어로 쓰고 있습니다. 이 언어는 재미있고 많이 어렵지 않습니다. 나의 선생님은 수업을 하실 때, 나에게 러시아어 문법을 잘 설명 하십니다. 그래서 나는 문법이 어렵지 않다고 생각합니다.
6. 나는 지금 재미있는 러시아어 책을 읽고 있습니다. 나는 벌써 자유롭게 읽고 씁니다. 그러나 말하는 것은 서투릅니다. (사람들이) 천천히 이야기할때, 나는 전부 이해합니다. 그러나 빨리 말할 때는 아무것도 이해하지 못합니다.
7. 나는 기사(技師)입니다. 나의 서재에는 책상과 편리한 안락의자가 있습니다. 여기서

나는 보통 글을 읽고 씁니다. 나의 탁자 위에는 종이, 책, 신문이 놓여 있고 또한 시계, 달력 그리고 전화가 있습니다.

2) 1. Оте́ц студе́нта — инжене́р.
    2. Студе́нт чита́ет журна́л.
    3. Что вы чита́ете? Я чита́ю кни́гу.
    4. Карти́на виси́т на стене́.
    5. Каранда́ш лежи́т на столе́.
    6. Учи́тель пи́шет карандашо́м.
    7. Он пи́шет письмо́ бра́ту.
    8. Мы изуча́ем ру́сский язы́к.
    9. Мы чита́ем, пи́шем и говори́м по-ру́сски.
    10. Учи́тель говори́т ме́дленно и гро́мко.
    11. Все студе́нты сидя́т ти́хо и слу́шают.
    12. Что вы де́лаете? Я помога́ю отцу́ в рабо́те.

3) 1. углу́   구석에 탁자가 있다.
    2. шкафу́   책장에 책이 놓여 있다.
    3. се́вере   우리는 북부지방에서 산다.
    4. саду́   뜰에서 아이들이 놀고 있다.
    5. уро́ке   올리는 수업중이 었다.

4) 1. ④   2. ⑩   3. ①   4. ⑨   5. ②
    6. ⑧   7. ③   8. ⑥   9. ⑦   10. ⑤

5) 1. ⑤   2. ③   3. ⑦   4. ⑪   5. ⑧   6. ⑨
    7. ①   8. ⑩   9. ⑫   10. ⑥   11. ②   12. ④

9과

1) 1. 여기 나의 새 빨간 연필이 있습니다. 여기 우리들의 새 검정색 만년필이 있습니다. 여기에 새 금색 펜이 놓여 있습니다. 저기 우리들의 새 검정, 청색, 빨간 연필들이 있습니다.
    2. 여기 푸른 꽃병이 있습니다. 여기에 장미와 백합꽃이 있습니다. 이 장미는 빨갛습니다. 이 꽃은 하늘색입니다. 이것은 하늘색 꽃입니다. 이 나무는 녹색입니다. 이것은

녹색 나무입니다.

3. 이 꽃들은 흰색입니다. 이것은 흰색 꽃들입니다. 여러가지 꽃들이 피어 있습니다. 빨갛고 노란 튜울립, 하늘색 물망초, 흰색 은방울꽃, 연보라빛 제비꽃들이 피어 있습니다.

4. 오늘은 매우 아름다운 여름 날입니다. 태양이 밝게 비칩니다. 하늘은 푸릅니다. 흰 구름이 천천히 흘러갑니다. 풀밭은 녹색입니다. 어느 곳에나 아름다운 꽃들이 있습니다.

5. 봄입니다. 밝은 태양이 비칩니다. 좋은 봄날 날씨가 계속됩니다. 여기 큰 러시아 마을이 있습니다. 넓은 거리, 새 집, 큰 과수원이 있습니다.

6. 당신의 재미있는 편지 대단히 고맙습니다. 나는 당신이 러시아어 공부하는 것을 매우 기쁘게 생각합니다. 나의 새 지도 교사는 미국 사람입니다. 그는 매우 훌륭하고 경험있는 지도 교사입니다.

7. 우리들은 지도 교사와 함께 자주 극장에 가거나 세익스피어를 읽습니다. 나는 영어로 "햄릿" 읽는 것을 매우 기쁘게 생각합니다. 마지막 막은 참 재미있습니다.

8. 나의 친구는 보통 쾌활하고 건강합니다. 그러나 오늘은 그가 병이 나서 일을 할 수 없습니다. 그는 열이 있습니다. 그의 머리는 뜨거우나 손과 발은 차갑습니다.

9. 의사가 와서 물어 봅니다. 당신은 어디가 아픕니까? 나는 머리와 목이 아픕니다. 나는 삼킬 수가 없습니다. 환자는 대답하였습니다. 몸 전체가 아픕니다.

10. 당신의 체온은 어떻습니까? 높습니다. 당신은 코감기어 걸리고 기침이 납니까? 기침은 대단치 않으나 코감기는 심합니다. 당신은 유행성 감기와 후두염을 앓고 있습니다. 이것은 위험하지는 않습니다. 당신의 심장은 잘 작동합니다. 그러나 당신은 누워 있어야 합니다.

☞ больно́й는 명사로 'a patient' 'a sick person' '병자, 환자'의 뜻이 있고 형용사로는 'ill, sick' '병든, 병을 앓는'의 뜻이 있다.

2) 1. Э́то интере́сная кни́га.
2. Э́тот молодо́й челове́к — учи́тель.
3. Э́то ва́ша но́вая ко́мната.
4. Э́тот но́вый дом высо́к.
5. Како́й э́то дом? Э́то на́ша но́вая шко́ла.
6. Э́то изобре́тение о́чень ва́жное.
7. Э́та молода́я де́вушка поёт о́чень хорошо́.
8. Э́тот каранда́ш кра́сный, а тот си́ний.
9. У меня́ до́ма краси́вая и удо́бная ко́мната.
10. На́ша англи́йская кни́га о́чень интере́сна, но она́ не́сколько трудна́.

3) 1. Хоро́шие весе́нние дни.
    2. Вдали́ зелёные леса́.
    3. Вот больши́е поля́.
    4. Здесь рабо́тают но́вые тра́кторы.
    5. Каки́е э́то карандаши́? Кра́сные.
    6. Э́то кра́ные карандаши́. Эти карандаши́ красные.
    7. Эти ру́сские кни́ги — интере́сные.
    8. Мы молоды́е коре́йские рабо́чие.
    9. Они́ на́ши но́вые учителя́.
    10. Здесь широ́кие и прямы́е у́лицы.

4) 1. ③   2. ⑥   3. ①   4. ⑨   5. ⑧
    6. ②   7. ④   8. ⑩   9. ⑦   10. ⑤

10과

1) 1. 이 소녀는 학급에서 그녀의 동급생보다 더 온화하고 더 공손하다.
    2. 모든 선생님들은 그녀가 가장 온화하고 가장 공손한 학생이라고 생각한다.
    3. 봄이 다가 오고 있다. 낮은 점점 길어지고 밤은 더욱 짧아진다.
    4. 이 아파트의 방은 우리 것보다 더 어둡다. 식당이 가장 어두운 방이다.
    5. 오늘은 어제보다 날씨가 나쁘다. 바람은 보다 차갑고 더욱 날카롭다.
    6. 북쪽에서 남쪽으로 향하여 멀리가면 갈수록 기후는 더욱 부드러워진다.
    7. 농촌에서는 겨울보다 봄에 일이 더 많다. 하루종일 남자들과 여자들이 밭이나 뜰에서 일을 한다.
    8. 벌써 6월에는 더워지고 7월과 8월에는 한층 더 더워진다.
    9. 사랑은 죽음보다도 또 죽음의 두려움보다도 더 강하다.
    10. 지식보다 더 강한 힘은 없다.

2) 1. Мы живём в бо́лее краси́вом до́ме, чем они́.
    2. Э́тот челове́к са́мый бога́тый(бога́че всех).
    3. Э́тот га́лстук гора́здо я́рче, чем его́.
    4. Она́ са́мая у́мная и в то же вре́мя са́мая скро́мная же́нщина.
    5. Земля́ бо́лее больша́я, чем луна́. (Земля́ бо́льше луны́.)
    6. Сего́дня гора́здо жа́рче, чем вчера́.
    7. Зимо́й но́чи дли́ннее, а дни кро́че.

8. Завтра будет жарче чем сегодня.
9. У меня отец старше вашего.
10. Сегодняшняя лекция была интереснее, чем вчерашняя.

3) 1. моложе (younger)   младший (youngest)
   2. хуже (worse)   худший (worst)
   3. ближе (nearer)   ближайший (nearest)
   4. шире (wider)   широчайший (widest)
   5. выше (higher)   высший (highest)
                                высочайший (highest)
   6. богаче (richer)   богатейший (richest)
   7. чище (cleaner)   чистейший (cleanest)
   8. громче (louder)   самый громкий (loudest)
   9. меньше (less,smaller)   меньший (least,smallest)
   10. лучше (better)   лучший (best)

4) 1. ④   2. ⑥   3. ②   4. ⑤   5. ①
   6. ⑩   7. ⑧   8. ⑦   9. ③   10. ⑨

11과

1) 1. 나의 어머니는 여기서 일합니다. 그녀는 의사입니다. 나의 아버지도 역시 의사입니다. 그러나 그는 여기서 일하지 않습니다.
   2. 당신의 아버지는 러시아어를 읽습니까? 예, 그는 잘 읽고 그리고 러시아어를 말합니다. 나의 어머니는 러시아어를 말하지 않습니다.
   3. 여기에서 수업이 진행중입니다. 우리들은 러시아어를 공부하고 있습니다. 우리들은 러시아어를 읽고 쓰고, 그리고 말합니다. 우리 선생님은 과제에 대하여 질문합니다.
   4. 당신이 규칙을 설명할 때 나는 당신이 말한 모든 것을 이해합니다. 그러나 당신이 빨리 말할 때는 나는 모두 이해하지 못합니다. 제발 천천히, 아주 천천히 말해 주십시오.
   5. 나에게 자주 친구가 옵니다. 그는 나와 잘 아는 사이입니다. 어제 나는 그와 당신에 대하여 말하였습니다. 내일 그는 당신에게로 갈 것입니다.

2) 1. Я читаю письмо от неё.
   2. Мы говорим о них.

3. Кому́ вы писа́ли письмо́?
4. Чья э́то ру́сская газе́та?
5. Чей э́то большо́й дом?
6. О чём он говори́л ей?
7. Они́ ча́сто помога́ют нам в рабо́те.
8. Что он изуча́ет?
9. Мой оте́ц хорошо́ знако́м с ва́шим отцо́м.
10. О́коло на́шего до́ма есть сад. В на́шем саду́ мно́го цвето́в.

3) 1. ним   나는 그들에게 갑니다.
    2. кого́   당신은 누구 집에서 사십니까?
    3. э́том   그는 이것에 대하여 아무도 하지 않았습니다.
    4. чего́   당신은 무엇을 이해하지 못합니까?
    5. э́том   금년의 겨울은 작년보다 따뜻합니다.
    6. тех, э́том   그때부터 나는 이 집에 살고 있습니다.
    7. чья   그것은 누구의 책입니까?
    8. чьё   누구의 펜이 잘 써 집니까?
    9. чью   당신은 누구의 책을 보고 있습니까?
    10. чьим   당신은 누구의 연필로 쓰고 있습니까?

4) 1. ⑧   2. ⑩   3. ①   4. ④   5. ⑥
    6. ②   7. ⑦   8. ⑨   9. ③   10. ⑤

12과

1) 1. 그는 자기의 사무실로 갔다.
    2. 이 사람은 자기자신을 매우 현명하다고 생각합니다.
    3. 우리들은 우리 일을 오늘 저녁 끝내야만 합니다.
    4. 나는 그녀의 오빠를 만났습니다.
    5. 내 모자가 어디있습니까? 당신 머리에 쓰고 있는 것 같습니다.
    6. 기분이 어떻습니까? 감사합니다. 좋습니다.
    7. 그는 자기 자신에 관한 많은 재미있는 일을 이야기 합니다.
    8. 그는 아무 말도 하지 않고 그곳에 계속 누워 있다.
    9. 그는 좀처럼 자신에게 만족하지 않는다.
    10. 내가 집에 돌아왔을 때, 나의 책상위에 메모가 있었습니다.

2) 1. Это мой каранда́ш.
    2. Его́ сестра́ хорошо́ говори́т по-ру́сски.
    3. Сего́дня пра́здник. На́ша семья́ до́ма.
    4. Моя́ сестра́ и её муж смо́трят телеви́зор.
    5. Она́ говори́ла о себе́.
    6. Вам нельзя́ говори́ть сли́шком мно́го о себе́.
    7. Большо́е спаси́бо за Ва́ше интере́сное письмо́.
    8. В письме́ она́ мно́го пи́шет о свое́й жи́зни.
    9. Она́ обеща́ла мне присла́ть свой сни́мок.
    10. Мы говори́м о их рабо́те.

3) 1. 나의(мое́й) 아름다운 방에는 여러가지 가구가 있습니다.
    2. 우리(на́шего) 집 주위에는 정원이 있습니다.
       우리(на́шем) 정원에는 꽃이 많습니다.
    3. 나는 나의(своего́) 동생을 사랑합니다.
    4. 그녀는 자기의(свою́) 개를 찾았습니다.
    5. 그는 자기의(свои́х) 잘못을 알아차리지 못한다.

4) 1. ③   2. ⑤   3. ⑦   4. ②   5. ①
   6. ⑨   7. ④   8. ⑥   9. ⑩   10. ⑧

13과

1) 1. 전 세계의 모든 민족은 전쟁을 원치 않는다. 전 진보적 인류는 평화를 지지하고 있다. 우리들은 모두 전 세계에서의 평화를 위해 싸우고 있다.
    2. 바로 아침 부터 저녁까지 흑해 해안에는 즐거운 어린이들의 목소리가 울린다.
    3. 어린이들은 저녁식사 후 모닥불 주위에 모여서 자기가 좋아하는 노래를 부르고, 이야기를 듣는다.
    4. 집에는 나 외에는 아무도 없었다. 가게에 갔다오라고 부탁할 사람도 없었다.
    5. 우리들은 아직 누구에게도 우리들의 여행에 관하여 이야기하지 않았다. 우리들은 아직 그것에 관하여 이야기 할 사람을 가지고 있지 않았다.
    6. 어제 나는 누구에게서도 편지를 기대하지 않았다. 어제 나는 편지를 기다릴 사람이 아무도 없었다.
    7. 바로 본부 건물 안에 강의실 외에 1,500명을 수용하는 강당과 클럽과 체육관 등이 있다.

2) 1. Я сам э́то ви́дел.
   2. Мы говори́ли с сами́м учи́телем.
   3. Вся страна́ зна́ет э́того писа́теля.
   4. Я ничего́ не говори́л.
   5. Здесь не́кого спроси́ть.
   6. Моя́ мать не хо́чет мно́го говори́ть о себе́ само́й.
   7. Вся́кий челове́к зна́ет э́то.
   8. Вся семья́ была́ до́ма.
   9. Ма́льчик сам сде́лал моде́ль самолёта.
   10. В э́том магази́не есть вся́кие това́ры.

3) 1. ④   2. ③   3. ⑤   4. ①   5. ②
   6. ⑧   7. ⑨   8. ⑦   9. ⑩   10. ⑥

14과

1) 1. 이것은 누구의 연필입니까? 그것은 형의 연필입니다.
      이것은 누구의 공책입니까? 그것은 누나의 공책입니다.
      이것은 누구의 펜입니까? 그것은 선생님의 펜입니다.
      이것은 누구의 책입니까? 그것들은 친구들의 책입니다.
   2. 어제는 날씨가 좋았다. 바람도 불지않고 비도 오지 않았다.
   3. 어머니는 내가 우유를 적게 마신다고 말합니다. 왜냐하면 나는 하루에 우유 한잔만을 마시기 때문이다.
   4. 강 기슭에는 문화 휴식 공원이 있다. 시내에는 극장, 도서관 그리고 학교가 있다.
   5. 나의 조국은 광대하다. 그 속에 숲과 들판과 강들이 많다.
      (Spacious is my native country. Many are its forests, fields and rivers!)
   6. 우리가 TV를 볼 때, 나는 보통 문 옆에 앉아 있다. 끝나기 전에 나는 일어서서 그 방에서 나온다. 나는 창가에 있는 탁자에서 책을 집어들고 침실로 가서 책을 읽는다.
   7. 오늘 당신의 학교에서는 수업이 있습니까? 아뇨, 오늘은 수업이 없습니다.

2) 1. Раз в ме́сяц я получа́ю письмо́ от сестры́.
   2. Я чита́ю кни́гу де́вочки.
   3. На столе́ не́ было ни кни́ги, ни журна́ла.
   4. Вчера́ не́ было уро́ка.
   5. За́втра не бу́дет дождя́.

6. Я пишу́ письмо́, а он не пи́шет письма́.
   ※ 타동사가 부정일 때의 목어는 생격이 된다.
7. Я стоя́л у вхо́да в теа́тр и ждал това́рища.
8. Она́ сама́ реши́ла зада́чу, по фи́зике без по́мощи учи́теля.
9. Сего́дня хоро́шая пого́да, на не́бе нет ни о́блака.
10. По́сле за́втрака мы игра́ем в те́ннис.

3) 1. зда́ния, культу́ры, о́тдыха
   2. утра́, ве́чера
   3. языко́в, ми́ра
   4. люде́й
   5. хле́ба, ма́сла

4) 1. ③ 2. ④ 3. ⑥ 4. ⑤ 5. ①
   6. ⑨ 7. ② 8. ⑩ 9. ⑧ 10. ⑦

15과

1) 1. 여름에 우리는 항상 일찍 일어나곤 했다. 그러나 한 번 우리는 늦게 일어났다. 왜냐하면 매우 추웠기 때문이다.
   2. 우리가 도시에 살고 있었을 때, 우리는 8시에 조반을 먹고 오후 1시에 점심을 먹곤 했다. 오늘 우리는 10시에 조반을 먹었다.
   3. 나의 누나는 며칠 동안 책을 읽고 있었다. 그녀는 며칠 동안에 책을 다 읽었다.
   4. 나는 1년 내내 러시아어를 공부하였다. 그러나 아직 문법을 완전히 다 공부하지 못했다.
   5. 어떤 젊은이가 나의 누나를 사랑했다. 그러나 그녀는 그가 기사가 아니기 때문에 그를 좋아하지 않았다. 그녀는 오직 기사만을 사랑하겠다고 말한다.
   6. 우리가 작년에 그곳에 갔을 때 우리는 계속 차를 타고 갔다. 날씨는 매우 좋았다.
   7. 우리는 시내에서 산책을 하였고 도서관에서 잡지를 다 읽고 그 다음에 집으로 갔다. 내일 우리는 다시 얼마간(немно́го) 산책을 하고 그리고 점심 식사전에 잡지를 다 읽을 것이다.

2) 1. Я чита́л э́ту кни́гу.
   2. Он прочита́л э́ту кни́гу.
   3. Я всегда́ покупа́ю хлеб в э́том магази́не, но вчера́ купи́л з друго́м.

4. Сегодня утром вы встали поздно, потому что мы были на вечеринке.
5. Я часто встречал его в библиотеке.
6. Я встретил его в парке.
7. В котором часу вы обычно ложитесь спать? Я обычно ложусь в десять часов.
8. В котором часу вы легли спать вчера вечером? Вчера вечером у меня был гость, и я лёг спать поздно.
9. Он собирал материалы, читал научные книги. Через несколько месяцев он собрал много материала.
10. Зима кончается. Скоро наступит весна.

3) 1. говорили   сказал
  2. вставали   встал(а)
  3. давал   дал
  4. учил(а)   выучил(а)
  5. читала   прочитала
  6. изучал(а)   изучили
  7. написал   писал
  8. выпил(а)   пил(а)
  9. решали   решили
  10. брал(а)   взял(а)

4) 1. ③   2. ④   3. ②   4. ⑤   5. ①
  6. ⑧   7. ⑨   8. ⑩   9. ⑦   10. ⑥

16과

1) 1. 당신은 어디로 가십니까? 나는 공원으로 갑니다.
  2. 12월에 각 대학에서는 입학시험이 시행된다.
  3. 비행기는 도시 위를 잠시 날아 다니다가 북쪽으로 날아갔다.
  4. 우리는 시내를 잠시 차를 타고 돌아 다니다가 차에서 내려 걸어서 호텔로 가기 시작했다.
  5. 그는 우리집에 들렸다. 그래서 우리는 함께 극장으로 떠났다.
  6. 당신은 어제 사무소에 갔을 때 우리 새 차를 보았습니까?

7. 나의 아내가 앓고 있었기 때문에 나는 어제 사무소에 가지 않았다.
8. 나는 1주일에 한 번 그를 방문한다. 그는 매일 근무한다.
9. 좋은 날씨가 계속된다. 하늘 높이 새들이 날아 다닌다. 우체부는 농장을 본다. 농장은 아직 멀다.
10. 그는 오토바이를 타고 빨리 달린다. 도로에 노인이 있다. 그는 소녀를 집으로 데리고 가고있다. 그들은 농장에 살고있으며 우체부를 잘 알고 있다.
11. 끊임없이 도로를 화물자동차가 다닌다. 그 차들은 곡물을 곡물 창고에 실어 나르고, 우유와 버터를 시내에 배달한다.
12. 우체부는 매일 신문, 잡지 그리고 편지를 수리기술소(ртс = ремóнтно-техни́ческая ста́нция)에 운반한다. 바로 지금도 그는 오토바이를 멈추고 사무실로 가서 그곳에 우편물을 갖다 주고 있다.

2) 1. Ве́чером я иду́ в кино́.
2. Ка́ждый день я хожу́ в кино́.
3. Де́ти иду́т в шко́лу.
4. Де́ти с семи́ лет хо́дят в шко́лу.
5. Я е́зжу в университе́т на авто́бусе.
6. Мой брат хо́дит в шко́лу пешко́м.
7. Э́тот самолёт лети́т в Москву́.
8. Самолёты лета́ют в Москву́ ка́ждый день.
9. Куда́ вы идёте? Я иду́ на по́чту.
10. Почтальо́н е́хал на фе́рму на мотоци́кле.

3) 1. иду́ 2. е́дем 3. во́зим 4. вели́
5. е́здят 6. несёт 7. лети́ 8. во́зят
9. ношу́ 10. бе́гают(сад의 단수 전치격은 в саду́, о са́де)

4) 1. ④ 2. ⑤ 3. ② 4. ⑥ 5. ①
6. ③ 7. ⑨ 8. ⑩ 9. ⑦ 10. ⑧

17과

1) 1. 새 건축물 설계가 젊은 건축가들에 의하여 심의되고 있다.
2. 모든 이 외국의 신문 잡지들은 우리 선생님들이 읽는다(선생님들에 의하여 읽힌다).
3. 젊은이가 나를 멈추고 대사관이 어디에 있느냐고 물었다.

4. 겨울에 볼가강은 눈 밑에 놓여 있다. 봄이 시작되기 전에 강은 범람하여 바다같이 보인다.
5. 1959년 초에 최초의 우주 로켓이 달 방향으로 돌진하였다. 로켓은 달 옆을 질주하여 지나가서 태양의 위성이 되었다.
6. 페에차는 부지런한 학생이다. 그리고 학교에서 공부를 참 잘한다. 그는 러시아어를 매우 좋아한다. 그는 학과 예습을 할 때 언제나 사전을 이용한다. 그래서 보통 모든 단어를 다 안다.
7. 바아샤는 게으른 학생이다. 그리고 학과는 전혀 모른다. 그는 자주 교과서 없이 학교에 온다. 그는 공부하는 것을 아주 좋아하지 않는다. 그는 다만 숲이나 들판에서 산보하는 것 그리고 강에서 미역 감는 것을 좋아한다.

2) 1. Здáние стрóилось архитéктором.
2. Я люблю́ мы́ться холóдной водóй у́тром.
3. Онá посмотрéла на негó и улыбну́лась.
4. Зимóй я ложу́сь спать рáно.
5. Пéред нáми находи́лся большóй краси́вый сад.
6. Лéтом дéти купáлись в мóре.
7. Кáждое у́тро я умывáюсь холóдной водóй.
8. Был вéчер, мы возвращáлись домóй.
9. Чем вы занимáетесь в университéте?
   Я занимáюсь в университéте фи́зикой.
10. Учéбный год начинáется в Росси́и в сентябрé и кончáется в ию́не.

3) 1. ④   2. ⑥   3. ①   4. ⑤   5. ③
   6. ⑨   7. ②   8. ⑩   9. ⑧   10. ⑦

18과

1) 1. 만약 내가 모스크바극장에서 오늘 무엇이 상연되고 있는지를 안다면, 나는 극장에 갈텐데.
2. 만약 당신이 어제 왔더라면, 나는 당시에게 내일 상연될 새 희곡 입장권 두장을 당신에게 주었을 텐데.
3. 당신은 나에게 전화를 걸었어야 했는데. 우리집에 지금 전화가 있습니다.
4. 만약 내가 당신의 전화번호를 알았다면 전화를 걸었을 텐데, 유감스럽게도 내게 그 전화번호가 없었다.

5. 여름에 산속을 걸어 돌아 다니면 좋을 텐데. 빨리 여름이 오면 좋겠다!
6. 만약 내가 많은 돈을 가지고 있다면, 나는 여기에 병자들을 위한 요양소를 세울텐데.
7. 만약 당신이 외투를 입었다라면 당신은 춥지 않을 텐데.
8. 흙 조각에서 만들어진 모든 사람이 할 수 있는 모든 일을 다한다면 우리의 지구는 얼마나 아름다워질까!
9. 오늘 도서관에 책을 갖다 주십시오. 책은 언제나 기한 내에 반환하시오.
10. 추울 때는 문을 닫고 따뜻할 때는 문을 열어라. 문을 닫아라. 나는 당신에게 매우 중요한 편지를 읽어주고 싶다.

2) 1. Если бы погода была хорошая, мы поехали бы за город.
2. Если бы она была здорова, она занималась бы спортом.
3. Если бы я был там, я увидел бы вас.
4. Я читал бы весь день, если бы у меня было время.
5. Я прочитал бы книгу, если бы вы мне не мешали.
6. Я очень хочу, чтобы вы прочитали эту книгу.
7. Я дал ему ваш адрес, чтобы он мог написать вам.
8. Давайте ей молоко каждый день, но не давайте ей кофе.
9. Пойдёте прямо, потом повернёте налево.
10. Не забудьте, что у вас завтра будет экзамен.

3) 1. написали   당신이 노동자를 위해 소설을 쓰면 좋을 텐데.
   2. была   이것이 유익한 책이면 좋을 텐데.
   3. надели, было 당신이 외투를 입었더라면 춥지 않을 텐데.
   4. знали   나는 당신이 이해하도록 이것을 쓴다.
   5. помог   내가 과제를 푸는데 친구의 도움을 받기 위해 그에게 갔다.

4) 1. знай, верь   네가 세상에서 가장 필요한 인간이라는 것을 알고 그리고 믿어라.
   2. выполняйте 교사의 과제를 정확히 수행하라.
   3. помогайте, занимайтесь 동료들에게 도움을 주어라. 열심히 공부하여라.
   4. прочитайте 이 책을 읽어라. 이것은 매우 재미있는 책이다.

5) 1. ④   2. ⑤   3. ②   4. ①   5. ③
   6. ⑧   7. ⑦   8. ⑨   9. ⑩   10. ⑥

19과

1) 1. 나는 세계 역사를 읽고 있습니다. 그 소녀는 접시, 나이프, 포크 그리고 손가락을 닦고 있습니다. 나의 아버지는 차를 수리하고 있습니다.

2. 우리는 음악을 좋아합니다. 우리는 음악 써클을 방문하고, 합창으로 노래를 부릅니다.

3. 나는 신문을 읽고 있습니다. 신문에는 재미있는 소식이 있습니다. 이것은 새 신문입니다.

4. 나는 바다를 좋아합니다. 바다는 넓고 깊습니다. 이 배는 바다에 있었습니다.

5. "여기 차림표가 있습니다. 고루 갖추어 놓고 있습니다. 원하는 것을 택하세요" 라고 타냐가 대답했습니다. 친구(여자)들은 수프, 불고기 그리고 디저트를 고르고, 현금 출납구에 돈을 지불하고, 비어있는 작은 탁자를 차지합니다.

6. 오늘 수업중 우리는 러시아의 기후에 관하여 읽었다. 러시아는 큰 나라이다. 북쪽과 남쪽, 서쪽과 동쪽의 기후가 서로 다르다.

7. 때때로 다음과 같은 일이 일어난다. 즉 까프까즈에서는 봄이 시작되고 밝은 태양이 빛나고 새들이 노래한다. 어느 곳에나 푸른 풀밭이다. 그러나 러시아 북쪽, 예를 들어 알항게리스크에서는 아직 겨울이다. 그곳은 춥다. 어느 곳에나 눈이 쌓여 있다. 강에 얼음은 아직 녹지 않고 있다.

2) 1. Что он чита́ет? Он чита́е газе́ту.

2. Мы стро́им но́вое о́бщество.

3. Она́ име́ет я́блоко.

4. Наш оте́ц лю́бит чай.

5. Что вы де́лаете? Я гото́влю уро́к.

6. Я ста́влю ла́мпу на стол. Ла́мпа стои́т на столе́.

7. Сын лю́бит отца́ и мать, а оте́ц и мать лю́бят сы́на.

8. Мы говори́м о пого́де.

9. Когда́ я был в Москве́, у меня́ был автомоби́ль.

10. На́ша семья́ живёт в го́роде. Мой брат рабо́тает на заво́де, а моя́ сестра́ изуча́ет англи́йский язы́к в шко́ле.

3) 1. ③ 2. ⑥ 3. ⑤ 4. ① 5. ⑦
6. ② 7. ⑨ 8. ④ 9. ⑩ 10. ⑧

26과

1) 1. 그는 나의 누나에게 선물을 주었다.
    2. 우리는 우리 손님과 그의 아내에게 가장 좋은 방을 제공했다.
    3. 아버지는 아들이 담배 피우는 것을 금한다. 왜냐하면 그 아들이 아직 어리기 때문이다.
    4. 나의 형은 그의 아내가 바다로 여행하는 것을 좋아하지 않기 때문에 기차로 갑니다.
    5. 매년 선생님은 그의 가장 부지런한 학생들에게 재미있는 책을 주어 표창한다.
    6. 매일 아침 우리들은 형과 함께 일찍 일어나서 옷을 입고 아래로 내려간다. 보통 아버지와 함께 조반을 먹는다.
    7. 그는 식탁에 앉아서 재미있게 신문이나 책을 읽는다. 아침식사를 할 때 그는 우리들과 거의 결코 이야기를 하지 않는다.
    8. 이전에 그는 교수였는데 웬일인지 언제나 아침식사 때 강의를 준비하였다. 바로 이러한 까닭에 그에게는 식사 중에 글을 읽고 침묵하는 습관이 생겼다.
    9. 볼가강과 그 지류 오까강크 까마강은 모스크바와 우랄 사이에 수로를 형성한다. 겨울에 볼가강은 눈밑에 놓여있다. 봄이 시작되기 전에 강은 범람하고 바다 같이 보인다.
    10. 봄, 여름, 가을에 볼가강을 발동선, 기선, 전마선이 항하한다. 북에서 남으로 볼가강을 따라 목재가 가고 남에서 북으로 곡물, 석유, 생선, 소금, 과일, 야채가 간다.

2) 1. Он пи́шет письмо́ бра́ту.
    2. Я помога́ю отцу́ рабо́тать в саду́.
    3. На́ша рабо́та бу́дет гото́ва к суббо́те.
    4. Мать пока́зывает отцу́ письмо́ от сы́на.
    5. Мы изуча́ем ру́сский язы́к по уче́бнику.
    6. Пе́ред шко́лой был большо́й сад.
    7. Дире́ктор управля́ет шко́лой. Учи́тель руководи́т кружко́м.
    8. Сего́дня у́тром пе́ред уро́ком я был в библиоте́ке.
    9. Мы пи́шем в кла́ссе на чёрной доске́ ме́лом.
    10. В сре́ду ве́чером я был на конце́рте вме́сте с това́рищем.

3) 1. бра́ту   2. мо́рю   3. пя́тнице   4. реко́й, по́лем
    5. таре́лку   6. автомоби́лем   7. кла́ссом   8. го́родом, дере́вней
    9. са́харом   10. землёй

4) 1. ⑦   2. ⑤   3. ①   4. ⑥   5. ③
    6. ⑧   7. ⑨   8. ②   9. ⑩   10. ④

547

21과

1)
1. 여기 대학에서 배우고 있는 나의 동생이 있습니다.
2. 여기 당신이 만났던 나의 누이 동생이 있습니다.
3. 그들은 그의 형이 어제 미국으로 떠난 사람에 대하여 말하였다.
4. 우리는 국민에 대한 봉사에 자기의 힘을 바친 사람을 깊이 존경한다.
5. 여기 오늘 아침 내가 시내에서 본 차가 있다.
6. 우리는 그 보다 더 아름다운 숲을 본적이 없는 그런 매우 아름다운 숲을 보았다.
7. 민중은 민중의 행복을 위하여 생명을 희생한 사람들에 관한 노래를 짓는다.
8. 그는 피아니스트의 연주회에 갔는데, 그것을 듣는 것은 그에게는 큰 기쁨이었다.
9. 봄이다. 태양은 점점 더 밝게 빛나고 있다. 모스크바에서는 의류 전람회가 열렸다. 예술가들은 전람회가 열리기 훨씬 이전에 전람회를 준비하기 시작하였다. 그들은 매해 점점 더 까다로와져 가는 대중의 요구를 연구하였다.
10. 용감한 사람이란 아무것도 두려워하지 않는 사람이 아니다. 용감한 사람에게도 마찬가지로 무서운 일이 일어날 수 있다. 그러나 그는 자기의 공포를 이길 수 있다. 이 점에 중요한 모든 것이 있다. 의무의 감정이 잘 발달된 사람, 조국에 대한 사랑이 명하는 대로 그렇게 언제나 행동하는 사람은 용감해 진다.

2)
1. Дети ждут отца́, кото́рый до́лжен прие́хать за́втра.
2. Това́рищ дал мне газе́ту, в кото́рой была́ его́ статья́.
3. Я жил в ко́мнате, о́кна кото́рой выходи́ли в сад.
4. В до́ме, в кото́ром я живу́ тепе́рь, ра́ньше жил мой брат.
5. Эту кни́гу на́до чита́ть всем, кто ещё не чита́л её.
6. Эта кни́га, кото́рую вы вчера́ да́ли мне, была́ о́чень интере́сная.
7. Я по́мню день, когда́ я в пе́рвый раз прие́хал в Сеу́л.
8. Мы сего́дня посети́ли шко́лу, кото́рую ко́нчили пять лет наза́д.
9. Мы до́лго говори́ли о том, что ви́дели на вы́ставке.
10. Э́то всё, что я могу́ сказа́ть вам об э́том.

3)
1. ④   2. ⑧   3. ⑤   4. ①   5. ⑩
6. ②   7. ⑥   8. ③   9. ⑦   10. ⑨

22과

1)
1. 해안을 따라서 항해하는 기선들은 보통 작다.
2. 그 여자 환자를 방문한 의사는, 그녀에게 절대 안정이 필요하다고 생각한다.
3. 외국으로 나가기를 희망하는 사람들은, 해외 여권의 발급을 신청하여야 한다.
4. 여권을 취득하기 위해서는, 두가지 서식용지. 즉 신청자의 개인 신상에 관한 몇가지 질문을 담고 있는 이른바 앙케트에 적어 넣는 것이 필요하다.
5. 이 서식용지에는 다음과 같은 사항이 기재되어야 한다. 즉 신청자의 이름, 부칭(父稱)및 성(姓). 신청자의 생년월일, 현주소, 신청자의 국적, 직업 및 여행 목적.
6. 모스크바에서는 러시아어를 공부하고 있는 모든 학생이 좋은 회화 실습을 하고 있다.
7. 학생들은 그들이 흥미를 느끼는 모든 문제에 관계된 문헌(文獻)을 찾아낼 수 있다.
8. 그는 모스크바에 살고 있는 자기 친구들로 부터 편지를 받았다.
9. 회의에서는 중요한 결의가 채택되었다. 회의에서 채택된 결의는 실행에 옮겨졌다.
10. 작가는 사고하고, 탐구하고 투쟁하는 인간의 형상 및 성격을 통하여 시대의 정신을 표현한다.
11. 국민의 이익에 의하여 살고, 현대의 가장 중요한 제 현상을 올바르게 표현하는 작가는 자기의 작품에 긴 생명을 보증한다.
12. 깊은 현대 감각을 갖춘 작가의 펜은, 변함없이 평화 사업에 도움이 된다.
13. 계단을 올라가면서, 그들은 큰소리로 서로 이야기 하였다. 4층에 올라가고 나서 그들은 벨을 울렸다.
14. 모스크바 거리를 산보하면서 우리는 이 도시의 생활을 서울의 생활과 비교하였다.
15. 극장에는 벌써 많은 사람들이 와 있었다. 서두르고 있던 관중들이 웅성거렸다. 여기 저기서, 만나는 친구들이 큰 소리로 서로 인사를 나누었다. 웃고 있는 젊은이들이 즐겁게 이야기 하였다. 우리들은 우리가 구매한 자리에 앉았다. 우리들 앞에는 날아 다니는 흰 갈매기 그림이 있는 큰 아름다운 장막이 있었다.

2)
1. Молодёжь, интересующаяся литературой собралась в библиотеке.
2. Приятно смотреть на играющих и весело смеющихся детей.
3. Хлеб купленный моей младшей сестрой, был не очень свеж.
4. Студент, читавший у окна, хорошо знает русский язык и английский язык.
5. Произведения этого писателя любимы народом.(Народ любит произведения этого писателя.)
6. У человека, написавшего этот роман, блестящий ум.(У человека, который написал этот роман, блестящий ум.)

7. Какие романы были переведены с русского(языка) на английский?
8. От души благодарю вас за помощь, оказанную мне вами.(за помощь, которую вы оказали мне.)
9. Письмо, полученное мною сегодня утром было написано на русском языке.(Письмо, которое я получил сегодня утром)
10. Наша библиотека получает много газет, издаваемых в разных странах.

3) 1. ④   2. ⑥   3. ①   4. ⑧   5. ②
   6. ⑦   7. ⑤   8. ⑩   9. ③   10. ⑨

23과

1) 1. 무슨 일이 일어난다고 해도 그는 항상 태연하게 보이려고 노력했다.
2. 들판에는 바람이 불고 있을 때에, 숲속은 고요하고 따뜻하다.
3. 마치 봄이 온 것 같이 따뜻하였다.
4. 내가 그 책을 더 많이 읽으면 읽을수록, 그 책이 더 좋아졌다.
5. 그가 영어를 읽는 것만치 우리는 러시아어를 잘 읽고 싶다.
6. 내 친구는 러시아어를 잘 알고 있지만, 그는 이 문장을 번역할 수 없었다.
7. 하나의 작은 장소에 수십만의 사람들이 떼지어 모여, 그들이 붐비고 있는 그 땅을 황폐화시키려고 아무리 노력을 해도, 땅위에 아무 것도 자라지 못하도록 아무리 돌로 땅을 막아 보아도, 돋아나는 풀을 모조리 없애버리려고 아무리 애를 써도, 석탄과 석유의 연기로 아무리 그을리게 하여도, 나무들을 잘라 줄이고 모든 동물과 새들을 내쫓으려고 아무리 노력을 하여도, 봄은 도시에서조차도 봄이었다.
8. 햇빛은 따뜻하고 풀은 생생이 소생하고 풀을 긁어 없앤 곳만 아니면 어디에나, 가로수 길 잔디밭 위뿐만 아니라, 도로의 포석(鋪石) 사이에도 주변은 온통 풀이 성장하여 푸르러졌다. 자작나무, 포플러, 벚나무는 끈끈하고 향기있는 새 잎을 펴고 있었고, 보리수는 터질 듯한 꽃봉오리를 부풀리고 있었다. 갈가마귀, 참새, 비둘기는 봄다운 기쁨에 넘쳐 둥우리를 틀고 있었고 햇빛으로 따뜻해진 파리는 벽 근처에서 윙윙거렸다. 식물도 새도 곤충도, 아이들도 모두 봄을 즐기고 있었다.
9. 그러나 사람들은 ― 다 크고, 성장한 어른들은 ― 자기 자신을, 또 서로 서로를 속이고 괴롭히는 것을 그치지 않았다. 사람들은 신성하고 중요한 것은 이 봄날의 아침도 아니고, 모든 존재의 행복을 위해 주어진, 신의 세계의 이 아름다움 ― 평화와 화합과 사랑의 기분을 일으키게 하는 아름다움도 아니고 오직 서로가 서로를 지배하기 위하여 자신들이 생각해 낸 것만이 신성하고 중요하다고 생각하고 있었다.

2) 1. Он так за́нят, что не име́ет вре́мени писа́ть пи́сьма друзья́м.
   2. Мы опозда́ли оттого́, что мы должны́ были зако́нчить рабо́ту.
   3. Я до́лго не мог засну́ть, потому́ что бы́ло о́чень ду́шно.
   4. Чем бо́льше сде́лаешь упражне́ний, тем лу́чше.
   5. То́лько что мы вошли́ в дом, как начала́сь гроза́.
   6. Прошло́ мно́го вре́мени, с тех пор как она́ уе́хала.
   7. Едва́ она́ вы́шла на у́лицу, как начался́ дождь.
   8. Несмотря́ на то, что я о́чень уста́л, я принялся́ за рабо́ту.
   9. Как бы я ни стара́лся, я не вы́полнил зада́ния в срок.
   10. Дул о́чнь си́льный ве́тер, одна́ко рабо́та не прекраща́лась.

3) 1. ③ 2. ⑤ 3. ① 4. ② 5. ④
   6. ⑧ 7. ⑩ 8. ⑨ 9. ⑥ 10. ⑦

24과

1) 1. 우리는 아홉개 상점에 들렀으나 이 책을 찾을 수 없었다.
   2. 그의 보고서의 197 페이지를 읽으세요.
   3. 이 양복은 한 벌에 얼마입니까? 이 양복은 한 벌에 875 루불입니다. 이것은 매우 비쌉니다.
   4. 모스크바 대학에는 12 개의 학부와 200 여개의 강좌가 있다. 학생들과 대학원생들을 위한 기숙사에는 약 6000 개의 방이 있다.
   5. 모스크바와 블라지보스토크 사이의 거리는 7,780 킬로미터이다.
   6. 나는 그로부터 열한통의 편지를 받았다. 열한번째 편지에서 그는 나에게 중요한 소식을 알려 주었다.
   7. 모스크바에서는 100 만명 이상의 어린이, 젊은이, 성인들이, 초중등학교, 직업기술학교, 단과대학 및 여러가지 학원에서 공부하고 있다. 대체로 10 만명의 대학생들이 모스크바에 있는 78 개의 대학교에서 공부하고 있다.
   8. 어제 나는 684 루불을 가지고 있었다. 이렇게 많은 돈을 나는 아직 한 번도 가져 본 적이 없었다. 그래서 나는 완전히 아주 흐뭇 했었다.
   9. 나는 나의 684 루불을 흐주머니에 넣고 집에서 나와 시내를 산보하러 나갔다. 여러가지 상점에 들려서 진열장에 있는 물건들을 보는 것은 즐거운 일이었다.
   10. 여기 한 진열장에 값이 443 루불 나가는 썰매가 있다. 그러나 나에게는 썰매가 필요없다. 왜냐하면 우리 집에는 이미 두개의 아름다운 썰매가 있기 때문이다. 다른 진열장에, 값이 556 루불 나가는 훌륭한 시계가 보이나, 우리집에는 이미 4개의 시계가 있다.

2) 1. Он сказа́л мне купи́ть ему́ не́сколько англи́йских ма́рок.
    2. Лю́ди, кото́рые говоря́т на двух и́ли трёх иностра́нных языка́х, поле́зны, где бы они́ ни жи́ли.
    3. В Сеу́ле живёт свы́ше десяти́ миллио́нов жите́лей.(Населе́ние го́рода Сеу́ла насчи́тывает бо́лее десяти́ миллио́нов челове́к.)
    4. В библиоте́ке о́коло пяти́ ты́сяч ру́сских книг.
    5. Ско́лько студе́нтов в кла́ссе? В кла́ссе со́рок пять студе́нтов.
    6. У него́ семь дете́й: пять сынове́й и две до́чери.
    7. Четы́ре-пя́тых населе́ния э́той дере́вни рабо́тают на по́ле.
    8. Он купи́л э́тот костю́м за семьсо́т два́дцать рубле́й.
    9. Да́йте мне, пожа́луйста, дю́жину конве́ртов, деся́ток откры́ток и шесть ма́рок.
    10. Ско́лько вам лет? Мне два́дцать три го́да.

3) 1. ⑥   2. ④   3. ⑧   4. ⑦   5. ①
    6. ⑨   7. ②   8. ⑩   9. ③   10. ⑤

25과

1) 1. 몇 시입니까? 지금 7시 반 입니다. 나는 매일 7시 반에 일어납니다.
   2. 나는 정각 6시에 일어납니다. 6시 반에 나는 조반을 먹고 7시 40분에 출발하는 기차로 시내에 갑니다.
   3. 나는 오후 6시에 일을 끝내고 7시 경에 집으로 돌아옵니다.
   4. 몇 시에 음악회에 갑니까? 나는 집에서 7시 20분에 떠나겠습니다.
   5. 모스크바의 연령은 800세 이상이다. 모스크바는 1147년에 처음으로 연대기에서 언급되어 있다. 1947년에 모스크바는 동시의 800주년 기념일을 축하하였다.
   6. 아.페. 체호프는 1860년 1월 17일에 타간로끄시에서 태어났다. 1879년 가을에 체호프는 모스크바로 이사하고, 1년 후에 모스크바 대학 의학부에 입학한다.
   7. 1880년에서 1884년까지 체호프는 대학에서 공부한다. 체호프는 모든 것을 다 말할 시간이 없었다. 그가 1904년 7월 2일 밤에 세상을 떠났을 때, 그는 겨우 44세 였다.
   8. 오랫동안 당신에게 편지 쓰지 못한 것을 용서하세요. 그런데 나는 벌써 닷새째 병을 앓고 있고, 집에서 나가지 못합니다. 아주 심하게 감기에 걸렸습니다. 나는 코감기에 걸렸고 기침이 나고 목이 아프고 머리가 아픕니다.
   9. 오늘 나는 좀더 나아졌지만, 의사는 외출하는 것은 아직 안된다고 말합니다. 계속 집에 있는 것은 몹시 지루합니다. 누군가가 전화라도 걸어 주었으면 좋을텐데. 내 자신

이 누군가에게 전화를 건다 해도 모든 나의 친구들은 5시까지 일을 하고 그들중 누구도 집에 없습니다.
10. 나는 지금 하루 종일 혼자 있습니다. 남편은 아침 7시에 직장에 출근하고 저녁 6시 15분 전에 지치고 굶주려서 돌아옵니다. 나의 이웃 사람들도 역시 5시 반까지 일을 합니다. 그래서 낮에는 거의 누구도 집에 있지 않습니다.

2) 1. Мы рабо́таем с полови́ны девя́того утра́ до че́тверти шесто́го дня.
2. Я роди́лся в Сеу́ле пятна́дцатого октября́ ты́сяча девятьсо́т се́мьдесят шесто́го го́да.
3. Я обы́чно встаю́ в полови́не седьмо́го и ложу́сь спать в полови́не оди́ннадцатого ве́чером.
4. Кото́рый тепе́рь час? Сейча́с че́тверть деся́того.
5. В кото́ром часу́ у вас конча́ется уро́к? Без десяти́ пять.
6. Како́е сего́дня число́? Сего́дня восьмо́е ма́рта.
7. Ско́лько вам лет? Мне два́дцать лет.
8. Мне два́дцать четы́ре го́да, а бра́ту два́дцать де́вять лет. Брат ста́рше меня́ на пять лет.
9. Без десяти́ шесть ве́чера он лёг на дива́н и засну́л.
10. Ле́тние кани́кулы ва́шего универстéта начина́ются двадца́того ию́ня и конча́ются два́дцать пя́того а́вгуста.

3) 1. ④   2. ①   3. ⑤   4. ③   5. ②
6. ⑨   7. ⑩   8. ⑥   9. ⑦   10. ⑧

26과

1) 1. 아버지와 아들은 매일 아침 강 기슭을 따라 산책한다.
2. 내 누나는 월말까지 해외에 있을 것이다.
3. 공원 한가운데 깊은 연못이 있다.
4. 그는 쉬지 않고 이른 아침 부터 밤늦게 까지 일한다.
5. 우리들은 탁자 주위에 앉아서 그 날의 사건들을 토론하였다.
6. 도시와 그 마을 사이에는 좋은 포장도로가 있다. 산 기슭에 깊은 강이 흐르고 있다.
7. 나는 아직 대학에서 공부하고 있고 나에게는 언제나 할 일이 많다. 나의 양친은 내가 조용히 공부하거나 휴식을 할 수 있도록 나에게 크고 쾌적한 방을 주셨다.
8. 나는 동생과 함께 자는 큰 침실이 있지만, 나는 이 방에서 자기도 한다. 나의 동생

바샤는 자주 "미쉬아는 나를 사랑하지 않는다. 그는 나와 한 방에서 자는 것 조차 원하지 않는다"라고 말한다.

9. 그러나 이것은 그렇지 않다. 나는 단지 내가 공부하고 있을 때 방해받기를 원하지 않기 때문이다. 그런데 나의 동생 바샤는 우리들이 함께 있을 때 단 일분도 잠자코 있을 수 없다.

10. 내 방에는 나와 함께 내가 매우 사랑하는 나의 고양이가 살고 있다. 때때로 나는 그 고양이와 사람과 대화하듯 이야기를 한다. 그리고 그 고양이는 언제나 매우 흥미있게 내 말을 듣고 모든것을 다 이해하는 것 같이 나에게는 여겨졌다.

2) 1. Мы отдыха́ем ме́жду уро́ками.
2. Он положи́л кни́гу под газе́ту.
3. При на́шем университе́те есть библиоте́ка.
4. Я чита́л э́тот рома́н на ру́сском языке́.
5. Я обы́чно ложу́сь спать к девяти́ часа́м.
6. Она́ уе́хала за неде́лю до моего́ прие́зда.
7. Мой дом нахо́дится недалеко́ от мо́ря.
8. Мы до́лго шли вдоль бе́рега реки́.
9. Вокру́г до́ма расту́т молоды́е со́сны.
10. Я пое́хал на вокза́л за биле́тами.

3) 1. ⑤   2. ③   3. ⑥   4. ①   5. ②
   6. ④   7. ⑩   8. ⑨   9. ⑦   10. ⑧

27과

1) 1. 오늘 남편은 저녁식사에 누군가를 데리고 오겠다고 약속하였으나 그가 누구일지는 말하지 않았다. 그가 나에게 즐거운 뜻밖의 선물을 주려고 하였기 때문이다.
2. 그는 또한 우리 손님이 아주 좋아하는 그 어떤 생선과, 후식용으로 무엇인가 맛있는 것을 사오겠다고 약속하였다.
3. 나는 누구이든 서로 이야기할 사람을 몹시 원하기 때문에 나의 남편이 누구를 데려 오든 내게는 마찬가지이다. 벌써 5시 25분이다. 나는 5분마다 시계를 본다. 내게는 줄곧 내 시계가 늦게 가는 것 같이 생각된다.
4. 집에 있으면서 아무것도 하지 않을 때, 참 시간이 더디게 간다. 일주일 전에 나의 안경이 장농에서 떨어져 부서졌다. 그래서 그때부터 나는 아무 것도 읽을 수 없었다.
5. 오늘 우리 학급에서는 러시아어 회화 실습이 있다. 우리는 아직 러시아어를 잘 모른

다. 우리는 불과 4주일 전에 그것(러시아어)을 공부하기 시작했다.

6. 우리는 그런대로 어느 정도 읽는다. 그러나 아직 말하는 것은 아주 서투르다. 왜냐하면 우리는 연습할 기회가 너무 적기 때문이다. 우리 선생님은 우리들과 되도록 러시아어로 말하려고 노력한다.

7. 밤에 아크쇼노프는 잠을 잘 수가 없었다. 그는 아내와 자식들에 더하여 생각하였다. 몇년이나 그들을 보지 못했는가! 그가 시베리아에 송치되었을 때. 아이들은 나이가 어렸다. 그리고 그도 젊었고 쾌활했고, 노래하고 기타 치는 것을 좋아했다.

8. 아크쇼노프는 기도하기 시작하였다. 그는 오랫동안 기도하였다. 그러나 그는 마칼을 잊어버릴 수가 없었다. 낮에 그는 마칼과 이야기도 하지 않고 또 그를 쳐다 보지도 않았다.

9. 어느 날 밤에 아크쇼노프는 누군가가 벽에 구멍을 파고 있는 것을 보았다. 그것은 마칼이었다. 마칼은 아크소노프가 자기를 보고 있다는 것을 알았을 때 깜짝 놀라서 다음과 같이 말했다. "만약 네가 내가 구멍을 파고 있다는 말을 한다면 나는 너를 죽이겠다." 아크쇼노프는 몸을 떨기 시작하면서 다음과 같이 말했다. "너는 나를 이미 오래 전에 죽였다. 그런데 내가 이것에 대하여 말하고 안하는 것은, 내 일이고 네가 관계할 바가 아니다."

10. 신이 너를 용서할 것이다. 아마 나는 너보다도 훨씬 더 나쁠지도 모른다. 그리고 그가 이렇게 말하였을 때 그는 갑자기 마음이 편안해졌다. 그는 집에 대하여 생각하는 것을 그만 두었다. 그리고 감옥에서 나가는 것을 원하지 않고 다만 죽음에 대해서만 생각하였다. 마칼은 교도관에게 가서 자기가 그 상인을 죽였다고 고백하였다. 그러나 아크쇼노프에게 출옥 허가명령이 도착하였을 때는, 그는 이미 죽어있었다.

2) 1. Скóро в магазúн привезýт нóвые учéбники.
2. По рáдио передавáли послéдние нзвéстия.
3. Студéнту показáлось, что он опоздáл на урóк.
4. В газéтах писáли о рýсских артúстах.
5. Мне хóчется написáть пóвесть о своём дéтстве.
6. Óчень рад с вáми познакóмиться.
7. Мне кáжется, что он ест и пьёт слúшком мнóго.
8. На мóре бы́ло тúхо. Нéбо над нáми бы́ло я́сное, и я́рко светúло сóлнце.
9. Несмотря́ на сúльный вéтер, наш самолёт продолжáл свой путь.
10. Благодаря́ томý, что шли дождú, травá былá сóчная и зелёная.

3) 1. ③   2. ⑤   3. ①   4. ⑥   5. ②
6. ④   7. ⑩   8. ⑨   9. ⑦   10. ⑧

28과

1) 1. 역사적 사건들은 인간이 피할 수 없는 고통과 곤궁을 수반한다.
   2. 내가 그를 잘 알면 알수록 나는 그에게 더 강하게 애착을 느꼈다.
   3. 나의 아버지는 매우 친절하고, 현명하고 교양이 있고 그리고 불행한 사람이였다.
   4. 강은 바다로 흐르고 한 해가 가면 다른 해가 뒤를 잇는다. 매해 봄이 다가오면, 드네스트르강 위쪽에 있는 회색의 숲은 녹색이 된다.
   5. 타스 통신에 의하면 우랄 지방의 새 종합공장 건축이 완성되었다고 한다.
   6. 어제 신문은 최초의 지구 인공위성 발사에 관한 보도를 발표하였다.
   7. 만약 당신이 숲의 영혼을 포착하고 싶다면, 숲속의 시냇물을 찾아내라. 그리고 그 시냇물 기슭을 윗쪽으로 혹은 아랫쪽으로 걸어가 보라. 나는 내가 좋아하는 숲속의 시냇물 기슭을 걸어 다닌다. 그리고 바로 그속에서 보고 듣고 그리고 생각한다.
   8. 오랫동안 눈을 떼지 않고, 깊은 하늘을 바라보고 있으면 웬일인지 생각과 영혼은 하나로 합쳐, 고독의 의식이 되어간다.
   9. 자기 자신을 돌이킬 수 없을 정도로 고독하다고 느끼기 시작한다. 그리고 지금까지 가깝고 친근하다고 생각하였던 모든 것이, 한없이 멀고 무가치한 것으로 되어 간다.
   10. 이미 수천년 동안 하늘에서 내려다 보고있는 별들과, 그 자체를 이해할 수 없는 하늘과 어둠은 인간의 짧은 생명에 대하여 무관심하고, 그들과 맞대고 있으면서 그들의 의미를 이해하려고 노력할 때, 그들은 자신의 침묵으로 우리의 마음을 압박한다. 묘혈(墓穴)속에서 우리 한 사람 한 사람을 기다리고 있는 그 고독이 문득 머리에 떠오르고, 인생의 본질은 절망적이고 무서운 것이라고 생각하게 된다.

2) 1. Вчера́ мы получи́ли не́сколько нове́йших журна́лов.
   2. В э́том го́роде есть прекра́сный вокза́л и о́чень хоро́ший рестора́н.
   3. Тео́рия име́ет о́чень си́льное влия́ние на пра́ктику.
   4. Я несу́ по́лную отве́тственность за э́ти дела́.
   5. На по́лке ру́сские, коре́йские, и англи́йские кни́ги.
   6. Наро́дное хозя́йство Коре́и развива́ется бы́стрыми те́мпами.
   7. Спаси́бо большо́е, за то что вы для меня́ сде́лали.
   8. Не́сколько дней тому́ наза́д мы бы́ли в теа́тре. В на́шем го́роде три больши́х теа́тра.
   9. Ребёнок ещё не уме́ет ни чита́ть, ни писа́ть.
   10. Кури́ть мно́го — вре́дно, а пить мно́го молока́ поле́зно.

3) 1. ⑧   2. ⑤   3. ⑥   4. ①   5. ③
   6. ⑩   7. ④   8. ⑨   9. ⑦   10. ②